DISSERTATIONS ARCHÉOLOGIQUES

SUR LES

ANCIENNES ENCEINTES DE PARIS.

Typographie de **HENNUYER**, rue du Boulevard 7 Batignolles.
(Boulevard extérieur de Paris.)

DISSERTATIONS ARCHÉOLOGIQUES

SUR LES

ANCIENNES ENCEINTES DE PARIS

SUIVIES DE

RECHERCHES SUR LES PORTES FORTIFIÉES

QUI DÉPENDAIENT DE CES ENCEINTES

Ouvrage formant le complément de celui intitulé :

ÉTUDES ARCHÉOLOGIQUES SUR LES ANCIENS PLANS DE PARIS.

PAR A. BONNARDOT, PARISIEN.

PARIS

A LA LIBRAIRIE ARCHÉOLOGIQUE DE J.-B. DUMOULIN,
QUAI DES GRANDS-AUGUSTINS, 13.

1852

PRÉFACE.

Ces dissertations, produit de plusieurs années d'étude, sont loin d'être aussi complètes que je l'aurais désiré. Leur perfectionnement exigeait une condition que je n'ai pu remplir : celle de rechercher, aux *Archives* ou ailleurs, et de vérifier par moi-même les chartes, anciens comptes et autres pièces sur lesquelles elles sont en partie fondées. Mais le travail qui consiste à déchiffrer, à interpréter de vieilles écritures, me cause une fatigue cérébrale qui paralyse toute ma bonne volonté. J'ai donc pris le parti d'accepter avec confiance le témoignage des auteurs qui nous ont signalé ces divers documents.

Le présent ouvrage a pour base : — des recherches sur lieux faites entre 1838 et 1852 ; — des détails extraits des principaux historiographes parisiens ; — enfin, des renseignements fournis par l'examen des vieilles estampes, des anciens plans généraux de la capitale, et de quelques plans locaux levés, à diverses époques, par des toiseurs ou des architectes.

Parmi les livres qui m'ont le mieux secondé pour éclaircir l'histoire des enceintes et des portes de Paris, je citerai : — le tome III des *Antiquitez* de Sauval, immense arsenal de documents accumulés pêle-mêle ; — les trois volumes de *Preuves* qui suivent l'*Histoire de Paris*, de Félibien et Lobineau ; — le *Mémoire historique et critique sur la Topographie de Paris*, in-4° anonyme publié en 1771.

Ce *Mémoire*, rédigé par Bouquet, avocat de la Ville contre l'Archevêque, au sujet d'une contestation relative à la vente des terrains de l'hôtel de Soissons, offre de nombreux et curieux extraits d'anciens registres, autres que ceux imprimés au tome III de Sauval. L'orthographe de ces extraits a été évidemment déformée, rectifiée si l'on préfère (inexactitude, au reste, qu'on doit également reprocher aux actes ou anciens comptes produits par Sauval et Félibien) ; néanmoins, les renseignements qui résultent du texte même (que je citerai avec fidélité) ne peuvent être suspects ; car, le plus souvent, ils tournent contre l'opinion qu'ils sont appelés à soutenir, ou n'y ont qu'un rapport très-indirect. Si Bouquet

eût, par négligence ou à dessein, altéré le texte même de ces registres, ses adversaires, intéressés à le prendre en défaut, et à portée de vérifier les sources
qu'il indique, n'eussent pas manqué d'en répudier l'authenticité. Or, ils ont
réfuté, non les citations imprimées à l'appui de sa cause, mais les conséquences
qu'il prétendait en tirer ; d'où je conclus que ces citations peuvent passer à nos
yeux pour une autorité acceptable.

Ainsi, mon livre se compose en partie de matériaux tout faits, mais dispersés
çà et là, sans ordre. Mon travail, en dehors de mes recherches personnelles, a
donc consisté à classer, à commenter tout ce qui a été écrit sur cette matière,
avec le soin d'en faire ressortir les méprises et les contradictions, comme aussi
les faits incontestables. Le titre de *Dissertations* était donc celui qui convenait le
mieux à cet ouvrage.

Devais-je garder indéfiniment ces dissertations à l'état de manuscrit, dans le
but de les compléter lentement par de nouvelles recherches ? J'ai préféré les
livrer telles quelles à l'impression, bien convaincu d'une vérité que j'ai déjà
exprimée ailleurs :—Aspirer à un degré de perfection qui semble fuir devant des
efforts sans termes, c'est porter à l'excès le scrupule ; on diffère toujours, et l'on
meurt, laissant après soi de stériles paperasses, qui sont dispersées ou perdues.

Les amateurs du positif blâmeront-ils ces assertions hypothétiques, ces expressions dubitatives qui dominent souvent, au milieu des questions difficiles que
j'ai franchement soulevées et abordées, au lieu de les éluder par ruse ou par in-
souciance ? Ce reproche serait d'autant moins indulgent, que j'ai adopté le titre
peu prétentieux de *Dissertations*, mot qui implique l'idée de discussions sujettes
à échapper à une solution affirmative. Le doute est malheureusement trop souvent le résultat d'un examen approfondi : mais, après tout (comme je l'ai dit
encore dans une autre préface), le doute bien motivé n'est-il point quelquefois le
premier pas possible vers la vérité ?

Sous Louis XIV, une révolution complète s'opéra dans le système de la fortification générale du royaume. Sous la conduite de Vauban, on munit les villes
frontières de redoutables remparts, et celles du centre devinrent des villes ou-

vertes, y compris la capitale. En 1690, ce système avait reçu sa pleine exécution. Il ne restait plus à Paris, du côté du nord, d'autre forteresse que la Bastille, avec quelques bastions; partout ailleurs on avait abattu ou vendu les vieilles murailles et comblé les fossés. Quelques portes étaient encore debout, mais en qualité d'ornements ou d'arcs de triomphe.

Le premier plan moderne sur lequel on traça la ligne des anciennes clôtures de Paris, c'est, à ma connaissance, celui en une feuille, édité par Nicolas De Fer, en 1692. On y voit figurer, au pointillé, les limites vraies ou conjecturales des enceintes antérieures à cette année. On venait, du côté de la rive droite, d'en établir une nouvelle nommée *le Cours;* c'était une sorte de promenade terrassée, substituée par Louis XIV à des fortifications jugées inutiles. On trouva dès lors piquant de rappeler, à titre de souvenir ou de contraste, les bornes de la capitale à diverses époques. Mais ce tracé est très-imparfait, même par rapport au mur méridional de Ph. Auguste, lequel pourtant subsistait encore presque entier, au fond des nouvelles propriétés construites sur l'emplacement des anciens fossés.

En 1705, parurent les plans insérés dans le *Traité de la Police* de De la Marre. Ils diffèrent du précédent en ce que, au lieu d'offrir un simple tracé des diverses enceintes, sur un plan moderne, ils donnent une représentation fictive de l'état de Paris, entre telle et telle époque. Ces plans, d'une inexactitude choquante, eurent d'abord un grand succès; mais vers la fin du siècle qui les vit paraître, on commença à les apprécier à leur juste valeur.

En 1716, l'ingénieur Guillaume De l'Isle exécute un plan dans le genre de celui de Nicolas De Fer, mais moins inexact.

En 1756, le comte de Caylus publie, dans son *Recueil d'Antiquités* (t. II, p. 367), un très-petit plan, avec les diverses enceintes passablement tracées.

En 1760, Robert De Vaugondy dresse un plan, avec les anciennes clôtures bien mieux indiquées que sur ceux de ses devanciers.

1770.—Petit plan par Moithey, assez précis, grâce à l'influence du précédent. En 1774, ce géographe en donne un du même genre, beaucoup plus vaste, mais qui paraît moins exact, par cela seul que sa dimension est plus grande.

1825.—Plan dressé par Achin, pour l'Atlas de l'*Histoire de Paris* de Dulaure;

il est inférieur, sur presque tous les points, à celui de Robert de Vaugondy.

De nos jours, l'architecte Albert Lenoir a fait graver plusieurs plans fictifs où l'enceinte de Ph. Auguste est représentée, d'après de nouveaux documents topographiques puisés aux *Archives*, des fouilles modernes et des recherches sur lieux. Ces savants essais annoncent une ère favorable aux progrès de l'archéologie parisienne.

Je dois faire observer que le tracé de nos vieilles enceintes, exécuté sur des plans d'une petite échelle, ne donne à l'imagination qu'une idée vague de la réalité ; sur un plan de vaste proportion, ce genre de travail est bien plus instructif, mais autrement difficile, si l'on vise à la précision ; le plus léger défaut, dans l'ensemble ou dans les détails, saute de suite aux yeux, et accuse la négligence du dessinateur. Pour qu'un tel plan ne s'écarte pas trop de la réalité ou de la vraisemblance, il faut consacrer à sa confection plusieurs années d'étude.

Quelques lignes encore, relatives aux planches destinées à faire bien comprendre le texte des présentes dissertations. Je les ai dressées d'après d'anciens plans généraux ou particuliers, rectifiés par des documents écrits et des recherches locales. Le plan de Verniquet, qui offre l'état de Paris vers 1789, m'a paru, en raison de sa date, de sa vaste dimension et de sa précision reconnue, le plus propre à servir de base à mon tracé de la clôture de Ph. Auguste. J'en ai donc calqué toutes les portions contiguës à la ligne que suivait cette clôture.

Une difficulté se présentait : devais-je reproduire les rues dans l'état où Verniquet les a figurées, avec toutes ces déviations irrégulières, que le système général d'alignement a redressées, de nos jours, sur tant de points de la surface de Paris ? Après de mûres réflexions, j'ai pris le parti de moderniser son plan ; mais quelquefois aussi, selon les circonstances, j'ai cru convenable de conserver le trait géométral de certaines rues ou de certains édifices effacés du sol depuis 1789, afin d'éclaircir mon récit, ou de mieux fixer la situation de quelques détails de l'enceinte. Mes planches seront peu remarquables sous le rapport de l'exécution, car j'ai visé à l'économie ; mais j'ai veillé au point essentiel : à la netteté du trait et à l'exactitude dans les proportions.

DISSERTATIONS ARCHÉOLOGIQUES

SUR

LES ANCIENNES ENCEINTES DE PARIS.

I. — Des enceintes de Paris avant Philippe Auguste.

L'histoire des clôtures de Paris qui ont précédé celle de Ph. Auguste est fort obscure, et je doute qu'elle puisse jamais être dégagée des ténèbres qui l'enveloppent, sans la découverte fortuite de quelque ancien manuscrit, ou l'exhumation d'une continuité de débris matériels cachés jusqu'ici sous le sol. La solution complète de cette curieuse question est réservée, je l'espère, aux archéologues de l'avenir.

On ne peut se former qu'une idée très-confuse de l'état de la petite capitale des Parisiens avant l'invasion romaine, et nous ne trouvons sur l'époque de cette invasion que de faibles lumières fournies par les historiens de la nation civilisée qui nous subjugua, un demi-siècle avant l'ère chrétienne; ainsi, sur ces deux points historiques, le champ reste toujours ouvert aux conjectures.

Il faut nécessairement admettre que le principal bourg des Parisiens, *Lutetia*, *oppidum Parisiorum*, comme écrit César, avait, au temps de la conquête romaine, une certaine importance, puisqu'on en attachait beaucoup à sa possession; néanmoins on doit le considérer comme un centre fort restreint de population. Il existait alors dans la Gaule, surtout près du rivage de la Méditerranée, plusieurs *cités* vraiment dignes de ce nom; mais sur le territoire des Parisiens on ne rencontrait guère que des bourgs disséminés sur une grande surface. Or, Lutèce était un des plus considérables, puisqu'elle passait pour le chef-lieu de réunion des peuplades connues sous le nom commun de *Parisiens*.

Notre première chronique vraiment nationale, celle de Grégoire de Tours, ne datant que du VIᵉ siècle, ne peut nous fournir de documents certains sur l'état de

Paris avant et pendant la domination romaine. Il faut donc nous contenter des quelques phrases jetées çà et là dans les textes des auteurs contemporains, textes latins ou grecs qui ont fort bien pu subir des altérations en traversant les âges, sous la *plume* des religieux qui les ont reproduits pour nous les transmettre.

L'auteur du *Traité de la Police* nous représente la Lutèce gauloise sous forme d'un amas de huttes cylindriques bâties de boue et de paille avec un toit arrondi, huttes éparses au hasard sur la surface, alors moins étendue vers l'est, de la *Cité* actuelle. L'aspect mesquin qu'offre son premier plan fictif ne s'accorde guère avec le témoignage de J. César. A l'époque où fut conquise notre petite île, elle communiquait avec les rives au moyen de deux ponts de bois, que les Parisiens brûlèrent, ainsi que la *ville* (il faut peut-être, par ce mot, entendre un faubourg voisin des ponts) à l'approche de Labienus, lieutenant de César. Or, deux ponts de bois, construits sur un fleuve assez large et assez impétueux à certaines époques, supposent un état de civilisation déjà avancé; ils ne pouvaient conduire à d'aussi chétives maisonnettes. Un simple village se serait fort bien contenté de quelques bateaux plats pour traverser les deux bras de la Seine. Aujourd'hui même, en ce siècle si fécond en ressources, nos villages sis au bord d'une rivière, à moins qu'ils ne livrent passage à une grande route, n'ont pas d'autres moyens de communication.

Il est tout à fait impossible aux Parisiens de 1852 de se former une idée, même approximative, de l'état de Lutèce à l'époque de l'invasion romaine; mais un fait certain, c'est que le sol de la Cité (moins spacieux alors qu'aujourd'hui, puisqu'on y a annexé plusieurs îles et qu'on a, par des exhaussements successifs, rétréci le lit de la Seine [1]) fut un point central d'où rayonnèrent les divers groupes d'habitations dont la réunion forme la capitale actuelle. Il est certain encore que cette petite ville insulaire était, à l'époque où César la soumit, le chef-lieu commercial des bourgades disséminées sur le territoire parisien, et portait alors une désignation analogue à celle de *Lutetia*, nom sans aucun doute *romanisé* par J. César, de sorte que nous ne savons au juste ni prononcer ni écrire le vrai nom celtique dont l'étymologie a donné lieu à des recherches plus ou moins invraisemblables.

La plus vaste capitale est née d'une cabane, comme le plus gros chêne est issu d'un gland; la nôtre, comme toute autre, a commencé par l'établissement d'une sorte de ferme construite, il y a bien des siècles, sur le sol de cette île qui se perd

---

[1] La largeur primitive de la Seine était considérable. On vient récemment (déc. 1851) d'abattre, pour livrer passage à la rue prolongée de Rivoli, les maisons de la rue de la Tixeranderie, derrière l'Hôtel-de-Ville. Or, on a pu voir que leurs fondements reposaient sur des bancs de sable d'alluvion, déposés par la Seine.

aujourd'hui dans l'ensemble d'un vaste réseau de rues. Peu à peu, autour de ce noyau primitif se sont groupées d'autres habitations. Un temps enfin arriva où cette agglomération mérita le nom de petite ville, et posséda des constructeurs assez habiles pour établir deux ponts communiquant avec les bois, marais, prairies, maisons et chemins situés sur les deux rives opposées à l'île. Lutèce en était à ce point de croissance, quand César subjugua ses habitants. Mais quels étaient alors son image réelle, le chiffre de sa population, le genre de bâtisse, la forme, la distribution intérieure de ses habitations [1]? Ces questions ne peuvent être résolues d'après les quelques phrases fort vagues des auteurs qui en parlent *de visu*. Il faut donc nous en tenir, sur cet article, aux hypothèses et voir chacun selon le bon plaisir de notre imagination. Pour me renfermer dans le cadre du présent livre, je ne discuterai qu'une seule question : *Lutèce, avant l'invasion romaine, était-elle fortifiée d'un mur d'enceinte?*

Jules-César, l'écrivain-conquérant, n'en ayant point parlé positivement, il est fort vraisemblable que Lutèce (*oppidum Lutetia*) n'avait d'autres fortifications que son site entre les deux bras d'un fleuve. Comment César, qui raconte les exploits de son armée, eût-il oublié cette circonstance importante qui eût encore relevé l'éclat de sa victoire? D'ailleurs, le récit des événements prouve assez l'absence de murailles autour de Lutèce. L'armée parisienne, avant de marcher contre Labienus, incendie ses ponts et la ville, c'est-à-dire probablement les faubourgs. N'aurait-on pas laissé un corps de troupes dans une ville entourée de murs? Les Parisiens après leur défaite, non loin de leur île, ne courent pas y chercher un refuge : il faut en conclure que ce peuple, adonné surtout au commerce et à l'agriculture, et belliqueux seulement par occasion, avait jugé la Seine une fortification suffisante.

Mais tout en excluant l'idée d'un rempart de pierre, il semble raisonnable d'admettre que les Lutéciens, établis dans une île alors peu élevée au-dessus des basses eaux, avaient garanti leur île contre les ravages du fleuve, c'est-à-dire au moyen

---

[1] On ne peut admettre que ces maisons eussent plus d'un étage au-dessus du rez-de-chaussée. La nécessité de construire des habitations de plusieurs étages, pour multiplier la surface du sol, ne se fait sentir qu'à l'époque où le terrain central d'une ville a acquis une haute valeur. Ce n'est guère, je suppose, avant le XIe siècle qu'on eut chez nous l'idée de bâtir en ce genre. C'est un usage, je crois, que ne connaissait point l'antiquité. Il est douteux que Rome elle-même, cette capitale du monde alors connu, ait possédé beaucoup de maisons à plusieurs étages. Si donc les logis de nos ancêtres en comportaient au plus un seul, comme le cas est vraisemblable, ils renfermaient peu d'habitants, à moins d'admettre qu'ils logeassent pour la plupart en commun. La surface de l'île, telle qu'elle était alors, peut être évaluée à peine à 17 ou 18 hectares. En supposant les maisons assez serrées et dépourvues de jardins, on ne pourrait, je crois, évaluer sa population à plus de cinq ou six mille âmes.

d'une sorte de chaussée ou de terrassement maintenu par des pieux. Un travail
de ce genre, bien qu'aucun auteur n'en parle, semble avoir été pour eux de première nécessité, à moins de supposer leurs maisons élevées sur des pilotis, comme
en certaines vallées de la Suisse, ou sur des tertres factices, comme on en voit sur
les bords du Nil [1].

Cette digue était, à mon avis, formée de pieux plutôt que de pierres, vu la
proximité, du côté de la rive droite, d'un bois qui vraisemblablement s'unissait à
ceux de Boulogne et de Vincennes. Nos aïeux ont dû se servir longtemps de ces
bois placés à leur portée, avant de songer aux carrières plus éloignées que les Romains, architectes plus habiles, furent les premiers à exploiter. L'usage des constructions ligneuses s'est maintenu longtemps à Paris; les violents incendies signalés aux années 547, 586, 637, 1034, etc., en fournissent la preuve. Les ponts
de pierre furent longtemps inconnus, et quand, en 886, les Normands vinrent
assiéger Paris, on leur opposa un pont et même des tours presque entièrement
composés de bois.

Conclusion : Avant l'invasion romaine, Lutèce, fort vraisemblablement, n'était
pas entourée d'un gros mur de pierre, mais devait être, malgré le silence des historiens, fortifiée, contre les inondations de la Seine, de digues formées de terre et
de palissades.

CLÔTURE DE LA CITÉ. — Quand César eut conquis Lutèce et le territoire des Parisiens, leur petite ville (ou du moins son emplacement, si l'on admet qu'elle avait
été incendiée par ses habitants) dut peu tarder à devenir un centre militaire,
une ville de garnison; on peut ici hasarder le mot de *ville*, puisqu'elle fut jugée
digne de loger des empereurs et que César y établit le grand Conseil (*summum
Galliæ consilium*), et peut-être la corporation dite : *Nautæ Parisienses*. Le premier
soin du vainqueur en s'installant dans sa colonie, au milieu d'indigènes d'un caractère entreprenant, dut être de fortifier sa conquête ; mais il ne résulte pas des
anciens textes que ce fut au moyen d'un mur élevé autour de l'île. On fit de Lutèce une ville nommée *castellum*, c'est-à-dire pourvue d'une citadelle située soit
à la pointe orientale de l'île, sur l'emplacement actuel du Palais, soit sur la colline
voisine qui dominait l'île, du côté du midi.

L'empereur Julien, dans son *Misopogon*, ouvrage écrit vers 370, nous entretient de sa *chère Lutèce* (Parisiorum *oppidum*), de son site, de son climat et de ses
deux ponts ; mais il ne fait aucune mention de son mur d'enceinte. Ammien Mar-

---

[1] Consulter, au sujet de l'exhaussement successif des divers points du sol de la Cité, la dissertation
de Bonamy. (*Mém. de l'Acad. des Inscr.*, tome XVII.)

cellin, qui écrivait à la même époque (375), parle aussi, dans sa *Description des Gaules*, de Lutèce, qu'il appelle pour la première fois *Parisius*, et qualifie de *castellum ;* il ne dit rien non plus de ses murailles, soit qu'il n'en existât pas, soit que le mot *castellum* renfermât l'idée d'une enceinte.

Corrozet[1] (*Antiq. de Paris*, 1561, fol. 7, verso) s'exprime ainsi : « La renom- « mée commune maintient que Iules Cesar estant à Paris, y feit faire plusieurs « edifices, et pour ceste cause plusieurs auteurs Latins, mesmement Boëce, au « liure de la Discipline scholastique, nomment Paris *Ciuitas Iulij*, pour ce qu'il « l'a amplifiée et *fortifiée*. » De la Marre (p. 71) cite le passage de Boëce : « Lute- « tiam Cæsar usque adeò ædificiis adauxit, tàmque fortiter mœnibus cinxit, ut « Julii Cæsaris Civitas vocetur. » De la Marre, ajoutant (selon sa coutume) du sien à cette phrase, assure que ces murailles étaient « fortifiées de tours d'espace en espace. » Mauperché (*Paris ancien*, p. 31) relève vertement cette assertion, et attaque en même temps le passage cité, qui, dit-il, ne « se trouve que dans un « livre que De Saint-Foix *a décidé* n'être d'aucune autorité. »

L'historien-anecdotier Saint-Foix est à mes yeux fort peu compétent sur cette matière. Mais, en tout cas, la phrase citée ne peut être pour nous d'aucun poids, puisque Boëtius, personnage romain assez important, écrivait vers 460, époque où le peuple conquérant commençait à perdre son pouvoir dans la Gaule. Son assertion sur un fait remontant à plus de quatre siècles, et que J. César lui-même a passé sous silence, était probablement fondée sur une tradition orale, c'est-à-dire fort incertaine.

Si l'on admet que Boëce écrivait, en effet, en 460, et que cette phrase est bien de lui (deux points que je ne saurais décider), on doit croire que les murailles dont il parle existaient de son temps ; mais peut-être avaient-elles été construites postérieurement à l'an 370, puisque Julien et Marcellin, qui écrivaient alors, n'en font aucune mention.

Ce qui me paraît certain [2], c'est qu'à l'époque du siége de Paris par les Nor- mands, 886, la cité de Lutèce était fortifiée d'un gros mur, probablement de construction romaine, ou, si l'on veut, gallo-romaine. Abbon, religieux de S. Ger- main-des-Prés, qui nous a laissé un poëme en latin barbare, sur ce siége dont il fut témoin, fait mention des murs (*mœnia* ou *muros*) qui entouraient la Cité. Il en parle en son Ier livre, vers 15 et 16, 516 et 634; et en son IIe, vers 11, 48,

---

[1] Quand je cite cet auteur, c'est toujours d'après l'édition de 1561.

[2] Cette assertion diffère de celle exprimée dans mes *Etudes sur les Plans de Paris*, page 13. Quand j'écrivais cette page, je ne songeais pas au poëme d'Abbon. Des recherches plus approfondies m'ont fait adopter un système opposé.

55 et 56, 123, 147, 188, 233, 264, 288, 422 et 461. Dans les vers 15 et 16 (liv. I), il s'adresse ainsi à Lutèce :

> Insula (*de*) te gaudet; fluvius sua fert tibi gyro
> Bracchia complexo *muros* mulcentia circùm.

Je citerai encore les vers 55 et 56 du livre II :

> *Mœnia* circum eunt trucibus gladiis onerati
> Digressique foràs nostri circumdare *terras*.

A moins de nier l'authenticité de la date de ce poëme si connu, ou de regarder ces documents comme des fictions poétiques, il faut admettre qu'en **886**, la Cité proprement nommée *Lutetia* était entourée d'un mur, ce qui (soit dit en passant) ne s'oppose pas à l'existence d'une autre enceinte déjà bâtie sur une des deux rives.

Maintenant, quand et de quels matériaux fut construit ce mur? A quelle époque a-t-il disparu? Voilà des questions difficiles à résoudre. Il semble tout naturel de croire que le peuple conquérant, qui fit de Lutèce un de ses quartiers généraux, du songer tôt ou tard à fortifier cette ville d'un mur d'enceinte; aussi n'hésite-t-on qu'avec peine à le lui attribuer. Il y a donc une forte présomption en faveur de cette opinion, mais aucune preuve positive, puisque les historiens contemporains gardent le silence, et que le seul qui assigne une date à la construction de ce mur, Boëce, est un écrivain peu digne de confiance. Grégoire de Tours, qui écrivait au VIe siècle, ne parlant pas de l'enceinte romaine, on serait tenté de croire qu'elle n'existait pas, ou qu'elle aurait été déjà détruite et n'aurait été relevée qu'au IXe siècle, contre les ravages des Normands. Mais de ce fait historique, que les Normands dévastaient seulement les environs, résulte la conséquence que la Cité était munie d'un mur en bon état.

On lit dans la prétendue charte de fondation de S. Vincent (depuis S. Germain-des-Prés), charte donnée par Childebert en 558, et souvent réimprimée : « Cœpi instruere Templum, *in urbe Parrhisiacâ propè muros civitatis.* » Ces mots *muros civitatis* désignent-ils l'enceinte de la Cité, ou, comme le croit M. de Gaulle, une clôture de la rive gauche, antérieure à celle de Ph. Auguste? D'abord, il paraît extraordinaire qu'on ait, en 558, nommé l'église de S. Germain « Templum *in urbe* Parrhisiacâ ». Ce fut seulement en octobre 1551, selon Corrozet, que l'abbaye et le faubourg de ce nom furent déclarés faire partie de Paris. L'expression : *propè muros* paraît exagérée, appliquée à l'église, qui est distante de trois cent cinquante toises du point de la Cité le plus voisin, c'est-à-dire de l'endroit où s'ouvre la rue actuelle du Harlay. Cette réflexion a fait croire qu'il s'agissait ici d'une enceinte plus rapprochée, construite sur la rive gauche. Néanmoins,

comme il n'y avait sans doute que des prairies et quelques pauvres maisonnettes dans tout cet espace, on peut s'expliquer l'emploi du mot *propè* dans le
sens où nous dirions : Vincennes près de Paris, le mur de la cité étant le point
du voisinage le plus important.

Dans la même charte, il est question d'une donation de moulins situés (sur la
Seine) *inter portam civitatis et turrim*. Cette porte est sans doute celle ouverte
au sud de la Cité, près du Petit-Pont, et la tour, une tour murale, voisine de la porte.
Cette charte prouverait, à mon avis, l'existence de la clôture qui nous occupe ;
mais on peut élever des doutes sur son authenticité. N'aurait-elle pu avoir été fa-
briquée au XIVe siècle par un faussaire ignorant, qui croyait que le mur méridional de Ph. Auguste était déjà debout en 558 ?

Existe-t-il sur le mur de la Cité des preuves matérielles ? Des fouilles, opérées
en 1829 et 1847, paraissent en fournir deux : 1° Lorsqu'en juin 1829 on démolit
S. Landry, on trouva, annexé aux fondements de cette église, un mur épais, courant parallèlement à la Seine. La découverte a été consignée et expliquée dans
les *Mémoires* de la Société des Antiquaires de France [1]. On a jugé que ce mur
était de construction romaine, et faisait partie, malgré sa grande distance du
rivage actuel, de l'ancienne clôture de Lutèce. Il faut avoir égard à cette considération que la Seine, alors dépourvue de quais, empiétait sur le sol de l'île, et
qu'une grève servant de chemin de ronde régnait probablement le long du mur,
à l'extérieur, comme semble l'attester le vers d'Abbon, cité plus haut : *Mœnia
circumeunt*, etc.

2° Quand, en novembre 1847, on fit des fouilles sur la place du Parvis, on
mit à nu, outre plusieurs anciennes bâtisses (devenues souterraines par suite de
l'exhaussement progressif du terrain), un gros mur parallèle au petit bras de la
Seine. Il a été aussi réputé de construction romaine, et M. Albert Lenoir, qui
l'aura jugé tel en connaissance de cause, a fait graver avec soin l'état de ces
fouilles, ainsi que celles de S. Landry. (Voir sa *Statistique monum. de Paris*,
19e et 24e liv.)

Je n'ai aucune compétence pour émettre un jugement sur cette question ; bien
que j'aie visité trois fois les ruines de Rome. A Rome même, on ne peut guère
assigner une date précise aux divers débris de bâtisse brute, car ce sont les ornements en tout genre qui révèlent le plus sûrement une époque.

Les Romains ayant été dépossédés de notre territoire vers la fin du Ve siècle,
il faut que ce mur soit antérieur à l'an 500 pour être réputé leur œuvre. Il aurait
pu avoir été bâti plus tard, dans un genre analogue à celui des Romains ; car nos

---

[1] Voy. ces *Mémoires*, tome IX, où se trouve le plan lithographié de ces fouilles.

ancêtres ont dû longtemps conserver les usages de leurs dominateurs. Les découvertes signalées peuvent donc raisonnablement s'appliquer à une première enceinte romaine ou gallo-romaine ; mais, je l'avoue, ces fouilles n'ont pas encore entraîné ma conviction, et, jusqu'à l'exhumation de nouveaux fragments de murailles rangés sur la même ligne et d'une construction identique, il sera toujours permis aux antiquaires d'y voir les débris de quelque édifice inconnu.

L'existence de ce mur adoptée, on admettra comme vraisemblable qu'il était crénelé, et comme évident qu'il livrait passage au moins à deux portes correspondantes à l'axe des deux ponts. Peut-être y avait-il deux autres portes vers les pointes orientale et occidentale de l'île. C'est ce qu'on ne saurait prouver. Les anciens textes parlent vaguement de portes, mais aucun n'en désigne le nombre, ni les noms, ni l'emplacement.

Le mur d'enceinte était-il flanqué de tours à l'extérieur? Ces tours étaient-elles de forme ronde, semi-circulaire ou carrée? C'est une double question que des découvertes ultérieures pourront seules résoudre. Je pencherais à leur attribuer la forme carrée, parce que, si ma mémoire me sert bien, cette forme domine dans les clôtures antiques représentées sur des bas-reliefs, ou subsistantes encore dans des villes de fondation romaine.

De la Marre affirme l'existence de ces tours, mais sans en donner la moindre preuve. Dans la charte citée plus haut (p. 7), nous avons remarqué ces mots : «inter portam civitatis et *turrim*.» Cette charte étant admise comme authentique, je ne sais s'il est permis de conclure que cette tour flanquait le mur d'enceinte.

Le vers d'Abbon (p. 6) « Digressique foràs nostri circumdare *turres* » ne décide pas encore la question. Il s'agit probablement ici des tours de charpente qui fortifiaient le pont dit : de Charles le Chauve, tours près desquelles se passèrent tous les épisodes sanglants du siége de 885 à 86.

Des preuves matérielles viendront-elles à notre secours? Sauval est, je crois, le premier auteur qui ait songé à signaler comme partie accessoire de la clôture de la Cité, une ancienne tour carrée, sise rue de la Pelleterie, en 1392, non loin de S. Denis-de-la-Chartre, et détruite de son temps. Jaillot présume qu'elle était située près de la rivière, à *dix toises environ* de cette rue. On la nommait autrefois tour *Marquefas*, et plus tard tour *Rolland*, comme écrit Lebeuf et autres, ou *Raoulant*, selon Sauval (III, p. 42).

On doit être méfiant au sujet des anciennes tours, dont il ne reste ni vestiges ni dessins. Les auteurs des XVI* et XVII* siècles étaient de fort mauvais juges en archéologie, même quand ils parlaient *de visu*. Les vieilles tours *carrées*, que notre siècle peut apprécier, se trouvent toujours être des donjons d'hôtels ou des cages d'escalier. Dans la cour d'une maison, rue Chanoinesse, 18, il en existe une qui,

vue de la rue, affecte un air d'antiquité qui se dissipe de près; c'est une bâtisse du
XVe ou du XVIe siècle, contenant un escalier. Quand je la visitai en 1840, le portier me confia que j'avais sous les yeux une partie du palais du *roi Dagobert* ou de
Charlemagne! Sauval en eût fait volontiers une tour d'enceinte de la Cité; de son
temps, on était sur ce point fort accommodant. Je suis même étonné que l'édifice
octogone du cimetière des Innocents n'ait pas été cité aussi à titre de tour d'enceinte, puisqu'on s'est bien avisé de le faire passer pour un *phare* établi... *au
milieu d'un bois* [1] !

Je me sens donc tout disposé à rejeter cette tour de Marquefas que l'archéologie
moderne n'est plus à même de juger.

Robert de Vaugondy (*Tablettes*, p. 9) admet que les murs et les tours du
Palais pourraient bien avoir été bâtis sur cette première clôture, et il signale
une grosse tour sise rue S. Louis (aujourd'hui quai des Orfévres), près du
pont S. Michel, comme une des sœurs de la tour Marquefas. Cette tour ronde
figure sur plusieurs plans, notamment sur celui de Mathieu Mérian. Du reste,
de Vaugondy n'affirme rien, et se garde bien de décrire l'objet de son hypothèse.
Il est probable que cette tour, comme celles qui subsistent encore sur le quai de
l'Horloge, datait à peu près du temps de Philippe le Bel.

L'enceinte de la Cité subsistait encore en 886, comme l'atteste le poëme d'Abbon. A quelle époque a-t-elle disparu? Il est croyable qu'il n'en existait plus
aucune partie sous Ph. Auguste, puisque les écrivains contemporains n'en font
pas mention. Après la retraite définitive des Normands, on l'aura jugée inutile
et remplacée par une enceinte plus étendue, embrassant les quartiers situés sur
la rive droite, et *peut-être* aussi les faubourgs de l'autre rive. A une époque qu'on
ne peut préciser, ce mur, vendu ou livré au bon plaisir des propriétaires riverains, aura été exploité comme une carrière de pierres. C'est le sort réservé, tôt
ou tard, à toutes les clôtures de ce genre.

II. — Première enceinte de la ville.
(Rive droite.)

L'histoire de cette clôture ne s'appuie guère que sur des hypothèses. Les historiographes parisiens l'admettent pour la plupart, mais n'en parlent qu'avec un
vague désespérant. Aucun d'eux n'est parvenu à prouver ses limites, ni l'année
de sa fondation, ni sa forme, ni même l'époque où elle fut effacée du sol. Jus-

---

[1] Si j'en avais le loisir, je ferais un livre intitulé : DES BÉVUES ARCHÉOLOGIQUES RELATIVES AU VIEUX
PARIS. Le volume serait plus gros que celui-ci. Je n'oublierais pas toutes ces prétendues habitations
de personnages célèbres, consignées dans les historiens anecdotiers.

qu'ici nul vestige matériel et authentique n'est venu à l'aide de l'antiquaire, quoiqu'on ait fait souvent des fouilles profondes dans les diverses localités que plusieurs auteurs assignent à son passage. On a allégué, pour attester ou nier son existence, une multitude de raisons bonnes ou mauvaises; on a produit des chartes ou d'anciens récits plus ou moins dignes de confiance. Pour moi, je n'ai à présenter sur cette matière aucun document nouveau. Je me bornerai donc à exposer avec lucidité, à analyser avec concision tout ce qui a été mis en avant jusqu'ici sur ce sujet obscur; et d'abord je m'occuperai de la rive droite.

Du Breul (édit. 1612, p. 846)[1] cite une charte de Lothaire, accordée (vers 980) aux Religieux de S. Magloire, où il est question de leur chapelle S. Georges, attenante à leur cimetière alors situé dans la rue actuelle de S. Magloire[2]. Il est dit dans l'acte que cette chapelle est bâtie « in suburbio Parisiaco, *non procul à* « *mœnibus.* » Il ne s'agit pas ici du gros mur distant de ce point d'environ 85 toises vers le nord, mur attribué par tous les historiens à Philippe Auguste (1190). D'ailleurs cette chapelle, étant dans le faubourg (in suburbio), devait être en dehors de l'enceinte. Il s'agit donc, soit du mur qui entourait la Cité, soit d'un autre, placé entre cette chapelle et la Seine. Si l'on admet qu'on désigne celui de la Cité, on conviendra que ces mots : *non procul à mœnibus*, ne sont guère justes, puisque, de la chapelle au point le plus voisin du rivage de la Cité, on compte, selon Verniquet, environ 354 toises. Mauperché (p. 79) adhère à cette interprétation en se fondant sur un acte analogue que j'ai cité page 6, acte où il est question de l'église S. Vincent, située *propè muros civitatis*, quoiqu'elle en fût aussi très-éloignée. Mais les circonstances sont ici différentes. Entre la Cité et la chapelle S. Georges il existait, en 980, plusieurs localités ou rues très-importantes qu'on aurait pu choisir pour indiquer la position de cette chapelle. Cette charte, interprétée dans le sens le plus naturel à mes yeux, attesterait l'existence d'un mur d'enceinte qui traverserait la rue S. Denis, à peu près à la hauteur de la rue Aubry-le-Boucher. Reste à savoir si la charte, dont Du Breul ne donne qu'un extrait, est authentique; c'est ce que je ne pourrais affirmer, même quand je l'aurais sous les yeux. Dulaure l'a jugée fausse.

Suger, abbé de S. Denis et ministre de Louis le Gros, mentionne, dans un compte (rédigé vers 1145) des revenus de son abbaye, une maison qu'il avait acquise près d'une des portes de Paris « domum quæ super est *Portæ Parisiensi*

---

[1] Quand je cite le *Théâtre des Antiquités de Paris* de Du Breul, c'est toujours d'après l'édition de 1612 suivie du *Supplément* de 1639.

[2] Cette chapelle, ainsi que le couvent de S. Magloire (rebâtis depuis 980) passa aux *Filles-Repenties* vers 1572, époque où Cath. de Médicis établit sur le terrain de leur couvent primitif son hôtel, qu'a depuis remplacé la Halle-aux-blés.

« versùs S. Medericum. » L'existence d'une porte de ville située rue S. Martin, près S. Merry, paraît donc incontestable. On ne peut y voir une porte de la Cité, ni la confondre avec celle élevée plus au nord, environ 45 ans plus tard, par Ph. Auguste. Raoul de Presle vers 1380, et Corrozet en 1532, en signalent les débris nommés l'*archet S. Merry*. Guillot, dans son *Dit des Rues de Paris* (vers 1300), nomme, dans le voisinage de cette église, la rue S. Martin : *rue de la Porte S. Mesri*. Cette rue, passé celle de la Verrerie, continue sous le nom de : *rue des Arcis*, sur tous les plans antérieurs à 1851. Or, ce changement de désignation semble indiquer, comme le remarque La Tynna, la limite de Paris à une certaine époque, et le nom des *Arcis* peut signifier : *arcades*, par allusion à l'archet S. Merry [1].

Cet archet S. Merry est donc un point fixe. Seulement il est permis de dire, avec Sauval, que l'existence d'une porte de ville n'entraîne pas celle d'un mur d'enceinte. Mais comme cette porte, d'après la suite du texte de Suger, rapportait des revenus au profit de son abbaye, cette circonstance semble autoriser à croire également à un mur de clôture, car il serait assez difficile de percevoir des droits à une porte isolée de tout mur d'octroi.

Mauperché, qui cite lui-même le récit de Suger, et qui veut s'entêter à nier une enceinte antérieure à celle de Ph. Auguste, cherche à se débarrasser de ce témoignage et, malgré l'évidence, soit aveuglement, soit mauvaise foi, il dit (p. 80) : « Ce nom d'*Archet S. Merry* (cité par Raoul de Presle) prouve que ce n'étoit pas « une porte de Paris, mais, selon les apparences, une porte du cloître de l'église « de S. Merry. » Il oublie que Suger dit positivement : *porta parisiensis*.

De la Marre (p. 72) cite un titre de 1253 où il est question de la Porte Baudets joignant les Murs-le-Roy. Cette porte est sans aucun doute celle bâtie vers 1190, et non celle du même nom, qu'on suppose avoir existé sur la place *Baudets*, dite aussi, après bien des altérations : *Baudoyer*. Cette expression : les *Murs-le-Roy*, est souvent employée dans d'anciens actes où il est question des murs de Ph. Auguste ou de Charles V. Plus tard, on les nomma : les murs de la Ville.

Le même auteur cite des lettres-patentes datées d'août 1280, et extraites des Registres du Châtelet, où il est dit « Propè portam Bauderii à domo Joannis des « Carneaux, quæ est de dicto territorio S. Eligii, per quam *muri veteres* ire sole- « bant. » S'agit-il ici de la première porte Baudets, ou de la seconde, bâtie en 1190, où nous voyons l'entrée du collège Charlemagne ? L'expression *muri ve-*

---

[1] Le mot *archet* signifiait : porte à arcade. On lit dans La Tynna que l'extrémité orientale de la rue des Prêtres-S.-Paul (dite aujourd'hui Charlemagne) se nommait l'*Archet-S.-Paul*, parce qu'elle aboutissait à la poterne de ce nom. Sauval cite une *rue de l'Archet*, près S. Julien-le-Pauvre.

teres peut, sans trop dévier de son sens, s'appliquer à des murailles élevées depuis 90 ans; mais pour expliquer les mots *ire solebant*, qui expriment un temps passé, il faut supposer qu'en 1280 le mur de Ph. Auguste avait été déjà, en cet endroit, vendu à des particuliers qui l'avaient démoli pour agrandir leur propriété.

Cette interprétation répugne à la vraisemblance. Si l'on regarde comme authentiques la teneur et la date de ces lettres-patentes, on admettra que le territoire de S. Eloy s'étendait jusqu'à la place de la Porte Baudets, et que cet acte de 1280 atteste l'existence, de ce côté de Paris, d'un mur d'enceinte antérieur à celui de Ph. Auguste.

Quelques auteurs ont cru que la première porte Baudets était située rue S. Antoine, à la hauteur de la rue de Jouy, parce qu'on signale sur d'anciens titres un vieux mur qui se voyait rue de Jouy. Mais notons que la rue des Prêtres-Saint-Paul (auj. Charlemagne) portait le même nom que cette rue, à laquelle elle fait suite; on a voulu désigner dans ces titres le mur de Ph. Auguste, qui la traversait à la hauteur du collége Charlemagne.

Bonamy nous a fait connaître (*Mém. de l'Acad. des Inscr.*, t. XXXII) une pièce tirée du Trésor des Chartes, qu'il a copiée lui-même. C'est un prétendu devis ou compte des frais du mur élevé sur la rive gauche par Ph. Auguste. Je la citerai plus tard, au chap. VIII. Voici le passage qui nous intéresse ici : on y dit que l'enceinte du midi est accompagnée de tours de même épaisseur que le *vieux mur* qui est du côté de la rive droite; « cum tornellis de spissitudine *veteris muri* « ex parte Magni Pontis. » Bonamy remarque que cette expression *vieux mur* ne peut s'appliquer au mur septentrional de Ph. Auguste, bâti tout récemment (vers 1190), comme l'affirment tous les historiens modernes, et conclut qu'il s'agit d'une enceinte antérieure construite sous la première race [1].

Ph. Auguste aurait-il, au lieu de faire construire à neuf le gros mur de cette partie de Paris, réparé seulement un mur antérieur qui aurait servi de modèle pour la clôture projetée du côté de la rive gauche?

Telle est la réflexion que fait naître cet acte. Il renverserait, comme le remarque Du Plessis (*Annales*, p. 70), la croyance généralement admise au sujet de l'enceinte septentrionale attribuée à Ph. Auguste. Du Plessis demande où est la preuve que cette enceinte soit de ce temps; c'est un point que nous discuterons plus tard (voir le chap. III).

---

[1] Faudrait-il admettre que Louis le Gros, en guerre avec les Anglais, avait fortifié Paris, et que les halles qu'il fit construire étaient placées à l'intérieur d'une enceinte élevée vers le même temps? Bouquet, dans son *Mémoire*, p. 38, cite un acte de ce roi où il s'agit d'un fossé qui bornait le terrain de Champeaux. Ce fossé aurait-il fait partie d'une fortification générale, dont le nom de la rue des Fossés-S.-Germain-l'Auxerrois serait un souvenir ?

Tels sont, à ma connaissance, les principaux documents écrits, signalés à l'appui d'une clôture établie sur la rive droite avant celle de Ph. Auguste. Il résulte de leur analyse que la question est encore en suspens. Pour la résoudre, il faudrait exhumer une pièce moins sujette à controverse que celles citées jusqu'à ce jour. Cette pièce, qui seule pourrait éclaircir tous les doutes, est peut-être cachée à cette heure au fond de nos Archives : c'est vers ce document inédit que devra diriger toutes ses recherches celui qui voudra refaire ce chapitre.

Il est encore, sur ce sujet, une sorte de preuves qui nous manque tout à fait ; je veux parler de découvertes matérielles. On lit dans la *Cosmog. univ.* de Belleforest, t. I, p. 179 : «En diuers endroits de la ville, on voit les *marques* de « l'accroissement d'icelle, si comme *vers la Monnoie*... puis fut fermée iusques « au lieu qu'on nomme l'archet S. Merry. » Veut-il dire que de son temps (1575) on voyait encore des restes d'un vieux mur d'enceinte près de la Monnaie, alors située dans la rue actuelle de la Vieille-Monnaie?

Sauval a prétendu, mais à tort, avoir trouvé deux tours qui se rattachaient à cette clôture; l'une est détruite depuis longtemps, l'autre a subsisté jusqu'en 1843 : j'en parlerai plus bas, dans le cours du présent chapitre.

Je vais maintenant m'occuper des hypothèses plus ou moins probables qu'on peut émettre sur l'existence de cette enceinte.

La plupart des historiographes parisiens l'ont admise, pour ainsi dire, par *instinct*, car la ville de Paris a toujours possédé des faubourgs trop considérables pour qu'on puisse supposer, même sous la première race, qu'ils fussent dépourvus des moyens de défense généralement adoptés à cette époque.

Grégoire de Tours, historien contemporain du sixième siècle, s'exprime ainsi (*Gloria confessorum*) : «Ingrediente autem Chilperico rege in *urbem Parisiacam*, « postridiè quàm rex ingressus est *civitatem*. » Le mot *urbem* désigne probablement la rive droite de Paris, ville déjà importante [1]. Peut-être même appelait-on déjà spécialement *Paris* cette partie de la capitale des Parisiens.

Avant les ravages des Normands, Paris était une ville riche et peuplée ; aussi, quand ces dévastateurs résolurent d'en faire le siége, se présentèrent-ils en grand nombre, puisqu'on évalue leur armée à trente ou quarante mille hommes. Bonamy, dans une Dissert. (*Mém. de l'Acad. des Inscr.* XV), accumule les preuves de l'état florissant de Paris au IXe siècle. Voici les principales : — existence d'un Palais royal;

---

[1] Grégoire de Tours ne parle nulle part d'une clôture de la rive droite, partie de Paris appelée proprement : la *Ville*. Ce silence doit peut-être s'interpréter ainsi : il s'est cru dispensé de consigner un fait que, dans sa pensée, la postérité ne mettrait jamais en doute, vu qu'une enceinte était, de son temps, réputée l'accessoire indispensable d'une ville, de sorte que le mot *ville* (urbs ou oppidum) renfermait l'idée d'une enceinte fortifiée.

— lettre de Foulques, archev. de Reims, à Charles le Gros, dans laquelle il nomme Paris la *capitale* de Neustrie et de Bourgogne; — associations très-importantes de commerçants; — affluence d'étrangers à la Foire de S. Denis; — tableau imposant qu'ont tracé de ses richesses Hilduin, abbé de S. Denis; Adreval, moine de l'abb. de Fleury-sur-Loire; enfin Abbon, qui, en 886, personnifiant la ville de Paris, lui prête ces paroles : *Sum polis ut regina micans omnes super urbes;* et, un peu plus loin, l'apostrophe ainsi : *Quisque cupiscit opes Francorum te veneratur.* On pourrait objecter que c'est une exagération poétique (si poésie il y a); néanmoins, on doit conjecturer qu'à une époque où existaient déjà au nord de la ville des abbayes ou églises considérables, telles que S. Gervais, S. Germain-le-Rond (depuis : l'Auxerrois), S. Laurent, la Basilique de S. Martin-des-Champs, etc., cette partie de Paris devait être digne d'un rempart.

Dans le Poëme d'Abbon, on voit tous les efforts des assiégeants se porter vers la Cité, parce qu'apparemment toutes les richesses des faubourgs s'y étaient réfugiées. On peut donc douter que la rive droite fût fortifiée en 886; cependant, comme on lit qu'à diverses reprises nos ennemis, avant et après cette époque, ne pouvant forcer le passage sur la Seine, transportaient leurs barques à terre pendant l'espace de *deux milles*, puis les remettaient à flot au-dessus de Paris, et ainsi au retour, on est amené à croire qu'ils faisaient, du côté de la rive droite, le tour d'une clôture assez étendue, renfermant les faubourgs de la ville.

Les historiographes parisiens ont donc, je le répète, se fondant sur les citations et les raisonnements que je viens d'exposer, admis une clôture, qu'il y aurait, pour ainsi dire, nécessité d'inventer, en l'absence de preuves positives. On lit dans les *Annales* de Du Plessis, page 9 : « Il est *certain* que *sous la première Race* de nos « rois, une partie des fauxbourgs étoit déjà ajoutée à l'ancienne Ville, *au moyen* « *d'une enceinte de chaque côté.* » Le mot *certain* est trop affirmatif ; contentons-nous de l'expression : *très-vraisemblable.* Quant à l'existence d'une clôture méridionale, à laquelle se rapporte aussi le mot *certain,* elle est encore bien moins prouvée que celle de la rive droite, comme je le dirai bientôt.

A mon avis, les deux documents les plus solides sur lesquels puisse s'appuyer la démonstration d'une enceinte septentrionale, avant Ph. Auguste, c'est la charte de 980, au sujet de la chapelle S. Georges (voy. p. 10), et le passage de l'abbé Suger, où il s'agit d'une porte de Paris voisine de Saint-Merry et située au point où la rue des Arcis fait suite à celle S. Martin, porte où l'on percevait des droits au profit de l'abbaye de S. Denis. Quant aux autres prétendues preuves, elles se réduisent à des conjectures, ou à des méprises.

L'existence de cette première clôture du nord supposée certaine, à quel siècle l'attribuer? Sera-ce à l'époque de la domination romaine? Il est raisonnable de

croire que, deux ou trois siècles après la conquête de J. César, ce çôté de la Seine
ait été assez important pour mériter un mur d'enceinte tout aussi bien que la
Cité. Mais on se demande comment à aucune époque on n'en a trouvé la moindre
trace. Sans doute, au moyen âge, on a pu en employer les matériaux à d'autres
constructions, surtout après l'achèvement de la nouvelle clôture de Ph. Auguste;
mais qu'il n'en reste aucun vestige, même souterrain, voilà ce qui étonne. On a
pourtant souvent sondé profondément le sol à des endroits où l'on suppose que
ce mur existait, du côté du Grand-Châtelet, des Halles et de S. Gervais (voir la
note, page 2); or, on n'a jamais signalé la moindre découverte, soit que personne
n'eût songé à rechercher les traces de ce mur antique, soit qu'il eût été construit
fort légèrement, contre l'habitude des Romains; soit encore que Ph. Auguste
(hypothèse inadmissible) eût établi son mur d'enceinte sur les fondements de
celui-ci; soit enfin qu'il n'eût jamais existé.

Sauval le croit de construction romaine, et comme, emporté par son imagination, il se contredit souvent; il regarde comme des accessoires qui ont survécu
à sa ruine, des tours de construction ogivale, dont je vais parler quelques pages
plus bas.

L'abbé Lebeuf, frappé sans doute de l'idée qu'une enceinte romaine aurait
laissé des traces, admet qu'elle était l'ouvrage des Francs : « C'étoient vraisem-
« blablement des murs bâtis moitié de bois sur des fondemens peu épais et peu
« profonds : c'est pourquoi ils furent facilement réduits en cendres dans les
« différens passages des Normans; et c'est la raison pour laquelle on n'en peut
« rien montrer. Tout ce qui en fut conservé fut l'allignement sur lequel on assit
« les murs qu'on refit par la suite » (*Dissertations*, t. I, p. 31).

Cette dernière phrase semble donner à entendre que l'enceinte septent. de
Ph. Auguste fut établie sur la trace d'une autre plus ancienne. Ce système prendrait, en effet, quelque apparence de consistance si on l'étayait sur l'interprétation de plusieurs pièces telles que celle exhumée par Bonamy (voyez p. 12); mais
il serait bientôt détruit par des récits contemporains, qu'il n'est point permis de
rejeter. Au reste, admettre que Ph. Auguste bâtit son mur septentrional sur les
ruines d'une enceinte précédente, ce n'est pas nier l'existence d'une autre enceinte encore antérieure et moins étendue. Mais rien dans les écrits de Rigord
et de Guillaume le Breton, historiens contemporains, n'indique que ce roi en ait
usé ainsi; il en résulte, au contraire, qu'il renferma dans une clôture neuve des
faubourgs et des pièces de terre qui se trouvaient hors de la ville, ce qui exclut
l'idée du simple renouvellement d'un ancien mur. Il est particulier que ces historiens, qui l'ont vu construire, ne parlent pas de l'enceinte qui aurait précédé
celle qu'ils décrivent, ne fût-ce qu'à titre de comparaison, pour faire mieux

valoir par le contraste l'importance de cet agrandissement de Paris. Nulle part ils n'emploient l'expression *enceinte nouvelle*. Il est donc à croire que, dès cette époque, l'ancienne était détruite sur toute la ligne, ou cachée, à l'insu de tous, au milieu des îlots de maisons [1].

L'époque où fut élevée cette première clôture de la rive droite, dont l'existence est très-vraisemblable sinon prouvée, est un point tout à fait incertain. Les uns l'attribuent aux Romains, les autres à Hugues Capet et à Louis le Gros. Le plus sage, à mon avis, est de rester neutre en attendant des documents précis, s'il doit en venir. Pour satisfaire tout le monde, j'admettrais volontiers qu'elle était l'ouvrage de plusieurs époques; que, construite sous les Romains, elle fut à divers intervalles réparée, renouvelée, peut-être même reculée, selon le besoin, sur certains points. On supposerait qu'au X⁰ siècle ce mur antique ou gallo-romain, çà et là démantelé par les Normands ou lézardé par le temps, commençait à tomber en ruines, et qu'on l'aura laissé en cet état à l'approche de ce terrible an 1000, terme assigné, par la croyance universelle, à la fin du monde, et cause d'un découragement général. Passé la fatale limite, on voit les peuples renaître à l'espoir et à l'activité; alors furent renouvelés les édifices délabrés; mais au lieu de relever les débris de l'enceinte, on la convertit, ainsi que celle de la Cité, en une sorte de carrière de pierres, dont on tira des matériaux pour reconstruire les églises; la ville de Paris, en veine de croissance, dépassa les limites effacées de sa vieille enceinte, de sorte que sous Ph. Auguste, devenue une ville ouverte, elle avait déjà perdu le souvenir de l'emplacement où passaient ses anciens murs.

Mais trêve aux hypothèses qui ne parlent qu'à l'imagination. Pour en faire une dernière et prendre un parti, je supposerai cette enceinte détruite vers l'an 1200, puisque les historiens de Ph. Auguste n'en parlent pas et n'accordent pas à celle de ce roi l'épithète de *nouvelle*.

Je vais maintenant indiquer les divers tracés de plusieurs auteurs relativement à la première enceinte septentrionale, mais sans adopter aucun système, et sans la moindre velléité d'en construire un nouveau. Je répète avant tout que je n'ai jamais rencontré le moindre reste authentique de ce mur de clôture sur aucun point des diverses lignes que plusieurs auteurs ont assignées à son cours. Aujourd'hui même (janvier 1852) on voit des fouilles profondes à la place où passait la rue de la Tixeranderie. Quelques vestiges d'un mur épais mais isolé, décou-

---

[1] Sauval avance que les deux portes nommées Baudets ou Baudoyer ont existé simultanément, et, Ramond du Poujet, que la première enceinte septentrionale subsistait encore sous Louis le Jeune (1137 à 80). Mais ces assertions ne sont pas accompagnées de preuves.

vert, m'a-t-on dit, vers l'extrémité sud de la rue des Mauvais-Garçons, ne peuvent passer pour un échantillon de l'enceinte qui nous occupe.

Sauval, qui écrivait vers 1660, est, je crois, le premier auteur qui se soit avisé de tracer la marche hypothétique d'une clôture de la rive droite, antérieure à celle de Ph. Auguste, et de construction romaine. Il la fait commencer à la porte Baudets ou Baudoyer, près la place de ce nom, ou *aux environs*, sans déterminer de quel point du rivage de la Seine partait le mur qui joignait cette porte. De là il la conduit, sans indication précise, jusqu'à une *vieille tour* carrée, dite *du Pet-au-Diable*, derrière S. Jean-en-Grève [1], puis de là à une autre *vieille tour* qui se voyait de son temps au logis de M. Honoré Barentin, rue des Deux-Portes, entre les rues de la Verrerie et de la Tixeranderie. Il dirige ensuite son mur d'enceinte vers S. Merry, *proche* l'église, où était la porte citée par l'abbé Suger; puis, à la hauteur de la rue S. Denis, il lui fait faire un brusque retour d'équerre, et le fait aboutir au bas de cette rue, à la place actuelle du Châtelet.

Ce tracé de Sauval offre cinq points bien arrêtés qui servent de base à son système. La place *Baudets* ou *Baudoyer* (nom qui a prévalu) est un carrefour qu'on nommait autrefois *la Porte Baudets* ou *Baudoyer*, comme s'il y avait là une entrée de Paris. On a donc, depuis des siècles, admis, sur le témoignage du nom de la place et de la tradition orale, qu'il en avait existé une à une époque indéterminée. Au reste, aucune découverte matérielle n'est jamais venue à l'appui de cette tradition fort acceptable. Mais il est important, je le répète, de ne pas confondre la première porte Baudets avec celle du même nom bâtie sous Ph. Auguste, rue S. Antoine, à la hauteur du collége Charlemagne. La première (*porta Bagauda*) était de construction romaine, suivant De la Marre, qui lui donne une bizarre étymologie. (Voy. ma description des portes, à la suite de ce livre.) Ce n'est que sous Louis XV au plus tôt qu'on a écrit *place* au lieu de *porte*. On lit sur le plan de Du Cerceau, 1560 : Porte Baudest; sur celui de Mérian, 1615 : Porte Baudets; sur ceux de Gomboust et de Bullet, 1652 et 1672 : Porte *Baudoyer* et *Bodoyer*, etc. La plupart des auteurs parlent d'une porte sise en ce lieu ; mais aucun n'a pu préciser son emplacement. Peut-être la véritable désignation fut-elle primitivement l'*Apport* (marché) *Baudets*. Corrozet (1561, f. 68, v) parle du cimetière S. Jean, près l'*apport Baudoier* ou *porte Baudes*.

La tour dite du *Pet-au-Diable* n'a jamais pu faire partie d'une clôture, surtout antérieure au douzième siècle. On a peine à concevoir que De Vaugondy et Dulaure aient adhéré à cette méprise de Sauval, relevée par Lebeuf, Jaillot, Mauperché et autres. Lebeuf (*Dissertations*, I, p. 29) est d'avis que cette tour « ne

---

[1] Je conseille ici au lecteur d'avoir sous les yeux un plan de Paris du XVIII⁰ siècle.

démontre qu'une antiquité de quatre ou cinq siècles » (il écrivait en 1739). Cette remarque faisait honneur à son bon goût, mais il en gâte tout le mérite en ajoutant qu'elle était *voisine* de la porte Baudets, et qu'il la reconnaît volontiers comme « bâtie sur les fondemens d'une *autre* ancienne tour de la première en-« ceinte, et peut-être même d'une des deux tours qui devoient former la porte « Baudoyer. » Cette hypothèse est inadmissible, vu que cette tour était située à environ 75 toises de la place de ce nom.

Mauperché (p. 81) fait la remarque que « les gros quartiers de pierre dont la « tour du Pet au Diable est composée, indiquent qu'elle n'est pas à beaucoup près « aussi ancienne que la clôture de Ph. Auguste. » Il donne pour raison que sous ce roi on n'employait que de très-petites pierres, comme on en voit à son mur d'enceinte. Il suffit d'examiner les parties de Notre-Dame élevées au XIIe siècle, pour se convaincre qu'on faisait usage également de pierres plus grosses. C'est donc au style de son architecture qu'il faut demander la preuve de sa date.

J'entrerai, au sujet de cette tour, dans quelques détails, d'autant plus volontiers qu'elle a disparu tout entière. (On la voit indiquée sur les anciens plans de Braun et de Du Cerceau.) Je l'ai visitée plusieurs fois, et en dernier lieu en octobre 1843, époque où l'on procédait à sa démolition, afin de dégager les abords de l'Hôtel-de-Ville. Elle se trouvait dans la cour d'une maison de la rue Lobau (ci-devant : du Tourniquet-S.-Jean, et autrefois : du Pet-au-Diable). Sous Louis XV, elle faisait partie d'un hôtel dit de Sainte-Mesme [1], mais plus anciennement elle était une dépendance d'un *Hôtel* dit *de la Tour*, appartenant, selon Sauval (I, p. 21), au connétable Valeran de Luxembourg.

Dans la cour de cet hôtel, devenu une maison fort vulgaire, on voyait, du côté du nord, un corps de logis élevé du sol d'environ 20 mètres. C'était la tour en question, mais méconnaissable, replâtrée, avec des fenêtres repercées ; le tout coiffé d'un toit fort ordinaire, sans nulle trace de créneaux ou de machicoulis.

Elle passe pour avoir été donnée, à une certaine époque, aux Juifs du quartier. De là sa dénomination de Synagogue, de Vieux-Temple [2] de *Pet-au-Diable*, sobriquet qu'au moyen âge, en plusieurs lieux de France, on donna aux temples païens, et plus particulièrement aux synagogues.

---

[1] Brice et Piganiol parlent de cet hôtel ; mais au lieu de décrire la tour, ils signalent particulièrement une remise (bâtie sous Louis XV) qui excitait l'admiration des architectes du temps. On la voyait encore en 1840, à droite en entrant. Son plafond était formé d'une voûte mince et plate d'une seule pierre. Elle a été gravée en 1733 par Joseph de La Marche. (Voir Cab. des Est., quartier de l'Hôtel-de-Ville).

[2] Cette tour, dit Dulaure, a pu appartenir aux Templiers, qui avaient en ce lieu un hôtel appelé le *Vieux-Temple*.

On lit dans une *Description de Paris*, écrite en 1434 par Guillebert de Metz [1], le passage suivant : « Deuant lostel de l'Amiral lez S. Jehan (en Grève) estoit une « diuerse grosse piere de *merueilleuse façon* que len nomme le Pet au Deable. » Sauval (t. I, p. 157, et IV, 425) cite un arrêt du Parlement, du 15 nov. 1451, pour s'informer de la pierre dite : du Pet-au-Diable. Cette pierre, ornée de sculptures, d'après l'expression de Guillebert, était peut-être un ancien autel païen, exhumé par nos ancêtres, qui l'auront nommé *Pet-au-Diable*, par opposition ironique à : *Encens à Dieu* ; et il est possible que la tour voisine du lieu de la découverte en ait pris le nom.

Cette tour s'annonçait, dès le premier coup d'œil, comme le donjon défiguré d'un ancien hôtel. Elle avait, à l'intérieur, assez de ressemblance avec une autre, encore debout au cloître S. Jean-de-Latran, nommée tour *Bichat*, parce que ce célèbre anatomiste l'avait habitée. Sa forme était un carré plus long dans le sens de l'est à l'ouest que dans le sens opposé. Son rez-de-chaussée, devenu souterrain, servait de cave en 1838. Son plafond consistait en deux voûtes dont les arêtes doublées, garnies de nervures et alternativement ogivales et cintrées, retombaient d'une part sur le gros mur, de l'autre sur un pilier central à fût cylindrique uni, avec un chapiteau sans ornements. L'étage supérieur, servant de magasin, était voûté de même, sauf que les arcs étaient tous de forme ogivale. Quant aux deux ou trois autres étages, les plafonds ainsi que les fenêtres avaient été refaits. L'escalier conduisant à chaque étage était moderne et construit en dehors de la tour.

La loge du portier était attenante à la face orientale du bâtiment ; sur un des pieds-droits de la porte de cette loge, à un mètre du sol, on voyait un petit bas-relief assez fruste, sculpté sur une pierre probablement rapportée. Il représentait Jésus crucifié, entre Marie et Madeleine ; sa forme était un carré arqué au-dessus de la tête du Christ. Cette pieuse sculpture aura peut-être été exécutée sur un des murs de l'ancien hôtel, à l'époque où la tour cessa d'être une synagogue, dans le but de *purifier* la localité.

On arrachait les fondements de la tour en octobre 1843. L'entrepreneur de la démolition (M. Guichard) me montra un petit écu d'or à l'agnelet, qu'il venait de trouver, et m'assura n'avoir rencontré, en fait d'ornements, qu'une croix de Lorraine surmontée d'une couronne, le tout sculpté au-dessus d'une porte. On voyait, parmi les décombres, des fragments de briques plates, ornées de dessins en creux en forme d'étoiles. Voilà tout ce que j'ai pu voir ou savoir de la tour du Pet-

---

[1] Ce curieux manuscr. se voit à la Bibliot. des ducs de Bourgogne, à Bruxelles (voir ma *Notice sur Gilles Corrozet*, 1848, in-8°).

au-Diable, donjon du XIIe ou du XIIIe siècle, comme il en existait beaucoup à Paris.

Venons à l'autre tour, celle du logis de M. Barentin, tour détruite vers 1685 ou en 1702. Le plan de Gomboust (1652) indique ce logis, mais on n'y remarque ni le plan ni l'élévation de la tour. Sauval la décrit en termes bien vagues : « une « grosse tour carrée qui ressemble à une *forteresse des siècles les plus reculés*, et « à une *tour de clôture* plus qu'à toute autre chose. » En fait d'ancienne architecture, il n'est pas sûr de se fier à l'appréciation de Sauval. Cette tour était fort probablement, comme l'autre, un vieux donjon, puisque, selon De la Marre (p. 73), elle était semblable à celle du Pet-au-Diable. Ce dernier auteur, qui écrivait vers 1700, ajoute qu'on la voyait encore « il n'y a pas vingt ans. »

Ce donjon figure sur les plans de G. Braun, de Du Cerceau et de Belleforest[1]. Sur celui de Du Cerceau, on y remarque quelques détails omis sur la copie de Dheulland. Il offre l'aspect d'un énorme bâtiment carré, à deux étages, avec un toit élevé, percé d'une lucarne. Les quatre fenêtres de la face occidentale paraissent de forme gothique, à deux compartiments.

Quant à la porte de ville, que Sauval admet en la rue S. Martin, près de S. Merry, son existence me paraît incontestable. (Voy. plus haut, p. 11.)

Il nous reste un cinquième point à examiner : l'existence d'une *porte* dite : *de Paris*, au bas de la rue S. Denis. Une petite place qu'on voyait autrefois à l'extrémité de cette rue, devant le Grand-Châtelet, s'est nommée de temps immémorial, tantôt le *port* ou l'*apport* (marché)-*Paris*, tantôt la *porte Paris*. Sur le plan de Boisseau on lit *Port*, sur celui de Bullet : *porte*. Sauval, d'accord avec Corrozet, soutient, contre Du Breul, qu'on doit dire : *porte*. De la Marre est du même avis et appelle vaguement en témoignage les *anciens titres*. On comprend qu'il a pu en effet exister autrefois en ce lieu une porte fortifiée qui formait la tête du Grand-pont, et qu'a depuis remplacée le Grand-Châtelet; mais cette porte n'a pu avoir d'usage qu'au temps où Paris était renfermé dans la Cité. Considérée comme dépendance d'une enceinte de la rive droite, sa position ne s'explique pas. Son ouverture faisait-elle face à une rue parallèle à la Seine ou à la rue S. Denis? Et puis, comment admettre que cette rue S. Denis qui fut, dès les temps les plus reculés, une grande chaussée aboutissant au Grand-pont, garnie de maisons qui formaient un faubourg important, ait été limitée d'un côté par un mur d'enceinte et réduite à l'état d'un chemin de ronde intérieur? Aussi la plupart des auteurs qui ont écrit après De la Marre ont-ils senti le besoin de tracer

---

[1] J'ai lu dans un article du *Siècle* (4 août 1851) qu'il y eut là un palais habité par la reine Blanche, veuve de Philippe VI, puis par Tanneguy du Chastel, et enfin par Sully.

ce mur plus loin vers l'ouest, de manière à ce que la corde de l'arc de la clôture du nord fût parallèle à la longueur de la Cité; aussi ont-ils supprimé cette porte de Paris, ou du moins ne l'ont-ils pas attribuée à l'enceinte de la rive droite. Il est incroyable que Lebeuf ait, sur ce point, adhéré à l'opinion de Sauval.

De la Marre donne de cette clôture un tracé analogue à celui de Sauval, mais avec un peu plus de détails. « Elle commençoit (dit-il, t. I, p. 72) à la *Porte* de « Paris, continuoit le long de la rue S. Denys, où il y avoit une porte [1] proche la « rue des Lombards; passoit ensuite entre cette rue des Lombards et la rue « Troussevache, au Cloistre S. Médéric, où il y avoit une autre porte; tournoit « par la rue de la Verrerie, entre les rues Bardubec et des Billettes; descendoit « rue des Deux Portes; traversoit la rue de la Tixeranderie et le Cloistre S. Jean, « proche duquel estoit une troisième porte, et finissoit sur le bord de la rivière, « entre S. Jean et S. Gervais. »

Bonamy (*Mém. de l'Ac. des Inscr.*, t. XV et XVII) critique cette hypothèse et assigne à l'enceinte une marche plus conforme au bon sens. Il la fait commencer au For-l'Evêque, vis-à-vis la rue actuelle du Harlay, qui était la limite occidentale de la Cité; elle longe ensuite le cimetière des Innocents, traverse la rue S. Denis, où il place une porte qui n'est pas invraisemblable; continue jusqu'à la Porte S. Merry, gagne la rue S. Antoine, près la Vieille-rue-du-Temple, et aboutit au port au blé, entre les rues des Barres et Geoffroy-Lasnier. Bonamy rejette ainsi, et avec raison, la Porte-Paris et les deux tours carrées dont j'ai parlé ci-dessus.

Robert de Vaugondy, influencé par les remarques de Bonamy, a placé son enceinte à peu près sur la même ligne; mais il n'a pu éviter l'écueil des deux tours mises en avant par Sauval, et c'est pour les rencontrer qu'il la fait aboutir à un point plus rapproché de l'Hôtel-de-Ville. Il admet, opinion singulière ! que de ce côté de Paris le vide formé par la démolition du mur est représenté par le passage même des rues dont il fait les limites de sa clôture. Aussi s'est-il cru dispensé de l'indiquer par une ligne sur son plan qui porte le tracé des enceintes postérieures à celle-ci. Cette assertion est vague et ne s'appuie sur rien ; il suffit de suivre son système avec un plan de Paris sous les yeux, pour le rejeter.

Voici le texte de R. de Vaugondy (*Tablettes paris.*, p. 10) : « Cette clôture pa- « roît avoir commencé au bord de la rivière, *à peu près* où est la rue des Plu- « mets, passoit *près* la place Baudet, où étoit une porte de même nom, alloit « joindre dans le cloître S. Jean une tour quarrée, qui existe encore sous le nom

---

[1] Aucun acte ne mentionne cette porte : elle a dû cependant exister, mais pas dans l'hypothèse que la rue S. Denis, l'ancienne grande route du Nord, eût été un simple chemin de ronde intérieur.

« de *Pet au Diable*, et qui l'a donné à la rue voisine ; continuoit par la rue des
« Deux Portes jusqu'à une tour qui y existoit encore, *il y a quelques années*, se-
« lon Sauval et Delamarre ; puis, suivant le cloître de S. Merry, traversoit la rue
« S. Martin dans un lieu appellé l'Archet S. Merry, qui étoit une porte près l'é-
« glise de même nom ; passant ensuite *vers* les rues Troussevache et des Lom-
« bards, traversoit la rue S. Denis, où il y avoit une porte, renfermoit S. Op-
« portune, et tournoit par les rues des Deschargeurs et Bertin Poirée, pour aboutir
« sur le quai de la Mégisserie, proche le Fort l'Evêque. »

Voici le système de La Tynna (édit. 1816, p. xxxi) sur ce mur de clôture, qu'il
croit bâti sous Hugues Capet : « Il commençait sur le bord de la Seine, *en face de*
« *la rue Pierre-à-Poisson*, et se dirigeait le *long de la rue S. Denis* jusqu'à la
« rue des Lombards, où l'on trouvait une porte (nous avons fait d'inutiles efforts
« pour découvrir si la porte *Perrin-Gasselin*, mentionnée dans le rôle de 1313,
« était une ancienne porte de la ville) ; il passait ensuite entre les rues des Lom-
« bards et Troussevache jusqu'à la rue S. Martin, où il y avait encore une porte,
« nommée depuis l'Archet S. Merri ; ce mur de clôture traversait ensuite le cloî-
« tre S. Merri, coupait les rues du Renard, Barre-du-Bec, et aboutissait rue des
« Billettes, *où il y avait vraisemblablement une porte ;* il longeait ensuite la rue des
« Deux-Portes, traversait la rue de la Tixeranderie et le cloître S. Jean, près du-
« quel était encore une porte, et finissait en droite ligne au bord de la Seine. »

Ramond du Poujet, dans sa *Notice sur les enceintes de Paris* (1818), a suivi à
peu près la marche de Sauval, et de De la Marre.

Voyons enfin la ligne que Dulaure assigne à la première enceinte septentrionale, qu'il attribue à *Louis le Gros*. Ses conjectures sont fondées sur la *courbure*
ou sur la dénomination de certaines rues.

Son mur part *dans le voisinage* de S. Germain-l'Auxerrois, enserrant cette
église et ses dépendances, suit la direction des rues des Fossés-S.-Germain, de
Béthisy, des Deux-Boules, des Chevaliers-du-Guet et de Perrin-Gasselin. Rue
S. Denis, il est percé d'une porte *peu distante du Grand-Châtelet*, et continue à
suivre les rues d'Avignon et des Ecrivains, traverse la rue des Arcis, où se
trouve la porte nommée par l'abbé Suger. De là, il suit la rue Jean-Pain-Mollet,
traverse le nord de la place de Grève, touche à la tour du Pet-au-Diable, et, de
ce point, va joindre le quai. Ici, Dulaure est fort indécis et ne sait où placer la
Porte Baudet, ni à quel point du rivage faire aboutir son mur.

Ce système me semble être de tous le moins adoptable ; figuré sur un plan,
il répugne à la raison. Conçoit-on que Louis le Gros construise, vers 1135, un
mur d'enceinte à une si petite distance de la Seine, que Ph. Auguste, un demi-
siècle plus tard, sera obligé de le reculer bien plus loin vers le nord ? Il serait plus

raisonnable de croire que Louis le Gros aurait fait élever le mur même qu'on attribue à Ph. Auguste, et de soutenir que ce dernier roi se borna à le réparer en 1190. Mais attribuer à Louis le Gros une clôture si resserrée, qu'elle laissait en dehors de riches faubourgs, et même le marché qu'il avait établi ou projetait d'établir, n'est-ce pas en vérité une opinion inadmissible ?

La rue des *Fossés-S.-Germain-l'Auxerrois* doit son nom, soit à des tranchées dont les Normands auraient entouré leur camp, établi près de là en 886, soit (en supposant son origine moins ancienne) à sa tendance vers le fossé qui fortifiait à l'orient le vieux Louvre, et pouvait être ainsi désigné, vu sa proximité de l'église S. Germain. Dulaure, en élevant de ce côté de Paris un mur accompagné d'un fossé, est forcé en quelque sorte de l'admettre sur toute la ligne, hypothèse qu'aucun document ne confirme [1]. Il place trop bas dans la rue S. Martin la porte de ville dont parle Suger. Il lui convenait d'autant mieux d'en fixer la position au point où la rue S. Martin prend le nom de rue des Arcis, qu'il a fondé sur ces changements dans la désignation des rues qui se font suite son système de clôture de la rive gauche. Est-ce donc uniquement pour la faire toucher à cette tour du Pet-au-Diable, que Sauval avait mise en avant à tout hasard, que Dulaure a donné à son enceinte une forme si étroite ? Au sortir de cette maudite tour, il ne sait plus que faire de la porte Baudoyer, et encore moins où fixer l'extrémité de son enceinte, à laquelle il assigne trois aboutissants, au choix, sur la rive de la Seine. C'est là plutôt embrouiller qu'éclaircir une question.

Première enceinte (rive gauche). — Existait-il jamais sur la rive gauche un mur d'enceinte antérieur à celui de Ph. Auguste ? Cette question n'a pu jusqu'à présent sortir des ténèbres de l'hypothèse. Il suffit, je crois, pour la résoudre négativement, des considérations suivantes : Cette partie de la ville se trouvait établie sur le petit bras de la Seine, presque toujours à sec en été, au pied d'une colline assez escarpée; cette position seule indique qu'elle était peu commerçante. C'était, en effet, avant Ph. Auguste, et même de son temps, dans la Cité et dans la ville qu'étaient agglomérés les riches habitations et les établissements de commerce. Sur la rive gauche on ne voyait guère que d'immenses clos en culture, et çà et là quelques églises ou chapelles; les collèges et les couvents ne s'y multiplièrent qu'aux XIIIe et XIVe siècles. Le petit nombre de rues alors for-

---

[1] Excepté peut-être l'acte cité dans la note de la page 12. M. De Gaulle adhère au système de Dulaure, et cherche même un nouveau point d'appui dans le nom de l'impasse de la *Petite-Bastille* (rue de l'Arbre-Sec). Ce nom lui vient d'une enseigne; et d'ailleurs l'espèce de fortification nommée *bastille* ou *bastide* n'est guère employée que depuis Charles V.

mées se composaient de paisibles et silencieuses habitations ; il n'y avait un peu de mouvement qu'aux abords du Petit-Pont et sur la ligne de la grande chaussée d'Italie, nommée plus tard rue S. Jacques. Les églises, autour desquelles se groupaient quelques maisons, avaient des tours crénelées ; le palais des Thermes pouvait lui-même passer pour la citadelle de la rive gauche. Admettra-t-on une enceinte comme nécessaire pour protéger un faubourg si peu compact, et ces quelques rues solitaires établies sur une pente ?

Sauval est, je crois, encore le premier qui, se fondant sur une prétendue pièce qu'il nomme *ancien rôle des carrefours*, parle, en termes fort vagues (t. I, p. 29 et 30), d'une clôture qui embrassait la place Maubert et son *voisinage*, commençant au Petit-Pont et finissant à la rue de Bièvre. De la Marre n'a point adhéré à cette idée de Sauval. Mauperché et Ramond du Poujet l'ont aussi rejetée ; mais Jaillot et Dulaure l'ont admise en la modifiant.

L'existence de cette clôture n'est fondée que sur des hypothèses plus ou moins ingénieuses, et aucun des auteurs qui ont tenté d'en indiquer la ligne n'a pu s'expliquer, même approximativement, sur la date de sa construction, ni sur l'époque où elle disparut. Ajoutons qu'on n'a trouvé, en aucun temps, le moindre débris matériel qui pût s'y appliquer. On n'a jamais, à ma connaissance, allégué que trois preuves en sa faveur (non compris celle de Sauval), mais si faibles que le moindre souffle peut les renverser.

La première est tirée de la prétendue charte de fondation de la basilique S. Vincent, devenue S. Germain-des-Prés, où il est parlé, en 558, non du mur méridional de la ville, mais plutôt de celui de la Cité. (Voy. pag. 6.) La seconde a pour base une phrase tirée de la *Vie de S. Martin,* écrite par Sulpitius Severus, où il est dit que ce saint, revenant de Tours à Paris, rencontra, *à l'entrée* de cette ville, un lépreux qu'il guérit en lui donnant un baiser. A cet endroit même aurait été élevée une chapelle en *branchage*, qui existait encore sous Clotaire I. Toussaints du Plessis, qui discute ces faits (*Nouv. annales de Paris*, p. 33 et 77), prétend prouver que cet oratoire, de construction si chétive, était situé près d'une des *portes* de Paris, vers l'endroit où est la chapelle S. Yves, en deçà de la rue des Noyers. Mais, de ce fait que S. Martin rencontra un lépreux *à l'entrée* de la ville, il ne résulte pas qu'une porte ait formé cette *entrée.* Du Plessis, qui a imaginé cette porte, lui a aussi créé un nom ; il l'appelle la *Porte du Lépreux.* Cependant il n'ose affirmer qu'un mur de clôture y fût attenant. Peut-être (dit-il, p. 78) « n'y avoit-il là qu'un simple fossé, qui aura été comblé par « succession de temps, ou un mur si foible qu'il sera facilement tombé de lui « même sans qu'on se soit jamais mis en devoir de le relever, à moins qu'il n'ait été « abattu jusqu'aux fondemens par le Norman Ragenaire ou Renier en 845 ; car,

« dit un savant académicien (Bonamy), S. Julien le Pauvre et S. Séverin étoient
« encore réputez fauxbourgs sous Louis le Jeune. »

La troisième preuve alléguée en faveur de cette enceinte est fournie par
l'abbé Lebeuf (*Dissert*. I, p. 32). C'est une phrase extraite d'un ancien manuscrit latin de la Vie de sainte Geneviève (manuscrit soi-disant du VIe siècle), où il
est dit que cette sainte fut inhumée « in Basilicâ in monte sitâ, juxtà *nova mœnia*
« Parisii, nomine Locutitio. » Toute la valeur de ce document repose sur l'époque
précise du manuscrit; or, cette époque est sujette à controverse. Lebeuf lui-même
avoue qu'à en juger par les caractères, il était du XIe siècle. Je n'ai jamais vu ni
cherché à voir le texte original (supposé qu'il existât encore), mais je l'ai lu imprimé dans l'*Office et la Vie de sainte Geneviève*, in-8°, 1697[1]. Autant que je puis
en juger par analogie avec d'autres textes, le latin m'a paru trop correct pour remonter au XIe siècle. Cette biographie, destinée à consolider la vénération des
Parisiens pour leur sainte Patronne, n'aurait-elle pas été rédigée par un religieux
au XIIIe siècle? Je le crois. L'auteur aura voulu dire que la Sainte fut inhumée
dans la basilique (S. Pierre et S. Paul), située près de *l'endroit où s'éleva plus
tard le mur neuf*, qu'il avait peut-être vu construire.

Le Cler du Brillet, continuateur du *Traité de la Police*, admet, sans aucune
preuve, que cette enceinte, bâtie vers l'an 900, partait de l'endroit où est le Pont-
Neuf et aboutissait sur le quai de la Tournelle, où débouche la rue de Bièvre. Du
Plessis rejette ce système que Dulaure adopte en partie. Voici la marche que ce
dernier auteur assigne à cette clôture tout à fait idéale. Il la fait partir d'un point
voisin du couvent des Grands-Augustins. De là, il la conduit à l'impasse du Paon,
lui fait traverser la rue Hautefeuille (nommée autrefois *de la Barre*), et suivre la
rue Pierre-Sarazin ; arrivée à la rue de la Harpe à l'endroit où cette rue changeait jadis de nom (elle se nommait, de la rue Pierre-Sarazin à la place S. Michel:
rue *aux Hoirs d'Harcourt* et de S. Côme), elle continue en suivant la rue des
Mathurins et celle des Noyers, puis traverse la place Maubert, et va, entre les rues
Perdue et de Bièvre, aboutir aux Grands-Degrés, point du rivage correspondant à
l'extrémité orientale de la Cité. Là, cette clôture se termine par une *tour*, indiquée
sous le nom de *S. Bernard* et *des Bernardins*, dans deux comptes de 1462 et 1475,
signalés par Sauval. Dans cet espace, l'enceinte livre passage à quatre portes.

Il suffit de suivre ce tracé sur un plan de Paris pour en voir l'invraisemblance.
M. de Gaulle admet aussi cette enceinte, mais ne sait quelle limite lui assigner.
Il cite seulement quelques bâtiments qu'il croit s'y être rattachés; telle est une
tour qu'on voyait autrefois rue S. Victor, au bas de la rue de Versailles (ou plutôt

---

[1] On lit dans le texte imprimé *novemœnia*; Lebeuf écrit *novœ*; je pense qu'il faut lire *nova*.

Verseille, comme on lit sur la *Taille* de 1313). Notons que cette tour, si rapprochée de la porte S. Victor, pouvait bien être une dépendance de cette porte, pour peu que ceux qui en parlent eussent légèrement observé sa position. Quant à la tour de S. Bernard (sur le port de ce nom), citée par Sauval, rien n'indique qu'elle eût été l'accessoire d'une enceinte. Au XV⁰ siècle, on rencontrait des tours à chaque pas. On ne peut donc rien conclure de cette citation, que n'accompagne aucun détail précis. Sauval lui-même ne la signale pas comme attenante à une fortification.

M. de Gaulle, pour prouver l'existence de cette enceinte, invoque aussi le témoignage de la charte de 558 que j'ai citée plus haut, page 6; c'est une base sans consistance.

En résumé, l'existence de cette première clôture de la rive gauche s'appuie sur des raisons peu vraisemblables, et les prétendues preuves alléguées en sa faveur courent grande chance de n'être que des méprises. Nulle chronique, nulle charte ne cite positivement un mur ou une porte de ville de ce côté de Paris; et la moindre découverte matérielle n'est jamais venue jeter le plus faible jour sur cette obscure matière.

L'abbé Lebeuf, qui est assez accommodant et qui aime fort les dissertations hypothétiques, genre dans lequel il excellait, n'ose lui-même assigner aucune limite à cette clôture; il se contente, pour y croire, de la phrase extraite de la Vie de sainte Geneviève, citée plus haut, et il finit par cette dernière hypothèse (*Diss.* 1, p. 33): « Si ces murs ne subsistent plus, et si l'on n'en a vu aucun « vestige, c'est à leur peu de solidité qu'il faut s'en prendre : on ne vouloit alors se « mettre qu'à l'abri des lances et des flèches, et arrêter les courses des brigans. » Un archéologue de nos jours peut-il sérieusement se payer de pareilles raisons?

III. — Enceinte de Philippe-Auguste. Considérations générales.

Pour me conformer à l'opinion généralement adoptée, j'appellerai *Enceinte de Ph. Auguste* un mur épais qui, s'étendant sur les deux rives de la Seine, forma longtemps la limite de la capitale; mur dont il reste encore quelques portions, et dont la ligne est tracée, avec plus ou moins d'exactitude, sur plusieurs plans anciens ou modernes. Avant d'entrer en matière, je dois déclarer qu'il n'y a pas, à mes yeux, certitude que tout ce cours de murailles soit, sur tous les points, l'œuvre de Ph. Auguste. Il est évident que plusieurs parties, notamment sur la rive gauche, ont subi des modifications successives ou même une reconstruction totale. J'aurai donc soin de faire ressortir les documents qui attestent les divers changements apportés au plan primitif.

Quelques auteurs, tels que Bonamy, ont même été plus loin : se basant sur quatre mots d'un ancien acte, ils ont presque admis que la partie septentrionale de cette clôture était antérieure à Ph. Auguste. J'ai déjà (p. 12) dit quelques mots sur cette opinion difficile à établir ; j'y reviendrai dans mon XII° chapitre.

Nous possédons, au sujet de cette clôture générale de Paris, une masse de documents plus ou moins clairs, fournis par les chroniques contemporaines, les Ordonnances royales, les Comptes de la Ville, les plans des Archives et les vieilles estampes. Il y a mieux : il nous reste encore en nature des portions notables du gros mur, qui ont résisté à plusieurs siècles de dévastation de tout genre. Il est donc surprenant qu'il n'ait point paru jusqu'ici un travail complet sur cette matière, mais seulement quelques notices peu détaillées et fort superficielles. Il s'agit, pour arriver à une solution positive sur certains points, et, sur d'autres, à des conjectures très-vraisemblables, de rassembler ces matériaux, de les bien classer, et de les interpréter de manière à en tirer des déductions incontestables.

Selon la plupart des historiographes modernes qui citent des chroniques contemporaines, cette clôture fut commencée d'abord sur la rive droite en 1190 [1] et continuée sur l'autre rive entre 1200 et 1211. Rigord, historien contemporain, parle de cette clôture, qu'il vit achever au nord et au midi.

Dans son ouvrage : *De gestis Augusti Philippi*, il s'exprime ainsi à l'an 1190 : « Rex præcepit etiam civibus parisiensibus, quòd civitas Parisii quam Rex mul- « tùm diligebat, muro optimo cum tornellis decenter aptatis et portis, diligen- « tissimè clauderetur ; quod brevi temporis elapso spatio *completum vidimus.* » Cette phrase, sans aucun doute, ne s'applique qu'à la clôture septentrionale ; car celle de la rive gauche n'était pas encore terminée en 1209.

Rigord dit ailleurs : « Eodem anno 1211, Rex totum in circuitu circumsepsit « à parte australi. » Plus loin il ajoute, parlant, je crois, des deux rives : « Maxi- « mam terræ amplitudinem infrà murorum ambitum concludens et possessores « agrorum et vinearum compellens, in terras illas et vineas ad ædificandum in « eis novas domos habitatoribus locarent, vel ipsimet novas ibidem domos con- « stituerent, ut tota civitas usquè ad muros plena domibus videretur. »

Guillaume le Breton (Guillelmus Armoricus), né, selon Pithou, en 1165, refit et continua la chronique en prose de Rigord. Il s'exprime ainsi à l'année 1190 : « Eodem tempore, de Mandato Regis Philippi... erecti sunt muri in circuitu Ci- « vitatis Parisiacæ, *à parte Boreali* usque ad fluvium Sequanæ, cum turellis et « portis decentissimè aptatis. »

---

[1] Dulaure dit par erreur que Ph. Auguste ordonna cette enceinte en 1188, et qu'elle fut commencée en 1190. Selon Rigord, elle fut ordonnée en 1190 et commencée immédiatement.

Selon Rigord, les frais de cette clôture, du moins quant à l'acquisition du terrain, se firent aux dépens du roi, qui dédommagea les propriétaires : « Damna sua « quæ per hoc homines incurrebant *fisco proprio* compensabat. »

Guillaume le Breton, dans son poëme de la *Philippide*, livre XII, dit la même chose : — *Cujuscumque domus, fundus seu vinea, propter —Fossas aut turres periit, seu mœnia, damni—Totius pretium patiens à rege recepit*, etc. [1]

Malgré ce double témoignage contemporain, Bouquet, dans son *Mémoire sur la Topographie de Paris*, in-4°, 1771, p. III de l'*Avertissement*, repousse cette assertion, mais sans fournir de preuves.

Ph. Auguste acheta donc le terrain, mais il est probable que les frais de construction du mur et des tours furent à la charge de la Ville. De là, par la suite, d'interminables contestations, faute sans doute de preuves de part et d'autre. Il paraîtrait que le roi, bien qu'il n'eût sans doute acquis que le fonds, se regardait comme propriétaire du tout. Au reste, cette idée paraissait fort naturelle à cette époque. Rigord dit même que le roi avait le droit d'élever son mur sur le terrain des particuliers, et qu'il ne les indemnisa que parce qu'il préféra l'*équité* au *droit*. Quoi qu'il en soit, ces murailles ont toujours été nommées : *murs du Roy*. Du Breul (p. 382) cite un acte de 1209 (époque où l'on achevait la clôture du midi), qui nous apprend que Ph. Auguste donna à l'abbé de S. Germain-des-Prés une porte de ville non encore achevée, qu'il nomme : « posternam *murorum nostrorum.»* Dans beaucoup d'autres actes postérieurs, il est souvent fait mention des *murs du Roy* ou *murs-le-Roy*. Mais notons que sur les anciens registres de Comptes de la Ville, on lit presque toujours : *les murs de la Ville*. Il me paraît donc impossible de décider qui, du roi où de la Ville de Paris, paya les frais de la clôture. Bonamy cite bien un prétendu devis ou compte de ces frais, pour la rive gauche (voir le chapitre VIII); mais il n'en résulte aucune lumière pour la question qui nous occupe. Bonamy dit avoir retrouvé cette pièce sur un registre de Ph. Auguste, conservé au Trésor des chartes ; est-ce une preuve positive que ce roi ait soldé lui-même ce compte ?

La clôture de Ph. Auguste consistait, comme l'attestent de nombreuses portions conservées au nord et au sud de la capitale, en deux murs reliés entre eux par un blocage de moellons noyés dans un ciment assez tenace. Les faces de ces deux murs de soutien se composaient de pierres de petit appareil, équarries, mais inégales dans leur dimension. Le plus grand nombre de ces pierres porte environ 27 c. en carré, terme moyen ; elles sont de nature calcaire, mais leur surface est

---

[1] Notons ce mot *fossas*, qui semblerait indiquer qu'il y eut, dès l'origine, des fossés devant le mur de Ph. Auguste, question que je discuterai au chapitre XII. Remarquons seulement que l'auteur parle ici en général de toutes les villes du royaume que ce roi fit fortifier.

devenue, à l'air, presque aussi dure que le grès, et a contracté une teinte d'un gris foncé. Il faut aussi observer que, par suite de nombreuses réparations, on a intercalé, dans l'appareil général, des pierres d'une autre dimension et d'une autre nature; mais les blocs du revêtement primitif dominent encore assez, je crois, pour qu'on puisse de suite reconnaître le mur, à l'aspect de l'ensemble.

Les fondements, selon Mauperché, qui parle sans doute *de visu* (p. 115), consistaient en un massif de *cailloux* réunis avec un ciment dur et ferme. Le blocage et les deux murs de face offraient une épaisseur moyenne d'environ trois mètres à fleur du sol, et de deux mètres trente cent. à une hauteur de six ou sept mètres au-dessus des fondements. En quelques endroits, il pouvait être plus épais ou plus élevé, selon la consistance et la pente du terrain, ou l'importance des localités à protéger; mais il est permis d'avancer que telle est, en général, son épaisseur au nord comme au midi, dans les endroits où il n'a pas été aminci par les propriétaires. On prétend que le mur de la rive droite, le premier construit aux frais du roi, fut plus solidement établi, parce qu'il renfermait la partie la plus importante de la ville. Le fait est que les fragments que j'ai vus de ce côté de Paris m'ont paru d'une construction plus serrée, plus homogène que du côté du sud. Comme il a servi moins longtemps de rempart et n'a probablement jamais été approprié à un nouveau système de défense, puisque sous Charles V on recula l'enceinte beaucoup plus loin, il a dû conserver plus intacte sa forme primitive.

Il est heureux, pour l'archéologie, que ce mur ait consisté en un blocage contenu par deux murs de petit appareil. Construit, dans toute son épaisseur, de larges blocs, il eût tenté les propriétaires des maisons contiguës, qui n'en eussent laissé aucune trace; mais ces petites pierres offraient trop peu d'avantages pour qu'on fît les frais de les déplacer sur toute la ligne. Les murs élevés sous Charles V étant, au contraire, formés dans toute leur masse de gros matériaux, n'ont pu échapper à une totale destruction.

Il est assez difficile de préciser la hauteur générale du gros mur de Ph. Auguste, car il a été évidemment plus ou moins abaissé ou exhaussé sur divers points de son cours. Toutes les portions qui subsistent aujourd'hui ont été dépouillées du chaperon qui formait sa plate-forme, et du parapet crénelé qui le surmontait, comme je le prouverai tout à l'heure. Les dalles de cette plate-forme et les gros blocs ou merlons qui formaient les espaces vides (carneaux ou créneaux) étaient bons à employer; partout donc, à diverses époques, on les utilisa.

Les portions du gros mur les mieux conservées (sauf l'absence du chaperon et du parapet crénelé) offrent une hauteur approximative de six à sept mètres, et dans cette hauteur on compte, à partir du sol qui probablement en recèle une partie, de 25 à 27 assises. L'élévation totale du mur, si l'on ajoute le chaperon et le parapet, et si l'on a égard à la partie inférieure qui est aujourd'hui sous terre, peut être évaluée à environ neuf mètres.

Des tours dites *tournelles* flanquaient, fortifiaient ce gros mur, de distance en distance, et avec assez de régularité. L'espacement moyen entre chaque tour était d'environ trente-cinq toises, quelquefois un peu moindre, mais rarement plus considérable. Ces tours étaient toutes construites d'après le même système et avec les mêmes matériaux. Elles étaient de forme cylindrique, mais jointes au mur de telle sorte qu'elles le débordaient, à l'extérieur, d'un peu plus de la moitié de leur diamètre; l'autre partie du cercle était si bien incorporée au mur, que du côté de la ville elle ne présentait aucune saillie. L'intérieur des tours était de forme complétement circulaire, du moins dans le principe, je le suppose, car plus tard on en a dénaturé quelques-unes. Leur diamètre intérieur était d'environ quatre mètres.

Si quelques plans du XVIᵉ siècle donnent à plusieurs de ces tours une forme carrée, c'est sans doute par erreur, ou c'est qu'elles auraient été refaites ainsi sous Charles V, époque où cette forme était préférée. Sur les plans du siècle suivant, elles paraissent tantôt rondes, tantôt semi-circulaires, de manière à ressembler à un renflement du mur. Celles que j'ai vues debout m'ont produit cet effet au premier coup d'œil; mais les meilleurs plans, ceux levés par des toiseurs, leur donnent toujours une ligne circulaire, avec les circonstances que je viens d'expliquer. Quand ces tours figurent sur un plan, sans accompagnement de portions de mur, elles sont toujours à peu près rondes à l'extérieur comme à l'intérieur. Ensuite, quelques-unes ont pu avoir la forme d'une demi-tour, soit que les propriétaires qui les ont achetées les eussent réduites à cet état pour gagner de l'espace, soit qu'elles eussent été ainsi modifiées à dessein sous Charles VI ou postérieurement, comme il arriva du côté de la porte S. Victor. Celles qui fortifiaient le mur aux endroits où il faisait un brusque retour d'équerre étaient peut-être plus fortes que les autres.

Ces tours sont représentées, sur les vieux plans et sur les estampes, tantôt avec une terrasse garnie d'un parapet crénelé, tantôt sans créneaux, ou coiffées d'un toit conique. Je pense que dans leur état primitif elles étaient toutes crénelées, sans toit, et recouvertes d'une plate-forme de pierre, soutenue à l'intérieur par une voûte [1]. Tel était le style des *tournelles* murales sous Ph. Auguste.

---

[1] Le propriétaire de là tour marquée E sur la planche Iʳᵉ m'a dit y avoir autrefois remarqué les traces d'une voûte qui soutenait la plate-forme. On m'a dit la même chose de la tour G (pl. II). Mauperché, p. 144, signale des vestiges de voûte à l'intérieur des tours O et P. (Pl. III). Peut-être quelques-unes de ces voûtes retombaient-elles sur un pilier central.

Ce n'est probablement que plus tard qu'on les aura couvertes d'un toit, sans doute parce que la voûte avait été détruite.

Il m'a paru possible, à l'aide de nombreux documents matériels ou par analogie, de déterminer, sans trop m'écarter de la réalité, le nombre et la place de ces tours. J'en ai compté 34 au midi et 33 au nord, non compris celles qui fortifiaient les portes. Sauval (III, p. 40) dit que l'enceinte était flanquée de 600 tours. La réunion de toutes les tours de Paris, y compris les donjons, les tours des portes et celles des nombreuses églises, n'aurait pu fournir ce nombre. Peut-être l'ignorant éditeur du manuscrit de Sauval aura-t-il ajouté un zéro [1]. Félibien, qui avait consulté cet ouvrage, crut adoucir et rectifier l'exagération de ce chiffre, en le réduisant à 500 (t. I, p. 252). On a peine à concevoir de pareilles naïvetés. C'est ainsi que G. Corrozet écrivait, mais c'était en 1532, que les murs de Paris avaient *sept* lieues de long ! (Edit. 1532, f. 53.)

Ces tours paraissent, sur tous les anciens plans, dépasser de quelques pieds la plate-forme crénelée du gros mur. Sur celui de la censive S. Merry, 1550 (dont j'ai donné un échantillon, p. 23 de mes *Etudes sur les Plans*), elles sont ainsi représentées, derrière le couvent des Filles Sainte-Avoye. Sur la vue de Paris prise du sud et signée *L. Gaultier*, 1607, elles ont la même disposition, ainsi que sur une grande estampe en quatre feuilles, éditée par N. Berey, vers 1660.

Quant aux tours qui fortifiaient les portes, elles étaient, sans avoir un plus fort diamètre, élevées de quinze à seize mètres environ, à deux étages; celles enfin qui formaient tête d'enceinte, comme la tour de Nesle, avaient à peu près vingt-cinq mètres de haut sur dix environ de diamètre extérieur, et offraient trois étages voûtés; c'étaient de véritables *donjons*.

Il exista, sans nul doute, dès l'origine, autour du mur de Ph. Auguste, à *l'extérieur*, un vide ou *allée basse*, que nous nommerions aujourd'hui : chemin de ronde. Sans cette condition, on ne comprend guère l'utilité d'un rempart quelconque. Un peu plus tard, néanmoins, on avait permis de bâtir des maisons bien près du mur, si ce n'est contre le mur lui-même. En tout cas, les maisons qui obstruaient le chemin de ronde devaient être moins élevées que le mur et sujettes à être démolies en temps de guerre, étant situées, comme nous dirions, dans une *zone militaire*. On en commença probablement la destruction du côté du nord, comme du côté du midi, à l'époque où le roi Jean fut pris par les Anglais;

---

[1] Sauval, qui écrivait entre 1640 et 1660, laissa, après sa mort, un manuscrit, déposé je ne sais où. Les historiographes parisiens le consultaient déjà avant l'impression qui en fut faite en 1724. Il faut, par ménagement pour la mémoire de Sauval, le citer avec réserve, car son texte posthume a été si bien remanié, amplifié et dénaturé par des éditeurs ignorants, qu'on court la chance de le faire rarement parler lui-même.

mais on dut suspendre cette démolition sur la rive droite dès qu'on eut résolu d'élever, de ce côté de Paris, une ceinture de murailles beaucoup plus étendue et construite d'après un nouveau système.

Exista-t-il également, dans l'origine, un chemin de ronde *intérieur?* Je ne le pense pas, puisque les divers couvents établis avant ou après le XIII° siècle avaient le gros mur pour limites. Je citerai au nord : les Filles Sainte-Avoye, les Blancs-Manteaux, les Béguines ; au midi : les Cordeliers, les Jacobins, l'abbaye Sainte-Geneviève. Avant le roi Jean, le seul chemin de ronde intérieur était sans doute la plate-forme crénelée du mur. Cette plate-forme s'appelait encore, longtemps après, dans les anciens comptes : *l'allée de dessus le mur, l'allée d'entre les tours, l'allée haute des murs.* Mais, postérieurement au règne de Ph. Auguste, vers 1356, on établit probablement sur les deux rives, et certainement sur plusieurs points de la rive gauche, des chemins de ronde ou *allées basses* à l'intérieur.

Avant l'invention de la poudre, on combattait du haut des murailles et des tours qui servaient de bastions ; mais depuis l'usage de l'artillerie, on combattit derrière les murs, et non plus du haut de leur plate-forme. Alors les chemins de ronde à l'intérieur devinrent une nécessité, ne fût-ce que pour le transport de l'artillerie. Aussi, lors de la prise du roi Jean, donna-t-on ordre d'en former un tout autour de l'enceinte, comme l'attestent deux passages de Jean de Venette, continuateur de la chronique de Guillaume de Nangis. Il nous apprend qu'en 1356 on détruisit (sur toute la ligne ?) « domos omnes quæ *intùs* et extrà muros *anteà* « jungebantur », et qu'en 1358 on abattit une grande partie des bâtiments appartenant aux Jacobins qui, « non solùm domos quas ædificaverant perdiderunt « exteriùs, sed etiam domus intrà mœnia... ut inter ipsorum habitaculum et dictos « muros *aditus fieret atque via;* et similiter factum est ad muros, ad plagam « *occidentalem* circumdantes civitatem. » *Plagam occidentalem* signifie sans doute la portion de clôture comprise entre les Jacobins et la Tour de Nesle.

Plus tard, on renonça à ces *allées basses,* qui, je crois, ne furent jamais ouvertes que sur certains points importants, par exemple, dans le voisinage des portes. Je pense que du côté du nord on ne donna pas de suite à ce projet, vu qu'on tarda peu à creuser plus loin des fossés et à élever de nouveaux remparts. Nulle part, en effet, on ne lit qu'on eût dépossédé d'une partie de leur terrain attenant au mur les Religieux Blancs-Manteaux, les Filles Sainte-Avoye, etc., comme on fit à l'égard des Jacobins. L'ancien chemin de ronde intérieur établi au pied du mur de 1190 n'a guère laissé de traces que dans le voisinage des portes S. Denis, S. Martin et Montmartre, annexées à ce mur. Une partie du terrain de la ville, où est la Halle aux Huîtres, pourrait passer pour un reste de ce chemin de ronde. Sur les anciens plans de 1520 à 1548, que j'ai signalés, le mur de Ph. Auguste paraît, au nord comme au midi de la ville, isolé entre deux vides; mais ces mauvais plans ne peuvent être appelés en témoignage. Cet isolement est une fantaisie du dessinateur, démentie par des plans plus détaillés et moins imparfaits de la même époque, tels que ceux de Braun et de la Tapisserie.

Comment se rendait-on sur la plate-forme du mur? Je n'ai jamais remarqué dans l'intérieur des tours (qui servaient à loger des gens de guerre) de traces de degrés. Peut-être existait-il çà et là, appliqués au mur du côté de la ville, des escaliers extérieurs, tels qu'on en voit le long de certains remparts du même genre. Du reste, il se trouvait des degrés dans les tourillons annexés aux tours élevées, formant au bord de l'eau les têtes du mur d'enceinte, et, de plus, l'une des deux tours qui fortifiaient les portes contenait, le plus souvent, un escalier à vis, communiquant avec *l'allée haute* des murs.

Le sommet du mur fut certainement, ainsi que la plate-forme des tours, couronné, dès l'origine, d'un parapet crénelé. Tout le prouve : les vieux plans, les estampes, les registres de comptes, et les chroniques. Jean Boivin, ou Bauyn, dit Jean de S. Victor, écrit, en 1327 (voir *Mélanges d'hist.* de Terrasson, p. 133), que Ph. Auguste ferma Paris «bono muro cum *carnellis* et portis.» Bouquet (*Mémoire*, p. 181) cite un article où il s'agit d'une portion du gros mur qui longeait un jardin de la rue Michel-le-Comte; l'*allée* de ce mur contenait XIII *carneaulx*.

L'espacement de ces créneaux peut même se déduire de deux extraits des Comptes de la Prévôté (voir Sauval, t. III, p. 282) : «... douze toises et demie « des anciens murs... emprès la porte S. Martin-des-Champs, contenant *douze* « carneaux de long. — ... murs anciens... à la porte Barbette, contenant iceux « seize toises ou environ ; et y a *quinze* carneaux.» On peut conclure de ces citations que, par chaque toise de cours, le gros mur était surmonté d'un merlon d'environ un mètre de long, et que le vide entre chaque merlon, ou créneau, était d'une égale étendue.

Il est probable que les parapets n'appuyaient pas sur des dalles formant une saillie soutenue par des consoles à redans, nommées *machicoulis*. Cet accessoire, qui ménageait des ouvertures pour laisser tomber divers projectiles meurtriers, ne fut, dit-on, généralement en usage qu'au XIVe siècle.

Les tours voûtées, crénelées et sans toiture, étaient percées vers le bas, à l'intérieur, d'étroites *archères*, et communiquaient à l'*allée* ou plate-forme du mur, soit de plain-pied, soit plutôt par quelques degrés de pierres, puisque vraisemblablement elles dominaient le mur. Quant aux tours plus élevées et étagées, qui fortifiaient les portes, elles pouvaient différer des tours du rempart par leur structure intérieure ou extérieure ; leurs créneaux étaient peut-être plus serrés, leur plate-forme couverte d'un toit, leur sommet garni de machicoulis, etc. Ce sont des questions dont je m'occuperai plus spécialement dans mes Dissertations sur les Portes, à la suite de cet ouvrage.

Nous verrons plus tard quelles nombreuses modifications furent apportées à cette clôture, surtout sur la rive gauche. On aurait tort de s'imaginer, comme plusieurs auteurs ont voulu l'insinuer, que la clôture de Ph. Auguste fût un ouvrage de pur embellissement, une sorte de mur d'octroi, et rien de plus. Quoique ce roi eût permis de bâtir tout contre son mur d'enceinte, et concédé, en 1209, une porte de la ville aux religieux de S. Germain-des-Prez ; quoique, plus tard, Philippe le Bel eût autorisé plusieurs particuliers à percer le gros mur, selon leurs besoins, et à s'étendre au delà, il ne faut pas en conclure que l'enceinte ne fût pas regardée alors comme un rempart sérieux. Peut-on penser qu'un simple mur de limite eût été bâti avec une épaisseur de près de trois mètres ? On verra plus tard cette clôture bien autrement négligée, puisque, sur les deux rives de la Seine, on louait à bail les hautes tours sises au bord du fleuve, les murs, les tournelles, les portes, et (du côté du midi) le sol des fossés. On lit, dans Sauval (III, p. 658), qu'en 1573, les portes, tours et places appartenant à la ville, le long de l'ancienne clôture, « se baillaient à vie, à louage et à profit. » Mais observons que les baux contenaient toujours des conditions restrictives, en cas de guerre.

Le dessinateur qui voudrait représenter au vrai l'enceinte primitive de Ph. Auguste aurait bien des conditions à remplir, puisque, depuis cette époque, les murs et les portes ont été ou rebâtis ou très-modifiés. Pour la restaurer fidèlement en son premier état, le mieux, je crois, serait d'étudier, comme type de l'ancienne physionomie de Paris, quelque ville de France qui eût gardé intactes ses vieilles fortifications du XIIe siècle.

Quand, sous Ph. Auguste, on faisait le tour du mur à l'intérieur, on rencontrait d'immenses espaces vides, des cultures, des jardins, des terrains en friche et à vendre ; mais, à l'approche des bourgs populeux, récemment incorporés à la ville, la promenade était interrompue, car les maisons de la rue principale de ces bourgs touchaient au mur d'enceinte. Ce mur, vu du dehors, paraissait donc isolé au milieu des champs (hors aux approches des portes importantes), puisque la majeure partie des hôtels, colléges et couvents, fondés sous le règne de Louis IX, n'existaient pas encore. Les vides immenses laissés entre la ville et la muraille se peuplèrent un peu plus tard, grâce au zèle du saint roi, d'établissements religieux, accompagnés d'immenses jardins. Remarquons que ces bâtiments et ces jardins aboutissaient directement au mur, sans laisser de vides ou de chemin de ronde intérieur.

Creusa-t-on, dès le temps de Ph. Auguste, des fossés au pied du mur, sur les deux rives ? Il faut admettre qu'il n'en exista jamais du côté de la rive gauche avant 1356 ; car les historiens qui mentionnent ceux établis à cette époque disent qu'il n'y en avait pas antérieurement, et on lit que les couvents attenants au gros mur possédaient, au delà, des bâtiments de plain-pied avec le niveau du sol. Mais, sur la rive droite, le mur fut-il, dès 1190 ou plus tard, accompagné de fossés? Cette question a donné lieu à de vives controverses. Je la discuterai au chapitre XII, me bornant ici à dire que je penche pour la négative.

Tous les historiographes parisiens ont décrit, mais vaguement et sans détails précis, la ligne que suivait la clôture de Ph. Auguste. On s'étonne surtout que De la Marre l'ait figurée sur son plan fictif avec tant d'inexactitude, en un temps où il en restait sur pied tant d'échantillons au nord comme au midi. Il représente le mur d'enceinte comme flanqué au hasard de tours alternativement rondes et carrées. Cette incertitude ne lui était pas permise. S'il ne voulait pas se donner la peine de sortir de son cabinet, de chercher et de voir en nature, il n'avait qu'à consulter quelques plans des XVIe et XVIIe siècles, pour reconnaître que toutes ces tours étaient rondes et engagées dans le mur, comme je l'explique ci-dessus. Cet auteur était, en fait de questions topographiques, d'une naïveté incroyable. Il va jusqu'à affirmer que la forme de l'enceinte de Ph. Auguste était *parfaitement* ronde, et cela, dans un livre auquel il joint un tracé bien éloigné de cette forme. On ne conçoit pas de semblables étourderies de la part d'un homme si érudit sur d'autres points ; c'était ignorance volontaire ou aveuglement. Il est inconcevable que R. de Vaugondy ait répété cette assertion. Il lui suffisait aussi de jeter les yeux sur son propre plan, pour éviter cette bévue.

La plupart des historiens modernes font passer, avec plus ou moins d'exactitude, la ligne du mur de Ph. Auguste à travers les îlots de maisons ; leurs descriptions superficielles peuvent suffire à qui se contente d'une esquisse, d'un à-peu-près ; mais, pour l'archéologue ami du positif, du clair, du *palpable*, il faut un plan dressé sur une vaste échelle, où l'enceinte du XIIe siècle soit tracée avec précision. C'est pour satisfaire cette curiosité exigeante que j'ai tenté de fixer avec le plus de fidélité possible la ligne que suivait le vieux mur, les coudes, les inflexions qu'il formait sur certains points, le nombre juste de tours dont il était flanqué de tel espace à tel autre ; la dimension de ces tours, leur forme, et surtout leur place précise. On trouvera, je l'espère, que j'ai réussi sur quelques points, et que, sur d'autres, j'ai approché assez près de la vérité. C'est aux érudits que j'offre mes preuves ; ils pourront les apprécier et les vérifier à leur tour, pour en tirer de meilleures conclusions.

Les documents les plus authentiques qui puissent servir à l'histoire de cette enceinte, ce sont sans contredit, je le répète, les nombreux fragments qui nous en restent encore sur les deux rives. En 1561 on en trouvait de nombreuses portions du côté du nord. Gilles Corrozet s'exprime ainsi, dans son édition de cette année (fol. 65) : « Desdictes vieilles clostures apparoissent encores les murailles « faictes en circuyt auec leurs tournelles, comme en la rue aux Ouës derrière « les maisons et en autres rues. » Il est fâcheux que Corrozet n'ait point décrit tout ce qu'il en pouvait voir.

Il est temps aujourd'hui de tirer parti du peu de fragments de ce mur que le caprice du hasard a laissés subsister. Ces débris, altérés depuis longtemps, disparaissent, de nos jours, plus vite en un mois qu'en vingt années au siècle précédent, soit qu'on les détruise totalement, soit qu'on les incorpore à de nouvelles constructions. Les démolitions opérées au nord, pour ouvrir la rue de Rambuteau, et au sud pour prolonger celle Soufflot, ont mis à nu de précieux vestiges, qui ont disparu après s'être révélés, pendant quelques semaines, aux yeux de l'antiquaire. J'ai examiné et mesuré tout ce qui peut en rester à Paris, à ciel ouvert. Quant aux débris cachés dans les fondements ou les caves des maisons, je n'ai pu les reconnaître en toute sûreté de conscience ; j'aurais, sur ce terrain, risqué trop de méprises, vu mon peu d'entendement en fait de maçonnerie souterraine. Il faut être du métier pour distinguer à coup sûr, sous des couches de salpêtre, une construction brute du XIIe siècle d'une autre récemment formée des mêmes matériaux. C'est là un écueil pour des archéologues non architectes. On voit partout employées dans les maisons limitrophes du gros mur les petites pierres équarries qui en formaient les parements. J'espère bien m'être préservé, dans mes perquisitions en plein air, de bévues en ce genre.

Quand, sous François Ier, on adjugea toutes les portions du mur de Ph. Auguste, parmi les propriétaires, les uns le conservèrent pour soutenir leurs bâtiments, ou bien y établirent des terrasses ; d'autres employèrent à des constructions les pierres de revêtement et les moellons qui formaient le noyau : d'autres enfin se contentèrent d'amincir le gros mur pour gagner quelques pieds de terrain. Je signalerai les localités où il a subi ces diverses modifications.

Les vieux plans de Paris des XVIe et XVIIe siècles, malgré leur peu d'exactitude, en général, nous aideront, corrigés les uns par les autres. Ceux du XVIIIe, celui de Verniquet surtout, nous seront également d'un grand secours. L'illustre ingénieur nous a plus d'une fois, et à son insu peut-être, conservé des jalons précieux de cette vieille enceinte, au nord comme au midi. Mais nos plus puissants auxiliaires, en ce genre, seront des plans de géomètres-arpenteurs, levés à diverses époques par ordre du roi ou du prévôt, pour vider des procès, pour vendre des terrains du domaine royal ou de la ville, ou enfin pour établir, sur d'anciens emplacements, de nouveaux édifices publics.

Il paraîtrait peut-être bien naturel de me voir commencer par décrire l'en-

ceinte de la rive droite, la première construite ; mais la disposition de mon manuscrit et des planches qui l'accompagnent m'ont obligé de suivre un ordre
inverse.

IV. — Enceinte de Philippe Auguste, rive gauche.
— De l'Institut à la rue de l'École-de-Médecine. — (Voy. pl. I.)

Nous commencerons notre promenade autour de l'enceinte méridionale par
l'examen de la célèbre tour bâtie vers 1200, nommée dans un acte de 1210 :
Tornella Philippi Hamelini suprà Sequanam, puis, un siècle environ plus tard :
tour de Nesle ou *Neelle*, en latin : *Nigella*. Son premier nom lui vient d'un prévôt du temps; le second, d'un hôtel contigu. Elle occupait une partie de l'emplacement actuel du pavillon oriental de l'Institut. Un coup d'œil jeté sur la planche I
donnera une idée précise de sa position. Ses deux étages s'élevaient sur une sorte
de soubassement en talus que submergeaient les hautes eaux de la Seine. Si ce
soubassement existait encore, le sol exhaussé de la place de l'Institut le cache-
rait probablement en entier.

La tour de Nesle est sans contredit la plus populaire de toutes celles du vieux
Paris. Un drame moderne a surtout contribué à établir sa renommée, car tout ce
qui offre du merveilleux est adopté par le vulgaire comme une vérité incontestable. Mais le fait des prétendues orgies de Jeanne ou de Marguerite de Bourgogne, orgies dont cette tour passe pour le théâtre, est loin d'être authentique ;
c'est au moins une vérité fardée par des ornements d'emprunt. Une reine quit-
tant la nuit son palais et traversant un souterrain pour venir se livrer à des scènes
de débauche que termine, à *la face d'une pleine lune*, le *flac* mystérieux dans la
Seine, d'un cadavre palpitant sous un sac funèbre, tout cela est *ravissant*. Mais !
le froid archéologue qui se plaît à souffler sur les fables est tenté d'envoyer cette
histoire sinistre *au diable... de Vauvert*.

Pour mon compte, je ne prétends pas rejeter cette tradition comme purement
chimérique, mais j'en trouve le récit trop vague, trop nébuleux, pour l'admettre
comme un fait avéré. Il nous a été transmis par des poëtes et des anecdotiers,
deux sortes d'auteurs fort enclins à l'exagération. La plus ancienne trace de ce
prétendu fait se trouve, je crois, dans les *Epigrammata* du poëte hollandais Jean
Second (Johannes Secundus) qui, sous Charles V, dont il fut secrétaire, composait
avec succès des poésies latines dans le genre de Tibulle. En 1461 Villon, autre
poëte, parle dans sa Ballade des *Dames du temps iadis*, de la reine « — qui com-
« manda que Buridan — fust ieté en sac à la Seine. » Robert Gaguin rappelle
cette histoire, à titre de tradition, et Brantôme, grand ami du scandale, l'a remise

en vogue dans ses *Dames Galantes*. Enfin, vers 1832, parut un drame à grand succès, qui a fait du nom de cette tour le synonyme de : Théâtre d'orgies féroces, à tel point que vers 1846 ou 47, le nom de *Tour de Nesle* fut donné à un bouge infâme de la rue du Pot-de-Fer-S.-Marceau, où des repris de justice entraînaient des jeunes filles des quartiers voisins.

Un récit sérieux semble prêter quelque consistance à cette histoire de meurtres, accompagnée de souterrain, c'est cette phrase de G. Corrozet (1561, fol. 11) :
« L'an 1538, en édifiant des maisons, sur la riue de Seine delà la tour de Nesle,
« vis à vis du chasteau du Louvre, furent trouuez unze caueaux, en l'vn desquels
« estoit vn corps mort armé de toutes pièces, qui tourna en poudre si tost qu'on
« le toucha. »

A nos yeux, cette tour isolée est tout simplement la tête occidentale, le *donjon* si l'on veut, de la clôture de Ph. Auguste. Les plafonds de ses trois étages étaient formés sans doute de voûtes solides; peut-être même ces voûtes retombaient-elles sur un pilier central. Sa plate-forme servait de poste d'observation à une sentinelle qui de là surveillait la Seine, les abords du rempart et aussi les alentours du château royal du Louvre. Les trois étages contenaient sans doute des armes et les divers *engins* et ustensiles de guerre en usage avant l'artillerie. Telle fut vraisemblablement sa destination depuis le temps où elle s'appelait : *Tornella Philippi Hamelini*, jusque vers le commencement du XVIe siècle. Sous Charles IX, on regardait déjà comme inutile cette masse noirâtre qui contrastait avec la partie neuve du Louvre; et on la louait à des particuliers.

Une lettre-patente de 1571 (Félibien, V, p. 817) enjoint au duc de Nevers de se départir en faveur de la Ville, de la tour de Nesle, porte, fossé, *arrière-fossé* [1] et bordage. Cette même année, la Ville louait (Sauval, III, p. 630) à Balthasar Bordier, marchand, la tour dite de Nesle, chambre, cellier, jardin, terrasse et autres petits édifices joignant ladite tour, pour neuf ans, moyennant trente livres tournois par année.

Au XVIIe siècle, le rez-de-chaussée de la tour de Nesle servait à abriter des filets de pêcheurs, et les étages supérieurs étaient occupés, je crois, par des blanchisseuses qui étendaient leur linge sur de longues perches plantées horizontalement dans la vieille muraille, à proximité des fenêtres. C'est ainsi que cette célèbre tour éprouve le sort de la belle Dulcinée, sous la loupe de l'antiquaire.

Sur ses dernières années, néanmoins, elle joua de temps à autre un rôle un peu plus brillant. En 1613, on y tira un feu d'artifice pour divertir Louis XIII enfant,

---

[1] Que signifie ce mot *arrière-fossé*? Sur tous les anciens plans on ne voit qu'un seul fossé. Appellerait-on ainsi la partie en talus que nous nommons *contrescarpe*?

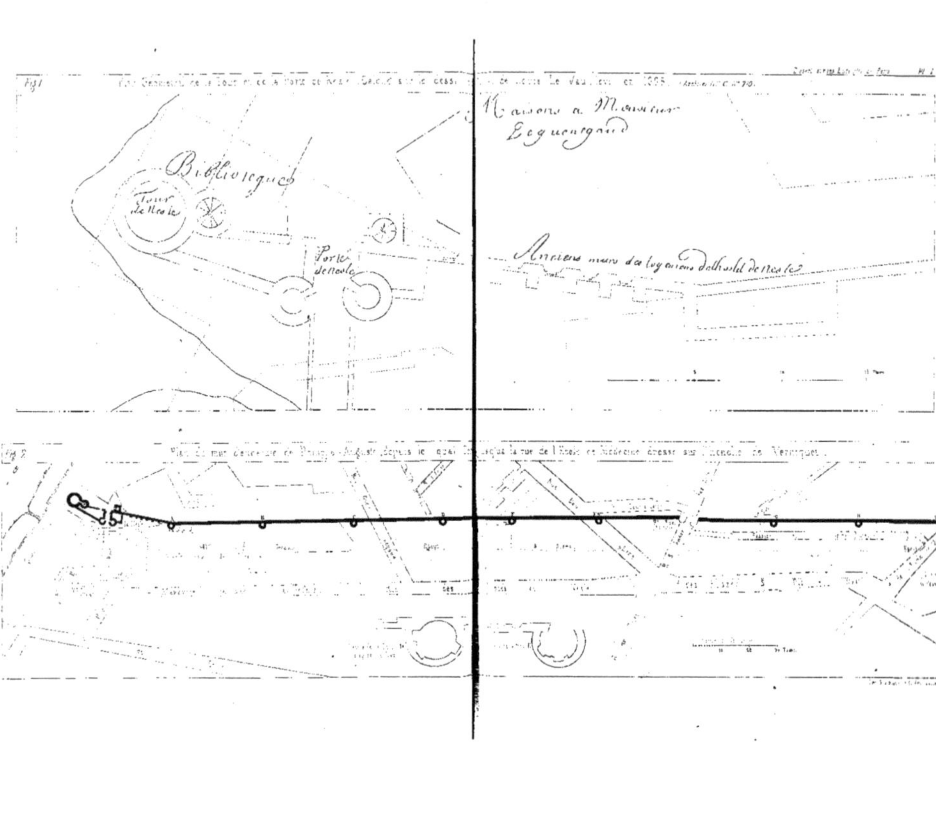
Fig 1
Bibliothèque
Tour de Nesle
Porte de Nesle
Maisons a Monsieur Leguenegaud
Anciens murs de l'hôtel de Nesle
Fig 2

(comme l'atteste une estampe de M. Mérian, décrite dans mon *Hist. de la gravure*, p. 62), et, en 1660, trois ou cinq ans avant sa démolition, on vit de sa plate-forme s'élancer une girandole, à l'occasion du mariage du roi. (Voir la Description des fêtes données à cette occasion, in-folio, 1662.)

Il nous reste de cette tour un si grand nombre de vues peintes ou gravées, qu'on ne sait, au milieu de tous ces portraits, où trouver le véritable. Israël Silvestre, qui l'a plusieurs fois dessinée vers 1655, ne lui donne pas toujours précisément les mêmes proportions ni les mêmes détails. Le côté qui regarde la ville a été moins souvent dessiné que l'autre; quant à la face qui regardait le Louvre, je n'en connais aucune image. Il ne faut point perdre de vue que cette tour a dû subir, à diverses époques, plus d'un changement. Les fenêtres carrées et assez larges dont elle est percée sur les estampes de Callot, Silvestre et autres, avaient remplacé des baies plus étroites, de forme ogivale et garnies de treillis de fer. Quant à la tour primitive, nommée en 1210 *Tornella Ph. Hamelini*, on ne peut se flatter d'en voir le portrait authentique sur les tableaux ou les estampes des XVIᵉ et XVIIᵉ siècles. Elle a pu même avoir été reconstruite en entier vers le temps de Charles V. Cette remarque, au reste, peut s'appliquer à une partie des accessoires de l'enceinte.

On trouvera, dans mes dissertations sur les portes (pl. XII), une copie réduite au sixième de l'élévation géométrale de cette tour, dessinée en 1665 par Louis Le Vau, architecte chargé de bâtir l'Institut, sur l'emplacement des tour, porte et hôtel de Nesle. Ce dessin est un de ceux conservés aux Archives sous le n° 710, IIIᵉ classe.

La tour de Nesle, suivant Sauval, fut abattue en 1663 avec les environs. N'y aurait-il pas ici erreur dans ce chiffre, puisque les dessins de Le Vau portent la date de 1665 qui semble indiquer celle de la démolition? Cette démolition, au reste, était projetée dès l'an 1659, puisque Félibien (t. V, p. 165) produit une lettre-patente du 6 septembre de cette année, qui enjoint aux Prévost des marchands et Échevins de « faire mesurer et arpenter les terres vaines et vagues qui « composent l'ancien fossé (de la porte de Nesle) jusques à la rivière..., faire visiter « les maisons et eschoppes desdits lieux, pour pourvoir à l'indemnité, etc. » Hiérosme-François Tombonneau et Jean Doujat, conseillers, avaient reçu l'ordre, dès le 30 juin, de se transporter sur les lieux pour y procéder au mesurage, arpentage, plan et figure desdits lieux, faire estimer par experts nommés d'office, les tours, maisons et échoppes à démolir. J'ignore si cet ordre a été exécuté; en tout cas les dessins ne se retrouvent pas aux Archives, comme ceux de Louis Le Vau.

Je ne parle pas ici de la porte de Nesle, puisque chacune des anciennes portes de Paris aura son article à part dans les dissertations à la suite de ce livre.

Un coup d'œil jeté sur la planche I, fera comprendre de suite la marche de l'enceinte, depuis la tour de Nesle jusqu'à la rue de l'Ec.-de-Médecine. Je me bornerai à expliquer les détails de cette planche. La fig. 2 est un calque modernisé de Verniquet, sur lequel j'ai dessiné le gros mur avec ses justes proportions. Jusqu'à la rue Dauphine, mon tracé a pour base un plan manuscrit de Louis le Vau (1665), et, de cette rue à celle de l'Ecole, divers plans, rectifiés en quelques endroits par des recherches sur lieux.

Les plans originaux de Louis le Vau, architecte des bâtiments de l'Institut, sont conservés aux Archives (n° 710, III° classe). J'ai choisi le plus curieux, dont la fig. 1 offre la partie la plus intéressante calquée sur le dessin même, y compris l'écriture [1]. Pour plus de clarté, j'ai marqué chaque tour murale d'une lettre, même celles que j'ai intercalées par conjecture. Il en sera de même sur toute la ligne. Toutes ces tours sont figurées avec un égal diamètre et une forme semblable, quoiqu'il y eût, sans aucun doute, entre elles quelques différences qu'il ne serait pas facile de constater, même quand elles subsisteraient encore. J'ai mis le plus grand soin à les placer à leurs distances respectives, et à tracer avec exactitude les localités actuelles qui les avoisinent. Je ferai, dans mon texte, une distinction entre les détails contemporains de Ph. Auguste et ceux qu'on doit attribuer à une époque ultérieure.

A la tour de Philippe Hamelin se rattachait l'extrémité occidentale de l'arc que formait le gros mur d'enceinte. Son point de départ était-il dans l'origine tel qu'il est ici figuré? Je le suppose, mais ne l'assure pas. Si le tourillon contenant l'escalier fut construit sous Ph. Auguste, le gros mur devait dès lors le laisser à l'intérieur. Cette disposition resta donc toujours la même, à moins d'admettre que la porte de Nesle ne fut bâtie que plus tard. Cette question douteuse sera discutée dans mon article sur cette porte.

Un fait incontestable, c'est que les six arcades adossées au gros mur à l'extérieur, ainsi que les six fenêtres qu'elles encadrent (voir pl. XII, fig. 3), ne sont point contemporaines de Ph. Auguste. Ces détails auront été ajoutés au siècle suivant par les seigneurs de Nesle, avec permission du roi. Dans le principe, le mur était donc massif, et d'environ deux mètres et demi d'épaisseur, entre la porte et l'endroit où saille sur le fossé le plan d'un bâtiment ou enclos de forme irrégulière. Au point où la ligne d'enceinte éprouve une légère déviation, j'ai placé une tour hypothétique A, dont l'existence doit être admise, car elle paraît

---

[1] On y indique nettement la coïncidence des tour, porte et pont de Nesle, avec les parties de l'Institut qui les remplacent. Ce plan de Le Vau a été gravé dans l'*Architecture* de Blondel.

d'une nécessité absolue. Elle aura été abattue à l'époque où fut élevé le corps de logis en saillie sur le fossé creusé vers 1356.

La tour B ne figure pas sur le dessin de Le Vau, 1665, ni sur le plan de Gomboust, 1652; mais on la voit sur les plans de G. Braun, Du Cerceau et Belleforest: elle fut probablement détruite vers la fin du XVIᵉ siècle. Son existence me paraît incontestable, et sa place réelle devait être peu éloignée de celle que je lui assigne. Les tours C, D, E se trouvent sur le plan de Le Vau. J'ai donné le calque de celles marquées D et E, parce qu'elles offrent quelques détails à l'intérieur. Elles présentent, sur divers points, des échancrures indiquant des baies de fenêtres ou des cheminées. Les portions du mur qui les accompagnent paraissent avoir été amincies, ainsi que les tours elles-mêmes.

La longue cour de l'Institut a donc pour limite, à l'est, l'ancien mur, mais déformé et dégarni de ses assises de pierres; et la partie conservée de son blocage replâtré sert, je crois, de soutien aux maisons voisines. En 1842, on fit des fouilles dans cette cour. J'y vis les fondations de plusieurs murs, et probablement celles du bâtiment irrégulier, près la tour A. Du reste, je les examinai assez superficiellement, car alors je ne songeais pas à faire un livre sur les enceintes; j'aurais peut-être, en y mettant plus d'attention, découvert parmi ces fondations des traces des tours A et B.

Je n'ai retrouvé aucun reste de la tour C. Il y a une trentaine d'années, on voyait encore, rue Guénégaud, près du nᵒ 20, la coupe du mur qui l'avoisinait. Ce débris, d'un aspect assez pittoresque, dominait l'orifice d'un vieil égout muni d'une grande grille, que je me rappelle avoir vue plus d'une fois dans mon enfance. Cet égout, dont l'ouverture a été reconstruite, s'écoule peut-être encore dans une partie de l'ancien fossé de Nesle; mais la coupe du gros mur, dont je n'ai conservé qu'un vague souvenir, ne se voit plus.

Quant aux tours D et E, elles existent encore, assez bien conservées, et figurent sur les plans de Vasserot et de Jacoubet. En 1840, je visitai la tour D du côté de la rue Guénégaud, et au fond d'une cour de la rue Mazarine, 23 [1]. Ramond du Poujet la signale, en 1818, rue Guénégaud, nᵒ 34; elle était alors, dit-il, «au fond « d'un atelier de forgerons, et ne laissait pas d'avoir quelque chose de fort im- « posant. » Dans la cour de cette même maison, je vis de cette tour environ un quart de sa circonférence; elle faisait meilleur effet du côté de la rue Mazarine,

---

[1] C'est, je l'avoue, un mauvais système que de désigner les maisons par leurs numéros ou par les boutiques qui en dépendent, car les numéros et les établissements de commerce ne sont pas des points fixes. Cependant j'adopterai ce mode de renseignements, puisque le plan de Jacoubet indique avec une certaine exactitude le numérotage des maisons vers 1840, époque à laquelle se rapportent mes recherches.

où elle paraissait avoir six à sept mètres de hauteur. L'intérieur servait alors de magasin à un facteur de pianos. Du Poujet se trompe en avançant que le gros mur forme le fond de l'impasse de Nevers. Il y a au devant (supposé qu'il existe encore), un corps de logis qui le cache.

J'ai vu fort souvent, en traversant le passage Dauphine, la tour E, dont j'indique ici la position. Une partie apparaît au fond de la cour du n° 13, dont l'entrée est presque vis-à-vis la fontaine. On la prendrait pour un mur cintré, auquel est appliqué un petit escalier en plein air, que j'ai figuré sur la planche. L'autre partie du cercle dépend de la cour d'une maison de la rue Mazarine, n° 29. On voit l'intérieur dans l'arrière-cour de la maison n° 40, rue Dauphine ; je le visitai en avril 1840, et j'y remarquai une large embrasure qui prenait jour sur la cour de la maison de la rue Mazarine ; cet intérieur ne m'a point paru complétement rond, sans doute parce qu'on avait déformé les parois de la tour. Sa hauteur était de six à sept mètres ; le plafond n'offrait plus de traces de voûtes, mais le propriétaire me dit en avoir autrefois remarqué.

La fontaine moderne du passage Dauphine indique la coupe du gros mur. La Ville, qui avait conservé, je pense, ses droits sur ce mur, aura trouvé dans son épaisseur une place pour des tuyaux de conduite. Le fond de toutes les propriétés (numéros impairs) de la rue Mazarine a pour limite le mur d'enceinte, soit intact, soit aminci. Les cours de ces maisons et leurs bâtiments sur la rue occupent la place du fossé comblé, et la rue Mazarine représente l'ancien chemin de contrescarpe, dit autrefois : rue des Fossés de Nesle.

Ce fossé, il ne faut pas l'oublier, fut commencé sous le roi Jean, continué sous Charles V et remanié, à diverses reprises, sous les règnes suivants. L'eau de la Seine, dans les crues d'hiver, remontait jusqu'aux environs de la porte de Buci, et y séjournait au moyen d'écluses établies près du pont de la porte de Nesle ; en été le fond du fossé était à sec, sauf un maigre ruisseau d'eau croupie qu'on voit tracé sur le plan de L. Le Vau, sous le nom de *L'esgout S. Germain.*

J'ai indiqué (au pointillé), d'après Le Vau, l'ancienne limite du rivage, ainsi qu'un abreuvoir figuré sur les vues de Callot et de Silvestre. On peut juger, en comparant l'ancien rivage avec le nouveau, de l'espace de terrain gagné sur le lit de la Seine par l'établissement du quai actuel. Comme je décrirai à part les anciennes portes de Paris, je me bornerai ici à faire remarquer leur position. Celle nommée *Dauphine,* bâtie seulement en 1632 ou 33, était attenante au n° 50 de la rue du même nom. Je l'ai tracée au pointillé. Elle fut détruite en 1673, comme l'annonce encore aujourd'hui une inscription sur tablette de marbre noir, incrustée dans la maison du n° 50, à la hauteur du premier étage. Cette inscription contemporaine ne fait pas comprendre la situation précise de la porte. Le mur de face de cette porte (du côté de la ville) dépassait-il ou non cette tablette? Dans le doute, j'ai fait arriver ce mur à l'angle de la rue Contrescarpe. Quand, en cet endroit, on abattit le gros mur pour livrer passage à la rue Dauphine (ce qui était déjà exécuté en 1609, si l'on s'en rapporte au plan de Quesnel), on démolit sans doute la tour hypothétique marquée F. Son existence me paraît fort vraisemblable, ainsi que sa position.

Le gros mur devait passer à quelques mètres en deçà de la rue Contrescarpe. Je n'ai pu en découvrir aucune trace, et le plan de Vasserot, qui indique tous les murs mitoyens de ces maisons, dont l'ensemble forme un îlot triangulaire, n'a pu m'éclairer sur ce point. Etait-il sur la ligne que suit la rangée occidentale des maisons de cette rue? Ce n'est point probable, vu sa direction générale. Il aura été complétement démoli lorsque, vers 1609, on combla le fossé entre la rue Dauphine et la porte Buci.

Notons en passant que la rue *Contrescarpe* porte un nom trompeur, puisqu'elle est située en dedans du mur et tout à l'opposé de la contrescarpe du fossé. Elle devait se nommer plutôt rue de l'Escarpe.

La porte, dite d'abord S. Germain et, depuis 1352, de Buci ou Bucy (et non *Bussy*), était située à peu près où elle figure sur mon plan, à l'extrémité de la rue S. André des Arts. Avant de passer outre, j'ajouterai quelques citations qui se rapportent à l'espace compris entre cette porte et la tour de Nesle.

On lit dans Sauval (III, p. 630), que «le logis de la porte de *Bussy*, avec les *allées* des murs depuis ladite porte jusques à l'Hostel de Nesle et deux tours étant esdits murs..., fut baillé (1558) aux Archers de la Ville, pour y entretenir des buttes, pour l'exercice du jeu de l'arc». Le même auteur (III, p. 126) cite une tournelle *neuve* derrière la maison de maistre Simon *de Bucy*, en allant à Nesle.

— Permission à Guillaume Baif (3 août 1613) de « bâtir et avancer les cham-« bres de son bâtiment sur *l'allée étant au haut des murs* de la Ville, entre les « portes de Bussy et de Nesle, et faire porter ledit bâtiment sur le *mur du pa-« rapet*, en laissant *un passage de sept pieds de haut*, même de faire bâtir sur « une des tours qui est en saillie dans le fossé, moyennant 60 s. Tournois de « redevance. » (Bouquet, *Mémoire*, p. 282.)

De la porte Buci à celle des *Cordèles* ou *Frères Mineurs*, dite depuis de S. Germain, le passage du mur est facile à suivre, car on le voit tracé sur plusieurs plans gravés, ou manuscrits du XVIIIᵉ siècle. Bien mieux : il existe encore en partie, avec ses deux tours bien conservées, dans les maisons basses qui bordent à l'est le passage du Commerce. Ces tours figurent sous la forme de demi-tours, sur le plan du Qᵉʳ de l'Ec. de Méd., par Vasserot, et sur l'atlas de Th. Jacoubet. La tour G est occupée, en ce moment, par un serrurier. L'intérieur est à peu près circulaire : je n'y ai pas observé de traces de voûte. La tour H se voit dans deux boutiques contiguës, qui en ont chacune une portion; la grille du passage est placée, par rapport à cette tour, comme je l'indique sur mon plan. L'intérieur, que je visitai en 1840, au fond du vaste jardin de l'ancien hôtel de Tours, rue du Paon, 8, servait alors d'étable.

J'ai calqué et reproduit (Pl. II, fig. 1) un plan manuscrit des Archives levé en 1743 (III° cl., n° 99), où l'on remarque sur trois points le mur d'enceinte avec son épaisseur primitive; partout ailleurs il est, du côté opposé au passage, aminci de moitié. J'ai ajouté au pointillé le tracé du passage actuel du Commerce, celui de la cour derrière la tour G, et la prolongation du gros mur, jusqu'à la fontaine où l'on place l'ancienne porte des Cordeliers. On voit figurer un jeu de boule nommé : de Manus, et sur d'autres plans : de Metz. On peut, ce plan à la main, suivre les détails consignés dans une lettre signée: *De Parcieux*, insérée dans le *Journal de Verdun*, 1757, et réimprimée avec variantes dans le *Mercure de France*, 1760. Cette longue lettre qui, malgré son bavardage, a paru intéressante de son temps, nous apprend fort peu de chose; j'en citerai plus loin un passage.

La partie du gros mur entre la tour G et la rue S. André–des–Arts soutient encore un jardin élevé d'environ deux mètres et demi au–dessus du sol du passage, mais il ne se prolonge pas jusqu'à la rue. On y monte par un ancien escalier placé dans la première cour du passage de Rohan, où l'on rencontre plusieurs murailles (celle notamment qui, au nord, soutient le jardin) construites avec les pierres de revêtement du gros mur.

Le passage obscur qui, faisant suite à la cour du Commerce, aboutit à la rue S. André, n'est pas dans l'axe de cette cour, mais dévie un peu, comme on le voit sur mon plan. (Verniquet lui a donné à tort une ligne droite.) J'ai cru devoir faire suivre cette déviation au mur d'enceinte attenant à la porte de Buci.

Sur le plan des Archives de 1743, la longue portion du gros mur qui, de la tour H, se dirige vers la rue de l'Ecole–de–Médecine, s'arrête tout à coup à un endroit où il se relie à un mur plus mince qui fait le coude et qui a imposé sa direction à l'étroit couloir par lequel le passage du Commerce débouche rue de l'Ecole. Je vais tâcher d'expliquer cette circonstance.

On lit dans toutes les Histoires de Paris que le mur d'enceinte aboutissait à la fontaine de la rue des Cordeliers (aujourd'hui de l'Ecole-de-Médecine), et que la porte des Cordeliers, depuis dite de S. Germain, était où l'on voit la fontaine. Cette direction du gros mur (que j'ai continuée au pointillé) paraît en effet très-naturelle. Puisque la porte ne fut ouverte qu'en 1240, on ne comprend pas pourquoi dans l'origine il eût cessé, arrivé à ce point, de suivre une ligne droite. Il est même probable qu'à l'endroit où fut percée là porte, il existait primitivement une tour murale qui fut abattue en 1240. C'est ainsi que je représenterais cette partie de l'enceinte sur un plan fictif de Paris sous Ph. Auguste.

On distingue, sur le plan de 1743, non loin de la fontaine, un mur coudé, qui semble continuer au delà de la rue des Cordeliers, et faire un nouveau retour d'équerre. A mon avis, c'est un reste d'une avant-porte construite peut-être à l'époque où fut creusé le fossé, comme appendice à la fortification de la porte principale. A presque toutes les anciennes portes, de ce côté de Paris, on ajouta, au XVe ou au XVIe siècle, des travaux du même genre. Celle S. Jacques était ainsi précédée, du côté de la campagne, de murs en zigzag, percés de meurtrières et crénelés, dont l'ensemble formait une sorte de bastion avancé ou *barbacane*, comme on en voit encore un exemple à Vincennes, devant la porte du Nord.

Le profil de ce mur ici figuré de chaque côté de la rue des Cordeliers a pu induire en erreur, au temps où il était en évidence, plusieurs antiquaires sur la véritable position du mur de Ph. Auguste. Un passage de la lettre citée ci-dessus (signée : *De Parcieux*) paraît attester une méprise de ce genre. « Etant dans la « rue des Cordeliers, on voit tout au près de *l'égout*, une inscription en marbre « qui dit que la porte étoit là, et le marbre est placé sur la coupure ou profil du « mur même de l'enceinte dont on voit encore un reste dans l'allée à côté. » Cet égout est marqué sur la Pl. I, fig. 2, d'après le plan de Verniquet.

Robert de Vaugondy s'exprime ainsi : « L'enceinte traversoit la rue des Corde- « liers, où l'on voit dans une allée proche la rue *de l'Observance* un reste à l'en- « droit où étoit la porte S. Germain. » Il est évident qu'il a voulu dire : proche la rue *de Touraine*, comme l'atteste son plan sur lequel la porte est indiquée devant la fontaine.

En 1598, la porte S. Germain fut reconstruite. Peut-être alors fut-elle reculée plus loin vers l'ouest au niveau des murs de l'avant-porte. Les plans du XVIIe siècle ne nous fournissent aucun document positif sur cette question que je discuterai plus tard à l'article : *Porte S. Germain.*

Dans le voisinage de cette porte, le fossé a peut-être été plus large que sur d'autres points ; il est même à croire qu'on le fit ainsi pour mieux protéger l'avant-porte ; mais gardons-nous de croire que l'inflexion, à cet endroit, de la rue dite : des Fossés-S.-Germain représente précisément cette largeur. Il est notoire que l'extrémité du pont qui conduisait à la porte était, des deux côtés, garnie, dès le XVIe siècle, de groupes irréguliers de maisons, dont les derrières s'appuyaient sur la contrescarpe. La rue a conservé la forme de ces groupes, de sorte que sa direction n'est plus parallèle au mur d'enceinte. J'ai indiqué sur mon plan, par des lignes pointillées, la largeur réelle du fossé.

V. — De la rue de l'École-de-Médecine à la place S. Michel.

(Voir Pl. II, fig. 2.)

A partir du point où, en 1240, fut ouverte la porte des *Cordeliers*, dite plus tard S. Germain, le mur continuait, jusqu'à la place S. Michel, à peu près en ligne droite et parallèlement à la rue des *Fossés*-Monsieur-le-Prince.

Je dis *à peu près*, car sur les plans qui le représentent entier, on remarque dans son cours quelques légères déviations qui sont peut-être des imperfections des géographes. La forme plus ou moins courbe que la clôture affecte sur les anciens plans, depuis la tour de Nesle jusqu'à la place S. Michel, est démentie par le rapport qu'offrent entre elles les portions encore debout, tracées sur nos meilleurs plans modernes.

Il ne reste aucun vestige du gros mur ni des tours entre la porte des Cordeliers et la tour L. Certainement il passait, comme je l'indique sur mon plan, bien près de l'angle formé par la jonction des rues de l'Ecole et de Touraine, mais il paraît qu'il fut complétement rasé lorsqu'en 1672 on perça cette dernière rue et celle de l'Observance, car aucun des murs mitoyens qui séparent les maisons comprises entre les rues de l'Ecole et de Touraine n'a conservé la ligne de sa direction. Il en est de même de l'îlot de maisons entre les rues de Touraine et de l'Observance. Il doit en rester au moins des traces souterraines, ainsi que de la tour I, qui ne pouvait être éloignée de beaucoup de la place que je lui assigne. En 1682, le cloître des Cordeliers fut reconstruit de forme carrée, grâce à une adjonction de terrain pris sur la largeur du fossé. Alors fut aussi rasée toute la portion du mur qui s'étend de la rue de l'Observance à la tour K; mais à partir de celle-ci jusqu'à la place S. Michel, on en trouve des indices certains. Un fait positif, c'est qu'entre la rue de l'Ecole et la place S. Michel il y avait six tours murales; elles sont indiquées sur les plans de Braun, Du Cerceau, Quesnel, etc., et un acte que je citerai plus loin, au sujet de la tour N, le prouve suffisamment. D'ailleurs, rien qu'à examiner l'intervalle entre ces deux points, si l'on a égard à l'espacement à peu près régulier des autres tours, on ne peut se refuser à admettre ce nombre. Gomboust n'en indique que cinq; c'est une omission, ou, de son temps (1650) il y en avait déjà une d'abattue.

Je n'affirme pas que les tours I, J et K soient placées sur mon plan avec précision, mais leur position s'éloigne peu de la réalité; quant à celle marquée L, sa situation est fixe, comme je le prouverai bientôt.

Le gros mur n'a jamais formé, comme on pourrait le croire, la limite du couvent des Cordeliers. Ce couvent, remplacé aujourd'hui par la Clinique et autres

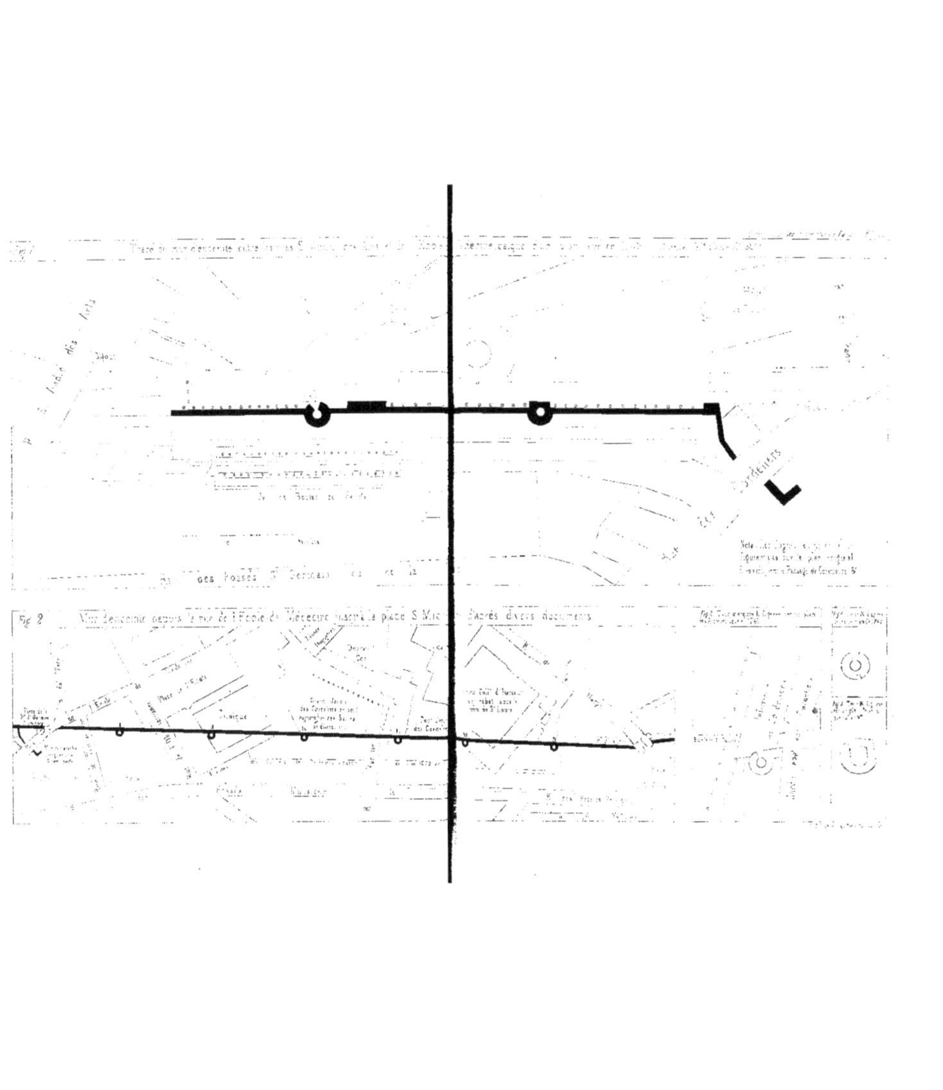

dépendances de l'Ecole de Médecine, s'étendait au delà du mur. Sous Louis IX, ces religieux possédaient des bâtiments au delà du gros mur, qu'ils avaient obtenu la permission de percer d'une porte. En 1356, époque où ces bâtiments furent démolis pour faire place au fossé, on les indemnisa soit par des terrains situés au delà, soit par des maisons en ville. Puis, quand on supprima, vers 1672, ce même fossé, le roi leur en accorda de nouveau l'emplacement, avec permission d'abattre le mur. Alors ces religieux rebâtirent leur cloître, en partie sur le fossé comblé, et prolongèrent leurs jardins jusque vers le milieu de ce nouvel espace; sur l'autre moitié qui, je crois, leur appartenait également, on éleva les maisons qui forment le côté oriental de la rue des Fossés–Monsieur-le-Prince. Aujourd'hui les cours de plusieurs de ces maisons dominent celles plus basses qui dépendent de la Clinique. Les murs qui bornent cet établissement sont évidemment construits avec les pierres de revêtement de la muraille d'enceinte, mais n'en représentent pas la place.

La pente rapide de la rue de l'Observance, ouverte par décret de 1672, est un reste de la contrescarpe du fossé, mais l'angle d'inclinaison du talus a été très–élargi, de manière à former une sorte de rampe.

La tour marquée L est un point fixe. Verniquet l'a représentée, à son insu, peut–être, en traçant le plan des bâtiments des Cordeliers. Cette tour, attenante à la pharmacie ou infirmerie de ce couvent, forme une ligne semi–circulaire, avec deux contre-forts ajoutés. Elle figure aussi sur un plan des Archives, levé en 1743. Je l'ai calquée et reproduite, pl. II, fig. 3. Voici un passage de la lettre de M. De Parcieux (*Journ. de Verdun*, 1757), relativement à cette tour : «Le mur qui ter-
« mine le jardin des Cordeliers n'est pas celui de l'enceinte, comme on le dit, mais
« un mur fait *de l'autre côté du fossé*. Ce qui me le fait croire, c'est une tour
« qu'on voit dans un petit jardin séparé, qui est celui de l'apothicairie du couvent.
« Cette tour a bien l'air d'être de l'enceinte de Ph. Auguste. En effet, entrez dans
« l'apothicairie, et de là dans le petit jardin, vous verrez que cette tour est très-
« ancienne; vous y verrez sur le côté la marque ou coupure d'un mur fort épais
« qui a été coupé et rogné, et qui se continuoit de côté et d'autre. La distance
« qu'il y a de cette tour au mur qui termine le jardin... prouve à la fois que la
« tour étoit de l'enceinte et que la muraille étoit *sur le bord du fossé*, etc. »
Cette remarque est juste, seulement M. De Parcieux se trompe en croyant que le mur des religieux s'avance jusqu'au bord de la contrescarpe du fossé. Il était situé à peu près vers le milieu de ce fossé que Louis XIV leur accorda à titre de restitution ou de don, en totalité ou en partie.

Je ne puis me rappeler sur quel plan j'ai vu indiquée avec précision la tour M, qui existait encore avant la reconstruction totale du collége d'Harcourt. Cette tour, placée entre deux autres positivement fixes, est tellement nécessaire pour remplir le vide, qu'il faudrait l'*inventer*, si aucun plan ne la signalait.

La tour N est marquée sur un grand nombre de plans, notamment sur celui de Verniquet, où sa forme est tout à fait ronde, parce qu'elle était alors complétement isolée du mur. Je l'ai calquée aussi sur un plan des Archives, levé en 1743 (fig. 4). Sur un autre plan manuscrit (que je possède) levé en prairial an VI, sa forme circulaire paraît altérée. Elle y est tracée au pointillé, au milieu d'un passage nommé : *passage de la Tour de Philippe le Bel.* (Voy. fig. 5.)

Félibien (t. V, p. 126) rapporte des Lettres-patentes, datées 1646, par lesquelles le roi fait don au collége d'Harcourt « des place et tour de *Pique* (peut-être « *brique*, dit en note Félibien), muraille, rampart, fossé et contrescarpe... à « commencer de la quatrième tour jusques à la sixième, en montant de la porte « S. Germain à la porte S. Michel. » Ce passage prouve évidemment qu'il exista, dans cet espace, six tours sur lesquelles trois dépendaient des Cordeliers, et deux du collége d'Harcourt.

Nous lisons, à propos de la tour N, qui subsistait encore en 1816, comme La Tynna l'affirme, cette note intéressante dans la *Notice* de Ramond du Poujet (édition 1826, p. 27) : « C'est dans la cour des cuisines du collége d'Harcourt « que cette tour se trouvoit placée ; il existoit une tradition à cette époque (1763) « sur cette même tour ; c'est que le célèbre Pascal y avoit composé ses *Lettres* « *Provinciales*, dans le siècle précédent. » (*Note communiquée*, ajoute du Poujet.)

Cette tour était détruite en 1840 : on dut l'abattre quand on rebâtit, de nos jours, le collége d'Harcourt sous le nom de *S. Louis.*

Les tours L, M et N, sont indiquées à tort comme carrées sur les plans de Du Cerceau et de Belleforest ; sur tous les autres plans elles sont rondes et quelquefois couvertes d'un toit. De la tour N, le mur allait joindre la porte Gibard, dite plus tard d'Enfer, puis de S. Michel, porte sise à l'endroit où est la fontaine, et probablement placée comme je l'indique sur la planche II, fig. 2.

Le gros mur devait traverser la rue Racine actuelle, entre les n°⁵ 24 et 26. Il me semble en avoir vu quelques traces vers 1840, époque où fut percée la partie prolongée de cette rue. Le n° 24 est le grand bâtiment des Réservoirs. J'ai cru reconnaître, du haut des terrasses qui bordent ces réservoirs, une longue partie du gros mur (60 ou 80 mètres) qui, courant du nord au midi, paraissait servir de limite au collége S. Louis et laisser un espace vide entre le collége et les propriétés formant le côté oriental de la rue Monsieur-le-Prince.

Il est possible que ce mur ne soit pas celui de l'enceinte ; mais, à coup sûr, il a été construit avec ses matériaux. En tout cas, si c'est l'ancien, il a été restauré et modifié, puisqu'il porte, vers le milieu de sa hauteur, un cordon ou bourrelet de pierre, d'une construction peu ancienne, et n'offre plus aucune trace de tours. Quant au fossé de Charles V, il a été comblé, sauf en quelques endroits, où sont des jardins dont le niveau est un peu inférieur à celui du sol de la rue.

Je vais citer ici quelques extraits d'anciens registres, relatifs à la partie de l'enceinte comprise entre la porte des Cordeliers ou S. Germain, et celle S. Michel.

En oct. 1561, cession est faite aux Cordeliers, par le Bureau de la Ville, « d'une « *Allée* le long des murs de la Ville, qui faisoit partie du jardin des Arbalestriers, « contenant 25 toises de long, sur 20 pieds de large... (Bouquet, *Mémoire*, p. 273).

En 1633 et 1636, plusieurs places dans les fossés, près la porte S. Germain, sont délaissées, moyennant redevance à la Ville, au sieur *Bouteiller de Rancé* (*Id.*, p. 272).

Sept. 1635. — Bail emphytéotique fait à François Geoffrais « d'une place sise « dans le fossé, entre la porte S. Germain et S. Michel, de 75 toises de long, de- « puis la *tour où est le four des Cordeliers*... (celle marquée K ou L), pour l'em- « ployer à faire un jeu de longue Paulme et non à un autre usage » (*Id.*, p. 269).

Selon le même registre, on voit qu'en 1634 le collége d'Harcourt possédait, sur le fossé, plusieurs places et maisons qu'il louait. En 1670, il acheta encore à la Ville « huit toises de places en profondeur sur dix-huit de face » (*Id.*, p. 270).

En sept. 1636, un sieur Rubantil cède au même collége « le dessus de la *tour des Buttes* », probablement celle marquée M sur mon plan (*Id.*, p. 269).

En avril 1650, la Ville fait concession aux Cordeliers de soixante toises du fossé, sur vingt de largeur (*Id.*, p. 273).

Procès-verbal de janvier 1655, d'où il résulte que le fossé, derrière l'hôtel de Condé, « avoit *auparavant* dix-sept toises de large, et vingt-quatre pieds de pro- fondeur (*Id.*, p. 273).

Janvier 1655. — « Grosse tour... au-dessus de la porte S. Germain, attenant « le jardin du sieur de *Rancé Bouthillier*, dont le bâtiment est entre ladite tour et « ladite porte S. Germain, avancé dans le fossé hors la muraille de closture... Le « fossé est traversé, à 4 toises du mur dudit sieur de Rancé, d'un petit mur « ancien avec une porte et une grande brèche... près d'un bâtiment... appelé *la* « *Maison du Cordier* » (*Id.*, p. 274).

Il semble clairement résulter de ces extraits que le célèbre réformateur de la Trappe, ou quelqu'un de sa famille, possédait une maison sise entre la porte des Cordeliers et la tour marquée I, maison occupant peut-être une partie de l'emplacement actuel de la rue de Touraine.

Le même *Mémoire* de Bouquet contient beaucoup d'autres renseignements relatifs à cette partie de l'enceinte. J'en ai extrait les passages qui m'ont paru les plus intéressants, regrettant de n'avoir pu avoir sous les yeux les pièces originales.

VI. — De la place S. Michel à la rue Descartes.
(Voir Pl. III.)

La porte Gibard (nommée plus tard S. Michel) était placée au haut de la rue de la Harpe, à l'endroit où est la fontaine en forme d'hémicycle. On ne voit plus, depuis longtemps, les parties du gros mur qui touchaient à cette porte [1], remplacée par des constructions où ses matériaux ont été employés; mais il est facile de se rendre compte du point où elles aboutissaient; il suffit de jeter un coup d'œil sur les planches II et III.

Entre les portes S. Michel et S. Jacques, tous les anciens plans indiquent trois tours, mais les placent à des distances différentes. Sur celui de J. Gomboust, elles se suivent de trop près à partir de la porte S. Michel, et cette partie de l'enceinte est peu exactement rendue, quoique ce plan soit fort estimable du reste. On voit, pl. III, trois calques de plans où figure le passage du mur. Celui de Verniquet, quoique moins détaillé que celui de La Grive, nous servira de guide. Je suppose que les tours y sont bien espacées. Je n'ai qu'un reproche à lui faire, c'est que le gros mur est trop épais. Il est à regretter que Verniquet n'ait point partout, comme il l'a fait ici, tracé les restes de l'enceinte encore visibles sous Louis XVI.

Les tours marquées O et P sont très-connues. Je les ai visitées plusieurs fois du côté de la rue des Grès, où était une caserne de garde municipale, et du côté de la rue S. Hyacinthe. La tour P. a été détruite en 1849, lors de l'ouverture de la nouvelle rue Soufflot (comme s'il était écrit qu'à ce nom de *Soufflot* dût se rattacher, encore une fois, un acte de dégradation du vieux Paris).

Le gros mur pouvait avoir, sur ce point, environ six mètres de hauteur à partir d'une espèce de talus de terre qui en cachait peut-être un mètre. J'ai compté, dans cette hauteur, 27 assises de petites pierres d'équarrissage inégal, soit que le mur eût été souvent réparé, soit que dès l'origine les matériaux fussent ainsi disposés. La tour O était couverte du toit le plus disgracieux, formé de plâtras, ayant sa pente du côté de la caserne. Vers le haut de la tour était une meurtrière, et peut-être en existait-il plusieurs autres sous les lierres épais qui tapissaient çà et là ces vieux débris. L'intérieur de la tour où était établie, je crois, une pompe, avait été très-modifié; on en distinguait à peine la forme. J'ai escaladé le mur au moyen d'une échelle qui s'y trouvait adossée, et me suis promené sur la tour P, qui supportait un petit jardin de forme semi-circulaire; car la tour, démolie en partie,

---

[1] Toutes les parties du mur attenant aux anciennes portes furent en général abattues, et les matériaux employés à construire les maisons qui remplirent le vide occasionné par la suppression des portes.

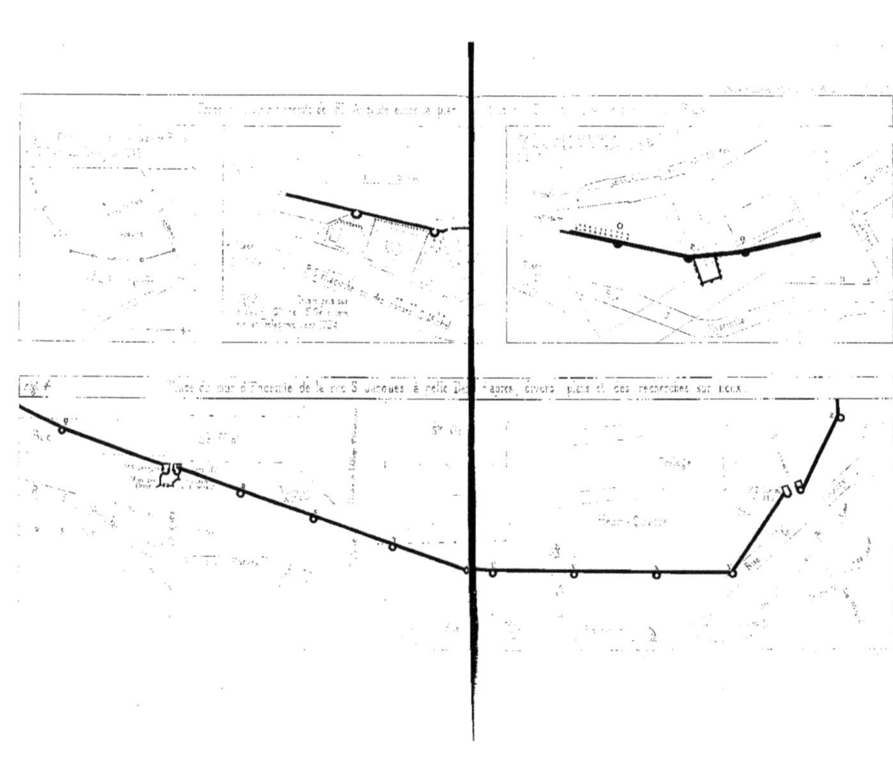

Fig. 4
Tracé du mur d'enceinte de la rue S. Jacques à celle Des... d'après divers plans et des recherches sur lieux.

n'avait plus que l'apparence d'une demi-tour. J'oubliai de vérifier si elle portait
des traces de voûtes, comme l'assure Mauperché. Du reste, il est assez probable
que les deux tours, ainsi que le mur, avaient perdu quelques pieds de leur éle-
vation primitive.

Ces tours avaient été concédées aux Jacobins sous Louis IX ou sous Philippe
le Long; mais lorsqu'en 1356 il fut décidé qu'on creuserait des fossés, elles ren-
trèrent dans le domaine de la Ville; on détruisit toutes les constructions qui s'y
rattachaient, et on dédommagea les religieux par d'autres propriétés.

Les maisons où se voyaient ces tours, rue S. Hyacinthe, n°ˢ 9 à 17, sont parfaitement tracées sur le plan détaillé du Quartier Sainte-Geneviève, par Delagrive, 1757 (pl. III, fig. 2). Ce plan à la main, j'ai reconnu, en 1839, les murs
mitoyens, les perrons et les terrasses des jardins. La face seule de ces jardins,
établis sur le fossé à demi comblé, m'a paru changée. Au pied du gros mur existait, je le répète, un exhaussement de terrain en talus, qui semblait être le commencement de l'escarpe du fossé.

Le point le plus curieux après les tours, c'était un pan de muraille formant
équerre avec le gros mur, et partant de l'angle de la tour P, reste d'un bâtiment
en saillie sur le fossé, et tracé avec précision sur le plan de Verniquet (fig. 3).
Au milieu des assises, à hauteur d'homme, on remarquait une sorte de croix de
pierre; c'était le croisillon d'une ancienne fenêtre, percée dans le bâtiment et
murée depuis. Sur une mauvaise image, insérée dans le *Paris ancien* de Mauperché, on voit figurer les deux tours et ce mur en retour d'équerre, avec trois
fenêtres sur la même ligne. Je ne sais si, en 1816, ces fenêtres existaient encore
ou si elles furent tracées de fantaisie; mais, en 1839, il ne restait plus que cet
unique vestige du vieux bâtiment dont je vais parler. La suite du pan de mur
se confondait avec celui des maisons voisines qui s'y appuyaient.

L'édifice entier se voit sur une petite perspective de Paris, signée *L. Gaultier*,
1607, et sur plusieurs estampes historiques, qui représentent Louis XIII entrant
à Paris par la porte S. Jacques. Il offre l'aspect d'un bâtiment carré, flanqué, dans
les angles, de tourelles en encorbellement, et couvert d'une plateforme. Mauperché le nomme à tort *Parlouër-aux-Bourgeois;* c'est simplement une portion du
réfectoire des Jacobins, établi en saillie sur le fossé, et peut-être sur les fondements d'une partie du Parloir [1]; mais ce n'est point le Parloir lui-même.

[1] Ce nom de *Parloüer* ou *Parloir* signifie : un lieu de conseil; nom qu'on a changé plus tard en celui
de *Parlement*. A. Du Chesne prétend que ce nom lui fut donné parce que les bourgeois, assemblés
en ce lieu, *parlementèrent* avec le seigneur de l'Isle-Adam de la reddition de la ville à Charles VII.
(*Antiquitez*, 1609, p. 109.) Explication erronée; ce nom était usité au XIVᵉ siècle. (Voir Dissert. de
Bonamy, *Mém. de l'Acad. des Inscr.*, t. XXI.)

On peut s'étonner qu'un édifice si peu central fût consacré aux assemblées des membres municipaux de Paris ; le fait est pourtant irrécusable, car on lit en tête de beaucoup d'actes : *Faict au Parlouër-aux-Bourgeois ;* mais il faut bien se garder de croire que ce fût là réellement ce qu'aujourd'hui nous appelons un hôtel-de-ville ; ce n'en était qu'une dépendances qu'une succursale. Mauperché remarque qu'on le nommait : « maison *de la* ville, et non maison *de* ville », expression indiquant que c'était simplement un appendice à l'administration de la Prévôté. Félibien fait observer qu'on appelait *Parlouër-aux-Bourgeois* l'institution elle-même.

Quelques lignes encore sur cet édifice, puisque son histoire se rattache en quelque sorte à celle de l'enceinte. D'abord, il ne faut pas le confondre avec deux autres plus anciens, l'un situé près de S. Leufroy (au Grand-Châtelet), dit plus spécialement *maison de la Marchandise ;* détruit en 1684 (voir Félibien, I, pages LXXIX, 617 et 632, qui en donne la description) ; l'autre, situé, selon Duplessis (*Annales*, p. 45), près la place Maubert, entre les rues Garlande et des Noyers. Celui qui nous occupe existait déjà avant 1228, époque où les Frères-Prescheurs, dits Jacobins, quittèrent leur couvent, voisin de la place Maubert, pour s'établir en ce lieu alors nommé Clos-aux-Bourgeois, plus tard Vignerai ou Vigneron, et, en 1431 : Clos S. Sulpice. A partir de 1228, le Parloir se trouva enclavé dans le couvent des Jacobins, mais sans leur appartenir. S. Louis leur avait accordé pour s'agrandir un espace assez vaste situé au delà du gros mur, avec permission de le percer pour communiquer avec leurs bâtiments supplémentaires. Mais, en 1356, on creusa au pied du mur un large fossé, qui isola le Parloir-aux-Bourgeois du clos du même nom. Les Jacobins perdirent alors les concessions de terrain que S. Louis leur avait faites ; perte dont ils furent plus tard indemnisés. Deux ans après, on leur reprit encore du terrain, pour ouvrir un chemin de ronde. Voici ce qu'écrit, à ce sujet, Jean de Venette, continuateur de Guill. de Nangis, à l'an 1358 : « Fuerunt destructa hospitia et domus quas « Fratres Prædicatores habebant *extrà muros...* similiter hortos quos foris habe- « bant... et non solùm domos perdiderunt exteriùs, sed etiam *domus intrà mœ-* « *nia* et illas quæ muris ab infrà jungebantur, ut, inter ipsorum habitaculum « et dictos muros, *aditus* fieret *atque via.* »

Dubreul (1612, p. 502) cite une inscription qu'on voyait de son temps aux Jacobins, contre la muraille de l'église. Elle apprenait qu'en 1358 on avait détruit le cimetière, ainsi que « les Cloistre, Dortoir et Réfectoir retranchez pour la closture de la ville. » Il est donc certain qu'on abattit, en 1356 et 58, une grande partie des bâtiments des Jacobins, à l'intérieur et à l'extérieur de leur cloître ; mais on respecta le *Parlouër*, et on fit tourner le fossé autour de la partie de

cet édifice la plus avancée vers le sud; de là la forme ondulée de la rue actuelle
S. Hyacinthe, jadis le chemin de contrescarpe.

Vers la même année 1358, la ville avait acheté, pour tenir ses conseils, la
maison dite : *au Dauphin* ou *aux Piliers*, sise place de Grève. Alors probablement le *Parlouër-aux-Bourgeois* fut provisoirement abandonné, mais sans cesser
d'appartenir à la Ville, et servit de succursale aux assemblées de l'Hôtel-de-Ville,
en certaines occasions.

Dubreul cite, p. 503, une charte de 1365, qui donne aux Jacobins, comme
dédommagement de leurs pertes, le Parloir et ses dépendances pour y établir
leur infirmerie. On pourrait conclure de cette donation, si elle eut son effet,
qu'à partir de cette année le Conseil de la Ville fut transféré définitivement sur la
place de Grève. Cependant il n'en fut pas ainsi, puisqu'on voit dans d'anciens
comptes (Sauval, tome III, p. 126), qu'en 1365 Robert de Pierre–Fons, pionnier,
fut chargé de réparer les fossés endommagés par les pluies, fossés « qui sont der-
« rière la Maison *de la* Ville, qui est derrière les Jacobins. » En faisant cette réparation, on trouva, le 18 septembre, « une grande partie des forts murs
anciennement faits par les *Sarrazins*, qui donnèrent grand peine à rompre et
dépécier [1]. »

D'après les mêmes comptes, en 1366, on raccommode le *pavé* qui couvrait le
Parlouër. En 1368, Jean de Blois, peintre, le repeint à neuf, moyennant 26 liv.
parisis, qu'il reçut trois ans plus tard. Le même auteur (II, p. 481) dit que le
Parloir « consistoit en un gros édifice, pavé sur la couverture, qui avançoit neuf
« toises ou environ dans les fossés, et de plus, en des *tours rondes et quarrées*,
« les unes avec un comble, les autres terrassées de pierres de liais. » Je ne sais
où Sauval a puisé tous ces détails.

Le 27 janvier 1476, selon Du Breul, page 502, on permit aux Jacobins de faire
« vne huisserie en la muraille, près leur puys, faisant la séparation de leur
« maison et l'*allée* des murs de la ville, pour permettre aux nouices de s'aller
« esbatre et promener en la dicte allée... »

Ce qui doit faire penser encore que la charte de 1365, citée plus haut, n'eut
aucun effet, c'est que, sous Charles VII, « les Bourgeois (selon André Du Chesne)
« y parlementèrent avec le seigneur de l'Isle-Adam, de la reddition de la ville

---

[1] Jean de Venette s'exprime ainsi : « Circà centrum fossatorum, antè domum Prædicatorum, propè
« murum ab extrà, reperta sunt fundamenta turrium et castrorum tantæ fortitudinis... ut vix...
« instrumentis ferreis posset opus... dissolvi : quo fiebat ut fossata profundiùs aptarentur, et, ut
« fertur, olim ibi fuerat palatium vel castrum quod... Altum Folium (Haute-Feuille) vocabatur, de
« quibus adhùc vestigia restant. »

« au Roi » ; c'est que, en 1504, Jean Le Clerc, Jacobin, demanda au prévôt ce vieil édifice, qu'on lui refusa comme utile à la Ville.

Bonfons, dans son édition augmentée des *Antiquités* de Corrozet, 1586, nous apprend, fol. 152, qu'en avril 1505 il fut plaidé « touchant le différent meu en-« tre le conuent des *Cordeliers* (il veut dire des *Jacobins*) et le Preuost des Mar-« chands pour le Parlouer aux Bourgeois. »

Sauval enfin dit (t. II, p. 482) : « On sait qu'il n'y a plus maintenant (vers 1660) « de *passage* ni d'*allée* entre les Jacobins et les murs; tout est si bien confondu avec « le monastère, qu'on n'y connoit plus rien, et il s'étend jusqu'aux murailles. « Quant au Parloir *je ne sai ce quil est devenu,* car ce *vieux bâtiment quarré* « que nous voyons dans les fossés, *n'y a jamais servi.* C'est le bout du *Refectoire* « et du *Dortoir* des Jacobins, ce qui ne paroit que trop *par la symmetrie,* outre que « l'Histoire du roi Jean nous apprend que, pendant sa prison, ce bâtiment fut « *coupé* pour en faire un chemin des rondes et détacher ce monastère des mu-« railles et des fossés. »

On notera ici que Sauval (est-ce la faute de ses éditeurs?) est en contradiction avec lui-même, puisqu'il cite des comptes où il s'agit de réparations au Parloir en 1365, 66, et 68, c'est-à-dire après la mort du roi Jean.

Pour prendre un parti, au milieu de toutes ces incertitudes, il faut supposer que le Parlouër-aux-Bourgeois servit toujours, en certaines occasions, de *succursale* à la Maison de Ville (dite *Maison au Dauphin* ou *aux Piliers*) jusqu'à l'an 1505, époque où eut lieu le différend entre le Prévôt et les Jacobins. Félibien dit (t. I, p. 633) : « Ce bâtiment fut démoli depuis (1505), dans le tems des guerres, sans « qu'il paroisse que les Jacobins en ayent profité que d'une petite portion de ter-« rain. » Je pense, au contraire, que ces religieux obtinrent, vers cette époque, la possession de cet édifice ou de son emplacement, et que, peu après, ils utilisèrent ces vieux murs en les modifiant pour leur usage, ou élevèrent sur ses fondations un nouveau corps de logis en appendice à ceux de leur cloître, de sorte que le bâtiment en saillie sur le fossé doit passer pour une partie refaite du Parloir ou pour une nouvelle bâtisse établie sur ses fondements.

Je continue mes remarques sur l'enceinte. — La tour Q doit être bien indiquée à sa véritable place sur le plan de Verniquet; je suis étonné que Delagrive, sur son plan du Qᵉʳ Sainte-Geneviève, gravé en 1757, ne l'ait pas marquée [1].

En examinant la direction tortueuse de la rue S. Hyacinthe (jadis nommée des

[1] Sur le plan en six feuilles du même géographe, 1728 (fig. 1), on voit, entre les rues de La Harpe et S. Jacques, *cinq* tours figurer; mais l'une est évidemment une des tours de la porte S. Jacques, et l'autre, trop éloignée de la rue de La Harpe, une des tours de la porte S. Michel. J'ai signalé

Fossés S. Michel), on voit qu'elle est renflée vis-à-vis du bâtiment en saillie sur le fossé. Cette disposition vient sans doute, je le répète, de ce qu'on élargit le fossé sur ce point, afin qu'il ne fût point rétréci par cet avant-corps. L'extrémité orientale de la même rue fait ensuite un nouveau détour, qui semble annoncer que le fossé fut creusé plus large, à cause de l'avant-porte ajoutée sous Charles V, ou plus tard, devant la vieille porte S. Jacques ; mais peut-être cette courbe n'a-t-elle d'autre raison que celle exposée ci-dessus (page 45), à propos de la porte Buci. Cette avant-porte, dite : *murs des carneaux*, est mal figurée sur la plupart des plans, hors peut-être sur celui de Bullet, 1676. On la verra très-détaillée sur un plan des Archives, que je reproduirai à propos de la porte S. Jacques.

Je ne garantis pas comme très-précise la place que cette porte occupe sur mon plan (pl. III, fig. 4) ; car il ne reste plus aucun fragment du gros mur qui la joignait de part et d'autre. Il aura été démoli à l'époque où le vide de la porte abattue fut remplacé par des maisons. Robert de Vaugondy cite une inscription qu'on lisait de son temps (1760) sur une maison de la rue S. Jacques ; on y indiquait la *place* où était cette porte. Ce renseignement est bien vague, car le profil de la porte occupait un espace assez large. On peut, je crois, sur ce point, s'en rapporter à son plan gravé, où figurent la nouvelle église Sainte-Geneviève, et la rue Soufflot, projetée dès lors jusqu'à celle d'Enfer. (Ce prolongement n'a été exécuté qu'en 1849.)

J'ai vu souvent, du fond de l'impasse des Poirées, une partie du gros mur qui se rattachait à la tour Q ; mais il se perdait à l'endroit où aboutissent, vers l'ouest, les limites des maisons situées rue S. Jacques. Du haut d'une terrasse de la maison 166 de cette rue, je remarquai, en 1840, la direction générale des fragments du mur encore subsistants, et j'ai reconnu, après cet examen, que la porte S. Jacques était située entre les nᵒˢ 168 et 151 (voir l'Atlas de Jacoubet, 1835), d'autant plus que les deux maisons qui, vers le sud, font suite au nᵒ 168, offrent des caves à deux étages. J'ai visité celles du nᵒ 172 ; on y descend par un escalier de 31 marches, ce qui donne une profondeur d'environ 6 à 7 mètres. Il est donc fort raisonnable d'admettre que ces caves, vu leur position, représentent à peu près la profondeur du fossé. Le propriétaire de la belle maison à balcon, nᵒ 151, maison qui a remplacé une partie de la porte S. Jacques, n'a pu me donner aucun renseignement, ses titres étant modernes, comme la plupart des titres des propriétaires parisiens. (Les anciens, en général, sont perdus ou

aussi, dans mes *Études sur les Plans*, p. 246, un plan partiel anonyme, gravé vers 1680, où l'on distingue également dans cet espace *cinq* tours, dont les deux des extrémités appartenaient aux portes et non au mur de l'enceinte.

restés en dépôt chez des notaires ; quelques-uns se retrouvent aux Archives.)

De la porte S. Jacques à celle S. Marcel, dite primitivement *Bordelle,* la clôture suit une ligne inégale et coudée à deux endroits. Dans cet espace, elle était flanquée de sept tours, non compris les deux qui fortifiaient une porte murée, dite *Papale.* Dans ce long trajet, je n'ai découvert aucune partie du mur d'enceinte en plein air (sinon proche de la rue Descartes), mais seulement diverses constructions élevées avec ses matériaux. J'avais supposé que les jardins des maisons de la rue des Fossés-S.-Jacques, jardins dont le sol est un peu inférieur à celui de la rue, avaient pour limites le gros mur, ou plutôt un mur moderne bâti sur ses fondements ; mais je fus désabusé, lorsqu'en juillet 1846, on creusa, sous ces jardins, les fondations de la nouvelle mairie du XII arrondissement. Je vis, rue Clotaire, au milieu des fouilles, le pied du mur d'enceinte. Il passait à environ trois toises vers le nord, en deçà des murs des jardins encore debout, et formait, par rapport à l'axe de la rue Clotaire qu'il traversait, une ligne oblique. De l'endroit où il était jusqu'à l'alignement des façades (côté nord) de la rue des Fossés, j'ai compté environ dix-neuf toises, espace qui représente la largeur du fossé. Il avait près de trois mètres d'épaisseur, et bien que la partie que j'avais sous les yeux dût être souterraine, il se composait toujours d'un blocage entre deux parements formés de petites pierres équarries. On voyait dans son voisinage deux ou trois autres vieux murs beaucoup plus minces et un débris d'escalier à vis, qui s'y rattachait. Les journaux ont baptisé cela du nom pompeux de : *constructions romaines.* J'y ai vu tout simplement des restes de l'ancien collége de Lisieux qui, démoli à l'époque où l'on commença la nouvelle église S. Geneviève, fut transféré dans un autre collége auquel il donna son nom.

Tous les historiographes parisiens disent que la terrasse du jardin de l'abbaye Sainte-Geneviève était soutenue par l'ancien mur abaissé. Le mur d'appui de cette terrasse, indiquée par Verniquet, m'a servi de guide. De la rue Clotaire à celle Descartes, le fossé m'a paru avoir été complétement comblé, et la rue de Fourcy en occupe le milieu[1]. Dans le jardin du collége Henri IV, qui est celui de l'ancienne abbaye, on ne voit plus de traces ni du mur ni du fossé. La muraille qui limite ce collége et borde la rue de Fourcy, ayant une direction parallèle à la ligne de l'enceinte, a pu induire en erreur plus d'un antiquaire, d'autant plus qu'elle paraît construite avec les matériaux de revêtement du gros mur, lequel passant plus au nord, bornait, avant 1680, le jardin de l'abbaye.

On voit encore aujourd'hui une partie du gros mur, qui de la tour Y allait, en

---

[1] On accorda aux Génovéfains, vers 1680, une partie du fossé creusé sur leur terrain, sous Philippe Auguste, bien que ce roi les eût sans doute autrefois indemnisés.

faisant un retour d'équerre, joindre la porte Bordelle ou S. Marcel, que j'ai tracée ici d'après un plan que je reproduirai à l'article de cette porte.

La courbure de la rue Contrescarpe indique la forme et peut-être la largeur du fossé. Si cette largeur fut telle à cet endroit, c'est parce qu'on ajouta, sous Charles VI, ou plus tard, devant la porte S. Marcel, une avant-porte qui nécessita cet agrandissement. La forme de cette rue peut provenir aussi de ce qu'elle suivait la ligne de deux groupes de maisons construites à droite et à gauche de l'entrée du pont, groupes qu'on voit figurer sur le plan de Gomboust.

Entre les portes Papale et S. Jacques, tous les anciens plans offrent trois tours que j'ai indiquées sans en garantir la position bien précise, n'en ayant trouvé aucun vestige ni en nature, ni tracé sur un plan détaillé. De la porte Papale jusqu'au point où le mur fait un brusque coude vers le nord-est, Gomboust et Bullet ne marquent qu'une seule tour, mais si rapprochée de la porte, qu'il y a évidemment une lacune. Il est probable que les religieux de Sainte-Geneviève, à l'époque où ils purent disposer du fossé, voulant établir leur terrasse, auront fait disparaître une ou deux tours, si elles n'avaient été depuis peu de temps abattues. Les plans de Du Cerceau et de Belleforest indiquent deux tours entre la porte Papale et la tournelle d'encoignure; mais ceux de Braun et de Mérian en marquent trois. J'ai cru devoir accorder ma confiance aux deux derniers qui, sur presque tous les points, sont plus exacts; et d'ailleurs l'espace, à en juger par analogie, semblait exiger ce nombre.

La porte Papale était située à peu près dans l'axe de la rue des Sept-Voies; aussi forma-t-on autrefois le projet de faire aboutir cette rue à la porte, qui était murée et non précédée d'un pont sur le fossé.

La tour Y, qui fortifiait une encoignure, était peut-être plus robuste et plus élevée que les autres. De ce point jusqu'à la porte S. Marcel aucune tour intermédiaire ne figure sur les anciens plans.

Déjà, en 1676, à s'en rapporter au plan de Bullet, une partie des fossés étaient comblés, de ce côté de la ville; mais l'arrêt qui ordonne ces travaux est daté de 1685. Par ce même arrêt, selon La Tynna, les maisons de la rue Contrescarpe furent reprises de quinze pieds sous œuvre. Cette rue avait donc une pente assez raide, comme celles S. Hyacinthe et des Boulangers. Je soupçonne que ces trois rues devaient leur escarpement à cette unique cause : c'est qu'elles reposaient sur des buttes factices formées d'anciennes voiries, ou plutôt des déblais du fossé creusé sous le roi Jean, devant la muraille de Ph. Auguste.

VII. — De la rue Descartes à la Seine.

(Voyez Pl. IV.)

A partir de la rue Bordelle (aujourd'hui rue Descartes) qui aboutissait à la porte S. Marcel, jusqu'à la rue S. Victor, le passage du mur est aujourd'hui même encore signalé par de grandes portions bien conservées. Ce sont les seuls débris de l'enceinte que cite Germain Brice, qui s'exprime ainsi (édit. de 1706, t. II, p. 41) : « A présent, il ne reste de ces murailles que *quelques pans à demi ruinez,* «derrière le collège de Boncœur, sur les fossez de S. Victor. » Germain Brice était un observateur peu exact, puisqu'au lieu de *quelques pans,* on voit encore le mur presque entier et dans une grande étendue. Il suffit, pour s'en convaincre, d'entrer dans toutes les cours des maisons de numéros pairs de la rue des Fossés-S.-Victor.

Rue Descartes, 51, j'ai vu, en 1839, la coupe du mur qui avoisinait la porte S. Marcel. La loge du portier y était adossée ; en montant au deuxième étage de cette maison, j'ai pu me promener sur le sommet du mur. Sa hauteur était, en cet endroit, d'environ sept mètres au-dessus du pavé, et son épaisseur d'un peu plus de deux ; il servait d'appui à un petit jardin. Je l'ai retrouvé, rue des Fossés-S.-Victor, n° 34, au fond de la cour, où il soutenait les terres de jardins appartenant aux maisons de la rue Descartes. On avait bâti, au-dessus, un autre mur d'environ deux mètres de haut. Dans la cour du n° 30, plus au nord, il m'a paru plus élevé qu'au n° 34, parce que, à diverses reprises, la pente de la rue avait été adoucie, et le pied du gros mur déchaussé.

J'ai suivi, pour dresser mon plan (pl. IV, fig. 1), la direction que celui de Verniquet donne au mur qui limite le terrain de l'Ecole Polytechnique bâtie sur l'emplacement des colléges de Boncourt et de Navarre. Ces colléges, selon tous les historiens, étaient bornés par le mur d'enceinte. Si donc le plan de Verniquet est exact, le mien sera tracé avec précision.

Le profil du mur, mis à découvert par le percement de la rue Clovis (1807), est un point fort curieux. Il donne une idée de sa construction intérieure et de l'ancien niveau du sol, bien abaissé aujourd'hui. L'exhaussement du terrain où s'élève cette ruine lui prête beaucoup de majesté. Ce mur supporte, du côté de l'est, les terres d'un jardin pittoresque dépendant de l'ancien collége de Boncourt. je l'ai parcouru sans y rien rencontrer de remarquable. On y voyait autrefois, m'a-t-on dit, sans autres détails, d'anciennes constructions. Je pense qu'il s'agissait de restes de l'ancien collége. J'ignore à quelle époque cette partie de l'enceinte fut découronnée de ses créneaux.

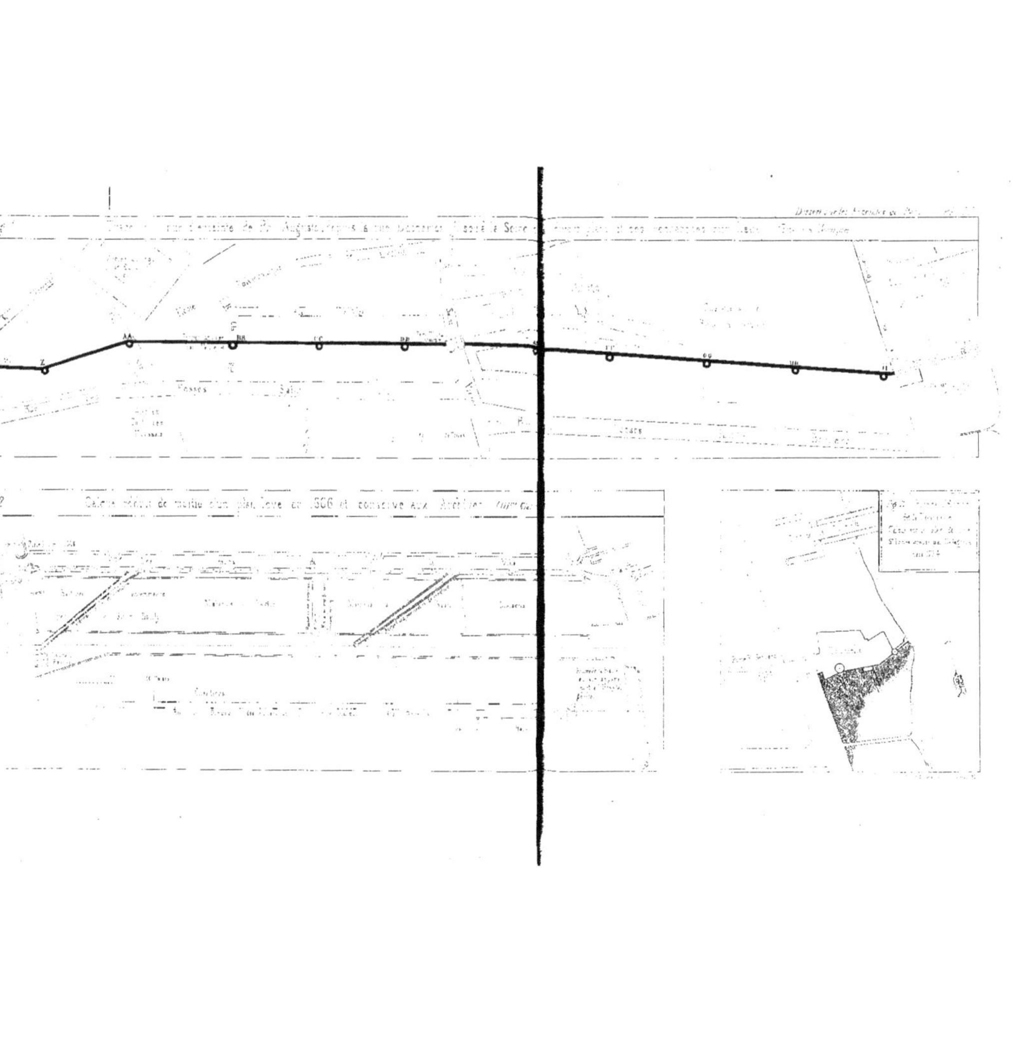

Bien des Parisiens ne connaissent de la clôture de Ph. Auguste que cet imposant échantillon qui paraît, de la rue Clovis, avoir une élévation de dix mètres. Mauperché, qui en parle au long (p. 115), a cru devoir le faire graver à l'état restauré. Il lui donne onze pieds d'épaisseur à la base sur trente-quatre d'élévation. Je crois ces mesures un peu exagérées. Il ne faudrait pas conclure, d'après ce débris, de la hauteur générale du gros mur, car, à cet endroit, il a été exhaussé, et sans doute aussi déchaussé vers sa base, quand on abaissa la rue. Il a pu néanmoins, dans l'origine, avoir été construit ici plus solidement que sur d'autres points, parce qu'il devait résister à une pente rapide.

De la rue Clovis à celle S. Victor, il existe encore de nombreux fragments du gros mur qui soutient, jusqu'à la rue Clopin, les jardins de l'Ecole Polytechnique, et, à partir de cette rue, sert de limite entre les maisons de la rue d'Arras et celles de la rue des Fossés-S.-Victor. Il est souvent, au fond des cours de cette dernière rue, caché par des hangars. J'ai vu, en avril 1840, rue S. Victor, 85 (voir le plan de Jacoubet), dans une fabrique de couvertures, dont parle Du Poujet, presque vis-à-vis l'entrée des Jeunes-Aveugles, une portion notable du gros mur parfaitement conservée. Au mois d'avril de l'an suivant, on rebâtissait la maison et l'on employait les pierres de revêtement à cette construction. J'en vis alors les derniers débris; on y remarquait, au milieu des assises, à deux mètres environ du sol, de larges embrasures pratiquées, à une certaine époque, pour l'artillerie. La coupe de ce mur, qui séparait alors les maisons n°s 85 et 87, a pu m'indiquer, au juste, l'endroit où il se rattachait à la porte S. Victor : c'était près de l'orifice d'un égout qui doit s'écouler dans une partie voûtée de l'ancien fossé.

De la porte S. Marcel à celle S. Victor, j'ai figuré cinq tours. C'est le nombre indiqué sur tous les plans du XVIe siècle, y compris la grande gouache de l'Hôtel-de-Ville. Ceux de Mérian, Gomboust et Bullet n'en indiquent que quatre, diversement espacées. Mais sur ces deux derniers plans il y a évidemment une lacune.

Je n'ai pu retrouver aucune trace matérielle de ces tours; j'ai donc nécessairement dû leur assigner une place conjecturale. Il n'y a de fixe que la tour Z, tour d'encoignure marquée sur tous les plans, notamment sur celui de l'architecte Beausire, que j'ai reproduit à propos de la porte S. Marcel. L'espace en exigeait évidemment quatre autres, pour que le mur fût garni comme sur les autres points. J'en ai donc supposé une, *aa*, sur la route de la rue Clovis, avec d'autant plus de vraisemblance que le mur formait là une sorte d'angle rentrant; l'autre, *bb*, aura disparu sans doute quand on perça la rue Clopin. Les deux autres, *cc* et *dd*, auront été abattues, sous Louis XIV, par les propriétaires de la rue des Fossés-S.-Victor, pour gagner du terrain.

Quant à la largeur du fossé comblé sous Louis XIV, elle est représentée par la ligne des maisons de la rue des Fossés-S.-Victor. Les façades qui en bordent le côté occidental, ainsi que leurs cours, et aussi, je crois, une partie de la largeur de la rue elle-même, occupent la place du fossé.

La suite de l'enceinte entre la porte S. Victor et le quai exige de nombreux éclaircissements, car les anciens plans sont loin d'être d'accord entre eux, non sur la direction du mur, qui est certaine, mais sur le nombre et la forme des tours. On en compte cinq sur la grande gouache de l'Hôtel-de-Ville, quatre sur le plan de Braun, trois sur ceux de Du Cerceau et de Mathieu Mérian ; sur celui de Jacques Gomboust on ne voit que deux *demi-tours,* et la petite vue de Paris signée : 1607 *L. Gaultier sculp.* en offre quatre. Une eau-forte d'Israël Silvestre, gravée vers 1655, représente, près de la porte S. Bernard (celle construite en 1605), une tour entière crénelée; enfin sur un long profil de Paris, édité vers 1660 par Nic. Berey, on en distingue dans le lointain deux de même forme.

Comment nous reconnaître au milieu de ces divers témoignages ? Il faut recourir aux hypothèses, en partant d'un fait incontestable que certifient, sans l'expliquer avec précision, les anciens historiens, c'est que cette partie de l'enceinte fut retouchée à diverses époques, depuis l'an 1356. Il est à présumer qu'au temps de Ph. Auguste, on bâtit quatre ou cinq tours murales plus ou moins régulièrement espacées entre la porte S. Victor et la *Tournelle,* fortification sise au bord de la Seine, sans aucune porte de ville contiguë. Ces tours primitives, après avoir peut-être été plusieurs fois réparées, devaient subsister encore sous François Ier; mais depuis elles auront été ou remplacées ou modifiées dans leur forme, et deux peut-être supprimées, comme je l'expliquerai bientôt.

On trouve aux Archives (IIIe cl., n° 119) un plan levé par un arpenteur en 1662, vers l'époque où fut décidée la vente des fossés de ce côté de la ville; mais la date en est trop moderne pour nous éclairer sur l'état primitif des lieux (voy. pl. IV, fig. 2). Le gros mur offre des renflements semi-circulaires ou demi-tours, comme sur l'estampe de Gaultier et le plan de Gomboust [1]. Leur diamètre paraît un peu plus étendu que celui des autres tours rondes, mais c'est peut-être par suite de la négligence du toiseur, qui attachait moins d'importance à ces détails qu'au mesurage des terrains à vendre. D'après ce plan, dont celui de Gomboust corrobore le témoignage, je conclus qu'en 1662 tel était en effet l'état de cette portion de l'enceinte. Mais à quelle époque ces trois demi-cercles avaient-ils remplacé les cinq tours dont je suppose par analogie l'existence? Faut-il les regarder comme trois des anciennes tours qu'on aurait ouvertes du côté de l'intérieur afin d'en

---

[1] Le plan de J. de la Caille, 1714, et plusieurs autres, indiquent, entre la porte S. Victor et la Seine, le plan géométral d'une tour circulaire. Je regarde ce détail comme une fantaisie du géographe.

faire des sortes de bastions? Plusieurs circonstances viennent à l'appui de cette idée que, dans cette partie de la ville, le mur et les tours d'enceinte furent transformés à une certaine époque en un rempart disposé pour recevoir de l'artillerie.

Sous le roi Jean on se borna à creuser un fossé, et peut-être à rehausser le mur; mais sous Charles V on ne jugea pas ce fossé suffisant; en mai 1368, selon un extrait de compte de la Ville (Sauval, III, p. 126) on ajouta, entre la porte S. Victor et la Seine, un arrière-fossé de 36 pieds d'ouverture sur 16 de profondeur, payé à raison de 64 sols parisis la toise. Il était « revêtu de pieux, cloyes, foin, fagots et autres choses gazonnées par dessus pour le soutenir ». Un article inséré dans les *Mémoires de l'Acad. des Inscr.* (tome XIV) ajoute que le fond des fossés était au-dessous du niveau de la Bièvre. Il est fait mention de ce fossé supplémentaire dans un acte de 1411, par lequel le droit de pêche est accordé aux religieux de S. Victor qui avaient fourni le terrain sur lequel il fut creusé, terrain pris sur leur *terre d'Alez.*

Les historiens contemporains de Charles V font entendre, mais en termes assez vagues pour donner lieu à diverses interprétations, que sous ce roi on retoucha au gros mur d'enceinte en certains endroits, afin de le rendre apte à recevoir des machines de guerre et même des canons; mais on n'indique pas comment le mur fut approprié à ce nouveau service.

Ce n'est que sous François Ier qu'on voit des dispositions prises pour attribuer au gros mur les fonctions d'un *rempart.* Le duc de Montmorency fit, en mai 1525 (époque de la captivité de François Ier), un rapport sur l'état de Paris, dans lequel il ordonne de faire un seul fossé des deux qui existaient, dans cette partie de la ville, et de reporter *dans la ville* la terre que produirait cette fouille.

Cet ordre fut en effet exécuté, et les déblais provenant de la suppression du terrain qui séparait les deux fossés formèrent contre le mur à l'intérieur, entre la Tournelle et la porte S. Marceau, un terrassement indiqué sur le plan de Gomboust. Ce terrassement fut destiné évidemment à placer des pièces d'artillerie. Les bouches des canons s'engageaient dans des embrasures dont j'ai vu des traces dans le gros mur, notamment en 1839, rue d'Arras, 11, au fond d'une petite cour, et aussi dans une autre cour (marquée d'une *croix,* sur mon plan, pl. IV, fig. 1) dépendant du terrain de feu M. Bordereau, propriétaire du chantier du Cardinal Lemoine. Dans le gros mur aminci de moitié qui séparait cette cour de l'hospice des Jeunes-Aveugles, s'ouvrait, à la hauteur d'environ deux mètres du sol (car le terrassement n'existait plus), une large embrasure destinée probablement à l'usage ci-dessus indiqué.

Ce fut peut-être aussi vers l'époque de François Ier qu'on eut l'idée de convertir les tours murales, pour les utiliser, en des sortes de *bastions* semi-circulaires, appropriés aux exigences de l'artillerie. Alors, dans cette hypothèse, on aurait ouvert du côté de la ville trois anciennes tours rondes qui, ainsi modifiées et munies d'un terrassement, pouvaient remplacer jusqu'à certain point les bastions angulaires de nouvelle invention, et recevoir, soit deux pièces d'artillerie destinées à battre en flanc l'ennemi, soit simplement des arquebusiers. Alors aussi on aura jugé convenable d'abattre une ou deux tours intermédiaires, comme nuisibles à l'effet des feux croisés.

Tous ces détails au reste n'ont pour base qu'une hypothèse que nulle preuve matérielle ne peut confirmer, car depuis longtemps on ne voit plus de tours murales de ce côté de Paris, et celles dont la gravure nous a conservé l'image paraissent arrangées de fantaisie. J'ai bien trouvé dans le chantier du Cardinal Lemoine, qui s'étendait jusqu'au quai, quelques traces informes du gros mur à fleur de terre, mais pas le moindre vestige d'anciennes tours, sinon peut-être près du quai, à l'endroit où le mur se reliait à la porte de la Tournelle.

Si l'on jette les yeux sur mon plan, on voit que le fossé était plus large, de la porte S. Victor à la Seine, que sur les autres points de l'enceinte. Cette largeur n'a rien qui surprenne, puisqu'il y avait là un double fossé réuni en un seul en 1525. Ce fossé était presque en tout temps rempli d'eau, vu sa profondeur, jusqu'à la hauteur de la porte S. Victor. Nous verrons plus loin, d'après d'anciens comptes, qu'il était fort poissonneux, sans doute parce qu'on y retenait le poisson au moyen d'écluses ou de vannes. Cette pêche était affermée, ainsi que la récolte de l'herbe qui croissait sur les deux talus, car j'ai déjà fait remarquer que les anciens fossés de Paris n'étaient point revêtus, excepté ceux de Louis XIII, qui le furent du côté de l'escarpe.

La porte S. Victor, représentée sur le plan des Archives (fig. 2), est celle reconstruite en 1568. Celle S. Bernard ne fut ouverte qu'en 1606; il n'existait à cet endroit aucune porte sous Ph. Auguste; mais plus tard, sous Charles V, par exemple, il est possible qu'on eût ouvert une poterne. Dans l'origine donc, le gros mur aboutissait directement à une haute tour sise au bord de la Seine, probablement construite comme celle de Ph. Hamelin, et nommée par excellence *Tournelle* (nom qui, malgré sa forme diminutive, signifiait *grosse tour*), et plus tard *tour S. Bernard*. On lit dans un compte de 1573, cité par Sauval (III, p. 630), que Simon Grignon, passeur d'eau, demeurait dans la tour S. Bernard, dite la *Tournelle*. Cette tour n'est certainement pas celle élevée sous Ph. Auguste comme pendant de celle de Ph. Hamelin, car les plus anciens plans n'offrent à cet endroit qu'un gros bâtiment carré, flanqué de tourelles à encorbellement, comme on en élevait sous Charles VI et sous ses successeurs. Il est probable qu'on aura, à une certaine époque, substitué à la tour primitive qui faisait face à celle de la rive droite, nommée *Barbeel-sur-l'yeaue*, une sorte de *bastide*, comme on disait alors, ou un ensemble de constructions, clos d'une muraille flanquée de quelques tours de moyenne grosseur. Dans le bâtiment carré qui fut réparé en 1554, S. Vincent de Paul établit, en 1632, une nouvelle prison pour les galériens. Il fut abattu sous Louis XV. Il ne restait plus, vers 1750, qu'un ancien mur de clôture relié à deux tours rondes de petit diamètre, car la plus grosse égalait à peine celles qui flanquaient l'enceinte de Ph. Auguste. La fig. 3 de la pl. IV en donnera une idée ; c'est un calque extrait du plan de l'île S. Louis, gravé en 1757 d'après Delagrive, qui le dressa un peu avant cette époque. Ces deux tours, qui ne peuvent avoir appartenu à l'enceinte, paraissent être un reste de l'ensemble de la fortification substituée à la *Tournelle* de Ph. Auguste. Au reste, je ne trouve nulle part d'explication sur ce point. Il est vraisemblable que la plus petite était attenante à la bastide carrée sise au bord de la Seine, et dont on distingue ici un des murs de face.

R. de Vaugondy avance que l'enceinte méridionale commence à la Tournelle « dont on voit encore *l'ancienne tour*. » Il veut désigner sans aucun doute l'une des petites tours figurées sur le plan de Delagrive. C'est une erreur que Ramond du Poujet a partagée, mais avec une certaine hésitation : « Comme cette tour, dit-« il, bâtie par Ph. Auguste tomboit en ruine, elle fut relevée vers 1554, mais elle « n'existoit plus dans son entier quand ce que nous en avons vu encore sur pied « fut démoli vers 1786. »

« Le pont de la Tournelle (lit-on dans le *Dictionn.* de La Tynna) qui existait « déjà en 1369 était de *fust* (de bois) : on y fit cette année-là une *tournelle* car-« rée (dont il a pris son nom) et une porte qui fut *étoupée* (bouchée) l'année sui-« vante. » Cette méprise, fondée je ne sais sur quel renseignement, renferme sans doute un fait réel ; c'est la construction de la *Tournelle*, sauf qu'il faut la placer où nous la voyons sur les vieux plans.

Quel que soit le genre de fortification qui ait, dans l'origine, terminé au bord de la Seine, de ce côté de Paris, l'enceinte de Ph. Auguste, un point certain c'est qu'elle se trouvait au lieu nommé : la Tournelle, et qu'elle correspondait, au delà de la rivière, à une tour dite *Barbeel-sur-l'yeaue*. Entre ces deux têtes de clôture se trouvait l'île Notre-Dame (S. Louis). Était-elle dès lors divisée en deux parties, ou, comme aujourd'hui, ne formait-elle qu'une seule île ? C'est ce qu'aucun écrit ne vient éclaircir. En tout cas cette île, ou l'une des deux (si l'on en admet deux, ce sera celle dite Notre-Dame), était vraisemblablement fortifiée, dans l'axe correspondant aux deux extrémités de chaque enceinte.

Sous Charles VI (il n'y a à cet égard aucun doute) on fermait la Seine au moyen de chaînes portées de distance en distance sur des pieux ou sur des bateaux et rattachées aux tours de départ de chaque enceinte. Mais cet usage existait-il dès le temps de Ph. Auguste ? Aucun historien contemporain n'en fait mention. Il est donc probable que ce système fut une innovation mise en pratique postérieurement au XIII* siècle, car il n'en est pas question avant 1369. Il est néanmoins admissible, malgré le silence des chroniques et l'absence de vestiges matériels, que Ph. Auguste eut l'idée de continuer son mur d'enceinte à travers l'île S. Louis; c'est pourquoi j'ai tracé (pl. VI, fig. 1) la ligne hypothétique de ce mur, le supposant muni d'une tournelle ronde à chaque extrémité voisine du rivage, tournelles que Charles V aura remplacées plus tard par des bastides ou tours carrées, dont une se nommait *Loriaux*.

Quant au barrage de la Seine au moyen de chaînes, je rapporte cette invention au XIV* siècle [1]. Je crois aussi que le cours d'eau qui, sous Louis XIII encore, partageait en deux *l'île* dite de nos jours *S. Louis*, n'était pas un bras naturel de la Seine, mais un *canal* creusé, à titre de fossé, sous Charles V. Sauval (t. I, p. 90) nous apprend que l'île Notre-Dame était séparée en deux par un *bras de rivière*, plein d'eau en hiver mais sec en été (ailleurs, je crois, il appelle ce *bras* un *canal*). « Dans l'isle N. Dame, dès 1369 et bien depuis, il y avoit *deux* tours où « s'attachoient deux chaînes posées sur des bateaux. En 1424, elle étoit environ- « née d'un *boulevart* soutenu de gros pieux pour tenir les terres, et séparée de l'isle « aux Vaches par un *fossé*. »

Tous les renseignements que Sauval a pu se procurer sur ce point sont, comme on voit, postérieurs au temps de Ph. Auguste. Je reviendrai plus tard sur cette question au chap. IX, et aussi à propos de l'enceinte de Charles V.

VIII. — Observations générales sur l'enceinte méridionale de Philippe Auguste.

(Voyez Pl. V.)

L'enceinte méridionale de Paris ne fut commencée qu'environ dix à douze ans après celle du nord. Rigord , historien contemporain s'exprime ainsi (*édit. Duchesne*, t. V, p. 52): « Eodem anno (1211) Philippus rex magnanimus *totum* « in circuitu circumsepsit *à parte australi* usquè ad Sequanam fluvium. » Guil-

---

[1] « La Seine fut barrée de chaînes (dit Mauperché, p. 143), en 1405, 1525, 1590 et 1594. » Je ne sais si l'on pourrait citer des dates plus anciennes. Il semble donc probable qu'au XIII* siècle on ne connaissait pas ce moyen de défense. On lit dans l'historien Mathieu, à l'année 1590 : «Les garni « sons de Melun et Corbeil se presentent devant la chaisne qui trauerse la riuiere et lie la Tour- « nelle à l'Arsenal. Le Capitaine Grossier les reçoit, et mettant la chaisne à fonds se ioint auec eux « et se rangent en bataille vers les Celestins, etc. »

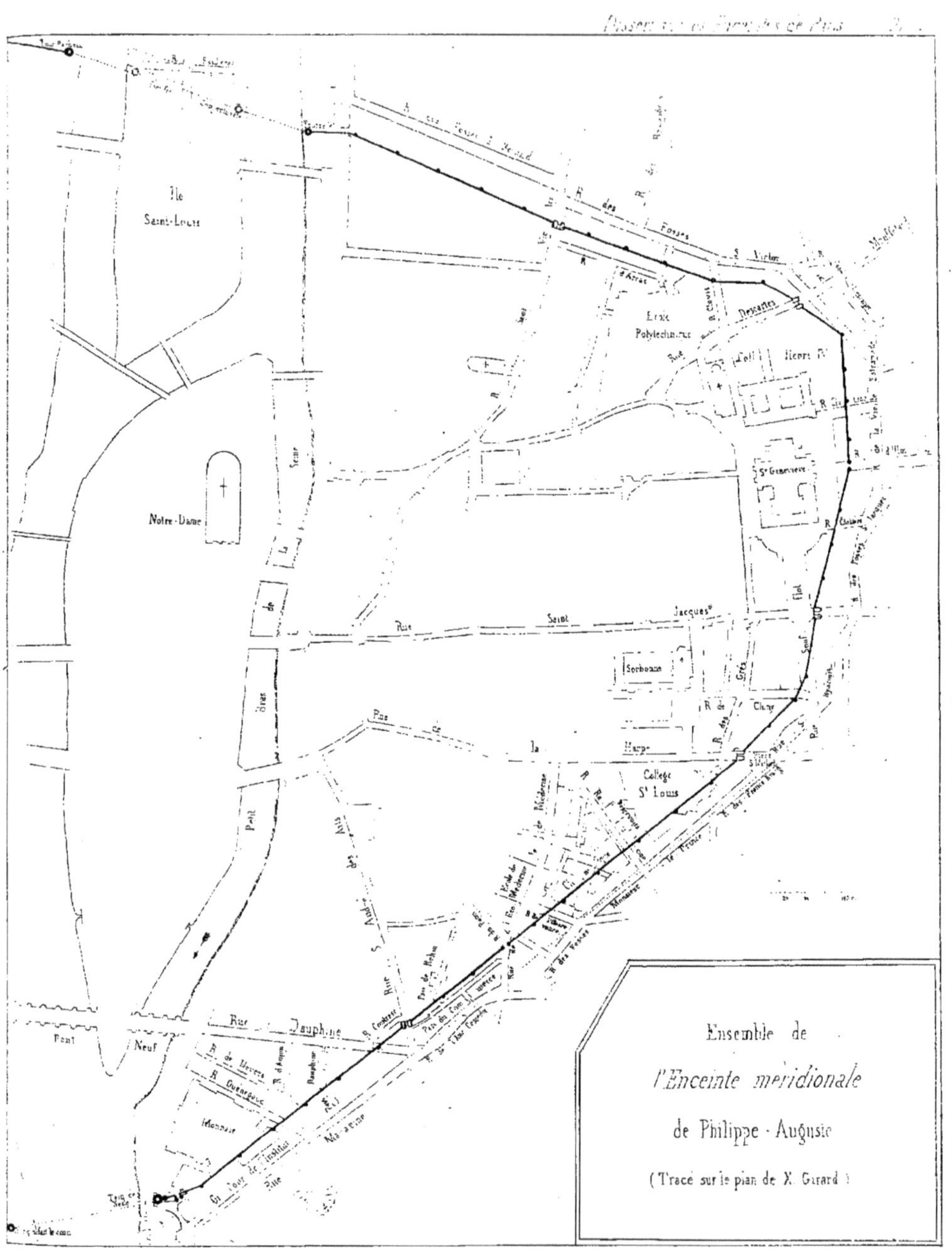

Ensemble de
l'Enceinte méridionale
de Philippe · Auguste
(Tracé sur le plan de X. Girard)

laume le Breton, qui écrivait un peu plus tard, dit au sujet de cette partie de l'enceinte : « Philippus rex Francorum urbem ampliavit, *à Parvo ponte* (du côté de « la rive gauche), usquè ultrà abbatiam S. Genovefæ, hortos et campos à dextris « et à sinistris in circuitu, muris fortissimis præcingens. » Il rapporte aussi ce fait à l'année M.CCXI. Mais il faut admettre cette date comme celle de l'achèvement de la clôture. Elle fut commencée quelques années auparavant, puisque selon un acte de 1209, cité par Du Breul (p. 382), Ph. Auguste accorda à l'abbé de S. Germain-des-Prés une porte de la ville alors en voie de construction.

Le gros mur consistait, comme je l'ai déjà dit page 28, en un blocage recouvert d'un revêtement de petit appareil. J'ignore si les portes et les tours qui les fortifiaient étaient construites dans le même genre, car on n'en voit plus aucun débris. Elles se composaient peut-être, vu l'importance de leur rôle, de murailles massives en pierres de taille.

Le mur méridional fut-il bâti aux frais des habitants ou des deniers du roi? Ce qui paraît certain, c'est que Ph. Auguste se procura le terrain en dépossédant , par un édit qu'on n'a point retrouvé, les propriétaires établis sur la ligne de la clôture projetée. Selon le récit des historiens du temps, il les dédommagea avec équité, et ce fut à titre d'indemnité qu'il concéda aux religieux de S. Germaindes-Prés une porte de la ville encore inachevée, probablement avec tous les revenus de l'octroi. Dans l'acte de donation , le roi nomme cette porte « posternam murorum *nostrorum.* » Cette expression implique-t-elle que les murs auraient été élevés à ses frais? J'y vois plutôt une formule résultant du principe de la souveraineté royale; on disait alors : *le mur du Roy*, dans le sens où, de nos jours, on dit : *une route royale.*

On croit à tort, à mon avis, connaître le prix qu'a coûté cette clôture. Bonamy (*Mém. de l'Acad. des Inscr.*, t. XXXII, p. 800, année 1763) nous fait part d'un ancien devis qui la concerne, devis retrouvé et copié par lui-même « sur un ancien registre de Ph. Auguste conservé au Trésor des Chartes.» Je ne sais si cette pièce est bien authentique et si la copie en est exacte; en tout cas, un devis n'est pas un compte définitif. La voici telle que la cite Bonamy :

« TASCHIA MURORUM PARISIENSIUM. — Circuitus villæ ex parte Parvi pontis habet XII^{C} tesias et LX; et pro una quaque tesia C solidos; cum tornellis de spissitudine veteris muri ex parte Magni pontis et tribus pedibus altitudinis grossi « muri, et desuper clipeum et Kernellum; et sex portæ; et una quæque porta « debet constare VI^{xx} lib. Summa VII^{M} et XX lib. »

Voici, en supposant la ponctuation de Bonamy exacte, le sens que je trouve à cette phrase que l'académicien ne traduit pas : « *Devis* (ou compte) *des murailles de Paris.*—Le circuit de la ville, du côté du Petit-Pont (rive gauche) a

« 1260 toises ; pour chaque toise [1] (il sera payé) cent sols (parisis); le mur sera
« fortifié de tournelles de l'épaisseur du vieux mur [2] qui est du côté du Grand-
« Pont (rive droite), et accompagné d'une construction (d'un parapet) s'élevant
« de trois pieds au-dessus du gros mur, et ce parapet sera surmonté de cré-
« neaux [3]; il y aura six portes [4], et chaque porte doit coûter six-vingt (120) li-
« vres. Total : 7,020 livres (tournois). »

Il me semble, si j'ai bien compris ce texte , qu'on n'a pas indiqué le prix des
tours ni celui du parapet crénelé qui couronnait le mur d'enceinte. Du reste, on
pourrait, en changeant la ponctuation, interpréter autrement la phrase, et rapporter au gros mur et non aux tours, les mots : *de spissitudine.* Ensuite la phrase : *et
tribus pedibus altitudinis grossi muri* pourrait fort bien aussi se rapporter aux tours
et signifier, en sous-entendant le mot *de* au lieu de *cum* devant *tribus*, que les
tours dépasseraient de trois pieds la hauteur du gros mur.

Il faut convenir en définitive que ce texte offre un sens assez ambigu, et que
ce devis, étant sans date et fort peu clair , ne peut avoir une grande importance
aux yeux de l'archéologue. Il est d'ailleurs évidemment trop incomplet pour
qu'on puisse en déduire les frais réels de la clôture méridionale.

Si un Parisien, contemporain de Ph. Auguste, revenu au monde sous Charles VI,
eût été faire une promenade le long de l'enceinte de l'Université , il eût à peine
reconnu les murs et les portes de son temps. A cette époque, en effet, la clôture
primitive avait subi de nombreuses transformations, qui altéraient beaucoup sa
physionomie. L'aspect de la vieille muraille lui aurait paru tout autre par le seul
fait de l'addition du large et profond fossé creusé sous Charles V.

Bouquet qui, en sa qualité d'avocat de la Ville contre l'Archevêché (1771),
cherchait des fossés partout, insinue qu'on en creusa autour de la clôture méridionale, dès le temps de Ph. Auguste , fait démenti ou du moins non constaté par
l'histoire. Ce fut par de fausses interprétations d'anciens textes qu'il s'efforça d'é-
tablir cette assertion. Il admet, entre autres bévues, qu'en creusant (en 1358) le
fossé du côté du couvent des Jacobins, on en rencontra un autre plus ancien. Il
s'appuie (p. 118) sur cette phrase évidemment incomplète: « oculis fodentium

---

[1] Faut-il entendre : chaque toise carrée, ou bien : chaque toise courante du gros mur, y compris
toute la hauteur de ce mur?

[2] J'ai disserté (p. 12) sur ces mots : *veteris muri*. Voy. aussi le chapitre xiii.

[3] J'ai rendu par le seul mot *créneaux : clipeum*, qui signifie *merlon*, et *kernellum*, qui veut dire :
l'espace vide entre chaque merlon.

[4] Ces six portes sont celles figurées sur les anciens plans, moins les portes de la Tournelle (ou
S. Bernard) et des Cordeliers (ou S. Germain), qui furent ouvertes plus tard. Notons que le prix uniforme de ces portes semble indiquer qu'elles furent construites sur le même modèle.

« fossata apparuit evidenter, circà centrum fossatorum... » Pour être de son avis il faudrait traduire *fossata apparuit* par *un fossé apparut*, tandis que ce mot *fossata* au pluriel neutre veut dire *des fossés*. Cette phrase signifie, mot pour mot : « aux « yeux des gens qui creusaient les fossés, apparut évidemment, vers le centre de « ces fossés... » quoi ? l'objet exprimé par la suite supprimée à dessein de cette phrase, c'est-à-dire un reste du prétendu château de Hautefeuille.

Il résulte positivement des chroniques contemporaines que, vers 1356, on commença des fossés de ce côté de Paris , et que plus tard, sous Charles V et François Ier, on recreusa ces fossés. Ce qui prouve qu'il n'en existait pas avant 1356 , c'est qu'à cette époque, comme on l'a vu plus haut, p. 52 , on dépouilla pour l'établir les Jacobins d'une partie de leurs bâtiments.

Les expropriations que nécessitèrent ces travaux firent naître des réclamations qui n'étaient pas encore réglées du temps de Sauval. « De nos jours, dit-il (t. I, « p. 86), les religieux de S. Germain ont eu quantité de demêlés tant avec la ville « et Guenégault, secrétaire d'état, donataire des fossés de leurs fauxbourgs, qu'a- « vec les exécuteurs testamentaires du cardinal Mazarin, à cause du Collège des « Quatre-Nations. » Sauval ajoute qu'ils reçurent des indemnités, et que cependant il ne leur était rien dû pour les fossés, depuis la Seine jusqu'à la porte Buci ; il leur accorde seulement des droits relativement au fossé, entre la porte Buci et celle Saint-Germain.

La Prévôté de Paris songeait à tirer des revenus de ces fossés, aux XVe et XVIe siècles, et peut-être même dès le temps où ils furent achevés. Elle en affermait l'*herbage* sur toute la ligne, et, la *Pescherie*, dans les parties qui pouvaient recevoir et retenir, au moyen d'écluses, les hautes eaux de la Seine, c'est-à-dire dans l'espace compris, d'une part, entre la tournelle S. Bernard et la porte S. Victor ; de l'autre, entre la tour de Nesle et la porte Buci. On trouve dans les extraits des Comptes de la Prévôté, imprimés au tome III de Sauval, beaucoup d'articles concernant ces fermages. Le *Mémoire* de Bouquet en contient aussi un grand nombre. On y lit (p. 127) qu'en 1450, Michaut Dufour avait obtenu, moyennant quarante sols parisis par année, la ferme de la pêcherie des grenouilles, dans le fossé de la tour S. Bernard ; p. 200, qu'en février 1472, Gilles Le Roy, sergent du Parlouër-aux-Bourgeois, tenait à ferme « l'*herbaige des fos-* « *sez*, depuis la tour de Neelle jusqu'à la Porte S. Michel» ; p. 199, qu'en 1473, Pierre Beaufils et Jean Megret, poissonniers, avaient la ferme « de la Pescherie « du pourpris de la fortification de la Ville, près de l'Ostel de Neelle... jusqu'au « Pont-dormant de la Porte S. Germain-des-Prez, etc. »

Le même *Mémoire* mentionne (p. 128) une pièce de terre, sise, en 1473, « où « souloit estre le crû des fossés et *arrière-fossés* de la Ville, entre la rivière de

« Seine et la porte de Bussy»; même page, il est question de 14 sous parisis, payés par le poissonnier Jean Megret « pour la pescherie de la *gueule* des fossés de la Tour S. Bernard»; enfin d'un autre extrait il résulte que la pêche était quelquefois très-abondante, puisque le poissonnier Pierre Beaufils vend en une seule fois : « 4 seaux de *péchaille*, 3 brochets, 158 brochetons, 19 brochets *ronds*, trois quarterons et demi de tanches, et 6 perches. »

La largeur de ces fossés n'était pas uniforme sur chaque point de la ligne; il suffira de jeter un coup d'œil sur mes plans pour s'en convaincre. Sauval dit que, selon un procès-verbal de 1655, ils avaient dix-sept toises de large sur vingt-quatre pieds de profondeur; mais cette mesure ne s'appliquait qu'à une certaine partie. L'endroit où le fossé avait le plus de largeur (de 22 à 23 toises), c'est entre la porte S. Victor et la Seine, parce qu'en cet endroit on en creusa un second qui fut, en 1525, réuni à l'ancien. (Voy. p. 61.)

Le plan de Mathieu Mérian (1615) représente les fossés comme bordés, du côté du chemin de contrescarpe, de parapets ou garde-fous, à tous les endroits où il n'y a point de maisons bâties devant ces fossés. Ce plan offre seul cette particularité, qui est peut-être une fantaisie du dessinateur.

Il est certain que le talus d'escarpe des fossés ne fut jamais revêtu, et, à plus forte raison, le talus de contrescarpe; mais à l'époque où on les creusa, on renforça sans doute les fondations des portes de Ph. Auguste.

De leurs déblais on dut former dans le voisinage, en dehors du mur, quelques buttes ou monceaux qui n'existaient pas sous Ph. Auguste. On peut même, avec quelque vraisemblance, attribuer au dépôt de ces déblais les mouvements du sol qu'on remarque rues des Boulangers, de la Contrescarpe-S.-Marcel et S. Hyacinthe[1]. Ces exhaussements, à mon avis, ne peuvent passer pour des accidents de terrain de la Montagne Sainte-Geneviève. Je n'oserais affirmer cette opinion, mais elle me paraît très-probable. Si on la rejette, où placera-t-on les terres extraites des fossés creusés au pied du mur, et non employées à un rempart? Les monticules formés aux trois endroits que j'indique servirent peut-être de *bastillons,* fortifications de terres fort en usage sous Charles VI, et placées surtout à côté des portes principales, comme on en voit plusieurs sur la rive droite, le long de l'enceinte de Charles V, près des portes du Temple, S. Martin, S. Denis et S. Honoré.

---

[1] Quant aux buttes *Coypeau* (ou *Coupeau* mot qui signifie *sommet*), du Mont-Parnasse et de S. Père (ou des Rosiers), trop éloignées des murs, elles durent sans doute leur formation aux déblais des tranchées creusées à diverses époques, depuis Charles VI, autour des faubourgs S. Victor, S. Marceau et S. Germain. La dernière de ces buttes, qui existait encore en 1650, était assez voisine (vers l'ouest) de l'abbaye S. Germain. Peut-être provenait-elle des déblais des fossés creusés, vers 1368, autour de cette abbaye.

Transporta-t-on une partie des déblais à l'intérieur de la ville ? on n'en cite qu'un seul exemple, déjà signalé : en 1525, quand on réunit en un seul les deux fossés creusés entre la porte S. Bernard et celle S. Victor, on reporta les terres qui séparaient ces fossés, à l'intérieur du mur, pour en former un terrassement propre à placer de l'artillerie.

Sauval paraît n'avoir jamais eu, au sujet de cette enceinte, une opinion bien arrêtée ; car il s'exprime ainsi (t. I, p. 45) : « Si les tours et les murailles de l'U-« niversité ne sont pas les mêmes que fit faire Ph. Auguste, elles approchent si « fort de la manière de bâtir de ce tems-là, qu'on croit qu'elles ont été *renouve-*« *lées* simplement sur le premier plan : joint qu'on les entretient fort mal, etc. » Sauval trouve Paris très-mal fortifié de ce côté, et n'admire que les fossés de Charles V, « ceux là même, dit-il, que nous voyons encore aujourd'hui, dont « tout le monde regarde avec étonnement la largeur et la profondeur. »

L'enceinte méridionale, terminée vers 1212, aurait-elle en effet été renou-velée à une certaine époque ? Serait-ce avant 1356 ? C'est tout à fait improbable ; une construction si massive devait se trouver encore intacte après moins d'un siècle et demi d'existence. Serait-ce sous Charles V ? mais il est vraisemblable que ce roi, au lieu de rebâtir à neuf le gros mur sur le même plan, eût préféré, comme il fit du côté du nord, reculer l'enceinte plus loin, pour couvrir une partie des faubourgs du midi, et bâtir des portes neuves ou *bastides*, construites d'après un système en rapport avec les effets de l'artillerie. Il est évident, au contraire, comme l'attestent d'anciens comptes, qu'il se borna, de ce côté de Paris, à uti-liser le gros mur de Ph. Auguste, qui se trouvait en très-bon état. Il agit ainsi pour gagner du temps et pour éviter des frais immenses. D'ailleurs les faubourgs du midi, celui de S. Marceau excepté, étaient bien moins importants que ceux de la rive droite. Il se contenta donc de modifier le gros mur, et de l'isoler entre deux chemins de ronde, dont un à l'intérieur.

Il est même douteux que ce dernier fût ouvert sur toute la ligne ; mais son exi-stence est certaine aux environs des Portes S. Michel, S. Jacques et S. Victor.

Le gros mur fut percé de nouvelles meurtrières, et peut-être d'embrasures pour le canon ; on le fortifia, dans tout son cours, d'un fossé, qui fut recreusé plus tard et élargi à diverses reprises. Les anciennes portes conservèrent leurs tours rondes, encore debout en partie vers 1676 ; mais on consolida les fondements de ces portes, on les augmenta du côté de la ville de nouvelles constructions mas-sives qui formaient des *basses-cours* destinées à contenir des engins, et des gens de guerre. Ces bâtiments ajoutés avaient des plate-formes voûtées capables de recevoir des canons. C'était ce qu'on nommait alors des *bastides de pierre*.

Devant chaque porte était un *pont-dormant* jeté sur le fossé. Ce pont était, du côté de la porte, suivi d'un pont-levis, et, du côté de la campagne, muni d'une avant-porte ou *barbacane*, consistant en deux murs placés obliquement, de manière à imiter nos bastions modernes, percés de meurtrières et fermés par une sorte de herse. Peut-être ces avant-portes ne furent-elles ajoutées que plus tard, à la fin du XVe siècle.

Telles furent les modifications principales de l'enceinte méridionale de Ph. Auguste, qui ne fut jamais renouvelée, je pense, mais utilisée. Il est encore probable que, sous Charles VI, on eut l'idée de fortifier le bourg de S. Marceau, au moyen de bastides et de fossés, dont la rue des *Hauts-Fossés*-S. Marcel est un souvenir. Peut-être aussi un monticule voisin, dit *Butte aux Cailles*, est-il le produit des déblais de ces fossés ? Je traiterai plus tard cette question.

Sauval dit (t. III, p. 126) qu'en 1365, les murs de l'Université furent *rehaussés* et les portes *rebâties*. C'est une erreur ; le rehaussement du mur eût été, à mon avis, un travail inutile, puisque, depuis l'usage de l'artillerie, il s'agissait plutôt de combattre derrière le gros mur que du sommet de sa plate-forme. Ensuite, les portes ne furent point rebâties en 1365, puisqu'elles avaient encore, pour la plupart, je le répète, conservé leurs vieilles tours rondes au XVIIe siècle, comme le témoignent les plans de cette époque. Elles avaient été seulement augmentées, comme je l'ai expliqué ci-dessus.

M. de Gaulle avance qu'Etienne Marcel fit *relever* les murailles; je pense qu'il veut dire, comme Sauval, *rehausser*, car elles n'avaient pas été abattues. Il ajoute qu'on les *flanqua* de tours. Cette dernière assertion ferait supposer qu'avant Charles V ces murs n'étaient pas fortifiés de tours. Peut-être en répara-t-on, en ajouta-t-on quelques-unes, c'est tout ce qu'on peut admettre.

« Du côté de Paris, dit Mauperché, p. 115, une dalle d'une couleur plus *foncée*
« que les autres pierres de ce mur, attendu que, saillant de plus d'un pouce, elle
« se trouvoit plus exposée aux influences de l'air, annonçoit la place où se ter-
« minoit l'élévation *des dix-huit pieds* due à Ph. Auguste. » Il ajoute qu'en 1356
on *exhaussa* le mur. Il s'appuie sur ce passage de Jean de Venette, continuateur
de Guill. de Nangis, témoin oculaire de ces travaux. « Anno 1356 cives parisien-
« ses... fossata circà muros ad partem *occidentalem* et circà *suburbia* ad partem
« *orientalem*, quia nulla ibi anteà fuerant, facientes, et muros *novos parvos*
« similiter suprà *illos*, cum portis et *bastillis* ad prædicta construxerunt, mu-
« nientes *turres* balistis, garretis, canonibus, etc... destruentes domos omnes
« quæ intùs et extrà muros anteà jungebantur... quorum ruinam et fossatorum
« atque murorum... fabricam vidi prosequi diligenter. » Plus loin, le même Jean
de Venette ajoute, à l'année 1358 : « ... omnes incœperunt muros *reparare*, fos-
« sata *jam inchoata* sollicitè profundare et super fossata, ad partem *orientalem*

« *muros parvos novos* construere, balistas ad exitus portarum elevare, etc. »

Voici comment j'entends ces passages cités par Mauperché : « En 1356 les Pa-
« risiens établirent des fossés autour des murs, du côté de la *rive gauche* (ad par-
« tem *occidentalem*)[1] et, autour des faubourgs, du côté de la *rive droite* (ad par-
« tem *orientalem*), parce qu'il n'en avait jamais existé jusqu'à ce jour. »

La phrase suivante offre un sens plus obscur : « ils construisirent au-dessus de
« ces murs (suprà illos) de nouveaux murs peu élevés, avec des portes et des
« *bastillons* (bastillis) près desdits fossés, et garnirent les *tours* de balistes, ca-
« nons etc. » (Le reste de la phrase n'exige aucun commentaire.)

Ces mots : *muros novos parvos construxerunt suprà illos* peuvent en effet donner à croire qu'on exhaussa les murs d'une sorte de parapet ; mais ces constructions ne s'expliquent guère , car il est certain que le mur de Ph. Auguste était
surmonté dès l'origine d'un parapet crénelé, encore subsistant en 1356. Je croirais volontiers qu'il faudrait lire au lieu de : suprà *illos*, suprà *illa* (fossata),
comme dans la phrase qui suit : *omnes incœperunt*, etc. Alors tout s'expliquerait.
Ces petits murs neufs seraient ceux qui dominaient les fossés creusés autour des
faubourgs de la rive droite. Les mots : *cum portis et bastillis* désigneraient les nouvelles portes du Nord, et ces grosses tours carrées qui servaient alors de *bastions*
et sont nommées *bastides* dans les anciens actes. Mais si l'on applique ces mots
cum portis et bastillis, à l'enceinte de la rive gauche, on n'y comprend plus rien.

La phrase suivante : (*anno* 1358) *omnes incœperunt*, etc., semble être le complément de celle qui précède. La seconde partie s'applique à la nouvelle enceinte
de la rive droite (ad partem orientalem) où , depuis deux ans , on avait commencé à creuser des fossés doubles autour des faubourgs. Ces petits murs neufs
construits au-dessus des fossés, sont ceux placés sur le rempart comme les représentent les anciens plans, ou, si l'on rejette l'existence d'un rempart terrassé,
à cette époque, des murs élevés entre le fossé et l'arrière-fossé.

Dès l'origine il exista, sans aucun doute, un chemin de ronde extérieur, au
pied du mur méridional de Ph. Auguste ; mais il paraît qu'à l'intérieur il n'en
fut pas établi ; la plate-forme du mur en servait, et on y parvenait par des escaliers appliqués contre le mur ou pratiqués dans les tours des portes. Pour se con-

---

[1] Jean de Venette désigne par *partem occidentalem*, la partie de Paris que nous nommons *rive
gauche*, et par : *partem orientalem*, la *rive droite*, sans doute parce que le soleil paraît se lever du
côté de la ville et se coucher du côté de l'Université ; ce qui est vrai, je crois, au printemps. L'expression : partie du nord, partie du sud, serait plus claire. Notons aussi ces mots : *circà muros*,
quand il s'agit des fossés de la rive gauche, et *circà suburbia*, quand il s'agit de ceux de la rive
droite. On peut en déduire qu'il n'a jamais été creusé de fossés autour du mur septentrional de
Ph. Auguste, qui, en 1356, ne renfermait pas les faubourgs.

vaincre de cette absence d'un chemin de ronde intérieur, il suffit de relire le texte cité page 52, où il s'agit de la destruction, en 1358, des bâtiments que les Jacobins possédaient en dedans du gros mur, « ut inter ipsorum habitaculum et muros *aditus* « *fieret atque via.* » Il est fort probable, d'après les expressions du texte, qu'il s'a- gissait alors d'une innovation. La mesure fut générale pour cette partie de la ville, car l'auteur ajoute : « et similiter factum est ad omnes muros *ad plagam occidentalem* circumdantes civitatem. » Je pense que *ad plagam occidentalem* signifie encore ici : du côté de la rive gauche, et non : vers le côté de l'occident (c'est-à-dire vers la partie du gros mur qui regardait le Pré-aux-Clercs), comme on pourrait le croire au premier abord.

Toutes les additions successives que j'ai signalées ont considérablement changé la physionomie primitive de la clôture de l'Université, mais ne l'ont certes pas dénaturée à ce point qu'on ne puisse plus la regarder, sous Louis XIII par exemple, comme celle de Ph. Auguste.

Le gros mur paraissait encore très-solide en 1434 à Guillebert de Metz, auteur d'une *Description de Paris* à cette époque (voir la note page 19). « Les murs de la « ville (dit-il en parlant de l'enceinte du Sud) sont moult fors et espes que on y « menroit bien une charette dessus. » Cent ans plus tard, Panurge, ou plutôt Rabelais n'était pas du même avis. On lit au chapitre XV de *Pentagruel*. « Panurge « (revenant de la Follie Goubelin) consideroit les murailles de la ville de Paris « et en irrision dist à Pentagruel : Voyez cy ces belles murailles. O que fortes « sont et bien en poinct pour guarder les oysons en mue! Par ma barbe, elles « sont competemment meschantes pour une telle ville comme ceste cy : car une « vache auecques ung pet en abbattroit plus de six brasses. » A cela Pentagruel ré- pond que le courage des citoyens est la meilleure des murailles, et il ajoute: « Da- « duantaige, qui la vouldroyt emmurailler comme Strasbourg, Orléans ou Fer- « rare, il ne seroit possible, tant les frais et despens seroyent excessifz. »

Il paraîtrait, en effet, que sous François Ier, et même avant son règne, on faisait peu de cas du gros mur de l'Université ; aussi, toutes les fois qu'on appréhendait quelque surprise, de ce côté de Paris , comme il arriva lors de la nouvelle de la captivité du roi, se hâtait-on de creuser des tranchées et d'élever des remparts au delà des faubourgs S. Marceau et S. Jacques.

Ce fut, je crois, environ sous le règne d'Henri IV, qu'on laissa positivement tomber en ruines les parapets crénelés du gros mur méridional. On permettait alors, ainsi qu'on avait fait sous François Ier, relativement à la muraille de la rive droite, à divers particuliers, moyennant une redevance annuelle, d'utiliser, sans pourtant rien abattre, le mur d'enceinte et les tours. On affermait aussi les portes et des portions du fossé où s'établissaient des jeux de paume ou de boules,

des corderies , des tirs à l'arc , comme le prouve l'examen des anciens plans de
Paris. L'usage des bombes acheva, sous Louis XIII, de faire considérer ce vieux
système de défense comme complétement inutile.

Vers le milieu du XVII* siècle, les fossés, déjà depuis longtemps bordés de maisons aux abords des portes , servaient de lieux de récréation aux gamins des faubourgs du voisinage, et de pâturages à quelques chèvres. L'herbage qu'on y récol-
tait était sans doute bien flétri, et les immondices de toutes sortes qu'on y déposait
devaient en faire sur certains points de véritables *trous-punais*. A l'année 1648,
Anquetil parle de bandes d'enfants qui venaient s'entre-battre à coups de fronde
dans les fossés de la ville, sans que la police pût parvenir à les disperser. Cette
circonstance, selon cet historien, donna naissance au nom de *Fronde* appliqué au
parti anti-mazariniste.

La clôture méridionale tant de fois modifiée depuis Charles V, sans avoir perdu
pourtant sa forme primitive, ne disparut entièrement, du moins sur la voie publique, que vers l'an 1690. Mais il en reste encore des vestiges assez importants
pour qui sait les chercher au milieu des propriétés situées sur la ligne de son emplacement.

IX. — Enceinte de Philippe Auguste (rive droite). — Du quai Saint-Paul à la rue Saint-Antoine.

(Voyez Pl. VI.)

L'enceinte septentrionale de Ph. Auguste correspondait à celle de la rive gauche ; autrement dit , la tour de Philippe Hamelin et la Tournelle faisaient face,
au delà de la Seine , à deux tours du même genre, auxquelles , dès l'origine ou
seulement plus tard, elles communiquèrent en temps de guerre, au moyen de
grosses chaînes portées sur des bateaux et rattachées, soit directement aux tours,
soit à des pieux ou *palis* contigus.

Entre la Tournelle et la tour Barbeau qui lui faisait face sur la rive droite, était
interposée l'île actuelle S. Louis. Le partage du fleuve en deux bras exigeait donc
une double chaîne. Il est permis de supposer que Ph. Auguste fit élever dans
cette île, pour compléter sa clôture, une muraille fortifiée, parallèle à peu près à
la rue Poulletier, et aboutissant, près du rivage, à des tours qui correspondaient
aux deux extrémités orientales de l'enceinte générale ; c'est d'après cette hypothèse que j'ai tracé dans l'île S. Louis (pl. VI, fig. 1) cette fortification dont
aucun historien contemporain ne parle , et dont on n'a jamais signalé aucune
trace. Il est seulement question dans les anciens comptes (Sauval, III, p. 124)
d'une *tour* carrée, dite en 1369, *de Loriaux* ; mais on en ignore l'emplacement.

10

Cette espèce de *bastide*, accompagnée sans doute d'une ou de deux autres semblables, fut élevée, sous le règne de Charles V, peut-être à la place d'autres tours bâties sous Ph. Auguste. Quant au cours d'eau qui séparait l'île en deux, je le regarde comme un véritable fossé, établi, non sous Ph. Auguste, mais sous Charles V, époque où l'on jugea utile d'en creuser un tout autour de Paris.

Un fait incontestable, c'est qu'en 1369 il existait une fortification quelconque dans l'île Notre-Dame. Au delà de ce fait, on ne trouve que des hypothèses. Mais il est temps de passer outre, et de commencer à décrire l'enceinte septentrionale de Ph. Auguste.

Du côté de l'est, la tête de cette clôture consistait en une tour ronde formant, au delà de la Seine, le pendant de celle dite spécialement *la Tournelle* (voy. p. 63). Elle était située sur la rive, exhaussée depuis et nommée quai S. Paul. Un vieillard, domicilié dans le voisinage, et très-érudit sur les antiquités de Paris, m'a dit avoir vu à découvert les fondements de cette tour circulaire quand on élargit, vers 1835, le quai S. Paul. Ces vestiges lui avaient paru faire face positivement à la rue Poulletier.

Nous ignorons le nom primitif de cette tour, mais il est certain que sous Charles V elle portait celui de *Barbeau, Barbeel-sur-l'yaue* ou *devers-l'yaue*. Elle le devait au logis de l'abbé de Barbeau, qui lui était alors presque contigu. Mauperché remarque, page 141, qu'elle ne put s'appeler ainsi qu'après 1279, puisque l'abbaye de Saint-Port ne reçut que cette année sa nouvelle désignation de *Barbeau*. « Il est à présumer, ajoute-t-il, qu'elle a subsisté jusqu'en 1604, époque où fut établi le quai de l'Arsenal. »

Cette tour, bien que très-voisine du logis de Barbeau, en était indépendante, car elle faisait partie d'un terrain clos de murs, nommé au XVe siècle : le *Chantier du Roy*. Dans un acte de 1406, que je citerai plus loin, on la désigne ainsi : « Turrim facientem butum et cugnum » [1].

Plusieurs historiens lui ont donné avec Sauval (III, p. 40), et sans doute à tort, le nom de *Billy*, qui appartint à une tour sise plus à l'est, et élevée vers 1370 pour servir de tête au rempart de Charles V, à l'embouchure du fossé de la Bastille.

La tour Barbeau était vraisemblablement flanquée comme celle de Ph. Hamelin, à l'intérieur du mur d'enceinte, d'une tourelle qui dominait la plate-forme et servait de cage à un escalier à vis. Il en est peu parlé dans l'histoire. On lit dans

---

[1] En 1407, Robert Fouchier était *Maistre des charpenteries du Roy* (Dissert. de Bonamy sur le meurtre du duc d'Orléans). Mauperché explique le mot *butum* par *butte*, et avance que la tour était bâtie sur une butte! Le mot *butum* signifie *extrémité, bout*. On appelait aussi la tour qui faisait face à celle de Nesle, *turrim facientem cugnum* (tour qui fait le coin).

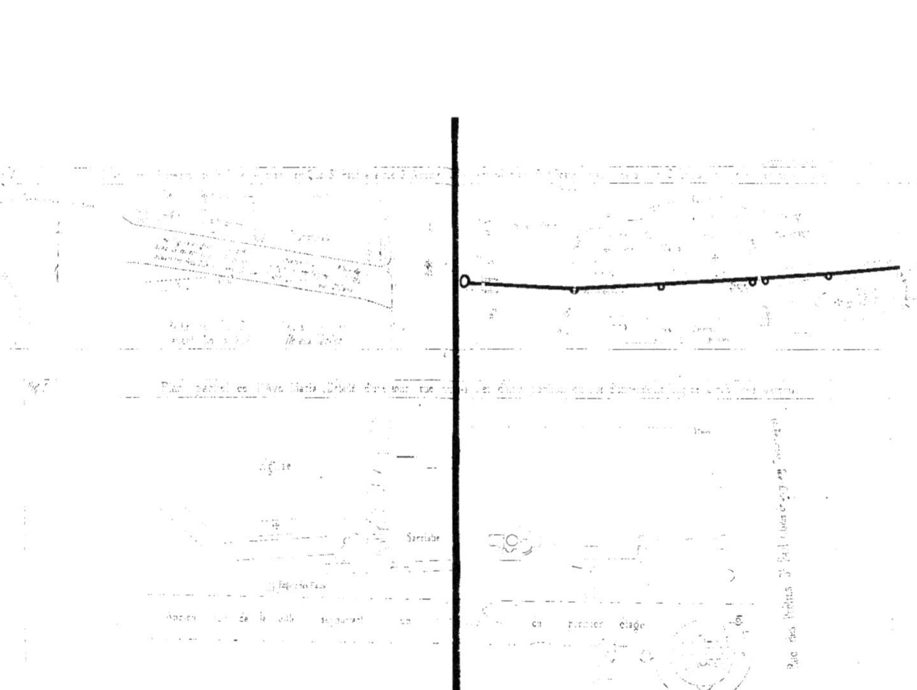

Plan partiel ou l'Ave Maria
Sacristie
étage
Rue des Prêtres St Paul

Sauval (t. III. p. 629) que, sous François Ier, elle était occupée par le *maître des œuvres* de la ville.

On remarquera que le mur d'enceinte, de la tour Barbeau à la rue des Barrés, forme une légère déviation par rapport à la ligne générale. Cette direction est indiquée par celle des murs mitoyens qui séparent, comme on le voit sur le plan du quartier de l'Arsenal, par Vasserot, les maisons placées entre le quai et la rue des Barrés. En août 1850, on démolissait cet îlot de maisons. J'ai reconnu, au-dessous du sol, quelques fragments du gros mur qui, depuis longtemps sans doute, aura été de ce côté abattu ou fort aminci. J'ai remarqué ses pierres de revêtement çà et là employées dans les constructions qui l'avoisinaient.

Sauval place près de la tour Barbeau, sur le quai, une porte du même nom, que plusieurs auteurs ont confondue avec la suivante, nommée *des Barrés*. Cette porte ne fut, je crois, établie que longtemps après Ph. Auguste; nous traiterons plus tard cette question.

La première tournelle murale, celle marquée 1 sur mon plan, devait se trouver, du temps de Ph. Auguste, à l'endroit même où fut ouverte par la suite une poterne appelée, ainsi que la rue qui y aboutissait, *des Barrés* et *des Beguines* [1]. D'après le plan de G. Braun, c'est cette tour même qui, percée d'une baie ogivale, aurait constitué la poterne qui ne subsiste plus sur les plans postérieurs. Ce renseignement semble confirmé par plusieurs extraits d'anciens comptes (cités à la fin de ce chapitre), où cette tour est nommée: *Potterie de la Beguignere, tour ou Poterne des Veignes.*

La tour 2 existe encore dans la caserne de l'Ave-Maria. La plupart des historiens de Paris l'ont signalée. Sauval s'exprime ainsi (t. I, p. 35) au sujet de cette partie de la clôture : « Dans l'épaisseur du mur... on a épargné des escaliers, aussi « grands que commodes, et des chemins fort larges. Dans l'une des tours (n° 2) « est le *chauffoir* des Religieuses , et dans l'autre (celle qui fortifiait la poterne « S. Paul), l'escalier qui conduit à leur infirmerie ; et tout cela ensemble com- « pose la plus longue suite de murailles, la plus entière et la moins interrom- « pue que nous ayons de cette *seconde* clôture. »

La tour 2 est indiquée sur la plupart des plans de Paris, notamment sur ceux de Verniquet et de Vasserot. J'en ai vu la partie extérieure, du troisième étage de a maison n° 13, rue des Jardins. Elle m'a paru de la même dimension et bâtie des mêmes matériaux que les tournelles de la rive gauche. Elle est une dépendance de

---

[1] Les Carmes ou *Barrés*, ainsi nommés de leur costume blanc *barré* de noir, demeuraient autrefois à la place où furent établis depuis les Célestins. En 1318, ils furent transférés près de la place Maubert. Peut-être faudrait-il dire *Porte des Barres*, et non des *Barrés*; ce nom viendrait de l'*hôtel des Barres*, situé, au XIVe siècle, rue de la Mortellerie. (Voy. Félibien, I, p. 256.)

la caserne de l'Ave-Maria , et c'est la seule conservée entière de ce côté de Paris.

La tour qui suit n'est pas numérotée sur mon plan, parce qu'elle fortifiait une porte. Il en reste encore aujourd'hui une sorte de trace ou d'arrachement, en forme de quart de cercle, qu'on ne sait comment décrire. Le mur élevé de la maison qui remplace cette tour offre , du côté de l'ouest , une surface concave , qui est la paroi intérieure de la tour même, ou plutôt une construction moulée sur sa face extérieure. En 1760, ce débris offrait déjà, je crois, cet aspect, car Robert de Vaugondy le signale en ces termes : « On voit à l'Ave-Maria, une tour (celle « n° 2) avec une longue suite de murs, et *comme une seconde tour* dans la rue « des Prêtres S. Paul. »

Un plan des Archives (III° cl.–739), calqué et reproduit ici (fig. 3), représente cette tour entière. Elle contient un escalier, celui sans doute de l'infirmerie dont parle Sauval. Ce que ce plan, levé vers 1700, offre de plus curieux, c'est le nom de la tour : elle porte celui de *Montgommery*. Le gentilhomme qui fut la cause involontaire de la mort de Henri II, aurait-il été mené dans cette tour, assez voisine du lieu où se donna le fatal tournois ? Je n'oserais l'affirmer, car l'histoire ne nous signale pas ce fait. Peut-être ce personnage avait-il son hôtel dans les environs. Je ne connais qu'une tour du Palais qui ait retenu le nom de *Montgommery*.

La tour de la rue des Prêtres, rue dite autrefois : de Jouy (désignation que conserve la partie qui se dirige obliquement de la rue S. Antoine à celle des Nonandières), ne peut être considérée comme une tour murale, mais bien comme une des deux qui fortifiaient la poterne S. Paul, car Sauval, qui semble parler *de visu*, dit (t. I, p. 35) à propos du trajet du mur d'enceinte, entre la rue de Jouy et celle S. Antoine : « Le pan de mur... étoit flanqué de deux tours rondes ; dans l'une « (celle marquée 3) les Jésuites ont pratiqué leur escalier, et depuis *quelques* « *années*, ils ont abbatu l'autre, qui se voyoit à *la rue de Joui*, vis à vis d'une *autre* « *toute pareille* (celle que le plan des Archives nomme : de Montgommery), et « qui subsiste encore dans le Monastère de l'Ave-Maria. Elles gardoient toutes « deux la fausse poterne S. Pol. »

J'ai cru longtemps que la poterne S. Paul, n'étant qu'une entrée très-secondaire (vu sa proximité de la porte, beaucoup plus importante, située rue S. Antoine), n'avait été percée que postérieurement à Ph. Auguste, et n'était point munie de deux tours ; mais le récit fort clair de Sauval m'a fait changer d'avis.

Plusieurs extraits que je vais citer me font présumer que , sous le roi Jean, on creusa un fossé, au pied du gros mur, depuis la tour Barbeau jusqu'à la rue S. Antoine, sur l'emplacement actuel des maisons de la rue des Jardins (rangée occidentale). Peut-être à cette époque (1356) forma-t-on le projet de commencer, sur la rive droite comme sur l'autre rive, un fossé tout autour de la clôture de Ph. Auguste, projet qu'on abandonna bientôt pour refaire une enceinte plus vaste, après s'être borné à fortifier le voisinage de la tour Barbeau.

On lit dans les comptes imprimés à la fin du *Mémoire* de Bouquet (p. 200) : « Pescherie du fossé servant à la fortification de la ville, entre le Palis de la chaisne « qui traverse la Seine, à l'endroit du *Chantier du Roy* et *Huisserie du Trou-punays* « qui est au bout de la rue S. Paul, etc. (1473).

Le même auteur (p. 213) cite un compte de la Ville de 1578, où il est question d'une « tour et jardin, joignant la porte et vieil mur d'icelle ville, assise en la « rue de Jouy (aujourd'hui Charlemagne), *en l'espace où jadis fut les* FOSSEZ. » Même page, on mentionne un jeu de paulme de *la Croix-Noire*, près la *Potterie de la Beguignere* (poterne des Béguines). Ce jeu était probablement situé le long du gros mur; or, il est notoire que la plupart des anciens jeux de paume étaient établis de préférence dans les vieux fossés de la ville.

Bouquet nous signale (p. 124) un arrêt du Parlement, des 14 et 18 janv. 1763, où l'on rappelle que, le 28 février 1639, «Louis XIII fit don aux Jésuites, des an- « ciens murs de la ville, qui commençoient en la rue S. Antoine et aboutissoient à « celle de Jouy, ensemble du *fossé* qui avoit été creusé le long desdits murs. » Il n'est pas impossible, au reste, que cet arrêt ait consacré une erreur.

On lit encore dans le même Mémoire, p. 110 : « On voit par les titres de la Ville, « que les fossés de l'enceinte faite sous Ph. Auguste (du côté du port S. Paul), « furent recomblés dans cette partie par les terres qui sortirent de ceux creusés « dans l'alignement de la tour de Billy. »

On parle plusieurs fois, dans les anciens comptes du tome III de Sauval, d'une *tour de l'Ecluse*, dans le voisinage des Célestins. Voulait-on désigner ainsi la tour Barbeau, à cause d'une écluse établie à proximité? Je crois plutôt qu'il s'agissait de la tour Billy, bâtie sous Charles V, à l'entrée du fossé de la Bastille.

De la rue des Prêtres, le gros mur passant entre le flanc occidental de l'église S. Louis et les bâtiments du collége Charlemagne, l'ancienne maison professe des Jésuites, venait aboutir à la rue S. Antoine. J'ai vu mille fois, au temps de ma jeunesse, en passant par l'étroite et longue allée qui conduisait au collége, une partie du vieux mur qui avait été, je crois, coupé de biais sur ce point pour élargir le passage.

Dans cet espace, le mur d'enceinte était flanqué d'une seule tour, celle marquée 3, qui ne pouvait être loin du point où je l'ai tracée. Elle est mentionnée dans plusieurs actes, et figure sur les plans du XVIᵉ siècle. Celui de Du Cerceau indique à l'ouest, derrière cette tour, le logis du prévost de Paris, dont on voit encore de curieux restes dans le passage Charlemagne. Selon Sauval (voir ci-dessus), les Jésuites auraient pratiqué leur escalier principal dans cette tour. L'escalier qu'on voit aujourd'hui est renfermé dans une cage carrée; j'ignore s'il occupe la place de la tour, dont il ne reste plus aucune trace, sinon peut-être dans les caves du collége. On remarque, dans les diverses constructions qui dépendent de cet établissement, une quantité de petites pierres qui formaient jadis le revêtement du mur d'enceinte.

Dans le texte annexé au plan de Gomboust, on lit: « la maison professe des Jé- « suites où est encore *une vieille tour* de Ph. Auguste.» Ce texte est précisément du temps de Sauval; mais il ne dit pas que cette vieille tour contînt un escalier.

Je citerai encore quelques extraits relatifs à la portion de l'enceinte qui fait l'objet de ce chapitre. Sauval (t. III, p. 282 et 655) produit des comptes de 1417 et 1438, où il est question des « anciens murs qui sont entre la rue S. Antoine « et la *tour* qui est au bout de l'hôtel et jardin du duc de Hollande, sur la porte « de la rue par où l'on va de l'hôtel en l'église S. Paul. »

Du Breul nous apprend (p. 931) qu'en 1580, le cardinal Charles de Bourbon donna aux Jésuites, pour y bâtir la chapelle S. Louis, un hôtel de Danville. Cet hôtel était borné par l'ancien mur que Louis XIII leur accorda en février 1639.

— «Reçu de M. Mauran Conseiller du Roi... trente deux sols, six deniers « Tournois, à cause de deux portions de Muraille, Tours et Halles, haultes et bas- « ses sur et au long des antiens murs, une portion commençant rue S. Anthoine, « vis à vis S^e Catherine, et l'autre portion au lieu où il y a un *Colombier*, tirant à « une *Tour* et *Terrasse* jusques à une autre *Tour* et *Poteau* appelé la *Potterie de* « *la Beguignere*, au Jeu de Paulme de la Croix Noire, jusques à une autre *Tour* du « communq, en laquelle est accoustumé d'estre la chesne traversant la Riuière de « Seyne, laquelle tient environ 116 thoises de long, 1608» (Bouquet, p. 213).

— «Me Guillaume Le Gentilhomme, Advocat en parlement, pour une portion « des anciens murs commençant à la rue S. Antoine, vis-à-vis S^e Catherine, « confinant avec *une tour*, et finissant où souloit avoir une poterne, vulgaire- « ment appellée la *Porte S. Paul*, et l'autre portion desdits murs, où d'ancienneté « et à present y a colombier, en tirant à une *terasse ou Tour*, et d'icelle jusqu'à « une autre *Tour ou Poterne*, appelée la *Poterne des Veignes*, étant près l'Hostel « de l'Abbayie de Barbeau, de laquelle on descend par degrés joignant l'Hostel « de *l'Ave Maria* près une Tour et contigu la *Tour des Veignes* au jeu de paume, « où pend pour enseigne la Croix noire, jusqu'à une Tour du coin, en laquelle a « accoutumé être la chaîne traversant la rivière de Seine, etc. Laquelle portion « de muraille contient environ cent seize toises de long » (Sauval, III, 628).

Dans un acte de 1406, qui a pour objet un don fait par le Roi à Jean de Montaigu, on lit : « à *turri* contigua poterne S. Pauli eundo versùs Hospitium Bar-

« belli, in qua nunc est quoddam *columbarium*, usque ad *turrim facientem butum*
« et *cugnum* dictorum murorum supra ripariam Sequane contiguam canterio
« carpenterie regis , unà cum prædicta turri et aliis turribus in dicta portione
« murorum existentibus, continent... In toto circa C et XVI thesias longitudi-
« nis, etc. » (Félibien, t. V, p. 686).

Plus loin, dans ce même acte, le roi se réserve le droit, en cas de guerre,
de loger dans ces tours, des troupes, qui puissent *« ire et venire, absque impedi-*
« mento, per dictos muros et turres. » L'expression *per muros* signifie probablement : sur la plate-forme du mur. Bouquet, p. 297 , a répété cet article.

Arrivé rue S. Antoine, le gros mur touchait à l'une des portes les plus importantes de la rive droite. Elle s'appelait *Baudets* ou *Baudoyer* (c'était la seconde
de ce nom), et devait être située à peu près où je la place, mais n'occupait pas
toute la largeur actuelle de la rue S. Antoine; car cette rue, nommée au XIIIᵉ siècle *Grande rue*, et aussi : rue de *la Porte Baudeer*, était plus étroite qu'aujour-
d'hui en cet endroit, et fut élargie plus tard, je ne sais au juste à quelle époque.

X. — De la rue S. Antoine à celle Sainte-Avoye.
(Voy. pl. VII, fig. 1, 2, 3.)

De la porte Baudets, le mur d'enceinte avait une direction parallèle à la rue
Culture-Sainte-Catherine. On trouve aux Archives (IIIᵉ cl.-70), un plan levé
en 1545, dont j'ai reproduit le calque réduit au quart (pl. VII, fig. 1); on y voit
indiquées la ligne de la clôture et deux tournelles (celles 4 et 5); il pourra nous
servir de guide, mais après quelques rectifications. Le gros mur paraît, sur ce
plan, former le côté occidental de la rue Culture, dans la partie où cette rue s'é-
largit avant d'aboutir à celle S. Antoine; or, il passait quelques mètres plus en
deçà vers l'ouest, ainsi qu'il est représenté sur la fig. 2.

Au mois de juillet 1850, on prolongea la rue du Roi-de-Sicile jusqu'à celle Culture-Sainte-Catherine, en abattant plusieurs maisons de cette dernière rue. Les
profondes excavations pratiquées de ce côté mirent à découvert des restes sou-
terrains du gros mur, dont l'épaisseur était d'environ trois mètres. J'ai donc
pu me fixer sur son véritable emplacement.

J'avais examiné toutes ces maisons longtemps avant qu'on les démolît. Les
cours en étaient fort peu profondes, car elles ne dépassaient pas l'endroit où passait autrefois le mur de la ville, qu'on avait abattu pour gagner de l'espace. On
en reconnaissait les matériaux incorporés à divers bâtiments de ces cours.

Voici quelques citations relatives à cette portion de l'enceinte : — En 1390 ,

Pierre, comte d'Alençon, fit don à Charles VI de son *hostel de Sicile,* afin que
« par la closture d'icelui qui est des anciens murs de la ville de Paris, il (le roi)
« peust lui et ceux qui voudroient estre avec lui, entrer sur les rangs quand jous-
« tes se feroient en ladite coulture (Sainte-Catherine) ». On doit conclure de cet
acte, rapporté par Félibien (t. III , p. 521), qu'on perça une porte dans cette
portion du mur d'enceinte. Cet hôtel de Sicile , construit vers 1265, et rebâti au
XVI⁰ siècle, porta successivement les noms de Tancarville, Roquelaure, S. Paul,
Chavigny et De la Force.

Corrozet (1561, fol. 86, v.), dit à propos de Sainte-Catherine-du-Val : « Ce mo-
« nastère alors (1214) estoit hors la ville, et près la porte, car la rue S. An-
« thoine estoit close en cest endroit, où est de present l'hostel d'Eureux. On
« void encores, derrière cest hostel les *vieulx murs, garniz de leurs tourelles,* sur
« partie desquels on a basty, et de l'autre costé de la grand rue est vne image
« Nostre Dame, qu'on dit auoir esté autresfois dessus la porte. »

Je n'ai pu découvrir au juste la situation de cet hôtel d'Evreux. Etait-il placé
entre le monastère Sainte-Catherine et le mur d'enceinte, ou de l'autre côté de la
rue S. Antoine, près du collége actuel Charlemagne? Je pencherais pour la première supposition.

A partir de la tour 4, qui figure sur tous les plans du XVI⁰ siècle, l'enceinte
fait brusquement le coude, et, se dirigeant vers le nord–ouest, traverse l'emplacement de la prison de la Force, récemment démolie, puis, la rue Pavée, et, passant à dix toises environ au–dessus de l'impasse Coquerelle, continue en ligne
droite, jusqu'à la vieille rue du Temple où était une porte.

Dans ce long trajet, on ne rencontre sur les vieux plans que quatre tours [1] ,
nombre bien borné par rapport à l'espacement observé presque partout sur la
rive gauche. La tour 5 est indiquée, sur le plan des Archives, à environ trente-
trois toises de celle d'encoignure 4. Il m'a fallu, au défaut de renseignements particuliers et de découvertes matérielles, placer les tours suivantes 6, 7 et 8, à une
distance d'environ quarante toises l'une de l'autre, tandis que le terme moyen,
sur la rive gauche, était à peine de trente.

Sauval nous apprend , en termes fort vagues, que le gros mur limitait les principaux hôtels de la rue des Francs-Bourgeois, hôtels qui, de son temps (1660), en
conservaient des vestiges. Il cite une tour (celle n° 6) qui subsistait alors dans

---

[1] Sur le dessin du plan de tapisserie, par Gaignières, on compte *cinq* tours ; mais l'une d'elles
est si voisine de la Vieille rue du Temple, qu'on a peut-être voulu figurer une des tours de la
porte Barbette. Notons que les tournelles de l'enceinte de Ph. Auguste, de la rue S. Antoine à
celle S. Martin, étaient moins serrées que dans l'autre portion de l'arc de clôture. La même remarque s'appliquera à l'enceinte (fortifiée de tours carrées) bâtie sous Charles V.

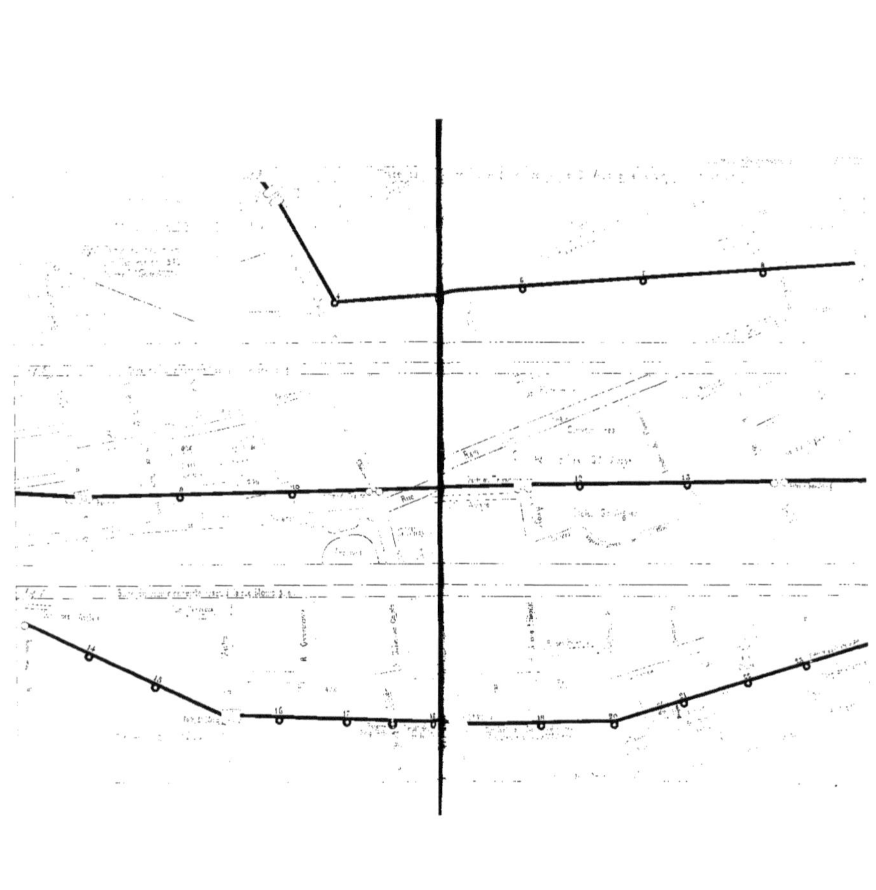

le jardin du maréchal d'Albret, et dont on avait fait une *grande niche*. Les plans de Gomboust et de Bullet ne fournissent, sur ce sujet, aucune lumière. Le vaste jardin de cet hôtel, indiqué sur plusieurs plans modernes, n'avait pas le mur d'enceinte pour limite, mais dépassait de quelques toises vers le sud la ligne de son emplacement. Plusieurs bâtiments de l'impasse Coquerelle m'ont paru construits des matériaux du gros mur. Je crois même avoir aperçu, en 1840, du haut d'une maison de cette impasse, la grande niche dont parle Sauval.

Le long du mur d'enceinte, du côté des tours 4 et 5, il existait autrefois un *champ*, dit *des Arbalestriers*. Sauval (t. III, p. 659) cite un extrait de comptes (1560) où on lit : « ... grande place de murs où souloient être jadis les buttes des « Arbalestriers, de présent appliqués en jardins, ensemble les anciens murs « de la closture de la Ville, avec deux tours, assis et joignant la closture Sainte- « Catherine, au derrière de l'hostel de Savoisy, près les rues faites de neuf en la- « dite closture, etc. » Cet hôtel de Savoisy, qui avait son entrée rue Pavée, fut remplacé par celui de Lorraine.

Un article du *Mémoire* de Bouquet (p. 212) se rapporte à la même localité. «... Grande place de mur où soulloient estre antiennement les *Brestes* des Arba- « léstriers, de présent (1564) appliquée à un jardin, ensemble les antiens murs « de la closture de laditte ville, avec deux tours et aultres édiffices qui sont au « bout dudit jardin, tous lesdits lieux pour la closture et murs de Sainte-Cathe- « rine, contenans 42 thoises de long ou environ, à commencer aux murs faisant « closture de la rue Pavée, jusques à l'aultre mur, vers le Jardin de *Trancarville*.» L'hôtel de *Tancarville* est celui qui fut nommé plus tard *de La Force*.

Dans l'article suivant, il s'agit d'une « place en triangle, assise au long desdits « murs à l'endroit de la closture Sainte-Catherine, tenant... à un chemin près « des *buttes* de lad. Ville, aboutissant d'une part axd. antiens murs, d'aultre à « la Maison et Porcherie S.·Antoine, etc., 1509 [1]. »

Entre les tours 4 et 7, il n'existe plus de traces du gros mur ; mais on en voit une longue portion derrière la Boucherie des Blancs–Manteaux. Il surgit de terre, à la hauteur d'environ deux mètres et demi, dans une étendue d'au moins cinquante mètres, et soutient un mur plus étroit qui borne les jardins des maisons de la rue des Francs-Bourgeois [2]. Il est notoire que le mur de Ph. Auguste limitait au nord un ancien hôtel nommé : Château-Villain, qui passa au marquis d'O, puis fut donné en 1656 aux Hospitalières de S. Anastase ou Filles-S.-Gervais, et

---

[1] Sur une partie de l'emplacement de cette *porcherie* fut bâti l'hôtel d'Angoulême, rue Pavée.

[2] Cette rue, ainsi qu'une autre voisine du Louvre, se nommait autrefois *des Poulies*, parce que le long du mur d'enceinte, on avait établi un jeu de *poulies*, jeu qu'aucun auteur n'explique.

enfin devint la Boucherie des Blancs-Manteaux. Le couvent des Hospitalières est indiqué sur le plan de Verniquet, dont ma planche est un calque; si donc Verniquet est exact en cet endroit, nous avons là un précieux jalon pour retrouver la direction de l'enceinte jusqu'à la tour 4.

Si l'on prolonge le tracé de cette portion du gros mur encore subsistante, jusqu'à la vieille rue du Temple, on rencontre la place précise qu'occupait la porte ou poterne, dite *Barbette* au XIV° siècle, et appelée je ne sais comment sous Ph. Auguste, supposé qu'elle existât déjà de son temps.

Remarquons ici, en passant, que le plan dressé par Bonamy, pour préciser le lieu où fut assassiné, en 1407, le duc d'Orléans, plan inséré dans le tome XXI des *Mém. de l'Acad. des Inscr.*, et reproduit par Millin, est dressé de fantaisie, et représente sans exactitude le mur de clôture et les tournelles qui le flanquaient.

De la porte Barbette, le gros mur prenait à peu près la direction que je lui donne sur ma planche VII, fig. 3. Je n'ai trouvé aux Archives, au sujet des Blancs-Manteaux, qu'un seul plan où le trajet du mur fût indiqué; mais comme on n'y voit ni la rue de ce nom, ni celle de Paradis, on ne peut juger de sa véritable position par rapport à ces deux rues. On remarque seulement qu'il était percé d'une porte, et que, sur un autre point, il livrait passage à un petit escalier.

Je n'ai rencontré aucune trace matérielle de l'enceinte entre la Vieille rue du Temple et celle des Guillemites; mais les cours des maisons, à partir de la première de ces rues, semblent diminuer un peu de profondeur, à mesure qu'elles se rapprochent de la seconde. La limite de ces cours désigne donc probablement la direction oblique de l'ancien mur qui a été abattu, et dont on reconnaît les matériaux dans diverses constructions du voisinage.

Nous avons, pour retrouver, de ce côté de Paris, la ligne que suivait la clôture, deux points fixes, mais assez distants l'un de l'autre : d'abord la portion du gros mur signalée ci-dessus, le long de la Boucherie des Blancs-Manteaux, ensuite une autre portion assez étendue qui séparait autrefois le monastère des Filles-Sainte-Avoye de l'hôtel de Mesme, aujourd'hui : de S. Aignan, dont je parlerai plus au long, au chapitre suivant. Or, ces deux points sont indiqués nettement sur le plan de Verniquet, il s'agit de les raccorder; et si Verniquet est précis, mon tracé le sera également.

En outre, j'ai découvert récemment, à l'extrémité de la rue Rambuteau, n° 12, au fond d'un terrain à bâtir, un long fragment très-reconnaissable du gros mur, qui s'étend entre les maisons (côté oriental) de cette rue et le passage Sainte-Avoye. Ces jalons précieux m'ont aidé à rétablir et à fixer la situation de la poterne du Chaume. Cette porte devait être, à une ou deux toises près, à l'endroit où on la voit sur la planche VI, fig. 3. On ne pourrait, je crois, lui assigner une autre place sans être obligé de faire faire à la ligne de l'enceinte des déviations fort invraisemblables.

Robert de Vaugondy s'exprime ainsi (*Tablettes*, p. 15) : « L'enceinte traver- « sant la vieille rue du Temple à la porte *Barbelle* (il faut lire : Barbette), *longeoit* « le cloître des Blancs-Manteaux , pour rejoindre la porte du Chaume ou de « Braque, et continuoit *entre la Merci* et *l'hôtel de Montmorenci*, aujourd'hui « (1760) hôtel de Mesme [1]. » Il ajoute en note : « En fondant le mur mitoyen « des PP. de la Merci, on trouva des restes des *anciens murs* et de la porte du « Chaume. »

L'expression : *longeoit* le cloître des Blancs-Manteaux est inexacte ; il le *traver- sait* un peu de biais. Verniquet indique sur son plan la muraille qui limite au sud le couvent de La Merci. Or, si l'on place à cet endroit la porte du Chaume, com- ment y faire aboutir le mur d'enceinte qui se voit encore entre le passage Sainte- Avoye et la rue Rambuteau ?

Charles VI, il est vrai, fit don en 1384, à Nicolas de Braque, pour agrandir l'hôpital fondé par Arnoul de Braque, du gros mur, des tournelles qui le flan- quaient, et de terrains vagues qui y étaient contigus ; mais une partie de ces terrains fut sans aucun doute vendue plus tard, et le couvent de La Merci, qui remplaça l'hôpital, n'eut jamais le mur d'enceinte pour limite. J'ai visité l'ar- rière-cour de cette maison [2] ; on y remarque seulement un mur qui court du nord au sud, et qui paraît construit avec les matériaux de celui de Ph. Auguste.

Vu toutes les raisons que je viens d'exposer, je placerai la porte du Chaume à l'endroit où la rue de ce nom forme, sur le plan de Verniquet, une sorte de vide, presque vis-à-vis la rue Rambuteau, que j'ai ajoutée pour me faire mieux comprendre.

Revenons à la partie de l'enceinte qui traversait le couvent des Blancs-Man- teaux. D'après le témoignage de Sauval, il paraît que de son temps, vers 1650, les murailles entre la rue du Chaume et la Vieille rue du Temple étaient encore bien conservées. « Elles séparent, dit-il (t. I, p. 34), leur jardin du cloistre, « règnent presque tout le long de leur monastère, et sont encore garnies des « *mêmes tours* et des autres *accompagnemens* dont Philippe Auguste les avoit revê- « tues. » Il est à regretter que Sauval ne s'explique ni sur le nombre de ces tours, ni sur ce mot *accompagnemens* ; il veut parler sans doute des créneaux.

---

[1] Il veut désigner le *Petit hôtel de Mesme*, dont la porte faisait face à celle du Grand hôtel du même nom, nommé sur son plan *Beauvilliers*, et aujourd'hui *S. Aignan*.

[2] Cette maison est pour moi un souvenir d'enfance, et, à ce titre, je l'ai revue souvent avec plai- sir. En 1816 j'y commençai l'étude du latin, dans une école tenue par M. Cazeau.

Les anciens plans ne marquent que deux tours entre les portes Barbette et du Chaume. Il en exista peut-être une de plus dans l'origine, car l'espace est peu garni ; mais je n'ai aucun document précis sur ce point. J'en ai figuré une seule dans le couvent des Blancs-Manteaux (celle numérotée 9), puisque les anciens actes n'en signalent pas davantage. Elle est indiquée sur le *Terrier du Roi*, recueil de plans levés, par Rittmann, de 1767 à 71, et conservés aux Archives; mais ces plans manuscrits ne m'ont jamais inspiré grande confiance, et les tours murales qu'on y remarque paraissent dessinées de fantaisie. Je n'ai donc trouvé nulle part, tracée avec précision, la place qu'occupait la tour 9; mais je pense m'écarter peu de la vérité en la fixant sur le terrain occupé par le chœur de l'église actuelle des Blancs-Manteaux, église construite en 1685. La tour aura disparu à cette époque.

Quant à la suivante marquée 10, peut-être ne fut-elle abattue, ainsi que les portions de mur qui s'y rattachaient, qu'en 1786, lorsqu'on éleva les bâtiments du Mont-de-Piété. Les fondements du mur pourraient bien exister encore dans les caves de cet établissement. La tour 10 est indiquée sur les plans de Braun et de Belleforest. Sur celui de Du Cerceau, elle paraît très-rapprochée de la rue du Chaume.

Plusieurs actes ou extraits d'anciens comptes que je vais signaler, sont relatifs aux tours 9 et 10. Félibien rapporte (t. III, p. 239) des Lettres-patentes de Philippe de Valois, 1334, qui permettent aux Blancs-Manteaux de « percier le « mur et y faire une huysserie… pour eulx aiser daucunes maisons que ils ont « oultre ledit mur. » Cet acte prouve qu'il n'y avait pas de fossé devant cette partie du mur d'enceinte.

Un arrêt de la Chambre des comptes de 1403, cité par le même (*ibid.*, p. 244), concerne la concession demandée au roi, à la requête de ces religieux, d'une *tour-nelle*, accompagnée de trente-neuf toises deux pieds des anciens murs. La Chambre, considérant que leur église et autres habitations « de toute ancienneté « sont joignans sans aucun moyen des anciens murs et fermeté de la ville en ve- « nant jusques à la porte Barbete », supplient le roi, en faveur de ces religieux, de leur « bailler iceulx anciens murs, avec une tournelle desdiz murs qui sciet « avecques ou milieu de leurdit pourpris au dehors d'iceulx murs, parmi en ren- « dant doresenavant chacun an au roy aucun pou de rente, ou payer pour une « fois seulement aucune legiere et aisiée finance… et si prieront Dieu devote- « ment pour le roi nostredit Sire [1]… Parmi ce aussi que lesdiz religieux ne pour-

---

[1] Cette condition est quelquefois, dans des actes analogues, exprimée avec bien plus de naïveté : « affin quils soient plus *enclins* à prier Dieu pour le Roy. »

« roient abatre ne demolir les murs et tournelle dessusdiz ; mais les pourront hau-
« cier pour amender et ediffier dedans et dessus, si comme bon leur semblera...
« Et auec ce que sil venoit guerre, que Dieux ne vueille, pourquoy il feust be-
« soing et necessaire de reprendre lesdiz murs et tournelle pour seruir de closture
« et fermeté à laditte ville... le roy nostredit Sire le pourroit faire sans ce qu'il
« feûst tenuz de riens rendre ou restituer ausdiz religieux, etc. » Dans le même
acte, on lit que leur *pourpris* aboutissait, d'une part à la « porte *Barbete* par de-
« vers la viez rue du Temple », et de l'autre « à l'hostel de noble et puissant
« seigneur Jacques de Bourbon, seigneur de Preaux. »

En 1391, douze ans auparavant, Charles VI avait accordé, moyennant deux
sols parisis de redevance annuelle, cette même tour à Jehan Perdrier, trésorier
de la reine, « pour élargir et croître un hostel qu'il a à la porte Barbete, auquel
ladicte tour joint » (*ibid.*, p. 242).

Dans le même arrêt de 1403, il est question du mesurage et de l'estimation:
« d'une *tournelle* et quatorze toises ou environ des anciens murs joignant et
aboutissant jusques à la porte du Chaume. » Cette portion de l'enceinte était
louée à Pierre Alvart « demourant adoncques en la rue de Paradis pardeuers et
au dehors desdiz anciens murs. » Cette tournelle est vraisemblablement celle
marquée 10. On ajoute un peu plus bas qu'elle est « toute telle que celle que demandent les Blancs-Manteaux. »

C'est du même terrain et de la même tour qu'il s'agit dans le compte suivant
cité par Sauval (t. III, p. 265) : « Pierre Alluart, pour une tour quarrée qui est
« des anciens murs de la Ville, avec quatorze toises desdits anciens murs, assis
« derrière sa maison, en la rue de Paradis, depuis ladite tour jusques à la porte
« du Chaume (1413).» Cette expression *tour quarrée* est sans doute une erreur,
puisque toutes les autres tournelles murales étaient rondes.

Sauval (*ibid.*) dit qu'il y avait (1413) une tour derrière la maison de Hemon
Raguier (rue de Paradis), laquelle maison avait appartenu à messire Jacques de
Bourbon. Nous venons de voir que cet hôtel était contigu aux Blancs-Manteaux.
Cette tour était donc placée entre la propriété de Hemon Raguier et celle de
Pierre Alvart ou Aluart, et c'est toujours celle marquée 10.

La porte (ou poterne) du Chaume fut peut-être ouverte postérieurement à
Ph. Auguste. Je crois l'avoir ici tracée, je le répète, à sa véritable place, et c'est
par erreur que la plupart des historiens l'indiquent plus au nord.

De cette porte à celle du Temple ou Sainte-Avoye, le gros mur était, vers le milieu de cet espace, flanqué d'une tour (celle 11), marquée sur tous les plans du
XVIᵉ siècle.

On lit dans Félibien (t. I, p. 674), qu'en 1384, Charles VI fit don à Nicolas

Braque des anciens murs , *tours* et places vagues , entre la porte du Chaume et celle du Temple. Ce mot de *tours* au pluriel indique-t-il plusieurs tours murales ? Peut-être comprend-on une de celles qui flanquaient la porte du Chaume ; c'est ce qu'il est difficile de décider. Le passage suivant, extrait du Mémoire de Bouquet, p. 190, donnerait à croire qu'il n'en existait qu'une seule : «.... une tour estant « ès anciens murs... faisant la prouchaine tour de la porte du Chaulme par « devers l'ancienne porte du Temple à prendre laditte tour ; et depuis le dessus « des allées desdits anciens murs en avant, avec *l'allée par hault* d'iceulx murs, « depuis laditte tour jusqu'à la prouchaine *tour* de la porte du Temple, etc. »

On voyait en janvier 1850, rue Rambuteau, au fond des cours des n°° 12 et 18, une grande portion du gros mur qui réunissait les portes du Chaume et du Temple. Il paraissait avoir servi de terrasse au temps où il formait la limite de l'ancien hôtel de Montmorency, devenu le *Petit hôtel de Mesme.* Au n° 18, une voûte basse était pratiquée dans l'épaisseur du mur , qui était d'environ deux mètres trente centim. Son parement était formé de petites pierres d'inégale longueur, comme du côté de la rive gauche. On n'y remarquait aucun vestige de la tour 11 qui, du reste, si elle existait, ne pourrait se voir que du côté du passage Sainte-Avoye. La ligne de ce mur avait une direction oblique par rapport à celle de la rue Rambuteau, qu'il traverse de biais vers son extrémité orientale, comme je l'indique sur mon plan.

La porte du Temple était fortifiée de deux tours. On la nommait aussi *Sainte-Avoye*, mais ce ne put être avant 1288, époque où le couvent de ce nom fut établi sur un terrain contigu à cette porte.

XI. — De la rue Sainte-Avoye à la rue Montorgueil.

(Pl. VII, fig. 3 et 4)

Une portion du mur d'enceinte, reliée autrefois à la porte du Temple, et portant environ trente mètres de longueur, était encore très-reconnaissable en janvier 1845, au n° 20 de la rue Rambuteau ; il séparait la cour de cette maison des bâtiments de l'hôtel S. Aignan. Ce gros mur paraissait servir de terrasse en quelques endroits, et, en d'autres, de soutien à des constructions assez modernes. Aujourd'hui il subsiste toujours ; mais on l'a incorporé à des bâtiments neufs que j'ai vu élever.

Au delà de ce mur, qui bornait le couvent des Filles-Sainte-Avoye, se trouve l'hôtel magnifique bâti par le comte d'Avaux de Mesme, et possédé, plus tard, par M. de Beauvilliers, duc de S. Aignan, qui lui donna son nom, qu'il a conservé jusqu'à ce jour. Cet hôtel, dont l'entrée est rue Sainte-Avoye, 57, est indiqué, sur les plans du XVIIIe siècle, tantôt sous un nom, tantôt sous un autre. Verniquet ne l'a pas figuré, mais il a tracé la ligne qui le séparait des Filles-Sainte-Avoye. Du côté du jardin de l'hôtel, le mur a été aminci, dépouillé de son ancien revêtement; en un mot, tout à fait déformé. Après avoir passé entre le couvent et l'hôtel, il continuait, quelques toises au-dessus de la ruelle qui forme équerre avec l'impasse Berthaud, et de là allait aboutir à la rue *Beaubourg*, où il rencontrait une poterne du même nom.

Entre la rue du Temple et celle Beaubourg, les anciens plans offrent deux tours. L'une d'elles, celle marquée 12, fut abattue à l'époque où le comte d'Avaux de Mesme éleva son hôtel, ou incorporée aux nouveaux bâtiments. Tel a été presque toujours le sort du mur d'enceinte et de ses tournelles, dans les quartiers de Paris où le terrain est central et, par conséquent, fort cher. Les tours surtout prenaient trop d'espace et embarrassaient les propriétaires qui, ne pouvant les utiliser, trouvaient du profit à les détruire. Au reste, il existe peut-être encore quelques traces de la tour 12, sinon dans les bâtiments, au moins dans les caves de l'hôtel.

La place que j'assigne à la tour 13 est pareillement conjecturale, mais son existence est incontestable.

Je citerai deux passages du *Mémoire* de Bouquet, relatifs, je crois, à cette dernière tour. — (Vers 1473) «... Une *Tour ronde* et les *allées* de l'ancien mur... en la « rue Michel-le-Comte, icelle Tour faisant le coing d'un jardin, pardevers la Porte «' du Temple... contenant lesdittes allées treize Carneaux (p. 190).—... Portion « des antiens murs de la closture... contenant dix thoises deux pieds ou environ, « à commencer au pignon de la gallerie, qui est sur le jardin du sieur de « Mesmes, et jusques contre une *Tour ronde*, estant en partie hors desdits murs, « et l'autre partie dessus ledit mur, dans *laquelle* espace de la Tour et entrée du- « dit jardin, pour entrer là rue du Cul-de-saq, etc... apvril 1574 » (*id.*, p. 210).

Dans mes *Etudes sur les plans de Paris*, j'ai reproduit (page 22) une portion d'un ancien plan de la censive S. Merry, levé vers 1550. On y voit figurer un mur crénelé, flanqué de trois tours, et aboutissant rue Beaubourg. Une de ces trois tours crénelées, celle qui touche à la rue du Temple, est une des deux qui fortifiaient la porte Sainte-Avoye, déjà détruite à cette époque. Les deux autres sont celles numérotées 12 et 13, sur ma planche.

Rue Beaubourg, se trouvait une poterne du même nom. On l'appelait aussi *Poterne Nicolas Huidelon* ou *Nicolas Yderon*. Elle était située quelques toises au-dessus de l'impasse des Anglais. Dans les cours des maisons contiguës à cette impasse, n°s 49 et 51, les constructions offrent encore aujourd'hui, comme au temps de Robert de Vaugondy, des petites pierres carrées provenant du gros mur, et la *physionomie* de cette impasse fait, pour ainsi dire, *pressentir* le voisinage d'un ancien rempart.

« A quelques pas de ce cul-de-sac (dit en note R. de Vaugondy, *Tablettes*, « p. 15), on remarque une porte cochère fermant une petite cour, qui semble « occuper l'emplacement des anciens murs ; ce qui appuye cette opinion est la « profondeur des maisons de la rue Grenier S. Lazare, dont celles qui tiennent à « cette rue vont jusqu'à cette petite cour, et les autres qui suivent diminuent de « profondeur jusqu'à se réduire à très-peu de chose vers la rue S. Martin, où il « existe encore un reste de mur qui joignoit la porte. »

Le plan de Vasserot, qui indique toutes les maisons de la rue *Grenier* (ou plutôt *Garnier*) S. Lazare, confirme la justesse de cette observation. Il suffit de suivre la ligne des limites méridionales de ces maisons, pour voir où passait le gros mur, bien qu'il eût été démoli, et pouvoir en tracer le plan avec précision. (Voy. fig. 4.)

Dans le trajet oblique de l'enceinte, de la rue Beaubourg à celle S. Martin, le plan de Braun offre deux tours ; ceux de Du Cerceau, de Belleforest et de la Tapisserie, trois. J'ai adopté le nombre de deux, comme plus conforme à l'espacement des tours précédentes. D'ailleurs, la troisième tour, sur ces derniers plans, est si proche de la rue Beaubourg, qu'elle peut passer pour une des deux qui fortifiaient peut-être la poterne du même nom.

Je n'ai rencontré aucun document écrit, aucun plan de géomètres, qui pussent m'aider à tracer avec certitude les tours de cette partie de l'enceinte.

Notons ici, pour la seconde fois, qu'à partir de la rue S. Martin jusqu'au Louvre, les tours murales vont devenir plus serrées, parce que, sans doute, Ph. Auguste jugea que ces quartiers, étant dès lors les plus populeux et les plus riches de la rive droite, devaient être mieux protégés que les autres.

Vers l'angle sud-ouest de la rue Grenier S. Lazare était située l'ancienne porte S. Martin, qui n'a jamais changé de nom.

De Vaugondy nous apprend que, de son temps (1760), on voyait encore un reste du gros mur qui joignait cette porte. Il est fâcheux qu'il n'ait pas indiqué la distance précise existant entre cette coupe du mur et l'angle de la rue Grenier S. Lazare.

De la rue S. Martin « la cloture, dit le même auteur, continuoit sous le mur « mitoyen de la sixième et septième maison au dessus de la rue aux Ours. » De Vaugondy, je crois, recule le mur d'enceinte un peu trop vers le nord, ou, depuis 1760, on aura réuni deux maisons en une seule. Aujourd'hui, la sixième, à partir de la rue aux Ours, est un ancien hôtel [1], rebâti vers 1844, faisant face à

---

[1] Cet hôtel, détaillé sur le plan en six feuilles, de Delagrive, 1728, se nomme : *Tourville.*

la rue Grenier-S.-Lazare, appartenant à M. Chalret-Durieu, que je connais personnellement. Elle renferme une cour assez grande et, sur le derrière, un jardin étendu surtout dans le sens de l'est à l'ouest. A ce jardin aboutissent plusieurs propriétés de la rue aux Ours.

Le gros mur bornait fort vraisemblablement ce jardin au sud; cependant M. Chalret n'a retrouvé parmi ses titres (modernes comme ceux de la plupart des propriétaires parisiens), aucune pièce qui fît mention de mur d'enceinte ou de tournelles. J'ai fait aussi de vaines recherches au fond des maisons qui forment le côté septentrional de la rue aux Ours. Toutes les cours, obscures et sans air, offrent de hautes constructions et des appentis irréguliers de bois ou de plâtre. On reconnaît çà et là dans ces bâtiments les pierres de revêtement du mur de la ville, mais on n'en retrouve aucune portion entière.

De la porte S. Martin à celle Bourg-l'Abbé, on compte deux tours sur les plans de Braun et de Du Cerceau [1]. Rue Bourg-l'Abbé, se trouvait la poterne de ce nom, contemporaine de Ph. Auguste. Sur le plan de Braun elle paraît percée, comme celle des Barrés, dans une tour qui est en travers de la rue. Peut-être la poterne était-elle ouverte à côté de cette tour, que je n'ai pas numérotée.

Une maison de la rue Bourg-l'Abbé, servant de passage, communique avec l'ancienne impasse de la *Porte-aux-Peintres*. Une partie de cette maison est construite avec des matériaux provenant de la poterne. On reconnaît aussi les petites pierres du parement du gros mur, dans des bâtiments, au fond des propriétés qui constituent le côté méridional de l'impasse.

Sur le plan de Du Cerceau et sur le dessin de Gagnières, on distingue deux tours murales entre les rues Bourg-l'Abbé et S. Denis. Mais celui de Braun, auquel j'accorde plus de confiance, en offre une seule, plus rapprochée de la seconde que de la première de ces rues. Une tour était bien suffisante pour fortifier cet espace; une seconde paraîtrait même superflue. Je n'ai trouvé aucun plan local qui pût m'éclairer sur ce point.

La porte S. Denis s'appelait souvent *Porte-aux-Peintres*, ainsi que l'impasse voisine qui peut être regardée comme un reste de l'ancien chemin de ronde extérieur.

Voici quelques extraits relatifs au passage de l'enceinte entre les rues S. Martin et S. Denis.

Dans un ancien compte de la Ville, cité par Bouquet (*Mémoire*, p. 210), il est question d'une maison sise rue S. Martin, à l'enseigne de *la Tour*. Elle apparte-

---

[1] On voit *trois* tours sur le dessin de Gagnières; mais l'une d'elles paraît être la tour près de laquelle, ou à travers laquelle on avait percé la poterne Bourg-l'Abbé.

nait, vers 1567, à Guillaume le Jards, à qui la Ville avait fait bail « d'une Tour et « anciens Murs, le long et faisant la séparation du *Jardin de laditte Ville*, et des « maisons estant sur la rue aux Ours et qui aboutissent sur ledit jardin, etc. »

Cette *maison de la Tour* est, je crois, représentée aujourd'hui par celle de M. Chalret-Durieu. Quant au *jardin* de la ville, il était probablement établi sur le terrain d'un ancien chemin de ronde, terrain ajouté à la même propriété.

Le même Mémoire nous apprend (p. 127) que, vers 1450, Guillaume Perrier, tonnelier, rue aux Ours, payait à la Ville, douze sols parisis pour la jouissance des « allées des anciens murs de la Ville, étant à l'endroit des maisons qui sont as- « sises en ladite rue, en venant à la Porte du Bourg-l'Abbé, jusqu'à la prochaine « *Tour*. »

On lit (*ibid.*, p. 188) qu'en 1474 « Pierre Deschamps, peintre, demourant près « de l'ancienne porte S. Denys,... estoit devenu propriétaire d'un jeu de Paulme « joignant au long des anciens murs, à prendre depuis l'ancienne porte du « costé devers les champs, jusques à environ la prouchaine *Tour*, estant esdits « anciens murs, en allant vers la porte du Bourg-l'Abbé, contenant XVII toises « et demie de long, etc. » On trouve en lisant la suite de ce long article, une condition restrictive ainsi conçue : « S'il advenoit que, par temps de guerre ou « autrement, il *faulsiste* faire guet et garde au long desdits murs pour la seureté « de la Ville, icelle Ville se pourra aider desdits lieux, etc. »

Selon le même *Mémoire* (p. 209), les héritiers de Jehan Dauchi ou Daulchy avaient obtenu, vers 1520, moyennant une petite rente, permission « d'édiffier « contre les antiens murs de la Ville, (sur) une place vuide où il y a un jeu de « Paulme (joignant la *porte des Peintres* du costé des champs, où est pour en- « seigne l'*Arbaleste*.) » Je ne sais s'il s'agit ici du jeu de paume appartenant, en 1474, à Pierre Deschamps, car il en existait un autre, de l'autre côté de la tour 18.

Félibien (t. IV, p. 704) produit un acte de 1542, où il est question d'une portion des anciens murs « depuis la *tour* entre les *deux* jeux de paulme de la mai- « son de l'Arbaleste, jusque sur la rüe S. Denis, estant des appartenances de « l'ancienne porte *aux Pauvres* (ou *aux Peintres*, annote Félibien)... faisant « le coing de la ruelle de l'*Asne-rayée* » (impasse des Peintres).

Bouquet (p. 227) rapporte un compte de 1547, où il est fait aussi mention de « la tour entre *deux Jeux de Paulme*, à la maison de l'*Arbalestre*. »

On parle souvent, dans les anciens registres, du jardin des Arbalétriers, situé près de la porte S. Denis, en dehors de l'enceinte. Il ne faut pas confondre ce jardin, dont je parlerai ci-après, avec les deux jeux de paume.

Nous avons vu plus haut que, vers 1567, Guillaume le Jards jouissait à bail d'une tour et des anciens murs de la Ville, faisant là séparation du *Jardin de la*

Ville et des maisons de la rue aux Ours. Dans un autre compte (Bouquet, p. **228**), il est question du *Jardin du Bourg-l'Abbé*, joignant les anciens murs (près la porte S. Denis). Veut-on désigner encore ici le *Jardin de la Ville?* C'est ce que je ne saurais décider, mais assurément ce n'est pas celui des Arbalétriers.

Notons que la maison sise au coin de l'Impasse-aux-Peintres ou de l'*Asne-rayé* portait, à la vérité, l'enseigne de *l'Arbaleste,* mais ne conduisait pas au jardin des Arbalétriers, situé à l'ouest de la porte S. Denis.

Il résulte de tous ces extraits, que la Ville a possédé jusqu'à nos jours peut-être, de ce côté de Paris, des terrains vagues qu'on doit considérer comme d'anciens chemins de ronde, terrains qu'elle vendit à divers particuliers. Bouquet a voulu en tirer la fausse conséquence qu'il y eut des fossés creusés autour de l'enceinte de la rive droite.

Je parlerai plus tard de la porte S. Denis ou *Porte-aux-Peintres.*

On lit dans un compte de 1454 (Sauval, t. III, p. 337) : « maison rue S. De-« nys, tenant d'une part, et faisant le coin de la *rue par où l'on va sur les murs* « de Paris, d'entre les Portes S. Denys et Montmartre. » Ce passage semblerait prouver l'existence d'un escalier appliqué au mur d'enceinte, probablement à l'extérieur, et appuyer l'opinion exprimée page 33. J'ignore quelle rue on veut désigner dans ce compte. Est-ce la ruelle de l'Asne-rayé, ou toute autre qui ne se voit plus aujourd'hui?

Passé la porte S. Denis, le mur de Ph. Auguste reprenait entre les maisons numérotées 209 et 211 sur le plan du quartier Montorgueil, par Vasserot. De là, selon Vaugondy, «il suivoit les murs mitoyens des maisons de la rue Mauconseil, où se voit encore *une* tour. » Cette explication est vague et inexacte. Les murs mitoyens qui séparent les propriétés sises entre cette rue et celle du Petit-Lion sont, le plus souvent, en dedans ou en dehors de la ligne de l'enceinte. Ensuite, quelle tour veut-il désigner? On en comptait quatre dans la longueur de la rue Mauconseil. Peut-être a-t-il voulu parler d'un donjon carré que je décrirai bientôt, et qui ne dépendait nullement de la clôture.

J'ai fait de vaines recherches dans les cours des maisons comprises entre les rues du Petit-Lion et Mauconseil; on n'y rencontre de traces du gros mur que dans des constructions où sont employés ses matériaux ; quant aux tournelles murales , j'en ai retrouvé une seule, dont il sera question plus bas.

Sauval nous apprend (t. I, p. 32) que, de la rue Montorgueil à celle S. Denis, « les murailles furent renversées presque toutes (par ceux qui achetèrent en 1543, « les hôtels d'Artois et de Bourgogne)... hormis une *tour ronde* qu'on voit en-« core (vers 1650) à l'hôtel de *Mendosse*, qui appartient présentement au sieur « Courtin de Tannequeux. » C'est bien de la tour 19 qu'il s'agit ici, car le même

(t. II, p. 239) nous explique que don Diego de *Mendosse* (ou plutôt *Mendos*) reçut de François Ier, en récompense des services qu'il lui rendit pendant sa captivité en Espagne, une partie de l'hôtel de Bourgogne, situé rue Mauconseil, *vis-à-vis le cloître S. Jacques-l'Hôpital.*

M. de Parcieux signale aussi, dans le *Mercure de France* (février 1761), une ancienne tour d'enceinte, rue Mauconseil, dans la maison de M. Delarue : cette maison est celle où se trouve encore aujourd'hui le donjon de l'hôtel de Bourgogne. Ce n'est pas la tour 19 qu'il veut désigner, mais celle 21. Il ne confond pas avec le donjon, puisqu'il en parle un peu plus loin.

Il est vraisemblable que, longtemps avant 1543, le comte d'Artois et le duc de Bourgogne, Jean-sans-Peur, auront, chacun selon ses besoins, soit modifié, soit supprimé la portion de l'enceinte qui bornait ou traversait leurs propriétés.

La tournelle 20, qui fortifie le gros mur à l'endroit où il fait un coude, est bien indiquée sur le plan de Braun. C'est sans aucun doute dans l'espace compris, au dehors de la ville, entre cette tour et la porte S. Denis, que se trouvait situé le Jardin des Arbalétriers, dont il est souvent parlé dans les anciens comptes. « En 1390, dit Sauval (t. II, p. 693), le roi bailla aux Arbalestriers à héritage, « pour douze deniers Parisis de cens, et dix sols parisis de rente, une place « de 288 toises de surface, qui tenoit encore aux murailles de la ville... En 1410, « le roi leur donna une Tour des anciens murs tout joignant la même place... « ils l'agrandirent de plusieurs toises, et ce total là s'appeloit en 1413, le *Jardin* « *des Arbalétriers,* et le Jardin du trait des Arbalétriers en 1416. »

Le même auteur (t. III, p. 264 et 655) cite des comptes de 1412 et 1438, d'où il résulte que la confrairie *Monseigneur S. Denys-aux-Arbalestriers* avait une place ou jardin en la rue S. Denis, « outre l'ancienne porte, joignant par déhors « aux murs anciens de ladite Ville, aboutissant par derrière à l'Hôtel d'Artois.» Le même (t. I, p. 147 et 156), affirme que la rue du Petit-Lion « se nommoit : de « *l'Arbalêtre* ou des *Arbalétriers,* au temps que les Arbalétriers s'exerçoient pro- « che de là », et (p. 33) il s'exprime ainsi : «Je pense même que je pourrois « retrouver la butte des Arbalestriers que j'ai *vû* il n'y a pas longtemps (chez le «Prevôt Grennetier), où ils alloient s'éxercer, avant que d'être transferés au bas- « tion de Lardoise. » J'expliquerai plus tard où était situé ce bastion.

Dans un compte de 1538 (Bouquet, p. 208) on lit «... depuis la *tour du milieu du* Jardin des Arbalestriers, jusques à la rue S. Denis »; et l'article suivant (même page) nous apprend que la confrérie des soixante Arbalestriers de la Ville payait quatre sols parisis de rente annuelle pour *une tour estant au mur.* Il s'agit fort probablement, dans ces deux comptes, de la tour 19.

Je reviens à l'hôtel de Bourgogne. Il existe un rare volume [1], intitulé : *Recueil des principaux tiltres concernant l'acquisition de la propriété des mazures et place ou a esté bastie la maison appellée vulgairement l'hostel de Bourgongne ès rue Mauconseil.* On y voit que la vente se fit en 1543, dans une des salles de cet hôtel, *à la chandelle allumée,* « selon les pourctraits et figures qui auroient esté « faits et attachez sur des tableaux de bois ès portes desdits hostels (d'Artois, de « Flandres et de Bourgogne). » Christofle Aubery acheta le premier lot pour huit cents livres, à la charge de *diminuer* le gros mur. Le second lot fut adjugé à la même condition. Il n'est donc pas étonnant qu'on ne puisse plus retrouver, de nos jours, aucun échantillon de cette portion de l'enceinte.

On voit encore, en compensation, de ce côté de Paris, un curieux monument, dont l'histoire se rattache en quelque sorte à celle de la clôture, puisqu'il s'y incorpore d'un côté: je veux parler du donjon de l'ancien hôtel de Bourgogne, dont le plan géométral offre un carré long. Plusieurs historiens l'ont pris, par erreur, à cause sans doute des machicoulis qui en couronnent le sommet, pour une des tournelles murales de Ph. Auguste, quoiqu'il n'ait avec elles aucune espèce d'anàlogie. M. de Parcieux, Jaillot et Dulaure ont redressé cette erreur.

Pour bien voir ce curieux édifice, le dernier du même genre, que renferme encore Paris, il faut entrer dans la maison rue du Petit-Lion, 23 (ci-devant rue Pavée, 3), appartenant à madame Duchâtelet. Au fond de la cour, dans l'angle à droite, se trouve un couloir obscur, au bout duquel se présente la première marche de l'escalier du donjon, et, à main gauche, une porte grillée qui ouvre sur un jardin dont le sol est un peu inférieur à celui de la cour, ce qui (soit dit en passant) ne prouve pas qu'il y ait eu là un fossé comblé [2].

De ce jardin, on découvre parfaitement la face orientale du monument. Sa hauteur, à vue d'œil, peut être évaluée à environ vingt-cinq mètres. La face opposée est adossée aux arrière-bâtiments d'une maison de la rue *Françoise.* Les deux autres faces sont plus étroites; une seule est isolée, c'est celle qui regarde le sud. Cette dernière a vraisemblablement pour base le gros mur lui-même, et offre encore des fenêtres ogivales remarquables par leurs ornements.

Le côté oriental a été dessiné plusieurs fois, notamment dans le recueil de lithographies intitulé : *Souvenirs du vieux Paris,* dessinées par Turpin de Crissé. On voit sur cette face un grand arc ogival, dont l'intérieur contenait autrefois les

---

[1] Petit in-4°, 1632. On le voit à la Bibl. Mazarine (Rec. n° 10,676). Le catalogue Soleine indique l'édition de 1634, dont le titre est un peu différent.

[2] M. Briquart, quincaillier en gros, a la jouissance de ce jardin. Il a eu plusieurs fois la complaisance de me faciliter l'examen des diverses localités que je décris ici, et dont j'ai tracé le plan, non pas avec précision, mais uniquement pour expliquer la position que le donjon occupe.

armoiries de Bourgogne. Le sommet de cette tour, bien que défiguré par un appendice de plâtre, une vile couverture en tuiles, et d'ignobles mansardes, n'en est pas moins encore très-majestueux ; il était formé d'un parapet crénelé, soutenu par des machicoulis qui subsistent encore.

On y monte par un escalier à vis, à cage carrée, établi dans le donjon même, dont il occupe environ le tiers. Il est éclairé par quelques fenêtres de diverses dimensions. Les plus anciennes sont très-étroites, et plusieurs ont conservé leurs petites vitres. Toutes les marches sont en pierres de liais; l'escalier se termine à la cinquantième. Quand on arrive à la dernière, on a au-dessus de la tête une magnifique voûte, dont je n'ai vu qu'un second échantillon à Paris, dans la maison dite sans vraisemblance *de S.' Louis* ou *de la Reine Blanche* (aujourd'hui détruite), rue des Marmouzets-S.-Marcel.

Le pilier central, autour duquel *dansent* les marches, est formé par l'about le plus étroit de chacune de ces marches. Cet about de taille circulaire constitue chaque assise du pilier qui, commençant au bas par un socle, se termine au sommet par un chapiteau. Sur le chapiteau repose une sorte de sceau cerclé, d'où s'élance un faisceau torse de tiges de chêne, dont les branches et le feuillage s'épanouissent sur la surface de la voûte, en forme de berceau. L'écorce, les feuilles et les glands sont sculptés avec une grande finesse. Cette élégante voûte de pierre était autrefois revêtue de brillantes couleurs dont, il y a dix ans, il restait encore plus d'une trace. Ce charmant échantillon d'architecture civile mériterait bien d'être moulé.

Un autre petit escalier à vis, plus étroit que le principal, et formé de trentehuit degrés de pierre, conduit au-dessus de cette voûte sculptée, sur laquelle appuie la plate-forme du donjon. Cette plate-forme sert de plancher à un petit local mansardé, qu'éclairent des lucarnes établies, je crois, dans les créneaux; et d'où l'œil jouit d'une vue assez étendue.

Les rez-de-chaussée des divers bâtiments de la même propriété offrent, du côté du jardin, des traces d'anciennes constructions; et les caves, m'a-t-on dit, sont des voûtes à nervures. Quant au mur d'enceinte, on n'en voit plus ici aucun vestige en plein air, car il est détruit depuis longtemps. La muraille qui limite le jardin est située à environ six mètres au delà de l'endroit où il passait.

Le rez-de-chaussée du donjon renferme une cuisine par laquelle on pénètre, un peu au delà du mur de ce bâtiment, dans une salle obscure et à peu près semi-circulaire. C'est l'intérieur de la tournelle 21, réduite à cette forme, par suite de la suppression du gros mur. Elle est très-voisine de la face occidentale du donjon, et l'extérieur est engagé dans la propriété contiguë. L'intérieur, en forme de fer à cheval), m'a paru très-étroit, relativement à celui des autres tours ; le diamètre est à peine d'une toise et demie.

Je ne parlerai pas des chambres établies dans le donjon et louées à divers locataires. Les voûtes des trois ou quatre étages ont été défigurées par des plafonds plats qui cachent peut-être de précieuses sculptures.

Plusieurs auteurs du siècle précédent ont déjà signalé ce donjon avec quelques détails. M. de Parcieux, dans sa lettre citée plus haut, et datée 1761, décrit les armoiries de Bourgogne qu'on n'y voit plus aujourd'hui, ainsi que les sculptures de l'escalier ; la maison appartenait alors à un sieur Delarue.

Le *Journal de Paris sous Charles VI* [1], mentionne plusieurs fois l'hôtel de Bourgogne. On y lit, à l'année 1418 : « Lors se leua la Déesse de Discorde qui estoit « en la *Tour de Mauconseil* », et, plus loin : « Ou moys de novembre 1424, fut « marié le sieur de Toulongion, en l'Ostel du duc de Bourgogne, qui estoit frère « au Seigneur de la *Trimouille*. »

L'anecdotier Saint-Foix raconte, d'après Monstrelet, que le duc de Bourgogne après le meurtre du duc d'Orléans, en 1407, fit bâtir en son hôtel une tour, et dans cette tour, une chambre sans fenêtres, etc.; tout ce récit me paraît être une fable, et je ne pense pas qu'il s'agisse ici du fameux donjon qui fut probablement construit avant 1400.

Le plan de G. Braun est le seul qui représente cet édifice. La face du midi paraît toucher au mur d'enceinte, et celle de l'ouest est percée d'une porte précédée de plusieurs degrés. La rue *Françoise* (et non *Française*), ouverte en 1542, ne figure pas encore sur ce plan, dessiné vers 1530. Deux tours murales y sont indiquées, entre la rue S. Denis et le donjon (celles 19 et 20) ; mais on n'y voit pas celle 21, que je viens de décrire, ni la suivante 22, qui a certainement existé.

Les autres plans du XVIe siècle n'offrent plus aucune de ces quatre tours. Sur le *Terrier du Roi*, levé par Rittman, sous Louis XV, et conservé aux Archives, on a tracé la tour d'encoignure 20 et les deux suivantes (t. V, pages 139 et 165). Au reste, je l'ai déjà dit, ce *Terrier* est d'une bien faible autorité.

L'enceinte suivait, à partir du donjon, une direction toujours parallèle à celle de la rue Mauconseil, et limitait, je crois, un ancien bâtiment (dépendant de l'hôtel de Bourgogne) où fut établi, en 1613, le théâtre de ce nom. Il avait été occupé antérieurement par les *Confrères de la Passion*. Cette salle, rebâtie et agrandie, est devenue la Halle aux Cuirs.

De ce point, l'enceinte gagnait en ligne droite la rue Montmartre, croisant la rue

---

[1] Ce *Journal*, que je citerai souvent, surtout à propos des anciennes portes, a été imprimé sous ce titre : *Mémoires pour servir à l'hist. de France et de Bourgogne, contenant un JOURNAL DE PARIS, sous les regnes de Charles VI et VII, etc.* Paris, in-4°, 1729.

actuelle Montorgueil, si toutefois cette rue existait déjà sous Ph. Auguste. Ce fut à la
fin du XIIIᵉ siècle seulement qu'on ouvrit en cet endroit une poterne[1]. Elle fut
établie pour la commodité d'un comte d'Artois (neveu de S. Louis), qui avait son
hôtel contigu à l'enceinte. Cette porte, ajoutée environ un siècle après la construction du gros mur, consistait, sans doute, en une simple baie percée près de
la tour 23, que je considère comme une tournelle murale, et non comme une
fortification de la poterne. Sur le plan de Braun, on voit une sorte d'arcade qui
représente cette poterne. On la nommait, ainsi que la rue qui, de là, conduisait
aux halles : *fausse porte au Comte* ou *à la Comtesse d'Artois.*

Une note de Ramond du Poujet (éd. 1826, p. 11), puisée je ne sais à quelle
source, nous apprend que la Ville ordonna, en 1498, la démolition d'une tour de
l'ancienne enceinte, placée rue Comtesse-d'Artois, *en face* de l'impasse de la Bouteille, et qui gênait le passage. Il s'agit probablement de la tour 23, à côté de
laquelle fut percée la fausse porte ou poterne.

Au nº 42 de la rue Montorgueil, on voyait encore, en 1840, une grande cour
ou plutôt un terrain vague, où l'on a établi depuis la Halle aux Huîtres. Cette
cour servait de roulage. Le mur qui la bornait au nord m'a paru être celui de la
ville, aminci. Une sorte de brèche, pratiquée dans ce mur, introduisait dans une
seconde cour déserte, hideuse et sale, n'ayant de perspective que les derrières
des maisons voisines ; partout on remarquait des constructions où entraient les
matériaux du mur de Ph. Auguste. Tout ce terrain appartenait à la Ville. La muraille signalée au nord, si elle se fût prolongée jusqu'à la rue Montorgueil, eût
abouti vis-à-vis le nº 31 de cette rue. La maison qui porte ce numéro, contiguë à
l'impasse de la Bouteille, offrait encore, en 1840, au-dessus d'une boutique, une
plaque de pierre noire dont parlent La Tynna et autres auteurs ; j'y ai lu en majuscules jadis dorées : « Icy est l'ancien mur de la ville de Paris ». Cette plaque a
disparu. Les deux cours du nº 42, dont je viens de parler, représentent probablement l'emplacement d'anciens chemins de ronde existant à l'intérieur et à
l'extérieur de la clôture.

XII. — De la rue Montorgueil à la Seine.

(Voyez Pl. VIII.)

Depuis la rue Montorgueil jusqu'au Louvre, nous allons, pour nous diriger,
nous servir d'un plan géométral, levé par un sieur Caqué vers 1755, et gravé

---

[1] Peut-être vers le même temps ouvrit-on la rue actuelle Montorgueil, dont il n'est pas question
dans les anciens titres, avant le XIIIᵉ siècle.

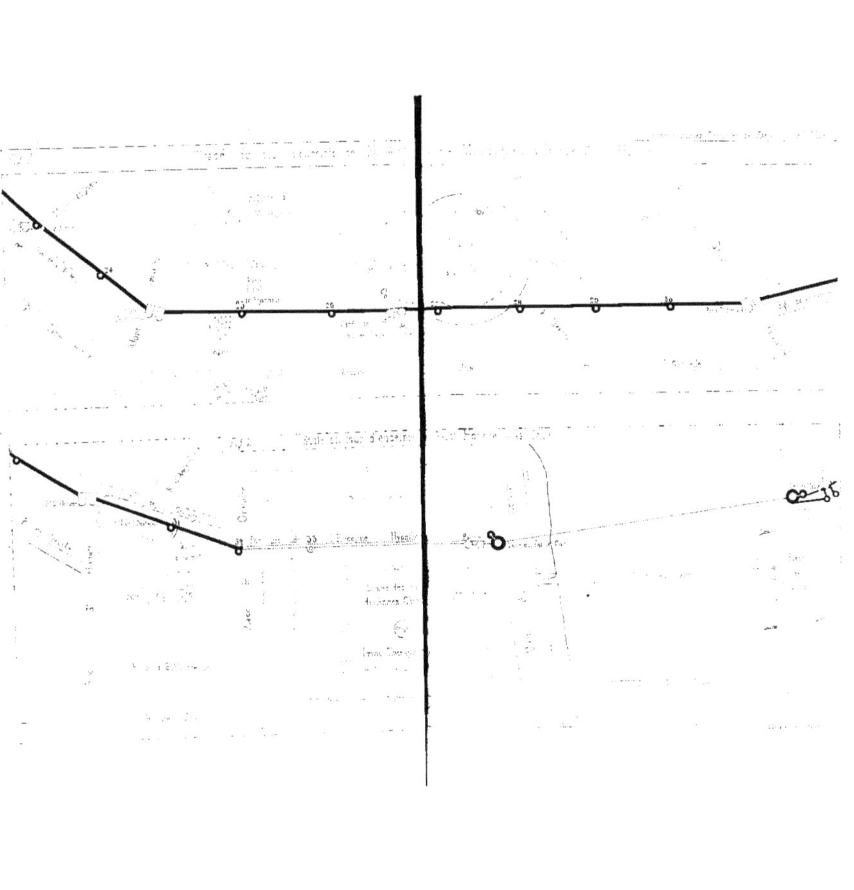

vers 1770 [1]. Il fut dressé à l'occasion de fouilles ordonnées en 1749, par la Ville, pour prouver, contre l'archevêque de Paris, que, de ce côté, le mur de Ph. Auguste était accompagné d'un fossé et de chemins de ronde. Les fouilles furent faites sous la direction de l'architecte Joubert, le 7 août de cette année [2].

Ce plan ne prouve nullement l'existence d'un fossé, mais il est précieux pour nous en ce qu'il constate à peu près l'emplacement du mur d'enceinte et des tours qui le fortifiaient. Les portions du gros mur et les tournelles qui se voyaient encore au-dessus du sol, à cette époque, sont ombrées, et l'on a indiqué au pointillé tous les vestiges trouvés sous terre. Des lignes de points marquent aussi les prétendues limites du fossé et des chemins de ronde, mais cette addition au plan est purement hypothétique. J'ai extrait du texte explicatif, correspondant à des renvois, toutes les explications qui peuvent nous éclairer.

Au lieu de reproduire ce plan pour en former ma planche VIII, j'ai préféré en reporter les détails importants sur un calque de Verniquet, afin de compléter, sans changer d'échelle, mon tracé de l'enceinte de Ph. Auguste. La forme des rues et le contour des îlots de maisons étant bien plus exacts sur le plan de Verniquet que sur celui de Caqué, je n'ai pu y superposer ces détails avec une grande précision; mais, tout en les rectifiant, je me suis peu écarté des proportions de l'original.

A partir de la rue Montorgueil, le gros mur suivait une direction parallèle à l'impasse de la Bouteille, dont il s'éloignait d'environ six mètres vers le sud, la laissant en dehors. La Tynna dit que cette impasse fut *bâtie sur les fossés* de l'enceinte : c'est une erreur à laquelle l'a conduit peut-être l'examen du plan de Caqué; elle peut tout au plus passer pour un reste du chemin de ronde extérieur.

La tour 24 se trouvait enclavée, vers 1750, dans l'étroite propriété d'un sieur Le Maire. Elle était, dit le texte explicatif, *couverte en terrasse*. Le plan de Braun l'indique, mais elle manque sur celui de Du Cerceau. Dheulland, qui copia ce dernier plan en 1756, crut devoir ajouter cette tour, puisqu'elle existait encore.

A l'endroit où le gros mur aboutissait rue Montmartre, on plaça sur son profil une inscription tout à fait semblable à celle que j'ai remarquée en 1840, rue Montorgueil. On la voyait, selon le texte du plan de Caqué, à côté de la maison d'un sieur Galpin, rue Montmartre.

La porte Montmartre s'appelait aussi : S. Eustache. Elle dut être, dès l'origine, fortifiée de deux grosses tours, car elle protégeait un quartier important.

---

[1] Il est parlé de ce plan dans un *Mémoire pour M. l'archevêque de Paris*; Paris, imprimé par Cl. Simon, imprimeur de l'archevêque, 1779, in-4° (p. 124).

[2] Il paraît qu'on fit de nouvelles fouilles en 1755 (Voy. ci-après, page 100).

On lit dans La Tynna : « La première porte Montmartre... était placée (rue de « ce nom) en face des n°s 15 et 32. On voit encore (1816) que la porte de la « maison du n° 32 a été construite des débris de cette ancienne porte, et la troi- « sième cour de cette même maison offre une muraille faite en partie avec les « murs de l'ancienne enceinte de Paris. » J'ai visité en 1840 cette maison; elle portait toujours le n° 32; le mur mitoyen qui la séparait du n° 30 m'a paru être celui même de Ph. Auguste, cependant je n'oserais l'affirmer.

Passons à la tour 25. Le plan de Caqué n'en offre qu'une portion en forme de demi-cercle, et en parle ainsi aux renvois : « Ancienne tour démolie, dont l'em- « placement se trouve dans la maison du sieur Dupin, rue Plastrière, joignant par « le côté les Filles S^e Agnès, et par derrière, le Petit hôtel de Royaumont, rue du « Jour, dont et du tout est fait mention dans un compte de la Ville de l'année 1573.» Le mur d'enceinte auquel elle adhérait était déjà détruit dans toute son épaisseur; aussi ne figure-t-il sur le plan qu'au pointillé.

La tour 26 appartenait, vers 1750, à un sieur S. Gilles, dont la propriété, contiguë à l'hôtel de Laval, avait son entrée rue Plâtrière. Elle tenait à une portion du gros mur d'environ douze pieds de longueur. La Tynna dit, à l'article de la rue Plâtrière (aujourd'hui J.-J.-Rousseau) : « Au n° 12, au fond du jardin, à droite, « on voit encore les restes d'une tour des murs de l'enceinte de Ph. Auguste; « elle est élevée de vingt-quatre pieds environ. »

Il en existait encore, en 1839, un fragment que j'ai aperçu d'une fenêtre de la maison n° 9, rue du Jour. J'ai été l'examiner aussi, au fond du jardin d'une mai- son (aujourd'hui reconstruite), rue Coquillière, 2; c'était l'ancien hôtel de Laval. Ce débris était reconnaissable à sa forme cintrée, du côté de la rue J.-J.-Rous- seau. Le propriétaire du n° 12 de cette rue m'assura qu'en 1836 il en restait environ la moitié. Aujourd'hui (1852) on n'en voit plus le moindre vestige.

Sauval (t. I, p. 32) avance que, de son temps, le gros mur subsistait dans la plupart des maisons entre les rues du Jour et Plâtrière. « En 1656, ajoute-t-il. « M. Heron a fait ruiner les restes que j'avois *vu* l'année d'auparavant dans la mai- « son qu'il a (rue du Jour), parce qu'ils occupoient trop de place. »

La ligne du mur d'enceinte, entre les rues Montmartre et Coquillière, paraît, sur le plan de Robert de Vaugondy, plus rapprochée de la rue Plâtrière que de celle du Jour; c'est le contraire sur le plan de Caqué, et c'est à ce dernier qu'on doit, sans hésiter, accorder la préférence. En 1839, j'ai cru reconnaître une partie du gros mur, auquel étaient adossés des hangars, au fond de la maison n° 31, rue du Jour, maison occupée par un roulage. Je me serai trompé, sans doute, puisque le plan des fouilles n'en indique, de ce côté, la trace qu'au pointillé, et j'aurai vu simplement une muraille formée de ses matériaux. J'ai remarqué que les propriétés de la rue du Jour avaient moins de profondeur que celles de la rue J.-J.-Rousseau, ce qui prouve bien l'erreur de Robert de Vaugondy.

La porte Coquillière ou *au Coquillier*, dite aussi de *Bahaigne* (c'est-à-dire *Bohême*), d'un ancien hôtel voisin, était contemporaine de Ph. Auguste, et flanquée de deux grosses tours. Au pied de celle voisine de l'hôtel de Laval, on exhuma (en 1657, selon Dulaure) dans le jardin de M. Berrier, qui devint celui de l'hôtel de Laval, une tête antique couronnée de créneaux; c'était un buste de Cybèle, selon Caylus (*Antiquités*, t. II).

Voici quelques extraits d'anciens comptes relatifs au passage de l'enceinte, entre les rues Montmartre et Coquillière :

Permission donnée en 1565, moyennant cinq sols tournois par an, à Jeanne Perron « de faire édiffier , bastir et mettre des poultres sur chacun des anciens « murs de la Ville estant au derrière d'une maison, scize en la rue Plastrière» (Bouquet, *Mémoire*, p. 225). — « Bail fait à Demoiselle Jeanne Sanguin , de la « place où étoit *l'ancien fossé*, entre le grand mur ancien et les maisons de « laditte Demoiselle, rue Plastrière, etc. Janv. 1574» (*id.* p. 248).—«*Bail à tou-* « *jours* à Jean du Tremblay, demeurant rue de la Plastrière, d'une place... des « anciens murs, y compris la *demie rondeur* d'une tour ès anciens murs, à prendre « ès *fossez*, au derrière de sa maison, etc., avril, 1574» (*ibid*). — «Reçu de l'abbé « de Royaulmont [1]... pour le *danger* et *allées* des antiens murs, d'une vieille « Tournelle sans couverture, en l'espace de dix thoises de long... entre la porte « *Coquilliard* et celle de Montmartre, en la rue Jehan-le-Mire... (rue du Jour), « nov. 1598 » (*id.*, p. 206).—«Une tour... assize près la rue du Séjour (du Jour), « et aussi près *l'allée* qui est *sur l'espoisseur* du gros mur tenant à laditte tour qui « se pourchasse le long des deux murs des deux voisins, etc., 1608» (*id.*, p. 206).

Entre les rues Coquillière et S. Honoré, tous les plans du XVIe siècle indiquent une seule tour (celle 28 ou 29) assez rapprochée de cette dernière rue, et attenante au mur du couvent des *Filles Repenties*. Il devait en exister, dans l'origine, au moins trois dans cet espace qui est de 143 toises, selon Caqué, et de 141, selon Verniquet. Le plan de Caqué en offre deux seulement. La première, figurée au pointillé, parce qu'on n'en retrouva que les fondements, est distante de cinquante-cinq toises de la rue Coquillière. La seconde, placée au delà, et tout près de la rue des Deux-Écus, est ombrée, parce qu'elle existait encore. Elle était accompagnée de deux portions du gros mur. Enfin, près de la rue S. Honoré, on

---

[1] Il s'agit ici du Petit-hôtel de Royaumont, borné au nord-ouest par le gros mur et la tour 25. Je n'ai pu trouver nulle part l'explication de ce mot *danger* ou *dangier des anciens murs*, mot qu'on rencontre souvent dans les anciens comptes de la Ville, cités par Bouquet.

voit un tronçon du mur d'enceinte, d'environ une toise et demie de long, dans la boutique d'un sieur Le Preux, vis-à-vis de l'Oratoire.

Le texte des renvois explique qu'on trouva les fondements de la tour 28 dans les fouilles faites, en 1753, à l'hôtel de Soissons, suivant procès-verbal en exécution de l'arrêt du Conseil du 24 déc. 1742.

Si la place de la tour 28 est précise sur le plan qui nous guide, il dut certainement en exister une autre entre celle-ci et la rue Coquillière. Quant à la tour voisine de la rue des Deux-Écus (celle 29), sa situation doit être exacte, car il était très-aisé de la constater. Elle était engagée (selon le texte explicatif) dans une portion du mur de la ville, d'environ deux toises de long; sa partie la plus considérable dépendait de la propriété du sieur Boivin, rue des Deux-Écus, et l'autre, de celle du sieur Mouton, rue d'Orléans.

Pour prendre un parti, j'ai supposé les deux tours (28 et 29) bien placées sur le plan de Caqué, et je les ai reportées sur ma planche VIII; mais j'en ai intercalé deux autres, celles 27 et 30. On trouvera peut-être les trois dernières un peu trop serrées, par rapport à d'autres points de l'enceinte. On peut répondre à cette objection, que Ph. Auguste, en considération de la proximité du château royal du Louvre, fit fortifier avec plus de soin cette partie de la clôture.

Si je m'étais borné à garnir ce long espace des deux tournelles tracées sur le plan des fouilles, cette disposition n'eût pas été vraisemblable. Je ne pouvais, d'autre part, en placer trois, sans modifier ce dernier plan fondé sur un procès-verbal. J'ai donc été forcé, en quelque sorte, pour arriver à la vraisemblance, de flanquer le gros mur de quatre tournelles, dont trois étaient déjà abattues au XVI° siècle, à s'en rapporter aux plans contemporains.

Entre les rues Coquillière et des Deux-Écus, existait, au XIII° siècle, près de la tour 27, un hôtel de Nesle, dit plus tard : de *Bahaigne* ou *Bohême*, qui passa aux ducs d'Orléans, et, près de la tour 28, étaient les logis et jardin du Maître des Arbalétriers, occupant le terrain où fut bâtie, vers 1500, l'église des Filles-Repenties. (Voy. *Mélanges d'Histoire*, de Terrasson, page 44 à 71.)

La porte S. Honoré a pu, dès l'origine (vers 1204), porter ce nom, ainsi que la rue où elle fut construite, puisque l'église dédiée à ce saint fut fondée presque en même temps que la clôture du nord. Elle s'appela aussi *Porte-aux-Aveugles*, après l'établissement des Quinze-Vingts, vers 1260. Il est hors de doute que la rue S. Honoré était, au XIII° siècle, moins spacieuse à cet endroit qu'aujourd'hui; c'est pourquoi la porte, sur mon plan, n'en occupe pas toute la largeur.

Le gros mur, à partir de la porte S. Honoré, quittait sa direction parallèle à la rue de Grenelle, faisait une légère inflexion vers le sud-ouest, et traversait de biais l'emplacement de l'église de l'Oratoire. Ce mur, sur le plan de R. de Vaugondy, longe le côté occidental de cette église; c'est une erreur. De Vaugondy nous apprend qu'on trouva des restes de la porte, en fondant (vers 1745) l'extrémité occidentale du portail; il devait en conclure que le mur d'enceinte passait à quelques toises plus loin, vers l'est. Sa direction générale, indiquée précédemment, ne laisse aucun doute à cet égard.

La tour 31 figure sur le plan de Braun [1]. Elle fut peut-être abattue lorsqu'on commença, vers 1621, le chœur de l'église de l'Oratoire, sur l'emplacement d'un ancien hôtel d'Estrées; mais sa disparition pourrait être attribuée à une époque antérieure.

La tour suivante (32) est signalée par la plupart des historiographes parisiens. Elle faisait face à la rue de Beauvais, rue détruite en 1784, pour former la place de l'Oratoire, qui longe la façade septentrionale du Louvre. « On la voit encore, dit R. de Vaugondy, lorsque l'on est sous la porte du pavillon du Louvre. » Ce renseignement est bien vague, et ce géographe eût beaucoup mieux fait de tracer la tour sur son plan. Le texte du plan de Caqué la désigne ainsi: « portion du gros « mur de ville du côté du Vieux-Louvre, d'environ sept toises de longueur, avec « une *tour entière* couverte de thuilles, dans la maison occupée par la dame De « Bauve, cul de sac du Cocq. »

La lettre de M. De Parcieux, insérée dans le *Mercure* de février 1760, en fait aussi mention. Le plan de Gomboust ne l'indique pas, mais on la voit sur plusieurs plans du XVIIIe siècle, notamment sur celui de Louis Bretez, 1739 [2].

On lit dans Sauval (t. III, p. 627), que Gilles de Goui, sergent à cheval au Chastelet, possédait à vie en 1573, près du Louvre, une petite maison, avec *la tour* nommée : *Jean de Lestang*. Le même en reparle encore, page 658. Je pense que c'est à la tour 32 que se rapporte cet extrait de comptes.

Enfin, nous lisons dans le *Mémoire* de Bouquet, p. 202 : « permission faicte à « Me Helye Derdeau... de pouvoir ayder et desmolir... pour la commodité de sa « maison, scise rue Richebourg, dite du Cocq, certaine portion de l'ancien « Mur de la Ville, contenant 13 ou 14 thoises de long ou environ, passant le long « de l'héritage d'icelle et de ses voisins, avec une vieille et antienne *Tour*, tous « joignant ledit mur, ou bien édiffier sur iceluy, etc.., 1608. »

Il ne reste plus de traces de la tour 32, sinon peut-être sous le sol de la place

---

[1] Le plan de Du Cerceau et ses copies l'indiquent également, ainsi que la suivante. Mais ces deux tours n'y sont pas à leurs places réelles, puisque le gros mur qu'elles flanquent paraît border la rue de l'*Autruche* (aujourd'hui : de l'Oratoire). Cette méprise vient de ce que, sur ces plans, la direction des rues est très-inexacte. Celui de Braun est de tous le moins imparfait.

[2] Sur le plan manuscrit de Desgodetz, 1694 (voir mes *Etudes sur les plans*, p. 240), cette tour n'est pas tracée, mais la propriété où elle se trouvait se nomme *vieil hostel de Grammont*.

de l'Oratoire ; mais les murailles de l'ancien hôtel *d'Angiviller,* bordant, d'une
part, la susdite place, et, de l'autre, la rue qui porte le nom de cet hôtel, paraissent construites avec les pierres de revêtement du mur d'enceinte.

Notons que, sur le plan de Caqué, la tour 32, sise dans la maison de la dame
De Bauve, tient à une portion du gros mur, lequel, un peu plus loin, fait une déviation vers le sud. J'ai placé la tour à l'angle même formé par cette déviation ;
il est fort vraisemblable que telle était sa véritable position.

Sur les plans du XVIᵉ siècle, l'enceinte se termine là ; mais sur celui de
Mathieu Mérian (1615) elle continue au delà de la rue de Beauvais, et paraît s'arrêter près de l'une des trois grosses tours qui fortifient le côté septentrional du
Louvre. Dans cet espace le gros mur crénelé limite un jardin situé au nord de
ce palais, et sépare ce jardin de la rue de *l'Autruche,* dite aujourd'hui : de l'Oratoire, laquelle se prolongeait jusqu'au quai. Le mur est flanqué de deux tours
très-rapprochées, mais pas assez pourtant pour être regardées comme la fortification d'une porte.

La position de ces deux tours voisines ne s'explique pas ; elle est probablement
inexacte. L'une d'elles représente peut-être la tour 32, mal indiquée, puisqu'elle
ne fait pas face à la rue de Beauvais. Quant à la seconde, je l'ai admise sur mon
plan, et numérotée 33, car son existence n'est pas invraisemblable.

Entre la rue S. Honoré et le Louvre, on voit trois tours sur le dessin de la Tapisserie, par Gaignières ; mais sur la grande gouache de l'Hôtel-de-Ville, on
n'en compte que deux.

Là s'arrêtent les renseignements. Le mur d'enceinte se prolongeait-il jusqu'à la
Seine, parallèlement au fossé du Louvre, ou venait-il aboutir contre une des
hautes tours de ce château ? C'est un point que je n'ai pu éclaircir. J'ai tracé,
par hypothèse, la suite du gros mur qui, traversant le Louvre moderne, beaucoup plus vaste que l'ancien ¹, se relie à une tour correspondant à celle de Nesle.
Au temps de Ph. Auguste, il devait joindre directement cette tour, à moins d'admettre que le château du Louvre servait d'intermédiaire.

La grosse tour, sise au bord de l'eau, et faisant à peu près face à celle de
Nesle, s'appelait *Tour du Louvre,* parce qu'elle était contiguë à ce château, et
aussi (comme celle de *Barbeel-sur-l'yeaue) Tour qui fait le coin.* Dulaure critique
Sauval et ses copistes pour l'avoir nommée *Tour du Bois,* nom donné plus spécialement à une autre tour élevée plus loin, vers l'ouest, sous Charles V ; mais il
est possible qu'elle ait, en effet, porté ce nom, puisqu'elle était voisine d'un château, dit *du Bois* ou plutôt *de Bois.*

¹ J'indique sur ma planche, d'après le plan de Quesnel et M. de Clarac, le tracé du vieux château
du Louvre, par rapport au Louvre moderne ; mais je n'oserais en garantir la précision.

Bouquet (*Mémoire*, p. 170) cite des Lettres-patentes d'avril 1420, où il est dit
que : « pour ce que le *Chastel de bois* qui étoit lez le Louvre estoit moult préjudi-
« ciable à la *Forteresse* de laditte Ville, parceque les habitans d'icelle n'eussent pu
« aller jusques à la Tour de la dicte Ville, *qui fait le coing* qui est sur la rivière,
« devant et à l'opposite de Neelle, etc. », permission est accordée au Prévôt de
faire abattre le « Chastel de bois et emplir des *fossez* qui sont devers et dedans la
« ville, afin que l'on puisse aller plainement jusques à ladicte Tour... pour icelle
« garder et deffendre, etc. »

Cette expression : *tour qui fait le coin* n'est pas précisément, à mon avis, le
nom particulier de la tour, mais désigne sa position. Robert de Vaugondy ne lui
donne aucun nom : c'est un moyen sûr d'éviter les méprises ; mais ce système
n'est pas à imiter. On pourrait supposer, sans invraisemblance, qu'elle s'est, en
effet, appelée *Tour de Bois*, à cause du château voisin [1], et que, plus tard (après
sa démolition partielle), la grosse tour, servant de tête d'enceinte à la clôture de
Charles V, hérita de son nom, qu'elle porta conjointement avec celui de *Tour
Neuve*.

Quelques mots encore sur la tour *qui fait le coin*. Elle figure avec majesté sur
tous les plans du XVIe siècle, et paraît en tout semblable à celle de Nesle. Elle n'est,
je crois, bien tracée que sur le plan de Braun, où elle se trouve placée sur la ligne
prolongée du gros mur, qui primitivement devait y aboutir. Sur les plans de Du
Cerceau, Belleforest et autres, elle est trop rapprochée du côté de l'occident. Sauval nous apprend qu'elle tenait à une basse cour du Louvre et à la rue *d'Osteriche*,
ou *de l'Autruche*. Un fait certain c'est que, sans dépendre du Louvre, elle en
était très-voisine.

Sous Charles V, quand on forma un quai devant ce château royal, on ouvrit
dans le mur contigu à cette tour une porte qui probablement se nomma : *du
Louvre*. Un compte de la fin du XIVe siècle, cité par Bouquet, (*Mémoire* p. 185),
est relatif à cette porte : « Marin Messot, Molleur de Busche, pour la vieille porte
« estant ès anciens murs de la Ville, près de l'Arche de Bourbon et du Louvre,
« avec une autre tour ronde estant sur la rivière de Seine, à l'opposite de la tour
« de Neelle... »

La tour qui-fait-le-coin fut abattue, selon Sauval, en 1531 ; c'est probablement
une erreur, puisqu'elle apparaît encore entière sur le plan de Belleforest, 1575.
Le rez-de-chaussée subsista longtemps sur le quai, incorporé aux murs qui bor-

[1] Quelques historiens ont même semblé croire que le Louvre tout entier s'est nommé *Chastel-de-
Bois* ; ils sont, je crois, dans l'erreur. Je reparlerai de ce château de Bois, au sujet de l'enceinte de
Charles V. Du Breul (p. 1089) le nomme, je crois, à tort, Chastel *du* Bois.

naient le jardin, dit : de l'Infante. On la voit figurer en cet état sur plusieurs plans du XVIIe siècle, et sur des estampes d'Isr. Silvestre, de La Belle, La Marquade et autres. Le texte du plan de J. Gomboust (1652) en parle ainsi : « De la tour « qui estoit vis à vis la tour de Nesle, il reste encore 20 pieds de hauteur. » Elle paraît, en effet, avoir cette élévation sur les nombreuses estampes qui la représentent, et servir de terrasse à un jardin. Sur le dessin de Desgodetz (cité dans la note de la page 101), le plan de cette tour est tracé presque vis-à-vis l'entrée méridionale du Louvre, un peu à l'est.

Le mur d'enceinte, de ce côté de Paris, était si proche du Louvre qu'il en devait border le fossé. Il est donc à présumer que le même fossé servait à fortifier, à la fois, et le château et la clôture de la ville. Il pouvait même se prolonger jusque dans le voisinage de la rue S. Honoré, et se trouver, presque en tout temps, rempli d'eau conservée, au moyen de vannes ou d'écluses, à la suite des débordements de la Seine. C'est peut-être même la tour *qui fait le coin* que d'anciens actes nomment : *la tour de l'Écluse du Louvre*. Je n'oserais l'affirmer, car la tour bâtie plus loin vers l'ouest, sous Charles V, a porté ce même nom. C'est, du reste, une question que j'essayerai d'éclaircir plus tard.

XIII. — Observations générales sur la clôture septentrionale de Ph. Auguste.

(Voyez planche IX le tracé de l'ensemble de cette clôture [1].)

Une partie de mes remarques au sujet de la rive gauche (ch. VIII) peut s'appliquer à l'autre rive. Je commencerai par poser une question qui paraîtra peut-être assez singulière. *L'enceinte septentrionale* (que je viens de décrire) *est-elle réellement l'œuvre de Ph. Auguste ?* Si l'on admettait sans contestations la pièce citée par Bonamy (voy. p. 65), où il est dit que : les tournelles de la clôture méridionale de Ph. Auguste auront l'épaisseur du *vieux mur* qui est sur la rive droite (de spissitudine *veteris muri* ex parte Magni pontis), on serait tenté de croire que le gros mur du Nord aurait été bâti antérieurement à ce roi, puisqu'on lui donne, de son temps, l'épithète de *vieux*.

Ce devis a inspiré à Du Plessis (*Annales*, p. 70) les réflexions suivantes : « Tous « nos historiens modernes affirment sans hésiter que cette enceinte septen-« trionale a été construite sous le règne de Ph. Auguste, en même temps que « celle du midi ; mais où en est donc la preuve ? »

[1] La planche IX se trouve annexée au chap. xiv, qui traite de la clôture de Charles VI.

Cette objection perd toute sa force devant les récits bien positifs de Rigord et de Guillaume le Breton. L'authenticité du texte et des dates de ces deux chroniqueurs n'a jamais, à ma connaissance, été mise en doute, tandis que la pièce que cite Bonamy, étant sans date et sans signature, est dépourvue de tout caractère authentique. Elle est tirée, assure-t-il, d'un registre de Ph. Auguste, conservé au Trésor des Chartes. Or, sur les anciens registres on trouve souvent du texte ajouté ou des feuillets intercalés à une époque ultérieure. Cette note concernait peut-être un projet de reconstruction de l'enceinte de la rive gauche, projet conçu, par exemple, vers 1356, et presque aussitôt abandonné.

Mais accordons que le devis est bien du temps de Ph. Auguste ; toute la question roulera sur le mot *veteris*, qui pourrait bien avoir été mal déchiffré par Bonamy. Si le devis se retrouvait, peut-être lirait-on *alterius*, ou tout autre mot. Une lettre déformée ou effacée, un signe oublié peut induire en erreur. Ensuite, le rédacteur de cette pièce n'aurait-il point, par distraction, écrit *veteris* au lieu de *novi?* Les méprises qui forment contradiction complète avec ce qu'on veut dire ne sont pas les plus rares. Mais, supposons qu'il n'y ait erreur de la part de personne : de ce qu'on cite un vieux mur comme point de comparaison, s'ensuit-il qu'il n'existait pas, au nord de la ville, un nouveau mur d'enceinte, élevé lui-même sur la mesure de cet autre mur plus ancien qu'on prend une seconde fois pour modèle? En un mot, qui empêche d'admettre, sur la rive droite, l'existence simultanée d'une muraille neuve élevée en 1190, et d'une autre bâtie depuis plusieurs siècles, et dont Ph. Auguste voulait qu'on imitât la construction?

Si Du Plessis eût entrepris de fonder sur ce seul mot un système, et de le développer, il eût été, je crois, fort embarrassé de détruire les objections qu'on lui eût opposées. Quelle date eût-il assignée à ce vieux mur censé à la place de celui que nous attribuons à Ph. Auguste? Elle n'aurait pu être antérieure à l'an 980, puisqu'il cite lui-même une charte de cette année, où il est question de la chapelle S. Georges, sise « *in suburbio non procul à mœnibus.* » Si le vieux mur dont parle le devis occupait en réalité l'emplacement de celui attribué à Ph. Auguste, la charte n'eût point dit que cette chapelle était située dans le faubourg (in suburbio), mais dans la ville.

Du Plessis aurait sans doute supposé ce mur construit après 980 ; mais à quelle époque? Si Louis le Gros l'eût fait élever, l'abbé Suger, son ministre, qui lui survécut, n'aurait pas oublié de signaler ce fait dans ses écrits. Serait-ce enfin Louis le Jeune, le prédécesseur de Ph. Auguste? Nul historien n'en parle ; et d'ailleurs ce mur eût été encore à peu près neuf vers l'an 1200.

L'abbé Lebeuf (*Dissert.*, tom. I), à propos d'une clôture septentrionale antérieure à Ph. Auguste, admet que « tout ce qui en fut conservé fut l'alignement

14

sur lequel on assit les murs qu'on refit par la suite. » C'est donner à entendre clairement que Ph. Auguste établit son enceinte sur les traces d'une autre plus ancienne, opinion qu'il est impossible de soutenir. Un historien du temps dit au contraire « maximam terræ amplitudinem intrà murorum ambitum concludens. » Cette expression indique évidemment qu'il s'agissait d'une clôture nouvelle.

Il est à remarquer que les anciennes chroniques font plus souvent mention de la clôture du midi que de celle du nord, parce que peu de faits remarquables de notre histoire se rattachent à celle-ci. A l'époque de la captivité du roi Jean (1356), une nouvelle enceinte, formée rapidement autour des faubourgs septentrionaux, rendit celle de 1190 à peu près inutile. Incapable, malgré ses fortes tours, et l'épaisseur de son mur, de protéger la capitale, étouffée, pour ainsi dire, au milieu de faubourgs riches et populeux, cette dernière ne pouvait être d'un grand secours. Ce fut plus loin au nord, près de la nouvelle fortification, que se passèrent les événements les plus importants, tels que, assauts, entrées triomphales, ou obsèques de nos rois. On peut même conjecturer que, dès le temps de Charles VI, le mur de Ph. Auguste était déjà masqué, dans les quartiers du centre, par les maisons des rues ambiantes.

Sauval prétend que l'enceinte du nord était plus solidement bâtie que celle du sud. Le fait est que les rares échantillons qui ont survécu à sa ruine offrent l'apparence d'une construction plus homogène, différence qui tient sans doute à ce qu'elle servit moins longtemps à la défense de la ville que le gros mur du midi, et ne fut pas, comme ce dernier, modifiée ni remaniée à diverses reprises. On n'eut jamais l'idée de la rendre apte à recevoir de l'artillerie, au temps où cet instrument de guerre commença à jouer un rôle, parce qu'à cette époque Charles V établit plus loin une autre clôture plus convenablement fortifiée par rapport à cette invention nouvelle.

L'enceinte de la rive droite paraît avoir été flanquée, proportionnément, d'un moindre nombre de tournelles murales que celle de l'autre rive, surtout vers sa partie orientale, comme je l'ai déjà fait observer page 80. Nous en avons compté au plus trente-trois, non compris les tours des portes, bien que l'arc de ceinture fût un peu plus étendu de ce côté de Paris que du côté de l'Université.

Je n'ai trouvé, pour tracer cette suite de tours, que quelques plans particuliers, et j'ai dû m'appuyer sur les plans généraux, dessinés, au XVIe siècle, avec peu de précision. Les seuls plans qui m'aient aidé sérieusement à dresser la ligne de cette enceinte sont : celui de Verniquet pour la première portion de l'arc, et, pour le reste, celui des fouilles faites en 1749 et 1753.

Quoi qu'il en soit, dans les endroits où mon dessin est nécessairement hypothétique, je ne crois pas m'être trop écarté de la vérité, surtout pour la direction générale du gros mur, dont je signale çà et là quelques portions encore debout, qui ont pu me servir de jalons.

Quant aux tournelles, on a vu que leurs formes et leurs dimensions rappellent tout à fait celles des tours murales de l'enceinte du midi, toutes les fois qu'on les rencontre, soit en nature, soit tracées sur des plans d'architectes bien détaillés. Elles sont toujours cylindriques, et engagées d'environ un tiers de leur circonférence dans le gros mur, de manière à ne pas déborder le niveau de son parement, du côté de la ville.

Avant l'année 1535, époque où François Ier fit démolir, sur la rive droite, les dernières portes de Ph. Auguste (nommées alors *fausses portes* ou *premières portes*, par rapport à celles de Charles V, plus éloignées du centre), le mur d'enceinte, dans presque toute son étendue, avait été conservé à peu près intact. Les propriétaires riverains qui en avaient la jouissance étaient toujours obligés, pour le percer, ou pour y appuyer des constructions, de se munir d'une permission du roi ou du prévôt; mais ils n'en obtenaient pas aisément pour le démolir, ce qui prouve qu'on attachait encore une certaine importance à sa conservation.

Ce long cours de murailles qui traversait des quartiers populeux, s'élevant, au milieu des îlots de maisons, à la hauteur d'un second étage, ne manquait pas d'un certain pittoresque. Plus tard, la Ville vendit successivement, et en toute propriété, son vieux mur d'enceinte qui dès lors fut tantôt démoli jusqu'au niveau du sol, tantôt seulement aminci, creusé çà et là, incorporé à des bâtiments, ou encore, converti en terrasses, qui supportaient des jardinets aériens. Les habitants des rues obscures et sans air, comme celle Bourg-l'Abbé, devaient apercevoir avec délices la plate-forme du mur couronnée de groupes de verdures, et de bosquets fleuris suspendus au-dessus des cours voisines; mais, par la suite, le besoin d'utiliser l'espace, dans les quartiers où il avait une haute valeur, contraignit les propriétaires de renoncer à ce luxe de végétation.

Nous avons vu que les anciens comptes mentionnent, sur divers points, à l'extérieur du mur, de longs espaces vides qui servaient de jeux de paume et autres, de jardins publics, ou de lieux pour le tir de l'arbalète. On doit les regarder nécessairement, puisqu'ils appartenaient à la Ville, comme des restes des chemins de ronde extérieurs établis sous Ph. Auguste.

Il est très-probable que les maisons bâties au delà du mur, du côté de la campagne, en étaient séparées, dans l'origine, par un espace plus ou moins large. En tout cas, s'il existait des maisons joignant le mur à l'extérieur, elles devaient être plus basses que sa plate-forme, et sujettes naturellement à être abattues en temps de guerre, puisqu'elles étaient placées, comme on dirait aujourd'hui, dans une *zone militaire* [1].

Quand Charles V eut élevé une nouvelle clôture plus étendue, le terrain qu'occupait au dehors le chemin de ronde fut affermé ou même vendu comme inutile, sauf certaines parties que conserva la Ville aux abords des principales portes, et ce sont ces portions réservées qu'on nomme, dans les anciens titres, *allées basses*, par rapport aux *allées haultes dessus le mur*, expression qui désigne le chemin de ronde de la plate-forme.

Quant à un chemin de ronde intérieur, je doute qu'il en ait existé de ce côté de Paris, sinon en certains endroits, car *l'allée haute* en tenait lieu.

A l'époque où le gros mur de la rive gauche fut disposé pour recevoir de l'artillerie, il fallut bien pratiquer un chemin de ronde à l'intérieur, afin de placer des canons derrière le mur ; mais sur la rive droite, où fut établie une nouvelle enceinte garnie de bastides, le mur de Ph. Auguste n'était plus bon qu'à arrêter, je suppose, les progrès d'une insurrection dans les faubourgs. Aussi, dès le règne de Charles V, la Ville aura commencé à vendre les terrains vides qu'elle pouvait posséder à l'intérieur.

A partir de 1540, et surtout à la fin du XVIe siècle, on fut tellement convaincu de l'inutilité du mur septentrional, qu'on l'abattit en partie ou qu'on le vendit à des particuliers, ainsi que les chemins de ronde, sauf quelques portions de ces chemins que la ville a conservées jusqu'à nos jours.

Il est à remarquer que, bien que le terrain sur lequel fut élevé ce mur passât pour avoir été acheté aux frais du roi, la ville de Paris en fut toujours propriétaire ; l'expression *les murs du Roy* ne fut donc qu'une vaine formule.

J'ai essayé de donner une idée de la physionomie de l'enceinte septentrionale de Ph. Auguste au temps de François Ier ; mais si l'on se reportait à la date de 1200, époque où elle était depuis peu achevée, on aurait un tout autre spectacle ; on verrait ce long chapelet de tours cylindriques reliées par un mur imposant et couronné de créneaux, se dérouler sur un vaste espace, saillir au milieu des champs cultivés et se resserrer aux environs des portes, contre lesquelles se pressaient au dehors des groupes de maisons basses servant de cabarets ou d'hôtelleries. Puis tout à coup la ligne, formant un brusque coude ou une courbure presque insensible, changeait de direction et allait aboutir au rivage de la Seine, où elle ren-

---

[1] Sous Louis XIV, cette condition était encore en vigueur pour le mur de la rive gauche. Une ordonnance de ce roi enjoint à ceux qui construiront des maisons sur le fossé S. Victor, de les bâtir de manière que le toit soit moins élevé que le mur, quoiqu'à cette époque la fortification de Ph. Auguste parût bien inutile.

contrait de hautes et fortes tours placées là comme des sentinelles avancées pour surveiller le cours du fleuve.

Du haut de la plate-forme pittoresque de cette terrasse ondulée par le ressaut des tournelles, l'œil embrassait un magnifique panorama ; ici, de vastes plaines offrant sans doute quelques débris du vieil aqueduc de Chaillot ; là, le flanc escarpé de Montmartre, couvert de vignes, surmonté de l'église S. Pierre et des ruines d'un temple antique ; plus loin, vers l'est, la butte de Chaumont, que couronnait l'ancien bourg de Savie. Au pied de ces collines, à travers les prairies, serpentait un ruisseau (qui devint le Grand-égout) descendu de Ménil-Montant ; ses bords étaient ombragés de vertes *saussayes*, et formaient çà et là les limites de diverses fermes dont les noms sont, pour la plupart, tombés dans l'oubli.

A travers l'échappée ouverte entre les deux montagnes, apparaissaient les lointaines collines de Montmorency, boisées, parsemées de *mesnils*, et formant un fond de verdure au clocher de style roman de l'abbaye de S. Denis. Un seul point devait attrister le regard des Parisiens, c'étaient les fourches patibulaires déjà établies à Mont-Faucon ; poutres sinistres d'où se balançaient, en toute saison, des cadavres déchiquetés ; monticule infect qui faisait fuir au loin les habitations, et affluer des nuées de corbeaux.

Sous le règne de S. Louis, la physionomie de l'enceinte du nord commença à subir bien des modifications ; la face intérieure du mur servait de limites aux jardins de nombreux couvents ou de logis princiers ; le mur était déjà, au dehors, moins abordable, car on bâtissait presque à ses pieds, et peut-être même y accolait-on des maisons. Il faudrait admettre, en ce cas, qu'elles étaient bien chétives, puisqu'au moindre bruit de guerre on les eût rasées pour dégager le rempart. On trouve cependant, sous S. Louis, des rues établies tout proche du mur à l'extérieur ; un siècle plus tard, il était, pour ainsi dire, assailli par les habitations qui l'avaient *enjambé*, comme s'exprime Victor Hugo.

Quand Charles V eut élevé ses nombreuses *bastides* beaucoup plus loin, au-dessus des fossés commencés sous son prédécesseur, le mur de Ph. Auguste ne pouvait plus servir de défense qu'à la condition de démolir, comme on avait fait sur la rive gauche, d'immenses faubourgs qui en obstruaient l'abord. C'eût été un travail long et dispendieux, car les propriétés à abattre étaient autrement importantes que celles de l'Université. D'ailleurs, le nouveau système de défense, nécessité par l'invention de l'artillerie, s'accordait mal avec la construction de ce gros mur qui, la première *croûte* enlevée, n'offrait plus qu'un blocage peu consistant. Aussi se borna-t-on à le conserver, à l'enclore lui-même dans la nouvelle enceinte des faubourgs.

Le peu d'échantillons qui nous en restent, du côté de la rive droite, sont donc bien authentiquement du temps de Ph. Auguste, car il ne fut jamais percé d'embrasures, ni modifié par un nouveau système de défense, ni *probablement* accompagné d'un fossé.

J'ai dit *probablement*, parce qu'il ne m'est point possible de réfuter complétement ce qui a été produit pour prouver l'existence de ce fossé.

Il est très-vraisemblable qu'il n'en fut pas établi du temps de Ph. Auguste, puisque Rigord, qui parle des murs, des tours et des portes, n'en a fait aucune mention. Corrozet (*édit.* 1561, *fol.* 64, *verso*) dit, au hasard, que ce roi fit «clorre la ville, de gros murs, portaux, et *fossez* », et Du Breul (p. 781) exprime le même avis, sans l'étayer d'aucune preuve.

Cette erreur est excusable, vu l'époque où ces historiens écrivaient. De leur temps, on voyait tout autour de Paris les fossés commencés sous le roi Jean, et achevés sous Charles VI. Ils croyaient qu'il en avait été toujours ainsi, et admettaient, sans aller plus loin, qu'en tout temps un fossé avait dû être l'accessoire indispensable d'une ville fortifiée. Dans leur idée, celui qu'on avait nécessairement creusé près du mur septentrional de Ph. Auguste avait été comblé à une certaine époque, qu'ils ne cherchaient pas à déterminer. Le lecteur, alors crédule et peu difficile, se contentait d'assertions en l'air; mais, de nos jours, il est plus exigeant; il veut des preuves positives, émanées de sources contemporaines ; or, sur ce sujet, je ne saurais en produire aucune.

Bouquet (*Mém.*, p. 101) interprète ainsi le silence des chroniqueurs contemporains, à l'égard du fossé creusé, assure-t-il, sous Ph. Auguste : ils n'en ont pas fait mention, «soit parce que le creusement des fossés étoit une suite ordinaire « de la fortification d'une ville, soit parce qu'ils ne pouvoient imaginer que l'on « contesteroit dans la suite l'existence des fossés qu'ils pensoient devoir durer « autant de temps que la Ville même. »

Rigord, à la vérité, ainsi que Guillaume le Breton, vante la générosité de Ph. Auguste, qui *aurait pu*, s'il n'eût consulté que son droit, s'emparer, sans accorder d'indemnités, du terrain nécessaire pour établir des murs, tours et *fossés.* Mais j'ai déjà fait observer que ces deux auteurs parlent ici, en général, de toutes les villes que le roi fortifia, et que d'ailleurs, l'expression de *fossé* n'offre, dans le passage où ils l'emploient, qu'un sens conditionnel.

Est-il admissible que, postérieurement à Ph. Auguste, on ait creusé des fossés autour de la clôture septentrionale de ce roi? La plupart des historiographes parisiens ont été d'avis qu'il n'en exista jamais. Néanmoins on trouve çà et là, dans leurs livres, quelques citations qui paraissent établir l'opinion contraire, au moins pour quelques points de l'enceinte. Nul d'entre eux, au reste, n'a osé se prononcer sans quelques restrictions. « *On doute,* dit Félibien (t. I, p. 252), si on

« l'accompagna (la clôture du nord) de fossez... Quelques *chartres* des années 1279
« et 1280 *font juger* qu'il y en avoit entre les murs de la porte S. Martin et de la
« ruë du Roy de Sicile.» La Tynna, de son côté, regarde l'impasse de la Bouteille
comme bâtie sur le fossé de l'enceinte, et avance, à l'article de la rue du Petit-
Lion-S.-Sauveur, que « les arbalétriers s'exerçaient près de cette rue, le long
des murs ou *dans les fossés.* »

Quand on considère que, du côté du nord, les faubourgs ont toujours été si rap-
prochés de la ville, qu'ils y étaient soudés, pour ainsi dire, on conçoit qu'on n'aurait pu, sans d'immenses frais, les en séparer par un fossé. Il résulte, d'ailleurs, des
chroniques contemporaines du roi Jean, qu'alors on trouva plus convenable d'enclore les faubourgs dans une nouvelle enceinte, que de les isoler de la ville.

Mes lectures sur le vieux Paris m'ont toujours disposé à croire qu'il n'exista jamais de fossé le long de la clôture du nord, sinon, à une certaine époque, dans le
voisinage des tours Barbeau et du Louvre, puisqu'on cite, de ce côté, des *tours*
(celles-ci mêmes, je pense) dites *de l'écluse.*

Jean de Venette, dans un passage déjà signalé, nous représente, à l'an 1356,
les habitants de Paris creusant des fossés *autour des murailles*, du côté *occidental*
de la ville, c'est-à-dire sur la rive gauche (Voir la note page 71), et, pareillement,
autour des faubourgs, du côté *oriental*, ou sur la rive droite. Si, sur cette dernière
rive, on eût établi des fossés au pied du gros mur, il n'eût pas dit : *circà suburbia.*
C'est assez indiquer que les fossés, de ce côté de Paris, furent creusés au delà du
gros mur qui séparait la ville des faubourgs. N'eût-ce pas été folie d'en pratiquer
dans cette partie de la ville, puisqu'il eût fallu acquérir et sacrifier, dans ce but,
des propriétés d'une grande valeur? Si, d'ailleurs, dans le premier moment d'a-
gitation, causé par la nouvelle de la prise du roi Jean, on en commença une partie,
on dut bientôt abandonner l'entreprise, puisqu'il fut décidé qu'on élèverait plus
loin au nord, au delà des faubourgs, une fortification plus convenable à l'emploi
de l'artillerie. On peut donc, tout au plus, admettre qu'il y eut, sur certains points
voisins de la Seine, un commencement d'exécution. Cette hypothèse nous suffira
pour expliquer plusieurs extraits d'anciens comptes.

Probablement, si un fossé, creusé en 1356 ou avant, eût régné autour de la clôture, les noms de quelques rues (comme il est arrivé pour ceux de Charles V) en
eussent conservé le souvenir, au moins pendant un certain temps ; or, on n'a
jamais cité aucune rue dite *des Fossés* ou *de Contrescarpe*, située à proximité
du gros mur du nord. D'ailleurs, fort peu de temps après le règne de Ph. Auguste, si ce n'est même dès son vivant, on établit des rues populeuses dans le
voisinage de sa clôture, telles que la rue *Garnier S. Lazare* (dite par corruption
Grenier), la rue Plâtrière (aujourd'hui J.-J.-Rousseau), etc. Or, aucune chroni-

que, aucun acte ne nous apprend qu'on ait établi ces rues sur des portions de fossé comblé, ou sur des chemins de contrescarpe.

Quand, en 1334, Philippe de Valois permet aux Blancs-Manteaux de percer une *huisserie* dans le gros mur, pour communiquer aux maisons qu'ils possédaient de plain-pied, au delà de ce mur, il ne parle pas de fossé. Aurait-il été déjà comblé? c'est peu vraisemblable. On ne lit non plus nulle part qu'en 1356, époque où l'on fortifia la rive droite de Paris, on ait dépouillé ces religieux, comme les Cordeliers sur l'autre rive, de leurs bâtiments, pour établir un fossé.

Vers 1400, le duc de Bourgogne fit construire, près et en dehors du mur de clôture, son hôtel accompagné d'un donjon, qui subsiste encore. J'ai signalé, page 93, un curieux recueil de pièces concernant cet hôtel. On y rappelle plusieurs anciens actes, mais aucun où il soit fait mention d'un fossé.

Dans le *Journal de Paris*, sous Charles VI et VII, il n'est jamais question, en fait de fossés du côté de la rive droite, que de ceux achevés sous Charles VI, dans l'alignement de la rue du Rempart, de celle des Fossés-Montmartre et d'autres rues qui lui font suite.

Vers le milieu du dernier siècle il s'éleva, à propos du terrain de l'ancien hôtel de Soissons, sur lequel on a construit la Halle aux Blés, de vives contestations entre la Ville et l'Archevêque de Paris. Telle était la question principale : Y eut-il jamais un fossé devant le gros mur septentrional de Ph: Auguste, notamment devant la portion qui passait sur l'emplacement des jardins de l'hôtel de Soissons? L'archevêque prétendait avoir des droits de censive sur les maisons de la rue de Grenelle, comme bâties sur un terrain qui, autrefois, relevait de sa juridiction. La Ville soutenait que ces propriétés occupaient la place d'un ancien fossé comblé, et que, ce fossé lui ayant toujours appartenu, l'Archevêché n'avait aucune indemnité à réclamer, au sujet de la vente des maisons. L'avocat Terrasson soutint les droits de l'Archevêque, et essaya de prouver, dans une dissertation qui fait partie de ses *Mélanges d'Hist. et de Littérature* (in-12, 1768), qu'il n'exista jamais de fossé devant le gros mur de la rive droite.

Bouquet, historiographe de la Ville, publia en 1771 son *Mémoire hist. et critique sur la topog. de Paris*, dans lequel il prétend prouver le contraire. J'ignore, je l'avoue, quand et comment se termina le différend ; tout ce que je sais, c'est qu'après une lecture attentive des dissertations rédigées, à ce sujet, de part et d'autre [1], je n'ai vu sortir de ces divers écrits aucune preuve assez convaincante, soit dans un sens, soit dans un autre, pour entraîner pleinement ma conviction.

[1] Il existe une réfutation du *Mémoire* de Bouquet, *chez Lambert*, in-4°, 1772, et une autre dont j'ai cité le titre dans la note de la page 97. Elles sont dues peut-être au même Terrasson.

Je penche très-fort, je le répète, pour la négative, mais je conserve encore quelques doutes. Il n'est resté de tous ces livres qu'un grand nombre de citations d'anciennes chroniques, d'ordonnances et de registres, fort curieuses pour l'archéologie parisienne, et dont j'ai tiré parti.

J'ai déjà parlé, dans ma préface, à laquelle je renvoie le lecteur, du *Mémoire* de Bouquet. Cet ouvrage offre souvent des traces évidentes de mauvaise foi. L'auteur entremêle, comme à dessein, des comptes qui concernent l'enceinte septentrionale de Ph. Auguste, et où il ne s'agit pas de fossés, avec d'autres comptes relatifs, soit à la clôture de Charles V, soit à la nouvelle fortification commencée sous Henri II et Charles IX, lesquelles étaient accompagnées de fossés; de sorte qu'un lecteur peu attentif doit être dérouté. Citons un exemple : Bouquet (p. 328) produit une lettre de Cath. de Médicis, datée 1577, où il est question de son hôtel (celui de Soissons, rue de Grenelle), bâti près de l'ancien mur. Puis il cite une autre lettre de la même, mais d'une date antérieure (1567), où elle parle des « fossez de la Ville, à l'endroit de son jardin. » Si le lecteur ne distingue pas qu'il s'agit ici du jardin faisant suite au palais des Tuileries, et voisin des nouveaux fossés commencés vers cette époque, il croira qu'en effet il existait un fossé à l'extrémité de l'hôtel de la Reine, rue de Grenelle.

Bouquet a néanmoins signalé plusieurs documents que ses adversaires n'ont pas, ce me semble, complétement réfutés. Le tracé du fossé qui figure sur le plan de Caqué (dessiné après les fouilles exécutées en 1749 et 1753) peut être regardé comme purement hypothétique; mais le *Mémoire* de Bouquet offre des extraits d'anciens comptes qui paraissent avoir assez d'importance.

Pour justifier le doute que je conserve sur cette question des fossés, je terminerai ces observations sur l'enceinte septentrionale de Ph. Auguste, par l'exposé impartial des preuves les plus fortes, ou du moins les plus spécieuses, que Bouquet ait produites à l'appui de la cause qu'il soutenait. Celui que cette question intéresserait pourrait peut-être retrouver aux Archives les originaux des pièces citées par cet auteur.

1° Bouquet signale (p. 124) un arrêt du Parlement de janvier 1763, où l'on rappelle un acte par lequel Louis XIII fit don, le 28 février 1639, aux Jésuites de la rue S. Antoine « des anciens murs de la ville… ensemble du *fossé* qui avoit été creusé le long desdits murs. »

2° Lettres-patentes datées de mars 1282 (*Id.*, p. 154), où il est dit que les terres des religieux du prieuré S. Martin-des-Champs s'étendaient de la rue Frepillon aux *fossés du Roi* (à vico de *Frepillon* usque ad *fossata regalia*).

Cette épithète *regalia* semble d'abord ne pouvoir s'appliquer à d'autres fossés qu'à ceux qu'on supposerait creusés au pied du gros mur du nord; car, en 1282,

15

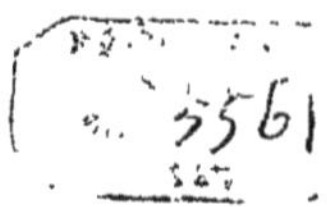

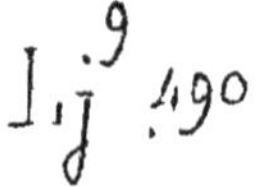

les fossés d'une nouvelle enceinte plus étendue n'existaient pas encore. Mais ne s'agirait-il pas de fossés établis dans le voisinage du prieuré S. Martin, et appelés *royaux* parce que ce monastère était de fondation royale, et même, suivant quelques historiens, aurait renfermé la demeure de l'un de nos rois?

3° Bonamy, selon le même auteur, a copié sur les Archives de l'Evêché des Lettres-patentes (en français) de Philippe de Valois, 1346, qui exemptent les gens d'église de contribuer au guet. On y rapporte les plaintes faites par l'évêque de Paris, au sujet de la contrainte imposée aux ecclésiastiques de payer contribution « à cause des *fossés*, murs et forteresses de Paris. » Ces fossés ne peuvent être ceux commencés sur les deux rives pendant la captivité du roi Jean, c'est-à-dire en 1356. (*Id.*, p. 156.)

4° Dans un compte de 1578, on lit que Laurent Roullet payait par an cinq sols Parisis, pour « une tour et jardin joignant la porte et vieil mur de la ville, assise en la rue de Jouy (aujourd'hui Charlemagne), en l'espace *où jadis fut les fossez.* » (*Id.*, p. 213.)

5° Le 28 janvier 1574, la Ville fait avec Jeanne Sanguin un *bail à toujours* pour « la place où étoit l'*ancien fossé* entre le grand mur ancien et les maisons de ladite demoiselle, *rue Plastrière.* » (*Id.*, p. 248.)

Ces cinq arguments, supposé que les actes et les comptes signalés soient authentiques, et exactement copiés, sont les seuls qui aient une certaine consistance. Encore, en les examinant bien, il est aisé d'en atténuer beaucoup la valeur. L'arrêt de 1639 et les deux comptes de 1574 et 1578 ne parlent de *fossés* que par tradition, et ces trois pièces pourraient fort bien avoir consacré une erreur. J'ai expliqué ci-dessus, de manière à en affaiblir la signification, l'expression *fossata regalia* employée dans les Lettres-patentes de 1282. Quant à celles de 1346, on pourrait objecter que le mot *fossés*, qu'elles renferment, ne s'applique pas avec évidence à ceux qui auraient fortifié le mur de Ph. Auguste.

Je passerai sous silence les autres prétendues preuves que Bouquet accumule par centaines ; ce sont des méprises, des assertions sans fondement, ou des documents étrangers à la question.

En résumé, je penche à nier l'existence d'un fossé autour de l'enceinte de la rive droite, excepté dans les environs du Louvre et de l'Ave-Maria (voy. p. 76). J'admets que l'année où l'on apprit la captivité du roi Jean, on commença, sur ces deux points voisins de la Seine, à creuser un fossé au pied du mur septentrional ; mais qu'on abandonna ce travail (continué au contraire sur la rive gauche), dès qu'on eut projeté d'élever plus loin, de ce côté de Paris, une nouvelle fortification, accompagnée de fossés.

XIV. — Des fortifications de Paris après l'invention de l'artillerie.

Avant de décrire les fortifications exécutées autour de la capitale, depuis le roi Jean le Bon, je commencerai par déclarer que ce sujet est très-difficile à traiter, et que la plupart des questions que je vais soulever aboutiront rarement à une solution positive.

Les chroniqueurs contemporains des rois Jean, Charles V et Charles VI ne parlent qu'en termes fort vagues des fossés, murs, tours et portes entrepris, à partir de 1356, autour de la ville de Paris. Froissard signale à peine, et sans aucuns détails, ces travaux importants. Tout ce qu'en dit un témoin oculaire, Jean de Venette (dont j'ai cité le texte p. 70), se réduit à nous apprendre qu'on creusa des fossés qui furent accompagnés de petits murs, de portes et de bastilles; mais il ne s'explique pas sur la ligne que suivaient ces fossés, ni sur la nature, la situation et les dimensions des murs qui les dominaient, ni sur la forme des constructions qu'il nomme *bastilles*. Christine de Pisan, énumérant les constructions dues à Charles V, dont elle écrit l'histoire, se borne à cette ligne : « *item*, les murs neufs et belles grosses et haultes tours qui entour Paris sont.» Sauval disait donc avec raison (t. I, p. 39), au sujet de l'enceinte qui va nous occuper : « Quoique « cette clôture soit bien depuis les deux premières, et qu'il en reste encore beau- « coup de choses, je crains fort néanmoins qu'elle ne me donne plus de peine « que celles-là n'ont fait ; car enfin elle a été si souvent remuée, et on y a cousu « tant de pièces à diverses fois, s'il faut ainsi dire, que ce n'est pas une petite af- « faire que de donner à connoître tout ce détail. » Sauval s'est dispensé du souci de cette *affaire*, que je vais tâcher de débrouiller.

On a donné le nom de : *enceinte de Charles V* (Voir p. 122), à un arc de clôture figuré, sur tous les vieux plans, du côté de la rive droite, comme un mur que for- tifient des tours ou bâtiments carrés et que flanque ou supporte [1] une butte de terre. Cette enceinte commençait à l'embouchure du fossé de la Bastille, et abou- tissait, en formant un vaste demi-cercle, sur le quai du Louvre, à environ cin- quante mètres, vers l'ouest, du pont actuel du Carrousel (Voy. la pl. IX).

Telles étaient l'étendue et la forme de cette enceinte sous François Ier, et en- core sous Louis XIII. Mais faut-il y voir précisément la ligne et la physionomie de la fortification continue, commencée en 1356, achevée sous Charles VI, et re-

---

[1] Je dis *flanque* ou *supporte*, parce que les anciens plans ne nous indiquent pas au juste si le ter- rassement ou rempart est derrière la muraille, ou si, comme je l'ai dit plusieurs fois dans mes *Études sur les Plans*, le mur est construit sur le sommet ou plate-forme du rempart. J'essayerai d'éclaircir cette question.

maniée à diverses reprises ? Ce mur, ce rempart de terre qui l'accompagne ou le supporte, ces tours ou bâtiments carrés, tout cela doit-il être attribué au XIV° siècle ? Voilà des questions difficiles à résoudre, faute de documents contemporains et de détails positifs.

Il a paru, cette année (1852), un livre d'un grand intérêt pour l'archéologie : c'est le tome II des *Etudes sur le passé et l'avenir de l'artillerie*, par notre président L. Napoléon. Il résulte des recherches consignées dans cet ouvrage, qu'avant Louis XI, les fortifications de villes consistaient toujours en une haute et forte muraille crénelée, flanquée de tours rondes ou carrées, et accompagnée d'un fossé ; mais on ne connaissait pas l'usage des remparts ou terrassements continus, et l'on désignait sous le nom spécial de *rempart*, bastide ou boulevard, un ouvrage de terre isolé, élevé près d'un mur d'enceinte ou d'un camp, sorte de *fort détaché*, comme nous dirions aujourd'hui, destiné à porter des machines de guerre.

L'histoire des progrès de l'artillerie semble confirmer cette assertion. Avant 1460, on n'employait que des bombardes, sortes de cylindres culassés, de fabrique grossière, au moyen desquels on lançait en parabole, à la manière de nos bombes, d'énormes globes de pierre qui passaient bien au delà des plus hautes murailles, sans faire de grands ravages. Ces bombardes remplissaient le simple rôle des trébuchets, anciennes machines de jet, qui continuaient toujours à être employées. Ce n'est que sous Louis XI, selon l'ouvrage cité, que les canons furent assez solidement fondus, et la fabrication de la poudre assez perfectionnée, pour qu'on pût lancer des projectiles de fer en ligne horizontale, ou de *plein fouet* [1], de manière à battre en brèche les murailles.

L'époque de cette révolution dans l'usage et le tir du canon supposée exacte, on se demande pourquoi, avant Louis XI, on aurait entouré Paris de ces épaisses buttes de terre ou remparts à ligne continue, destinées surtout à amortir le choc des projectiles lancés de plein fouet.

Le mot *rempart*, pris dans un sens général, désigne aujourd'hui toute espèce de fortifications qui entourent une ville ; mais sous François I°° il offrait un sens plus restreint. Il désignait une fortification formée de terres rapportées, représentant en relief le creux du fossé qui l'avoisinait. Cette butte continue, et façonnée en talus, offrait de profil la forme d'une pyramide tronquée ; on la nommait *rempart*, ou plutôt *rampart*, soit à cause de ses talus, soit parce qu'elle était flanquée, du côté de la ville, de *rampes* ou chemins en pente douce, destinés à faciliter l'ascension de l'artillerie sur sa plate-forme.

[1] On lit, à la page 162 du *Journal de Paris sous Charles VI* (Voy. ma *note* p. 95), qu'en 1455, on faisait usage de « petits longs canons appelés *coulenbures* (couleuvrines) ». Ces pièces devaient lancer des projectiles de plein fouet.

C'est, je crois, dans ce dernier sens, peut-être mal appliqué, que Sauval, (tome I, p. 41), et autres auteurs, ont parlé du *rempart de Charles V*. De la Marre (t. I, p. 79) dit positivement que Charles V entreprit, en 1367, d'accompagner les fossés creusés sous le roi Jean, de murs et de *rempars*; mais cet auteur, écrivant vers 1700, et d'ailleurs si peu exact dans ses assertions, ne peut être d'aucune autorité. La Tynna avance, à propos de la rue du Rempart-S.-Honoré, que cette rue doit son nom aux *remparts* achevés en 1383, sur l'emplacement desquels on la construisit. J'ai moi-même cru longtemps que le rempart qui figure au nord de Paris, sur les plans levés de 1530 à 1630, était contemporain de Charles V ; mais aujourd'hui, mes longues lectures à ce sujet m'ont inspiré le doute.

Je ne me rappelle pas avoir lu, dans les historiens ou les registres du XIVᵉ siècle, le mot *rempart* appliqué à une fortification continue et permanente. Les chroniques qui racontent l'assaut tenté par Jeanne d'Arc, du côté de la porte Saint-Honoré, ne mentionnent que les *murs* de Paris ; et quand, au siècle suivant, on parle des *remparts* ou *boulleverts* de la porte S.-Antoine, de la porte Montmartre, etc., on ne sait au juste si l'on veut désigner un terrassement continu qui entourait la ville, ou ces monticules élevés à l'issue des portes principales.

Si l'on consulte les miniatures qui accompagnent les chroniques manuscrites de Froissard et autres, on y trouvera représentées (du moins en intention) les fortifications de Paris aux XIVᵉ ou XVᵉ siècles. Or, on n'y voit pas figurer de remparts, mais seulement des murailles élevées, flanquées de tours rondes ou carrées, avec des canons braqués sur les plates-formes, derrière les créneaux [1]. Au reste, il est à noter que ces miniatures ne méritent aucune confiance ; toutes les localités, toutes les proportions sont déformées, exagérées en petit ou en grand, selon le caprice des dessinateurs. Les costumes des personnages offrent seuls quelque apparence d'exactitude, mais ces personnages sont presque aussi hauts que les édifices.

Si nous admettons comme un fait sans réplique qu'il n'y eut pas de rempart continu autour de Paris, sur la rive droite, avant Louis XI, et que l'enceinte de Charles V consistait, dans tout son cours, en une haute et épaisse muraille, fortifiée de tours carrées et bâtie au bord d'un fossé, il se présente plusieurs ques-

---

[1] Tant que les canons lancèrent leurs projectiles en parabole, à la manière des trébuchets, leur placement sur les plates-formes des murs et des tours offrait de l'avantage; mais quand on commença à tirer de plein fouet, ce fut derrière les murs, et non plus de leur sommet. Alors on dut flanquer les murailles de terrassements pour placer les canons; on les abaissa successivement, et on les perça de larges meurtrières. Enfin, sous Louis XIV, il n'y eut plus d'autres murailles annexées aux remparts que des parapets quelquefois taillés en glacis, et percés d'embrasures.

tions à examiner : Qu'a-t-on fait des déblais des fossés creusés en 1356 ? Quelles étaient la forme et les proportions des murailles et des tours de cette nouvelle fortification ? Comment se fait-il qu'il n'en soit resté aucun vestige?

Quand Ph. Auguste fit élever au nord son mur d'enceinte, les excavations pratiquées pour en asseoir les fondements produisirent des déblais peu considérables, qu'on déposa dans le voisinage, sans qu'il en résultât un exhaussement sensible du sol ; mais il dut en être autrement lorsque, en 1356, on creusa des fossés larges et profonds dans un espace d'au moins cinq à six kilomètres d'étendue, tout autour des faubourgs de la rive droite.

Il semblerait naturel qu'on eût amassé les déblais au bord du fossé, du côté de l'escarpe, pour en former une butte destinée à servir de rempart. L'emploi de l'artillerie étant déjà connu depuis près de trente ans [1], cette colline eût été, à mon avis, une plate-forme très-commode pour y placer des machines de jet, et surtout des bombardes, alors non montées sur affûts. Cependant, d'après les faits que je viens d'exposer, il n'en aurait pas été ainsi.

Admettrons-nous qu'on forma de ces déblais, dans le voisinage des portes, ces monticules factices, soutenus par des palis, ou *bastides de terre*, destinées à remplir les fonctions de nos *forts détachés?* De là, dans ce système, proviendraient les buttes S. Roch (ou des Deux-Moulins), et de *Villeneuve-sur-Gravois;* et peut-être aussi celles voisines des portes du Temple et de la Bastille. Plus tard, elles auraient été augmentées par des dépôts successifs de gravois et d'immondices. Selon quelques auteurs, elles étaient uniquement composées de ces deux éléments ; l'une d'elles, au moins, a une dénomination qui justifie cette origine. Assignons, si l'on veut, le même emploi aux nouveaux déblais provenant des mêmes fossés, quand, plus tard, ils furent recreusés et élargis. Mais alors de quels matériaux aura-t-on formé par la suite le rempart qui figure sur les plans dessinés depuis François Ier jusqu'à Louis XIII? Sera-ce de gravois amenés de tous les points de la capitale? On conviendra qu'il en aurait fallu beaucoup, et que l'ouvrage dut avancer bien lentement.

«La voirie de la porte S. Denys, dit Corrozet (fol. 144), fut abatue (vers 1465), et rempars furent faicts au dedans des murailles.» S'agirait-il ici du rempart annexé à l'enceinte qui nous occupe? A plusieurs époques, des ordres furent donnés pour aplanir et abaisser les *voiries* voisines des portes de Charles V, à l'extérieur. Serait-ce avec les matériaux provenant de l'abaissement de ces voiries, qu'on aurait formé le rempart existant sur les vieux plans?

---

[1] M. de Gaulle nous apprend, dans son *Histoire de Paris*, que, selon un ancien registre de la Chambre des Comptes, en 1328, on donna de l'argent à Henri de Famechon «pour avoir *poudres* et engins idoines aux *canons* et *ribadoquins* qui étoient devant Puy-Guillaume ».

Une ordonnance de 1512, que je citerai plus tard, *permet* aux bourgeois de déposer les gravois et ordures le long des *remparts*, pour *grossir* et *soutenir* les fortifications (Sauval, t. I, p. 42). Un édit de 1514 *ordonne* de porter les gravois le long des *murs*, pour la fortification de la Ville (*Id.*, t. III, p. 561). Ces deux ordonnances n'indiquent pas de quel côté de Paris on consolida les fortifications. Il s'agit peut-être, dans la seconde, du gros mur de la rive gauche.

Il nous sera aussi fort difficile de deviner quelle forme, quelles proportions furent données aux nouvelles murailles, et si, à une époque ultérieure, elles furent reconstruites, ainsi que les tours.

Il existait, le long de l'ancien quai de l'Arsenal, une suite de onze tours carrées, reliées par un mur dont j'ai remarqué, l'année dernière, un échantillon. Ce mur consistait, dans toute sa masse, en grosses pierres de taille, et portait environ deux mètres et demi d'épaisseur. Cette portion de l'enceinte de Charles V reliait la tour de Billy à celle Barbeau. Si l'on suppose que l'arc de clôture qui entourait la ville, entre la pointe occidentale de l'île Louviers et la place actuelle du Carrousel, se composait partout de murailles et de tours de semblables proportions, il doit paraître d'abord assez surprenant que tout cet ensemble si solide ait été détruit, partie vers 1550, partie vers 1634, sans qu'il en soit resté aucun vestige, tandis que le mur de Ph. Auguste, bien moins solide, n'a pas encore disparu entièrement du sol.

On peut, je crois, trouver, sur ce fait, une explication assez satisfaisante. Les murs de Charles V furent abattus, à deux époques (sous Henri II, entre la Bastille et la porte du Temple ; sous Louis XIII, entre cette porte et la Seine), pour faire place à une courtine flanquée de bastions à deux faces. Ces murs ne furent jamais, comme ceux de Ph. Auguste, concédés à des particuliers, jamais incorporés à des habitations particulières. De là vient sans doute qu'il n'en reste plus aucune trace [1]. Il est donc probable que les matériaux des murs et des tours furent employés, les uns, à revêtir les bastions et la courtine, les autres, à construire de nouvelles maisons dans le voisinage.

Quand on examine les anciens plans de Paris, il est permis de supposer que les murailles et les tours dont parle Christine de Pisan ont été remplacées, car, sur ces plans, on voit un simple mur peu élevé, que relient de distance en distance des bâtiments qui, en général, ressemblent plus à des maisons en ruines qu'à des tours. Tout cet ensemble de fortifications aurait donc été, à une certaine époque, à demi enterré des deux côtés, ou seulement du côté de la ville, sous une masse

[1] Hors du côté de l'Arsenal ; mais cette portion de l'enceinte, formant un retour d'équerre, n'était qu'un appendice à l'enceinte principale.

énorme de terres ou de gravois, de sorte que sous Louis XIII, et même dès François Ier, les rez-de-chaussée des tours étaient des salles souterraines, des casemates, si l'on veut.

Il est remarquable qu'aucun des historiens contemporains des règnes d'Henri II et de Louis XIII ne constate la démolition laborieuse de ces fortes murailles; nous apprenons simplement qu'en 1634 on fit abattre le mur, aplanir le rempart et recombler les anciens fossés, avec les matériaux de ce rempart. (Voir les arrêts des 23 nov. 1633 et 5 juillet 1634, cités au chap. xix.)

On est donc, sur tout ce qui concerne l'enceinte de Charles V, réduit à des hypothèses. Après tout (bien que j'aie, faute de preuves suffisantes, adopté une opinion différente) on pourrait, sans dévier du bon sens, admettre que l'existence d'un rempart continu, à Paris, cette ville où toute innovation est toujours bien accueillie, date, en effet, du XIVe siècle. Je le répète : l'idée d'utiliser les déblais d'un fossé pour en former une butte parallèle à ce fossé, et qui en continue l'escarpe, semble si naturelle, qu'on peut l'attribuer aux ingénieurs de ce temps. Les Romains et bien d'autres peuples formaient ainsi leurs camps retranchés, bien qu'ils n'eussent pas à se mettre à l'abri de l'effet du canon. Pourquoi les ingénieurs de Charles V n'auraient-ils pas imaginé d'établir son mur d'enceinte et les tours carrées ou bastides qui le fortifiaient, soit sur un tertre formé des déblais du fossé, soit au pied du talus de cette petite colline factice[1]? En élevant cette colline, qui ajoutait toute sa hauteur à la profondeur du fossé, ces ingénieurs n'auraient pas eu pour but d'amortir le choc des boulets, puisque le tir du canon se réduisait aux fonctions des anciens trébuchets, c'est-à-dire à lancer d'énormes pierres sur les maisons, bien loin au delà des murailles ; mais on pouvait tirer de ce système de fortification de nombreux avantages ; on employait sur place les déblais ; on épargnait de grands frais pour la construction des murs, qui exigeaient une moindre hauteur ; on possédait une large terrasse pour y placer à l'aise les machines de guerre, ou du moins pour en faciliter le transport sur le sommet des tours et sur la plate-forme du mur, puisque tel était encore l'usage des tours et des murs. Aurait-on craint que les assiégeants s'ouvrissent facilement une issue à travers cette butte de terre pour s'introduire dans la ville ? Mais les assiégés n'avaient-ils pas toujours leurs murailles et leurs tours crénelées pour en défendre l'approche ?

L'historien qui continua la *Chronique* de Guillaume de Nangis est le seul qui donne quelques détails sur la clôture commencée en 1356. Or, son récit ne contredit pas cette hypothèse. «Anno 1357. Omnes incœperunt *super fossata*, ad «partem orientalem (voir p. 71), muros parvos novos construere.» A quoi eût servi

---

[1] Au XIIe siècle, les donjons des châteaux s'élevaient sur des buttes factices.

ce mur neuf et *peu élevé* (car c'est ainsi, je crois, qu'on doit rendre le mot *parvos*), s'il eût été établi au bord du fossé et au niveau du sol? Précisément parce que c'était un petit mur, on peut le supposer bâti sur un terrassement.

Revenons à l'influence de l'invention de l'artillerie sur la construction des enceintes de villes, au XIVe siècle. Selon l'ouvrage du prince L. Napoléon, elle aurait été presque nulle avant le règne de Louis XI, et, jusqu'à ce roi, on s'en serait tenu à peu près à la forme des clôtures des siècles précédents; on se serait borné à augmenter l'épaisseur des murs et à fortifier, à l'extérieur, le voisinage des portes, de bastides en terre palissadées.

Mais notons que, dans cet ouvrage, il n'est nullement question de Paris. Or, je le répète, cette ville a fort bien pu, dès l'an 1356, adopter, contre la nouvelle puissance du canon, un système de défense inusité ailleurs. On entreprit la troisième clôture de la rive droite, précisément à l'époque où l'usage de l'artillerie commençait à se répandre; il est donc probable qu'on ne prit pas pour modèle l'enceinte de Ph. Auguste. Si alors on avait eu l'idée et les moyens de mettre en pratique le tir à plein fouet, on eût sans doute imaginé des fortifications analogues à celles de nos jours; mais on ne connaissait encore que le tir courbe. On ne put songer à construire des murs assez élevés pour arrêter des projectiles lancés en parabole : c'eût été démence. Mais on basa la défense de la capitale sur l'emploi de machines semblables à celles de l'attaque; on opposa l'artillerie à elle-même; ne pouvant en éluder les effets, on chercha à repousser ceux qui en dirigeaient les coups. Pour les éloigner du centre, on recula les limites de l'enceinte et l'on défendit l'approche du mur, au moyen d'un double fossé. On donna à sa plate-forme (sur toute la ligne ou sur certains points) assez de surface pour y placer des bombardes; on diminua le nombre des créneaux et l'on renforça les parapets; on substitua aux tours cylindriques des tours carrées ou bastides de pierre, dont les terrasses plus spacieuses et d'une forme plus commode convenaient mieux aux manœuvres des pièces.

Avant de m'être éclairé sur l'origine et les progrès de l'artillerie, je croyais que le tir des premiers canons ne différait en rien de celui d'aujourd'hui. Avec cette idée fausse, je ne m'expliquais pas les anciennes miniatures, et je supposais ces canons placés sur une sorte de terre-plein, derrière un mur épais, percé de larges embrasures.

Cette idée me semblait même si naturelle, que je l'ai plusieurs fois exprimée dans mes *Etudes sur les plans de Paris;* elle n'est juste qu'appliquée au XVIe siècle. Admettons donc que, jusqu'à Louis XI, l'artillerie fut toujours placée au sommet des murs et des tours; mais cet usage ne défend pas de croire qu'au XIVe siècle ces murs et ces tours aient été, ou bâtis sur une butte continue, ou flanqués, à l'intérieur, d'un terrassement que, par la suite, on aura nommé rempart.

Toutes ces questions que j'ai abordées, au lieu de les éluder (système plus commode), sont encore enveloppées d'une obscurité profonde. Puissent mes observations, mes hypothèses, aider un jour à les résoudre !

J'adopterai, dans tout le cours de ces dissertations, l'expression de : *enceinte de Charles V*, pour désigner celle commencée au nord de Paris en 1356, continuée sous Charles V, et achevée sous son successeur. Le règne de Charles V étant l'époque où ces travaux furent poussés avec le plus d'activité, je crois que le nom de ce roi doit s'y rattacher, comme celui de Ph. Auguste à l'enceinte précédente, bien que ces deux clôtures aient dû subir plus d'une transformation, jusqu'à l'époque où l'on traça les premiers plans de Paris qui les représentent.

Quand je décrirai l'enceinte de Charles V au chapitre xvii, ce sera telle qu'elle se trouvait vers l'an 1530, sans m'inquiéter des grands changements qu'elle a pu éprouver dans sa forme et peut-être même dans la ligne primitive de son parcours, depuis l'année 1356.

A la suite de cette description, je citerai des extraits de comptes ou d'actes, capables de fournir à l'archéologue quelques lumières sur les modifications qui furent apportées à l'enceinte de Charles V, pendant une période de plus de deux siècles. Nous tâcherons de préciser l'époque où tel ou tel accessoire a été ajouté à la forme primitive, ou en a été retranché. Ces modifications doivent coïncider avec les révolutions successives qui se sont opérées dans l'emploi de l'artillerie, telles que la substitution du tir à *plein fouet* au tir en parabole, l'ajustage des pièces sur des affûts à roues, etc.

Ces innovations dans le service de l'artillerie durent influer sur la construction des enceintes fortifiées; il vint un temps où partout l'on abaissa les murs au lieu de les exhausser , où l'on plaça les canons, non plus sur leur plate-forme, mais derrière leur face intérieure, percée d'ouvertures, sur un terrassement assez spacieux pour le libre recul des pièces. Ce ne fut guère qu'à partir de Louis XI que tout cet ensemble de fortifications demeura à peu près stationnaire, jusque vers le milieu du XVIe siècle, époque où fut adopté le système de bastions angulaires reliés par une courtine, système en rapport avec la théorie des feux croisés, et encore aujourd'hui pratiqué, à quelques différences près.

XV. — Des fortifications exécutées sous le roi Jean le Bon.

L'alarme que causa aux Parisiens, en 1356, la nouvelle de la captivité du roi Jean, pris par les Anglais à la bataille de Poitiers, les fit songer à protéger la capitale contre la chance d'une invasion. Il fut arrêté sur-le-champ, par le rég en

Charles (depuis roi) et le prévôt des marchands, Gentien Tristan, que la ville
serait mise en état de défense. Félibien cite (t. V, p. 818) une ordonnance datée
de 1358, qui enjoint de creuser des fossés autour des murs de Paris et d'y faire
quelques tours et *bastides*. Je ne sais si la date de cette ordonnance est une erreur; en tout cas, le zèle des habitants l'aurait précédée de deux ans, puisque,
selon les chroniques contemporaines, dès le 18 oct. 1356, un mois après la
prise du roi, on se mit à l'ouvrage, sous la direction d'Etienne Marcel. On connaît
l'activité des Parisiens en ces sortes d'occasions; il est donc probable que, dans
le premier moment d'enthousiasme, on commença à creuser autour du gros mur
de Ph. Auguste, sur la rive droite, dans le voisinage de la Seine, des fossés qui
furent bientôt abandonnés; car il fut décidé que, de ce côté de Paris, on établi-
rait une nouvelle enceinte plus convenable et assez étendue pour renfermer ce
qu'on nommait alors les faubourgs du Temple, S. Martin, S. Denis, Montmartre
et S. Honoré. Il paraîtrait qu'on regardait déjà comme inutile la muraille septentrionale de Ph. Auguste, étouffée, pour ainsi dire, par la proximité de quartiers très-populeux.

J'ai déjà, en décrivant l'enceinte *méridionale* de Ph. Auguste, parlé en détail
des nombreux changements qu'on y apporta sous les rois Jean et Charles V.
Comme il n'existait aucun faubourg important, du moins dans le voisinage im-
médiat de cette enceinte, mais seulement des terres en culture et de vastes clos,
il fut aisé d'établir, sans de grands frais préalables, un large fossé au pied du
vieux mur, et de le rendre, au moyen de quelques appendices et de certaines
modifications, plus propre à la défense de la ville. On reprit, à cette occasion,
pour obtenir la place nécessaire aux fossés et aux chemins de ronde, tous les
terrains contigus au gros mur, terrains qui, depuis Ph. Auguste, avaient été in-
considérément accordés à diverses communautés religieuses. On déposséda, avec
promesse d'indemnités ultérieures, les Cordeliers, les Jacobins, les religieux de
S. Germain-des-Prés, de Sainte-Geneviève et de S. Victor, de terres ou de bâtiments qui leur appartenaient. Plus tard, on les dédommagea par des concessions de certains droits ou par des propriétés sises à Paris ou ailleurs.

Outre l'addition de ce fossé et d'un arrière-fossé [1], et l'établissement d'un
chemin de ronde intérieur, devenu indispensable, au moins sur certains points,
on dut, dès lors, si ce n'est un peu plus tard, réparer et remanier en quelques
endroits l'ancien mur de clôture. Peut-être porta-t-on à l'intérieur du mur une

---

[1] Cet arrière-fossé de la rive gauche, dont parlent les anciens actes, fut sans doute incorporé
plus tard au fossé principal, car on ne le voit figurer sur aucun des plans du XVIᵉ siècle. Quand du
côté de S. Victor on creusa le fossé, le canal de la Bièvre qui traversait l'abbaye cessa de passer
sous le gros mur pour aller se jeter, en suivant la rue de Bièvre, vis-à-vis l'Evêché, et prit une

partie des déblais du fossé; peut-être, comme je l'ai dit page 68, forma-t-on de ces déblais, dans le voisinage, des buttes de terre en talus, nommées alors *bastides*, ou *Boulleverts*, espèce de forts détachés établis près des portes, et garnis de canons et autres *engins*; peut-être faut-il voir, dans la pente assez roide et isolée des rues des Boulangers, de Contrescarpe-S. Marcel et de S. Hyacinthe, des vestiges de ces bastides de terre.

A cette même époque on a pu modifier et restaurer quelques-unes des tournelles et des portes de Ph. Auguste. L'établissement de ponts sur le fossé entraîna des changements dans la construction primitive des portes, qui furent, un peu plus tard, précédées de pont-levis. Plusieurs furent peut-être rebâties à neuf, et précédées d'avant-portes ou *ravelins*, établies à l'entrée des ponts-dormants. Au reste, je traiterai cette question plus amplement dans mes *Recherches sur les portes*. Quant au vieux mur, il fut probablement réparé; il aurait même été rehaussé sur certains points, selon quelques auteurs, notamment Sauval (t. III, p. 126); mais le fait n'est pas prouvé. L'invention de l'artillerie n'était pas une raison pour rehausser les murailles, puisque les projectiles que lançaient les bombardes passaient bien au delà. Ce qui est sûr, c'est qu'à une époque plus ou moins éloignée de 1356, le gros mur fut, du côté de l'ouest, terrassé à l'intérieur, et percé d'embrasures vers sa base pour livrer passage à des bouches de canons.

Au reste, la rive gauche, protégée par des collines peu distantes et par son escarpement même, éloignée de groupes importants d'habitations, n'exigeait pas un système de défense très-compliqué. Quant aux bourgs du voisinage, on les fortifiait, en temps de guerre, au moyen de retranchements dont je parlerai ailleurs. Le bourg S. Marcel avait même son mur d'enceinte particulier, ses fossés et ses portes. (Voir chap. xx.)

Il en était autrement du côté de la rive droite, où des bourgs ou plutôt des faubourgs considérables s'étendaient au delà et tout près du mur de Ph. Auguste. Au lieu de réparer ou d'abattre la muraille, on décida de l'enclore dans un nouvel arc de clôture bien plus étendu.

Il est certain que cette nouvelle enceinte ne fut pas, dès le principe, projetée et exécutée telle que nous la voyons figurer sur les plans du XVIe siècle. Elle aurait consisté, selon Sauval (t. I, p. 41), à l'inverse de celle de Ph. Auguste, en un fossé sans murailles, fossé auquel Charles V aurait ajouté des murs et *remparts*.

autre direction en dehors de la ville et parallèle au fossé. Le 19 janvier 1511, on demanda au roi de rétablir l'ancien canal. Cette demande, à laquelle on ne fit pas droit, est consignée à la page 97 du Registre *extrait des greffes de l'Hôtel-de-Ville*. (Je citerai plusieurs fois ce *Registre*, qui rapporte un grand nombre d'actes depuis 1154 jusqu'à 1607. On le voit à la Bibliot. du Louvre, où il est marqué F. 784.)

Mais le récit positif de Jean de Venette (voy. p. 70), que Sauval cite lui-même, ne nous permet pas d'admettre cette assertion, puisque ce chroniqueur assure *de visu* qu'en 1356 on éleva au-dessus des fossés de *petits murs*, et qu'on établit des portes et des *bastilles*.

Il est probable que tous ces accessoires n'ont été que des constructions faites à la hâte, et que Charles V a fait rebâtir le tout avec solidité; et, comme aucun document positif ne peut nous éclairer sur cette question, je supposerai que les travaux commencés sous le roi Jean ne furent, en effet, que provisoires.

Le même Sauval a recueilli sur le creusement des fossés qui, un peu plus tard, servirent à la fortification plus sérieuse de Charles V, des détails curieux, mais peu lucides, comme on va le voir. « Tous les Historiens du tems (dit-il, t. I, « p. 38), disent que la troisième clôture fut résolue depuis la prison du roi Jean, « pour mettre à couvert les faux-bourgs des courses de l'Anglois, qui se prépa- « roit à venir assiéger Paris. Quant à ceux qui ont parlé de cette clôture, tous « conviennent qu'en 1358, Etienne Marcel, prévôt des Marchands, fit *des mu- « railles* et des fossés depuis le bord de la rivière, où est maintenant l'Arsenal, « jusqu'à cette fausse porte que nous nommons la Porte-Neuve, où furent em- « ployés quatre mille ouvriers qui en un an achevèrent l'ouvrage. Le continua- « teur de Nangis cependant, qui y vit travailler, assure le contraire, que Marcel « fut tué en 1358 [1], que de son tems, on ne fit que des fossés et des arrières-fossés « avec de *petits murs entre deux*, qui furent garnis de quelques *portes*, *tours* et « *bastilles*, munis d'hommes, d'arbalêtres, etc., et que le tout fut commencé « en 1356, deux ans auparavant. Les Regîtres de la Chambre des Comptes di- « sent la même chose; et de plus, que les fortifications n'étoient pas encore faites « en 1367. »

Sauval nous apprend ensuite, d'après ces mêmes registres, que les frais des fossés commencés en 1356, sur les deux rives, furent couverts par un impôt sur le vin, la bière et autres breuvages... que, cette même année, le 15 octobre, le prévôt Marcel et les quatre échevins confièrent à dix-huit bourgeois (dont il cite les noms), aidés de trois *comptables*, la conduite de ces fossés. Quatre furent chargés de les faire creuser depuis les *Tuileries* (la place actuelle du Carrousel), jusqu'à la rue S. Denis, près des Filles-Dieu (où nous voyons le passage du Caire).

---

[1] Selon Corrozet, Marcel fut tué en 1357; mais il est à noter que le même (folio 118) dit que ce fut « en se cuidant sauver en la *Bastille* », édifice commencé en 1369, de l'aveu même de l'auteur. Selon un ancien compte de l'Hôtel-de-Ville cité par Dulaure, ce prévôt « fit fabriquer *sept cents guérites en bois*, qui, par de forts crochets de fer, furent solidement attachées aux créneaux des murailles (peut-être celles du midi) ». Ce nombre paraît exagéré. Faut-il attribuer à ce nom de *guérites* le sens actuel ? On a autrefois appelé *guarites* une sorte de bombarde.

Six autres exécutèrent les travaux depuis les Filles-Dieu jusqu'à la Seine, « *entre le couvent des Célestins et* celui *des Béguines* (religieuses remplacées depuis par celles de l'Ave-Maria). » Les huit autres se chargèrent des fossés de l'Université.

Il cite ensuite un registre de la Chambre des comptes, de 1366 et 1368, où l'on indique une partie de la route des fossés commencés en 1356, « avec la quantité de toises que l'on comptoit dans toute leur circonférence. » Ces fossés, d'après le registre, avaient, en totalité, 1162 toises d'étendue, et les *arrières-fossés*, 2506 et demie. Ces derniers portaient trente pieds d'ouverture sur quinze de profondeur.

Sauval se plaint ensuite de ce que le registre n'est pas complet dans ses détails particuliers, et il cite un toisé « fort exact, fait quelque cent ans depuis » , d'où il résulte, au moyen de calculs partiels des distances comprises entre chaque porte, que la longueur totale du grand fossé était de « 2020 toises, c'est-à-dire presqu'autant que celle de l'arrière-fossé. »

Bouquet s'emparant du premier compte, fort peu clair, cité par Sauval, comme d'un document authentique, admet (*Mémoire*, p. 117) que le grand fossé du roi Jean, qui, dit-il, avait 17 toises de large sur 24 pieds de profondeur, fut établi *le long du mur septentrional* de Ph. Auguste, et que le fossé de la nouvelle enceinte, creusé beaucoup plus loin au nord, est *l'arrière-fossé*. Il en conclut que le nombre de 1162 toises s'applique au grand fossé contigu au gros mur, et, le nombre de 2506 toises et demie, à l'arrière-fossé, c'est-à-dire (selon ses idées) à celui de la nouvelle enceinte. Mais Bouquet se garde bien de citer le reste de l'article de Sauval, où il est dit que le chiffre 1162 du total, quand on fait le calcul partiel, doit être remplacé par celui de 2020 toises, nombre qui ne peut s'appliquer à un fossé creusé près du gros mur, mais au fossé de la nouvelle enceinte, lequel était accompagné, du côté de la campagne, d'un autre plus étroit, et qui avait 490 toises d'excédant, parce qu'il formait un circuit un peu plus étendu.

Tout ce que Sauval rapporte au sujet de l'enceinte du roi Jean offre, à mon avis, beaucoup d'obscurité, et il serait nécessaire de retrouver les sources auxquelles il a puisé tous ces détails. Cette phrase où il dit que le fossé fut continué « depuis les Filles-Dieu jusqu'à la Seine, *entre les Célestins et les Béguines*», est difficile à comprendre. Faudrait-il en conclure que, primitivement, l'enceinte commencée en 1356, arrivée au point où furent établies, en 1360, les Filles-Dieu, suivait la ligne des rues actuelles Bourbon-Villeneuve, Sainte-Apolline, Meslay et de Vendôme ; puis de là, formant un cercle plus étroit que sous Charles VI, continuait, dans la direction des rues dites aujourd'hui : Boucherat, S. Louis, de l'Egout Sainte-Catherine et S. Paul, pour aboutir à une *tour des Célestins*, dont il est question en certains actes?

C'est l'idée que peut suggérer cette citation de Sauval. On pourrait même, sur cette seule phrase, bâtir tout un système, et supposer que l'égout qui parcourait l'emplacement représenté depuis par la rue S. Louis, égout découvert, dont le voisinage incommodait les hôtes du palais des Tournelles, aurait été établi dans une ancienne tranchée qui se prolongeait jusqu'à la Seine, en suivant la rue de l'Egout-Sainte-Catherine, dite aujourd'hui du Val-Sainte-Catherine, rue qui, encore avant 1845, était à demi occupée par un égout non couvert, coulant dans une sorte de canal ou ravin de deux mètres de profondeur.

Dans ce système, on admettrait que Charles V, trouvant de ce côté de Paris le fossé de 1356 trop voisin du centre de la ville, l'aurait reculé jusqu'à la ligne où passent les boulevards Beaumarchais et S. Antoine. Le fossé provisoire, ajouterait-on, ayant servi fort peu de temps, il n'est pas étonnant qu'on n'en parle pas dans l'histoire.

Mais laissons cette hypothèse bâtie sur la pointe d'une aiguille. Croyons plutôt que les ingénieurs de Charles V ne touchèrent sur aucun point à la ligne des fossés et arrière-fossés commencés sous le roi Jean, et se bornèrent à les agrandir et à les fortifier avec toutes les ressources de l'art connues à cette époque.

Quant à la phrase où il est dit que le fossé fut conduit jusqu'à la Seine, « entre les Célestins et les Béguines », on peut l'interpréter ainsi : ce fossé arrivé à la Seine, vers la pointe orientale de l'île Louviers, continuait en retour d'équerre, suivant la direction de l'Arsenal jusqu'à la tour Barbeau, tour voisine des Béguines; mais, dans cette supposition, il faut admettre que la partie du fossé qui fait retour d'équerre est représentée par le petit bras de l'île Louviers, et que ce prétendu bras de la Seine était un canal creusé vers 1356. Je reproduirai plus tard cette opinion, qui peut paraître singulière.

Je m'abstiendrai donc, pour éviter de tomber dans l'idéal, vu le manque de documents authentiques, de décrire la ligne que suivaient les fossés et arrière-fossés creusés au nord de Paris, sous le roi Jean. Tout ce que les auteurs modernes ont écrit à ce sujet paraît s'appliquer aux fossés, tels qu'ils existaient sous Charles VI et sous François Ier. Je me bornerai à quelques hypothèses. Je supposerai que ceux commencés en 1356 étaient uniformes ou à peu près dans tout leur cours, façonnés en talus, et non à fond de cuve [1], et probablement non revêtus de maçonnerie, même du côté de l'escarpe; car ce revêtement ne fut que commencé du temps de François Ier, et n'exista, je pense, que dans le voisinage de quelques portes. J'ignore complétement si le mur peu élevé dont parle le continuateur de Nangis était situé au bord de l'escarpe du grand fossé, comme ce-

---

[1] Sous Henri II, la partie des fossés, entre la Bastille et la Seine, fut recreusée à *fond de cuve* (à parois verticales), et revêtue de pierres du côté de l'escarpe.

lui de Charles V, ou sur une butte de terre continue, ou encore, comme le prétend Sauval, dans l'espace compris entre les deux fossés.

Que doit-on entendre par les portes et bastilles dont il est parlé aux années 1356 et 1358 ? Je penche à croire, contrairement à l'opinion exprimée dans la note de la page 71, que ces bastilles consistaient, non pas en des tours de pierres, comme celle de Charles V, mais en des monticules de terre, palissadés, élevés près des portes et formés, soit par les déblais des fossés, soit, comme on l'admet communément, par des dépôts de gravois et d'immondices. Ces bastilles de terre sont peut-être les éminences factices nommées plus tard : butte S. Roch, Villeneuve-sur-Gravois, bastillon ou *boulevert* S. Antoine; mais je n'oserais l'affirmer. Ces sortes de fortifications, placées, au XIVᵉ siècle, près des issues des villes closes, peuvent être considérées, je le répète, comme des sortes de petits *forts* qu'on nommerait de nos jours *détachés*, c'est-à-dire isolés de l'enceinte continue ; seulement nos ingénieurs les construisent plus solidement, avec des formes plus compliquées, et à une distance bien plus éloignée des fossés de la ville.

Quel sens doit-on attribuer au mot *porte* dont se sert le continuateur de Nangis, Jean de Venette (comme le nomme Mauperché, p. 116)? Elles consistaient vraisemblablement en de simples percées pratiquées dans la ligne générale des fortifications, percées munies de barrières, de palissades, et précédées d'un pont de bois ou de pierre, ou d'une simple chaussée jetée sur le fossé, aux endroits où aboutissaient les six principales rues de la ville. Admettrons-nous que ces portes, si toutefois il s'agit de celles du Nord, fussent dès lors de gros bâtiments de pierre flanqués de tours dans les angles ? Je ne le pense pas, puisque ces bâtiments sont généralement attribués à Charles V, hors celui de la porte S. Antoine, que ce roi, assure-t-on, trouva déjà construit, et fit incorporer à sa forteresse nommée par excellence la *Bastide* ou *Chastel S. Antoine*. Cette dernière porte exceptée, je crois que toutes les autres ne furent établies qu'après le décès du roi Jean. Si l'on suppose le contraire, Charles V aurait donc reconstruit toutes ces portes, bâties depuis quelques années : c'est une assertion inadmissible.

A nos yeux, les portes de l'enceinte du nord n'étaient, sous le roi Jean, que de simples issues, hors celle ouverte à l'extrémité de la rue S. Antoine; et quand Jean de Venette nous parle des trébuchets [1] (balistis) des *guarites* et canons (*garretis* et *canonibus*) placés « ad exitus portarum », il veut dire (si toutefois il parle de la rive droite), que ces instruments de guerre étaient dressés sur des bastilles de terre palissadées, qui avoisinaient au dehors les principales issues de la ville.

[1] Selon l'opinion de notre président L. Napoléon, le mot *balista* doit se traduire par *trébuchet*, machine de jet dont il explique l'usage, et la seule employée au moyen âge.

Toutes ces questions me semblent curieuses, importantes à résoudre. Mais ici j'avoue encore mon impuissance, et je laisse à des archéologues plus heureux et plus érudits que moi le soin de découvrir la vérité.

XVI. — Clôture septentrionale de Paris sous Charles V. Observations préliminaires.

Tel était à peu près, à mon avis, l'état des travaux rapidement exécutés, à partir de l'an 1356, quand, en 1364, Charles V monta sur le trône. Déjà ce roi, du temps de son père, avait présidé à une partie de ces travaux. La paix une fois faite avec les Anglais, il dut songer à munir plus efficacement sa capitale contre les chances d'une nouvelle guerre, à perfectionner cette enceinte provisoire, sans, je pense, en étendre le circuit. A cette époque, on avait sans doute indemnisé tous les propriétaires expropriés sur le passage des fossés. Dès 1360, on avait installé les Filles-Dieu dans les bâtiments d'un hôpital nouvellement construit (par Imbert de Lions ou Lyoms, un des bourgeois chargés des travaux de l'enceinte), en dédommagement de ceux que S. Louis leur avait donnés (au nord-ouest de la porte S. Denis actuelle), et dont une impasse du boulevard Bonne-Nouvelle conservait encore le souvenir en 1840. Selon Sauval (t. I, p. 41), les matériaux de l'ancien couvent des Filles-Dieu servirent à construire quelques-unes des nouvelles portes et *bastilles* de la ville.

Charles V eut donc plus d'intérêt à terminer cette enceinte, établie sur des terrains que la ville avait payés; qu'à la reculer plus loin, et c'est par ce motif, à mon avis, que la ligne de sa clôture doit être celle même tracée en 1356.

Je ne sais au juste en quelle année ce roi donna ordre à Hugues Aubriot, prévôt de Paris, de recreuser les fossés et arrière-fossés, et en même temps de les *fortifier*. Ici se représente la difficulté signalée au chapitre xiv. En quoi consistait cette fortification ? A coup sûr, elle se composait en principal d'un mur crénelé reliant entre elles des tours ou bastides de forme carrée, forme jugée alors la plus convenable pour placer les machines de guerre ; mais, je le répète, il est incertain si cet ensemble reposait sur un terrassement, ou simplement au niveau du sol, à une certaine distance du talus d'escarpe du premier fossé.

Si l'on s'en rapporte aux témoignages contemporains, ces murailles, substituées au *petit mur* du roi Jean, avaient une élévation imposante. Sur les vieux plans, elles paraissent avoir une hauteur assez médiocre. Les historiens ont exagéré, ou on aura abaissé plus tard ces murs, ainsi que les tours, regardant leur élévation comme un inconvénient, par rapport aux effets de l'artillerie. Je

17

doute que leur hauteur dépassât vers 1530 celle du mur de Ph. Auguste, d'autant plus qu'elle était doublée par la profondeur du fossé.

Le mur de Charles V était couronné de créneaux, détruits plus tard. Les parapets crénelés des tours et des portes reposaient certainement sur des consoles dentelées, dont les intervalles formaient ces vides nommés *machicoulis*. A cette époque, on appréciait beaucoup et l'on multipliait les ouvrages en saillie sur les fossés, tels que : échauguettes ou guérites de pierres, tourelles à encorbellement, moucharabys ou balcons surplombants, qui permettaient de faire tomber des projectiles sur les assiégeants devenus maîtres des fossés [1]. Ces guérites de bois, dont il est question page 125, étaient sans doute des appendices destinés aux mêmes usages; mais probablement elles fortifiaient l'enceinte du midi.

Vers le même temps, ou un peu plus tard, on établit devant les portes des ponts-levis, et au delà des ponts de pierre ou *dormants* qui les suivaient, sur la chaussée d'entre les deux fossés, des avant-portes fortifiées que je décrirai ailleurs. La baie de ces avant-portes était percée à dessein dans un axe qui ne correspondait pas à celui de la porte principale.

Telle doit être, à peu près, l'idée qu'on peut se faire du genre de fortifications établies sous Charles V, et achevées par son successeur, du côté de la rive droite, le long des fossés commencés en 1356. Reste à savoir si le tout fut, dès le principe, accompagné ou non du terrassement représenté sur les anciens plans [2]. Pour prendre un parti, nous admettrons qu'il ne fut formé que plus tard, et peu à peu. En tout cas, si on le suppose contemporain du roi Jean ou de Charles V, il fut tant de fois réparé, modifié, renforcé depuis ce temps, qu'en 1530 ce n'est pour ainsi dire plus le même. Il est même douteux que les murs et les tours, ou bâtiments carrés qui figurent sur les plans du XVIe siècle, soient précisément, sur tous les points, ceux de Charles V. Une partie au moins aura été refaite ou renouvelée vers le temps de Louis XI.

Les frais qu'entraînèrent depuis 1356 le creusement des fossés, la construction des murs, des tours et des portes, tout cela, y compris l'achat préalable des terrains et les indemnités accordées, fut, assure-t-on, à la charge de la ville de Paris [3], sans que le trésor du roi y participât comme sous Ph. Auguste, ce qui n'empêcha pas que les murs, dans les anciens actes, ne fussent nommés assez souvent les *murs-le-Roy* ou *du Roy*.

[1] Il y avait en outre, au fond du fossé, contre le talus d'escarpe, des petits bâtiments, nommés *casemates*, d'où les arbalétriers tiraient sur l'ennemi quand il s'approchait des fossés.

[2] Sur le plan de Munster, plan d'une grossièreté repoussante, et sur ses copies, on ne voit qu'un mur et pas de rempart; mais le témoignage d'un tel plan ne prouve rien.

[3] Dans un Mémoire adressé à Louis XIII par la ville (Bouquet, page 304), on rappelle que toutes les enceintes, depuis Ph. Auguste, ont été établies aux frais de la ville.

Les Parisiens, dit Félibien, *t.* V, p. 818, en dédommagement de leurs frais, eurent la pêche des fossés. Une telle indemnité paraît dérisoire, car ces fossés étaient le plus souvent à sec, hors aux approches de la Seine, et n'avaient d'autre cours d'eau, je suppose, qu'un maigre ruisseau croupi, provenant des égouts et coulant dans la cunette du fossé. Le véritable dédommagement de leurs dépenses, ce fut, ce me semble, l'avantage d'être fortifiés contre les attaques extérieures.

Les vieux plans représentent, en général, les fossés comme remplis, sur toute la ligne, d'une eau courante. Cette circonstance ne se réalisait, je pense, que dans les cas de grandes averses. Il pourrait se faire pourtant qu'autrefois les eaux provenant de *Ménilmontant,* et formant le ruisseau de ce nom, nommé plus tard le Grand-Egout [1], eussent alimenté d'eau les fossés; on lit même dans le *Journal de Paris sous Charles VI,* p. 156, qu'en 1433 les Armagnacs avaient projeté d'entrer à Paris, « *à toutes nacelles,* par les fossés d'entre la porte S. Denis et la porte S. Honoré. » Le même nous apprend (p. 173) que, vers la fin de l'an 1437, les fossés de Paris étaient *gelez.*

Depuis l'embouchure du fossé de la Bastille jusqu'aux environs de la rue actuelle du Pas-de-la-Mule, et, d'autre part, depuis la Seine jusqu'au delà de la rue S. Honoré, il pouvait y avoir en tout temps une certaine quantité d'eau; car la Seine, dans ses hautes crues, remontait jusque-là, et on retenait l'eau au moyen d'écluses ou de *batardeaux.* On cite souvent, dans les anciens comptes, la tour de l'*Ecluse* des Tuileries, la tour de l'*Ecluse* des Célestins, noms qui s'appliquent sans doute aux tours de Bois et Billy. Depuis Henri II jusqu'à Louis XIV, il fut souvent question de *canaliser* les fossés de Charles V ainsi que ceux commencés sous François Ier et continués sous Charles IX et Louis XIII; mais ces divers projets ne furent jamais exécutés.

Quoi qu'il en soit, une certaine portion des fossés contenait de l'eau et des poissons, puisqu'on voit dans les anciens comptes que la ville affermait cette pêche, ainsi que les *herbages,* à divers particuliers. On affermait même à part celle des grenouilles; en 1448, elle appartenait à un nommé Michault Dufour (Bouquet, *Mémoire,* p. 182). Dans le même *Mémoire,* on parle fréquemment de la pêche des fossés. (Voy. pages 174, 201, 249.)

Il est souvent question, dans les chroniques et les anciens comptes, des *arrière-fossés.* On les appelait ainsi [2], parce qu'ils étaient *derrière* le fossé principal, par

[1] J'ai fait des recherches sur le cours primitif de ce ruisseau, mais je n'ai pu découvrir à quelle époque il a cessé de couler entre Ménilmontant et le point où nous voyons le Château-d'Eau du boulevard. C'est de ce point que part, sur tous les anciens plans, le grand égout qui jadis, assure-t-on, descendait de Ménilmontant ou de Belleville.

[2] Bouquet avance, p. 117, que l'*arrière-fossé* signifie : le fossé creusé au pied du mur septentr. de

rapport aux habitants de la ville; mais, pour ceux qui venaient de la campagne, c'était le *premier* fossé. On voit, dans le récit de l'assaut donné à Paris par Jeanne d'Arc, qu'elle fit combler de fascines le *premier* fossé, pour arriver à celui qui touchait aux murs de la ville.

L'arrière-fossé figure sur l'ancien plan de tapisserie, sur ceux de Braun et de Du Cerceau; mais sur les plans postérieurs à ceux-ci, il paraît avoir disparu entre la porte Saint-Denis et la Seine, ou peut-être les deux fossés n'en forment plus qu'un seul. On en distingue encore des traces sur le plan de Mérian; c'est probablement sur la place de cet arrière-fossé comblé qu'est établi, entre les portes Montmartre et S. Honoré, un jeu de *Pail-Mail*.

Entre les deux fossés, selon Corrozet (édit. 1561, fol. 138), était une butte *à dos d'asne*. Cette butte semble marquée sur quelques plans. Au delà de l'arrière-fossé, du côté de la campagne, était un chemin de *contrescarpe*. Je tâcherai d'indiquer plus tard quelles sont les rues qui le représentent.

Nous voyons sur les plans la muraille de Charles V fortifiée de distance en distance par de grands bâtiments de pierre, tantôt carrés, tantôt en forme de carrés longs [1], dont le côté le plus étendu est parallèle au fossé. Les uns, à plate-forme terrassée et crénelée, ressemblent à de grosses tours peu élevées; les autres, couverts de toits, ont l'air de simples maisons dont le pignon est à cheval sur le profil du mur. Je pense que, dans l'origine, ils étaient tous sans toiture et peut-être beaucoup plus hauts. Ces tours auront été en partie refaites, je le suppose, ou remplacées, depuis Charles V.

Il est à remarquer que ni Sauval, ni aucun autre auteur, n'a donné le moindre détail sur ces anciennes tours de clôture.

Certains actes les désignent sous le nom de *bastides* ou *maisons sur les murs*. C'est d'elles, sans aucun doute, qu'il est question dans les extraits de comptes imprimés à la suite du *Mémoire* de Bouquet : — « Article des *Eschiffles* [2] et des « *Bastides* estant *sur les murs* de Paris, sur les fossez *pleins d'eau*, pardevers la « Porte S. Denys en France... » (p. 176). Il paraît qu'en 1424, ces bâtiments étaient loués à divers particuliers.

Ph. Auguste; néanmoins il cite beaucoup de comptes, d'où il résulte qu'il faut entendre par ce mot le fossé creusé plus loin au nord et parallèle à celui qui accompagnait le mur de Charles V.

[1] Sur le petit plan de Munster, et sur ses copies, quelques-uns de ces bâtiments sont des tours rondes. Mais quelle confiance lui accorder? Les tours de Notre-Dame y sont représentées comme deux sortes de colombiers.

[2] Je ne sais au juste la signification du mot *eschiffles*. Aucun vieux glossaire n'a pu m'éclairer à cet égard. On nomme aujourd'hui *mur d'échiffre* celui qui soutient les abouts des marches d'un escalier. Peut-être ce nom désigne-t-il des rampes ou escaliers extérieurs qui conduisaient au sommet du rempart ou du mur. Le *Journal sous Charles VI*, p. 58, cite les *eschifflez*.

Encore quelques citations tirées du même *Mémoire*. Page 175 : «les Bastides
« estant *entre* les murs devers les champs. » Page 178 : « le chemin par où l'on
« va aux *maisons* ou eschifFles qui sont *sur* les murs de ladicte ville. » —
« Article des maisons estant entre icelles *Bastides*, tant couvertes que non cou-
« vertes, sans les Eschiffles. — Somme de la revenue des Eschiffles et *Bastides*
« estant entour et *sur* les murs de Paris : 33 livres, 18 sols Parisis. »

C'est encore, je crois, de ces bâtiments qu'il s'agit dans ce passage du *Journal
de Paris sous Charles VI*, p. 125 : «Sept. 1429. Les Quarteniers... commencè-
« rent à fortifier Paris aux portes, de Boullevars (buttes de terre), ès *maisons*
« qui estoient *sur* les murs, affuter canons, queües pleines de pierres sur les
« murs, redrecer les fossez dehors la Ville, et faire barières dehors la Ville et
« dedens. »

Dàns un compte de 1621 (Bouquet, p. 256), le mot *Barbacane* paraît s'appliquer à ces bâtiments. On y lit : « les murs de la Ville où étoient les *Barcannes*
(barbacanes) *servant à la défense de laditte Ville.* » On a pu aussi les désigner
par l'expression *guérite*, qui est quelquefois synonyme de *donjon*. Ainsi, il est
question (*ibid.*, p. 265) d'ouvrages entrepris, de 1516 à 1518, « entre la porte
« S. Honoré et la deuxième *Guerite* ensuivant tirant à la porte Montmartre. »
Dans d'autres comptes, on se borne à employer le mot *tour*. Au milieu de tous
ces noms si divers, j'adopterai celui de *Bastide* [1].

Sur l'immense gouache de l'Hôtel-de-Ville, gouache qui est un calque de la tapisserie exécutée vers 1540, ces bastides sont arrangées pour l'effet ; les unes
ressemblent à de hautes tours carrées et crénelées, les autres, à des maisons. La
plupart sont figurées à l'état de ruines pittoresques ; mais ce détail est probablement une fantaisie du dessinateur qui, sous Louis XIV, a cru devoir *enjoliver* ce
plan. Sur tous les vieux plans gravés, ainsi que sur le dessin de Gagnières,
elles paraissent être entières et en assez bon état ; elles ont la forme d'un carré ou
d'un carré long, et ressemblent plutôt, en général, à des maisons qu'à des tours.
En un mot, on remarque, selon chaque plan, de grandes différences dans leurs
dimensions, leur forme et leur nombre.

Si ces tours n'étaient accompagnées d'un terrassement que du côté de la ville,
il est certain que, du côté du fossé, elles devaient, n'étant pas en partie enter-
rées, descendre plus bas, et par conséquent paraître plus élevées ; cependant cet
effet n'est pas rendu sur les plans. C'est ce qui fait croire qu'elles étaient, ainsi
que le mur, placées sur le sommet du rempart, à moins d'admettre que le rem-

---

[1] N'oublions pas qu'on nommait aussi *Bastides* les portes elles-mêmes (en ajoutant à ce mot
leurs noms particuliers), ainsi que les buttes de terre élevées à l'issue des portes, à l'extérieur.

part, au lieu de flanquer la muraille et les tours, en était séparé par un vide, par une sorte de fossé. C'est ainsi qu'il est représenté sur les plans de Quesnel et Mérian, où il semble même dominer un peu le sommet des bastides, double disposition que je regarde comme invraisemblable.

Ces bastides ont-elles disparu avant ou en même temps que le rempart ? Sur les plans en deux feuilles, édités par Melchior Tavernier, et qui sont des calques corrigés et modernisés de celui de Mathieu Mérian, plans dont j'ai signalé trois éditions, 1630, 31 et 35, on voit encore figurer les bastides. On doit en conclure qu'elles n'ont été abattues qu'avec le rempart, vers 1635. Cependant, sur plusieurs vues de Paris, gravées par le même Mérian, en 1616 et 1621, on n'en voit plus aucune. C'est probablement un oubli de sa part. Si elles eussent été détruites, Tavernier les eût sans doute supprimées, comme il supprima plusieurs autres détails marqués sur le plan qu'il copiait; parce que ces détails avaient disparu depuis 1615.

Le grand arc que formait la clôture de Charles V était interrompu à six endroits par des portes fortifiées ou bastides, qui protégeaient l'entrée des rues S. Antoine, du Temple, S. Martin, S. Denis, Montmartre et S. Honoré. En outre, il exista peut-être une porte de ville située entre la tour Billy et celle Barbeau, vis-à-vis l'extrémité méridionale de la rue actuelle du Petit-Musc (voy. mes *Recherches sur les portes*, au mot CÉLESTINS). Quant à la porte Neuve, placée sur le quai actuel du Louvre, elle ne fut établie qu'en 1536.

Les six portes principales de Charles V, encore subsistantes en partie, quoique modifiées sous Louis XIII, furent construites vers l'année 1370, ou un peu plus tard. Je parlerai ailleurs de leur forme et de leur emplacement.

La seule porte bâtie, à mon avis, sous le roi Jean, ou même antérieurement, était celle placée à l'entrée de la rue S. Antoine. Elle avait l'apparence des portes de Ph. Auguste, mais plus en grand, car elle était fortifiée de deux hautes tours rondes, d'environ cent pieds d'élévation. Mais à peine fut-elle terminée qu'on changea sa destination, de sorte qu'elle n'a peut-être jamais porté de nom. Vers 1369, Charles V, voulant construire en cet endroit une redoutable *bastide*, donna ordre à Hugues Aubriot d'ajouter à cette porte six autres tours semblables, toutes reliées par d'épaisses et doubles murailles. Il en résulta la forteresse nommée la BASTIDE par excellence.

Cette porte ainsi supprimée, incorporée à un vaste édifice, fut remplacée par une autre porte S. Antoine plus modeste, et située plus loin, vers le nord. Elle dévia ainsi de l'axe de la rue S. Antoine, qu'on élargit en forme de place aux abords de la porte, afin qu'elle pût y aboutir, forme qui s'est conservée jusqu'à nos jours.

Les six portes de Charles V, que je décrirai plus tard, coexistèrent avec les anciennes portes ou poternes annexées à l'enceinte de Ph. Auguste. Ces dernières furent depuis nommées anciennes ou *fausses* portes [1], quelquefois aussi *premières* ou *secondes* portes, selon qu'on entrait à Paris ou qu'on en sortait.

M. de Gaulle se trompe quand il avance que, sous Charles VI, on abattit les portes ou poternes dites : du Louvre, Coquillière, du Chaume, Barbette et des Béguines, attenantes à l'enceinte du XIIIe siècle.

Gilles Corrozet parle de ces anciennes portes, qu'il a vu détruire presque toutes sous François Ier. Celle dite Baudets fut la première abattue, peut-être dès le temps de Charles VI ; aussi n'est-elle plus indiquée sur les plus anciens plans ; il en est de même de la poterne S. Paul.

Sauval avance (t. I, p. 42) que les portes de Charles V, à peine terminées, furent ruinées sous Charles VI, pour punir les Parisiens révoltés, « si bien, dit-il, « que Paris, durant quelques années, fut semblable à un hameau et à quelque « méchant village, où l'on peut entrer et sortir librement à toute heure, autant « de nuit que de jour. Quelques historiens contemporains assurent que le Cones- « table de Clisson... donna ce beau conseil, dont il se repentit à loisir, surtout « en 1392, quand Pierre de Craon, après l'avoir assassiné, se sauva si aisément « avec ses complices, à la faveur de ces brèches ; si bien qu'à la fin on fut con- « traint de les rétablir, et même à la hâte pour garentir Paris... tant des Arma- « gnacs et des Bourguignons, que des Anglois...»

Quoique le caractère parisien puisse se résumer en ces trois mots : *faire, défaire* et *refaire*, le fait tel que le présente Sauval me paraît néanmoins peu vraisemblable. On brisa sans doute les barrières ou palissades, les *vantaux* qui fermaient la baie de ces portes, mais non sans doute la massive maçonnerie de ces fortes bastides de pierre [2].

Corrozet rapporte (folio 129, v.), d'après les anciennes chroniques, que Charles VI (en 1383), indigné contre les Parisiens, entra à Paris en armes et en ordre de bataille, et il ajoute : « Les *boulevers* et barrières qui estoient deuant la porte Sainct Denys furent rompuz, et la porte *mise en pièces.* »

Tous ces dégâts tardèrent peu à être rétablis ; ce fut, dit-on, aux frais des bourgeois, habitant les rues qui y aboutissaient.

---

[1] On nomma aussi *fausses portes*, les poternes et les portes établies au haut des faubourgs S. Marcel, S. Jacques, S. Honoré, S. Denis et S. Martin. J'en parlerai plus tard au chap. xx, et aussi dans mes *Recherches sur les portes.*

[2] Ce fait, rapporté par Sauval, paraît peu authentique. Félibien (t. III, p. 519) cite une ordonnance de 1582 contre les Parisiens. On s'y plaint seulement de la rupture des *portes de l'Hôtel-de-Ville.*

La clôture de Charles V (comme nous sommes convenus de la nommer) ne fut complétement terminée que vers 1420. Depuis cette époque, elle fut, sinon renouvelée, ce qui est peu probable, du moins modifiée et réparée, à diverses reprises, jusqu'à l'année 1634 environ, qu'elle fut détruite et remplacée par une enceinte bastionnée, projetée et commencée dès 1536. Je regarde comme impossible de retracer au juste sa physionomie primitive, puisqu'il n'en reste plus de vestiges matériels, sinon du côté de l'Arsenal, où elle faisait un retour d'équerre pour relier la tour Billy à celle Barbeau.

En 1652, comme l'atteste le plan de Gomboust, il restait sur la place, dite un peu plus tard *du Carrousel*, un bout de fossé qui n'existait plus en 1672 ; et l'on voyait encore, entre la porte du Temple et la Bastille, des traces des anciens fossés et quelques portions informes du rempart. Quant à la ligne que suivaient les fossés et les remparts, nous n'en avons d'autres souvenirs que les noms de quelques rues, la position de quelques égouts pratiqués dans une partie du vide des fossés, et, en certains endroits, un mouvement du sol qui semble indiquer leur passage, et dont je parlerai au chapitre XVIII.

Il est fâcheux que Sauval n'ait pas recueilli à ce sujet des renseignements précis, lui qui a pu, dans sa jeunesse (vers 1634), assister à la démolition du rempart, des murs, portes et bastides, ainsi qu'au comblement des anciens fossés, entre la rue S. Honoré et la porte S. Denis. Il ne nous a laissé de détails que sur les portes, et encore sont-ils bien confus.

Il est difficile, faute de plans géométraux du temps, d'indiquer avec précision l'emplacement positif occupé par le rempart, le mur, les tours et les fossés, et de les figurer avec leurs formes réelles et leurs justes proportions. Ce rempart, ces fossés, ces tours, n'avaient certainement pas partout des dimensions identiques comme je suis obligé de le supposer sur ma planche IX. J'ai été contraint presque toujours de demander des renseignements aux plans peu exacts des XVIᵉ et XVIIᵉ siècles ; et, comme ils sont tous tracés à vol d'oiseau, on ne peut guère en tirer que des documents approximatifs.

Je n'ai rencontré, relativement au rempart qui accompagna, dès le principe ou plus tard, l'enceinte de Charles V, qu'un seul plan géométral conservé aux Archives (IIᵉ cl., n° 94). Il représente l'étendue du *Fief des Treize-arpents*, sur lequel fut établie, vers 1630, une partie du jardin et des bâtiments du Palais-Royal. On y distingue le tracé des fossés et remparts. Ce plan a été dressé d'après celui levé en 1695, par Delepine. A cette époque, le rempart n'existait plus depuis plus d'un demi-siècle ; mais il est probable que le plan de Delepine fut exécuté lui-même d'après un plan antérieur.

On voyait autrefois, aux Archives, plusieurs autres plans cotés : IIIᵉ cl., nᵒˢ 248,

252 *et suiv.*, tous relatifs au terrain du Palais-Royal ; mais sur les cartes où leurs titres sont inscrits, on lit : « Remis en 1818 à M. le duc d'Orléans. » Parmi ces plans, se trouvaient peut-être des toisés contemporains de l'époque où l'on combla les fossés. Quoi qu'il en soit, celui que j'ai reproduit, réduit de moitié, sur ma planche X, fig. 1, doit être un reflet des plans originaux. On y indique par des lignes pointillées le passage du rempart et du fossé, qu'on voyait encore sous Louis XIII, sur le terrain du Palais-Royal. On y a figuré la largeur du fossé, du rempart et des chemins de ronde, ainsi que le profil en élévation de tous ces détails, le tout accompagné d'une échelle. Malheureusement, ce plan ne mérite pas toute notre confiance; reporté sur celui de Verniquet, il ne peut s'accorder avec la direction des rues, que je suppose précise sur ce dernier plan. Il est évident que le rempart n'a pas, sur toute la ligne, occupé autant d'espace, en largeur, que la portion marquée sur le plan de Delepine, puisque l'étendue de son emplacement réel est indiquée par quelques rues actuelles qui en formaient les limites. Sur ce plan, on ne distingue ni le mur d'enceinte, ni les bastides carrées dans lesquelles ce mur s'engageait; sur les anciens plans, il y en avait au moins trois dans cet espace.

Avouons que ce seul document ne suffit pas pour retracer avec fidélité, dans toute la longueur de son cours, une enceinte tant de fois remaniée depuis 1356. Le fossé a, d'après l'échelle, environ trente-sept toises de large. Cette largeur représente, sans aucun doute, celle des deux fossés réunis.

XVII. — Description de la clôture de Charles V. telle qu'elle était vers 1530 [1].

(Du Carrousel à la porte Saint-Denis.)

Les principaux historiographes parisiens signalent, mais en termes bien peu définis, la ligne générale que suivait l'enceinte de Charles V, sans s'embarrasser aucunement de l'espace qu'occupaient le rempart, les fossés et les chemins de ronde. C'est cependant là un point essentiel sur lequel doivent être dirigées toutes les recherches de l'archéologue qui tient à la précision. Les rues du Rempart-S.-Honoré, des Fossés-Montmartre, et plusieurs autres qui portaient des noms analogues [2], offrent des souvenirs bien vagues de la clôture en question. Ces noms de *rempart* ou *fossé*, appliqués à une rue, n'expliquent ni la place, ni

---

[1] On remarquera dans ce chapitre plusieurs idées déjà exprimées dans les précédents. Je n'ai pu faire disparaître ces redites, qui, du reste, éclaircissent le texte.

[2] Les rues Meslay, Jean-Beausire et autres, ont aussi porté le nom de rue du Rempart.

l'étendue de ces parties de l'enceinte. On se demande si les rues dites du Fossé longeaient le fossé du côté de l'escarpe ou de la contrescarpe ; si elles remplacent une partie de sa largeur, ou si elles y aboutissaient simplement. L'expression : rue du Rempart entraîne la même incertitude. Je tenterai, dans ces dissertations, de bien fixer la signification de tous ces noms de rues.

Avant de décrire le parcours de l'enceinte de Charles V, sous François Ier, il est indispensable de nous fixer sur la forme qu'elle avait à cette époque, et de nous en créer une idée approximative fondée sur le raisonnement et sur l'examen rectifié des anciens plans. Nous renoncerons, pour prendre un parti, à admettre que le mur d'enceinte et ses tours fussent élevés sur un terre-plein. Nous rejetterons surtout la disposition vicieuse qu'offrent les plans de Quesnel et de Mérian, et que j'ai déjà signalée page 134.

Sur notre tracé le terrassement continu ou rempart, formé peu à peu, je ne sais au juste à partir de quelle année, s'élève au-dessus du sol général d'environ huit mètres ; il a, à sa base, environ vingt-cinq mètres de large, et un peu moins au sommet. Il *flanque* la muraille, du côté de la ville, muraille peu élevée en 1530, mais qui l'était sans doute davantage dans l'origine. A cette époque, elle n'était plus crénelée, sinon sur quelques points, mais presque partout percée de meurtrières, et même, comme l'indique nettement la grande gouache de l'Hôtel-de-Ville, de larges embrasures pour le canon. Ces embrasures, au reste, ne peuvent être guère antérieures à Louis XI ; car avant ce roi on avait l'habitude de placer l'artillerie sur les plates-formes des murs, des tours et des portes, comme nous l'apprennent les anciennes miniatures. Ces tours carrées, servant alors, en quelque sorte, de *bastions*, avaient sur leurs flancs, en saillie sur le fossé, des meurtrières pour défendre l'approche des murailles et prendre l'ennemi en flanc.

Le mur d'enceinte, c'est fort probable, n'était pas flanqué d'un terrassement du côté du fossé. On peut seulement le supposer muni, au pied, d'un petit tertre nommé *empatement*. Entre l'empatement et le bord d'escarpe du fossé, on peut admettre l'existence d'un étroit chemin de ronde.

A des intervalles plus ou moins réguliers, le mur était interrompu par ces gros bâtiments carrés (que nous nommerons bastides), dans lesquels il venait s'engager vers le milieu de leur profil. Le mur de face de ces bastides devait nécessairement paraître plus haut du côté du fossé, que du côté opposé où leur base était cachée par le rempart ; mais, je le répète, aucun des anciens plans n'a fait sentir cette différence (Voyez p. 133).

La plupart de ces bastides, terminées en terrasse dans l'origine, munies de parapets crénelés et de machicoulis, n'ont plus cette forme sur les vieux plans ; elles ressemblent presque toutes à de vastes maisons dont le pignon reçoit le profil du mur, et dont le sommet, dépourvu de créneaux, est couvert d'un toit vulgaire. Les aurait-on ainsi transformées ou reconstruites, ou avaient-elles cette apparence dès le temps de Charles VI? C'est ce que je ne saurais dire. Les anciens actes de ce temps, qui parlent de *maisons sur le mur*, veulent sans aucun doute les désigner (Voyez page 132). J'admets donc volontiers que tous ces bâtiments étaient autrefois de hautes tours qu'on aura plus tard, au XVᵉ siècle, abaissées ainsi que le mur et appropriées à l'usage de casernes, ou de remises pour l'artillerie. Leur hauteur primitive devait approcher d'au moins vingt mètres à partir du sol, et, avant l'addition du rempart (si ce rempart a été ajouté), on communiquait, par la plate-forme du mur, d'une tour à l'autre.

Le rempart offrait, du côté de la ville, une sorte de colline, de terrasse gazonnée, et, du côté du fossé, le mur d'enceinte lui servait en quelque sorte de revêtement. Entre le rempart et la ville était un chemin de ronde, d'où partaient sans doute, de distance en distance, des montées ou *rampes* en pente douce, pour le transport de l'artillerie (Voy. page 116).

Il est question, dans le *Mémoire* de Bouquet, p. 220, d'une « grande montée à visse à deux noyaux (projetée, près de la porte Montmartre), pour l'aisance et commodité d'aller et venir sur le *rempart*, 1601. »

A une distance de quelques toises du pied de la muraille d'enceinte, s'ouvrait, du côté de la campagne, un premier fossé, large d'au moins trente mètres, et creusé en entonnoir jusqu'à la profondeur de sept ou huit mètres, non compris un étroit canal pratiqué au fond, et nommé *cunette*. Les deux talus de ce fossé n'étaient vraisemblablement pas encore revêtus de pierre en 1530, sinon peut-être dans le voisinage des portes.

Un intervalle de plusieurs mètres séparait le grand fossé d'un autre plus étroit, nommé *arrière-fossé*. Il était aussi moins profond et presque toujours à sec. L'espace entre les deux fossés formait une chaussée que Corrozet appelle : une *butte en dos d'âne*. C'est sur cette chaussée qu'étaient construites les avant-portes fortifiées, qui précédaient les portes principales.

La fig. 2 de ma planche IX donnera une idée de la manière dont on peut se figurer le profil de cet ensemble de fortifications vers 1530. Plusieurs petites vues des anciennes portes (planche XII) feront comprendre l'aspect des fossés aux endroits où se rencontraient des portes.

La planche IX représente l'ensemble de la clôture fortifiée de Charles V, telle qu'elle se trouvait vers 1530 [1]. Je l'ai tracée sur le plan moderne et exact, malgré sa petite échelle, de X. Girard. Mon travail a pour base des documents plus

[1] On y voit aussi le tracé de l'ensemble du mur septent. de Ph. Auguste, tracé qui complète mes Observations générales consignées au chap. xiii.

ou moins précis, que m'ont fournis de nombreux ouvrages, et des plans généraux ou partiels que je signalerai. Quand j'ai rencontré des témoignages contradictoires, j'ai choisi ceux qui m'ont paru, par tels ou tels motifs que j'explique, les plus dignes de confiance.

Cette planche est donc l'expression fidèle de l'idée que j'ai pu me faire, après plusieurs années de recherches, de la ligne, des proportions et des détails de cette enceinte, jusqu'ici imparfaitement étudiée. J'ai indiqué par des lignes pointillées la largeur réunie des deux fossés (à moins qu'on n'admette que l'arrière-fossé s'étendait encore au delà de cette limite), la position hypothétique des bastides, et la largeur approximative du rempart à sa base.

Les noms et la direction de certaines rues m'ont aidé souvent à déterminer les limites du fossé et du rempart. La portion de l'arc de clôture, entre les portes du Temple et la Bastille, est celle qui m'a coûté le plus de temps à fixer, parce que cette partie de l'enceinte a été, depuis Henri II, remuée de fond en comble, et qu'aucune rue ancienne n'en rappelle l'emplacement.

J'ai tracé, en partie sur cette planche, en partie sur la figure 3 de la planche suivante, les anciennes buttes qui, formées de gravois ou de terres rapportées, ont autrefois servi de complément à la fortification de la ville [1] ; puis, plus tard abaissées, ont été converties en bastions à deux faces.

J'ai donné au rempart et au fossé, sur toute la ligne, une forme et une dimension identiques. Il en est de même des bastides qui accompagnent le mur. Je dois avertir que cette uniformité n'est qu'hypothétique. N'ayant pour me guider que les plans si imparfaits du XVIe siècle, qui ne sont jamais d'accord entre eux, et ne sachant auquel accorder ma confiance, j'ai dû admettre une régularité de convention qui n'existait réellement pas.

Un point moins incertain, c'est la ligne que j'assigne au parcours de l'enceinte ; car j'ai pour jalons et pour guides, des plans de géomètres indiquant la situation des portes, la direction de certains égouts, les limites de quelques couvents contigus à l'enceinte, enfin, je le répète, la position et le nom de quelques rues.

Nous commencerons notre examen de détail par une haute tour ronde [2] qui, vers l'orient, formait la tête de la clôture de Charles V. On ne peut guère fixer qu'approximativement sa position, d'après plusieurs estampes d'Israël Silvestre, et le plan de J. Gomboust. Elle s'élevait au bord de la Seine, qui fut plus tard rétrécie à cet endroit par l'établissement du quai du Louvre. Quand la grande

---

[1] Les buttes voisines des portes S. Martin et du Temple sont peut-être d'une formation postérieure à Charles V. J'en parlerai plus au long au chap. xxi.

[2] Sous Charles V, la forme carrée commençait à être généralement préférée. Ce fut peut-être pour accorder cette tour avec le style de celle de Nesle, qu'on dévia de ce système.

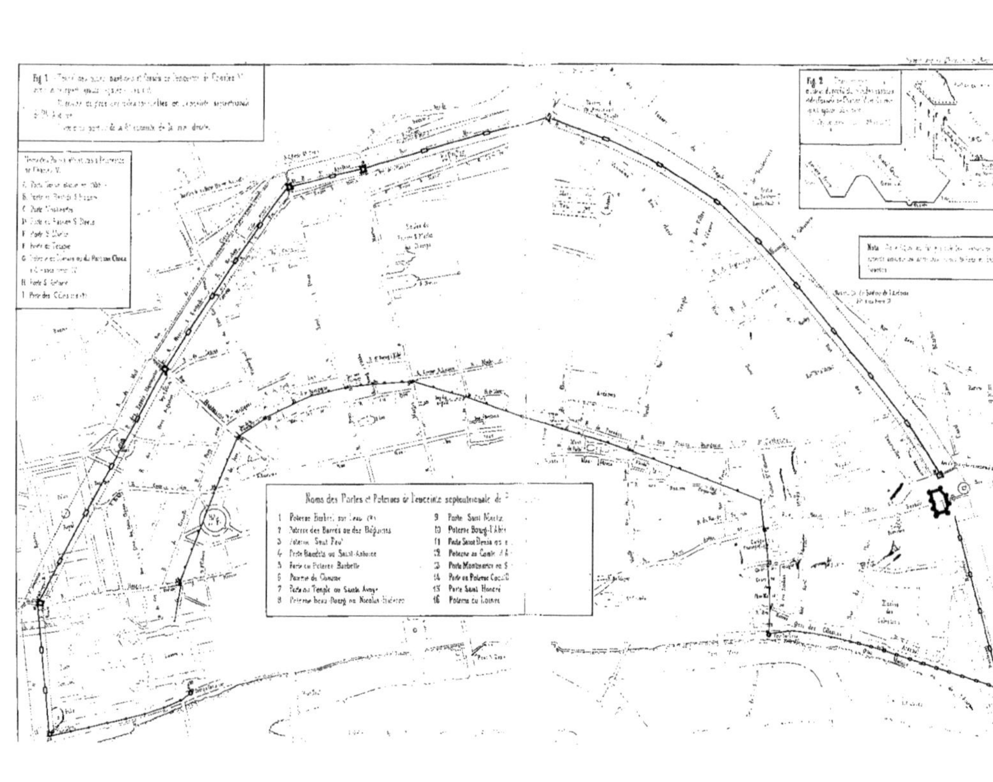

Noms des Portes et Poternes de l'enceinte septentrionale de
1 Poterne Barbeau sur l'eau
2 Poterne des Barrés ou des Béguines
3 Poterne Saint Paul
4 Porte Baudets ou Saint-Antoine
5 Porte ou Poterne Barbette
6 Poterne du Chaume
7 Porte du Temple ou Sainte Avoye
8 Poterne beau Bourg ou Nicolas Huidelon
9 Porte Saint Martin
10 Poterne Bourg-l'Abbé
11 Porte Saint Denis
12 Poterne au Comte
13 Porte Montmartre ou S
14 Porte ou Poterne Coquillière
15 Porte Saint Honoré
16 Poterne du Louvre

galerie fut bâtie, elle passa fort près de cette tour. Elle était située presque dans l'axe de la rue S. Nicaise, à environ 75 mètres, vers l'ouest, du point où la galerie est surmontée d'un campanile. Un égout moderne, marqué sur ma planche, débouche encore par un canal qui représente une portion de la *gueule* de l'ancien fossé. « Lorsqu'on creusa, dit Ramond du Poujet, la place du Carrousel pour « construire la nouvelle galerie, on découvrit les restes de l'*ancien mur* entre la « seizième et la dix-septième arcade, à partir du pavillon Marsan. » Si cet ancien mur était bien celui de l'enceinte, ce renseignement peut nous aider à fixer la position de la tour, dont je n'ai jamais rencontré de tracé géométral.

Elle se nomma, dès l'origine, *Tour de Bois*, ou plutôt, *Tour du Chastel-de-bois*, à cause de sa proximité d'une fortification voisine du Louvre, qui s'appelait ainsi. Plusieurs auteurs écrivent : *Tour-du-bois*, et croient qu'elle avoisinait un bois qui s'étendait jusqu'à Chaillot. Ce château était ainsi nommé, sans doute, parce que sa construction consistait en charpentes, selon l'ancien système usité encore au XIVe siècle [1], et non parce qu'il se trouvait près d'un bois. C'est donc, à mon avis, par méprise qu'on écrit : Tour *du* bois.

De la Marre, qui était fort peu judicieux en fait d'archéologie, attribue le Château *du* Bois à Ph. Auguste [2]. Je ne sais s'il a tort ou raison ; ce qui est certain, c'est qu'un acte de 1420 ordonne sa démolition partielle, « pour ce que le Chastel « de bois lez le Louvre estoit moult préjudiciable à la forteresse de la ville, parce « que les habitants d'icelle n'eussent pu aller jusques à la *Tour* de ladicte ville, qui « fait le coing qui est sur la rivière, devant et à l'opposite de Neelle. » (Bouquet, *Mémoire*, p. 170.)

Le même cite un marché fait vers 1473 « pour nettoyer les grands fossez, de-« puis le boulevart neuf de la tour de Billy, jusques à la *tour du Chasteau-de-« bois.* » Plus tard, on a dit simplement la *Tour de Bois*. Sauval (t. III, p. 629) cite un compte où elle est ainsi désignée vers 1538. Corrozet (fol. 135) dit que Pierre des Essars fut mené « en la grosse *tour du bois*, près le marché aux mou-« tons [3], vis-à-vis la porte de Nesle. » Il semble ici confondre cette tour avec celle située plus à l'est, et près du Louvre. Sauval (t. II, p. 14, et III, p. 41), ainsi que De la Marre, a fait la même erreur et a cru que la tour de Bois était celle qui faisait pendant à la tour de Nesle.

Du Breul (p. 5) parle d'une *Tour du Bois* vis-à-vis la *porte* de Nesle, tour qui, dit-il, exista jusqu'en 1413. C'est une méprise. La tour correspondant à celle

---

[1] Dans les *Études sur l'artillerie*, t. II, on cite plusieurs chastels construits en bois au XIVe siècle.

[2] Un médiocre auteur (Saugrain, je crois) avance que le Louvre tout entier se nommait *Château du Bois*, parce qu'il aurait été bâti au milieu d'un bois.

[3] Ce marché aux moutons était placé entre la porte S. Honoré de Charles V et la Seine.

de Nesle subsiste encore entière sur le plan de Belleforest, 1575, et celle qui nous occupe n'a été abattue que sous Louis XIV.

La tour du Chastel-de-Bois, que nous appellerons : tour de Bois, par abréviation, a porté plusieurs autres noms. Elle s'appelait, au XV° siècle, Tour de l'Ecluse, parce qu'elle avoisinait un batardeau, sorte d'écluse destinée à retenir l'eau dans les fossés quand le niveau de la Seine baissait. Plus tard, malgré sa vétusté, on l'appela, je crois, *tour Neuve*, parce qu'elle touchait la porte *Neuve*, bâtie vers 1536, celle-là même par laquelle Henri IV entra à Paris en 1594.

Sous Louis XIV on la nomma : tour du Grand-Prévost, parce que le logis du grand-prévôt de France fut établi, vers 1635, près de cette tour, comme nous l'apprend l'auteur du *Supplément aux Antiquitez* de Du Breul, p. 67.

Il ne serait pas impossible qu'on l'eût désignée aussi quelquefois (comme la tour du Louvre, vis-à-vis celle de Nesle) *Tour-qui-fait-le-coin*, puisqu'elle était dans l'angle formé par le mur fortifié, qui, au moyen d'un retour d'équerre, reliait, sur le quai, l'enceinte de Charles V à celle de Ph. Auguste.

Un grand nombre d'estampes nous ont conservé l'image de la tour de Bois, vue de l'est, de l'ouest et du sud. Silvestre l'a dessinée souvent, mais pas toujours avec les mêmes proportions. On la voit aussi figurer sur d'anciens tableaux. Elle paraît ressembler beaucoup à celle de Nesle, parce qu'elle fut élevée, pour la décoration de la ville, sur le même modèle. Elle était composée de trois étages et terminée par une plate-forme, dont le parapet crénelé s'appuyait sur des consoles formant des machicoulis. Une autre tour ronde et étroite la flanquait du côté de l'orient. Le sommet de cette tourelle, qui contenait un escalier à vis et dominait la plate-forme, était recouvert d'une calotte de pierre. Il en résultait une sorte de guérite, nommée : lanternon, dont la porte était de plain-pied avec la plate-forme.

La tour de Bois domina longtemps avec majesté le rempart et les fossés de Charles V ; mais quand la galerie du Louvre vint à passer à quelques mètres derrière elle, vers le nord, elle parut, dès lors, un édifice sombre et ridicule par son contraste avec la blancheur du nouveau bâtiment. Cependant elle continua longtemps encore à subsister en cet état d'isolement, et survécut même de quelques années à la tour de Nesle. Elle disparut, je pense, vers 1670. Elle n'existe plus sur le plan de Bullet, 1672.

On voit, dans le *Mémoire* de Bouquet (p. 120 et 128), qu'en 1443 son troisième étage servait à mettre de l'artillerie et des *habillements de guerre*. Il y avait une allée « par où l'on alloit sur la terrasse du batardeau de pierre près la tour qui retenoit l'eau des fossez. » Cette même année, la tour était louée par la ville au sieur Perrin, à condition de fournir passage, « pource que, pour aller au batardeau, il falloit passer par la chambre du premier étage d'au dessus le rez de chaussée. »

On lit dans Sauval (t. III, p. 629) : « La tour de Bois près le Louvre, laquelle la ville a *reprise* pour y mettre les poudres. » Cet extrait sans date est peut-être de l'an 1538, époque où sauta la tour de Billy.

Le rempart contigu à la tour fut souvent aussi baillé à louage, sous Henri IV et Louis XIII, à divers particuliers, pour y bâtir des maisons ou des moulins à vent. Sauval (*ibid.*) mentionne un compte où l'on dit qu'il « est permis à Fran- « çois Ymbert... d'édifier un moulin à vent sur la butte de terre et plate-forme « assis près le marché aux moutons et la tour *du* Bois. »

Sur une grande estampe d'Israël Silvestre, représentant le carrousel de 1662, on voit la plate-forme de la tour couverte de spectateurs qui regardent la fête par-dessus la galerie du Louvre. Une rare estampe que je possède, signée *Mathieu Mérian*, représente un feu d'artifice tiré, en 1613, sur la même tour. Il en part un *courantin* (fusée volante horizontale) qui, glissant sur des cordes, va au delà de la Seine mettre le feu à d'autres pièces d'artifice placées sur la tour de Nesle.

Comme la tour de Bois s'éloignait beaucoup, vers l'ouest, de la tour *qui fait le coin*, sise vis-à-vis celle de Nesle, Charles V imagina de l'y relier par une muraille fortifiée, parallèle à la Seine.

Sauval (t. III, p. 124) cite « les nouveaux murs du devant du Louvre, com- « mencés en mars 1370. » C'est probablement de cette fortification qu'il s'agit. Guillebert de Metz, qui écrivait vers 1432, en parle ainsi : « Aux deux bouts de « la basse partie de la ville *sur* la rivière, sont très haulx et fors murs à grans « tours, cest assauoir au Louvre ou ils sont à *guarites* [1] *doubles* les ungs dedens « devers la ville et les autres du costé dehors la ville et aussi aux Célestins, les- « quelx estora Hugues Aubriot... »

Ce mur fortifié est représenté avec des différences sur les plans du XVIe siècle. Sur la grande gouache de l'Hôtel-de-Ville, et sur le plan de Braun, il relie une suite de sept tours [2] rondes; sur les plans de Du Cerceau et de Belleforest, il est flanqué de cinq demi-tourelles en encorbellement, sorte d'hémicycles dont l'ouverture regarde le Louvre et non la rivière, ce qui est peut-être un contre-sens. Celles figurées sur les mêmes plans, près des Célestins, ont une position inverse. J'ai donné la préférence aux deux premiers plans; mais, au lieu de tours rondes,

---

[1] Le mot *guarites* désigne ici des espèces d'hémicycles de pierre en encorbellement, et non l'espèce de bombarde qui portait aussi ce nom, selon les *Études sur l'artillerie*, t. II, p. 47.

[2] On n'en compte que *six* sur le dessin de Gagnières, qui reproduit, comme cette gouache, le plan de tapisserie.

j'admets qu'il faut voir deux renflements semi-circulaires suspendus en forme de culs-de-lampe au sommet du mur, et placés vis-à-vis l'un de l'autre, comme les hémicycles du Pont-Neuf, mais très-rapprochés. Cette disposition me paraît être dans le style du temps, et s'accorde avec la description de Guillebert de Metz.

De la tour de Bois partait le rempart, dont le talus d'escarpe la touchait sans doute de telle sorte, qu'une partie de sa circonférence saillait vers l'ouest, dans le fossé. Je suppose qu'il en était ainsi, car aucun plan géométral ne m'a fait voir comment le rempart tenait à la tour, et où était placée l'écluse dite : des Tuileries.

On ne commença à jeter sur l'embouchure du fossé un pont qui formait la continuation du quai, que vers 1536, époque où fut construite la Porte-Neuve. Sur une grande vue de Paris d'Israël Silvestre, datée 1650, et qui paraît très-exacte, on voit sur la berge deux voûtes de pierre, sous lesquelles débouchait encore à cette époque l'ancien fossé ; car il en avait survécu une portion de ce côté de Paris, comme le témoigne le plan de Gomboust.

Le talus intérieur du rempart formait le côté occidental de la rue S. Nicaise, laquelle peut être regardée comme un chemin de ronde. La Tynna se trompe quand il dit que cette rue fut alignée sur l'emplacement du mur de Charles V. La largeur des deux fossés avait pour limite, à peu près, la grille qui sépare aujourd'hui la cour des Tuileries de la place du Carrousel.

Il m'a été impossible, réduit aux vieux plans à vol d'oiseau, de déterminer le nombre, la forme géométrale et la dimension des bâtiments de pierres ou bastides qui accompagnaient le rempart. Entre la tour de Bois et la porte S. Honoré il a dû, dans l'origine, en exister plusieurs. Le plan de Braun et le dessin de Gagnières en offrent une seule ; le plan de Du Cerceau, plus moderne, deux ; un autre, gravé sur bois (décrit dans mes *Etudes sur les plans*, p. 68), trois. On n'en distingue plus aucune sur le plan de Quesnel, ni sur celui de Mérian qui l'a copié ; mais le plan de Vassalieu, qui porte la même date (1609), en indique encore deux. J'ai adopté ce nombre, comme le plus en rapport avec l'espacement général de ces bâtiments.

La position de la porte S. Honoré de Charles V, la seconde de ce nom, me paraît bien précisée sur le plan des Archives (Pl. X, fig. 1).

Le nom de la rue du Rempart- S. Honoré est un souvenir de l'enceinte, de ce côté de Paris ; mais, comme j'en ai déjà fait la remarque, cette désignation est bien vague, car elle peut s'appliquer à une rue qui longe le rempart, y aboutit, ou a été ouverte sur son emplacement. Celle-ci est évidemment un reste du chemin de ronde intérieur.

De la porte S. Honoré à celle Montmartre, je me suis aidé du plan des Archives, mais en le rectifiant, pour qu'il puisse s'accorder avec les autres documents certains que je possède sur la véritable position de l'enceinte. Sur toute la ligne nous serons guidés surtout par la direction des rues.

La face extérieure du mur [1] avait pour limite la rangée des maisons (numéros pairs) de la rue des Fossés-Montmartre ; l'impasse S. Claude (dite autrefois : rue *du Rempart*) est un reste du chemin de ronde intérieur qui longeait le rempart. Le fossé [2] s'avançait jusqu'à la rue du Mail, y compris la largeur de cette rue, et peut-être même un peu au delà. Dulaure a cru à tort que la largeur de la rue actuelle des Fossés-Montmartre et des autres à la suite indique celle du grand fossé.

Entre les portes S. Honoré et Montmartre, on compte trois bastides sur le dessin de Gagnières, quatre sur les plans de Braun, Du Cerceau et Belleforest ; six sur celui de Mathieu Mérian, ainsi que sur celui de Quesnel. J'en ai placé cinq à tout hasard. Le plan des Archives, cité page 136, ne figure aucune bastide entre la porte S. Honoré et la place des Victoires. Le géomètre aura jugé ce détail inutile, ou plutôt, de son temps, ces bâtiments n'existaient plus. Cependant, sur le plan de Melchior Tavernier en deux feuilles, édition de 1635, on les voit encore au nombre de six. (Voy. ci-dessus, p. 134.)

Dulaure avance qu'en 1820, quand on creusa les fondements pour le piédestal de la statue équestre de Louis XIV, sur la place des Victoires, on découvrit les *deux murs* qui servaient de *revêtement* au fossé. J'avoue ne rien comprendre à cette assertion. On n'a pu rencontrer qu'un seul mur, celui de l'enceinte. Quant aux talus du grand fossé, qui était fort large, ils ne furent probablement jamais revêtus, comme je l'ai dit plus haut, surtout du côté de la contrescarpe.

Sur cette partie du rempart était un moulin à vent, qui faisait face à la rue Croix-des-Petits-Champs. Il s'appelait *moulin des Petits-Champs*, sous Louis XIII. Il est marqué sur les plans de Mérian et autres. J'en reparlerai ailleurs.

C'est de ce côté de l'enceinte, près la porte S. Honoré, que Jeanne d'Arc essaya de forcer l'entrée de la ville de Paris. Il existe de curieux récits de cette attaque dans les chroniqueurs contemporains, notamment dans le *Journal sous Charles VI et VII*. Je vais rapporter ici, d'après le *Mémoire* de Bouquet, p. 172, la relation de ce fait, inscrite sur un registre du Conseil du Parlement : « Du Jeudi viii sep- « tembre M.CCCC.XXIX. Les Gendarmes de Messire Charles de Valois, assemblez « en grand nombre d'emprès les murs de Paris, lès la porte S. Honoré... environ

---

[1] N'oublions pas que je décris ici l'enceinte, dans l'hypothèse que le rempart *flanquait* le mur, au lieu de lui servir de support.

[2] Par ce seul mot fossé, je comprends aussi l'espace qu'occupait l'arrière-fossé. Un Italien nommé Raphaël Salvesti avait, dès 1597, établi un jeu de *Pail-mail* sur le chemin de contrescarpe du fossé, ou peut-être sur l'emplacement de l'arrière-fossé. On voit ce jeu figurer sur de vieux plans. La rue du Mail en garde le souvenir.

19

« deux heures après midi, commencèrent de faire semblant de vouloir assaillir
« la dicte Ville; et hastivement plusieurs d'iceux estant sur la Place aux Pour-
« ceaux et environ (probablement sur la butte dite depuis des *Deux-Moulins*),
« portant longues bourrées et fagots, descendirent et se bouttèrent ès *premiers*
« *fossez*, esquels n'avoit point d'eau, et jettèrent les dictes bourrées et fagots
« dedans *l'autre fossé prochain des murs*, esquels avoit grand eau... » Mais on
résista avec vigueur aux gens du duc de Valois, qui « se tindrent dedans le dict
« premier fossé, et dehors sur la dicte Place et à l'environ jusques à dix ou onze
« heures de nuict... et d'eux en y avoit plusieurs morts, et navrez de traits et de
« canons ; et entre les autres fut *blessé* en la jambe de traict une femme que on
« appelloit *la Pucelle*, qui conduisoit l'armée avec les autres Capitaines. »

La face extérieure de la porte Montmartre était située entre les angles méridionaux des rues des Fossés et Neuve-S. Eustache. La rue du Cadran (jadis *ruelle
des Aigoux*) débouchait près de sa face intérieure.

Entre les portes Montmartre et S. Denis, on distingue, sur les vieux plans, de
trois à quatre bastides. Celui de Quesnel en marque cinq. J'en ai mis quatre sur
mon plan. La largeur du rempart est indiquée en partie par l'espace compris entre la rue Bourbon-Villeneuve et celle Sainte-Foy, qui représente certainement le
chemin de ronde intérieur. Cette dernière rue s'est nommée jadis rue du Rempart, et aussi rue des Corderies, parce que des cordiers s'y étaient établis le long
du rempart. La petite rue Neuve-S -Sauveur, qui lui fait suite, a également
porté le nom de rue des Corderies.

Entre la rue du Petit-Carreau et celle Montmartre, il ne reste plus aucunes
traces de l'ancien chemin de ronde qui, probablement, se rattachait, d'une part,
à la rue Neuve-S. Sauveur, de l'autre, à l'impasse S. Claude.

Près de la partie de l'enceinte où aboutissait la rue Montorgueil, était la *Cour
des Miracles*, dont V. Hugo, après Sauval, a donné une description si pittoresque.
Le récit de l'historien est certes exagéré, comme celui du romancier. Je ne sais
où Sauval a trouvé tous les détails qu'a reproduits V. Hugo. Il est à noter que la
Cour des Miracles n'est signalée dans aucun ancien compte, et ne figure sur
aucune liste des rues de Paris ni sur les plans antérieurs au XVIIᵉ siècle. Peut-on
croire qu'il ait existé, sous Louis XI, au pied d'un chemin de ronde du rempart,
à peu de distance de la principale porte de Paris, un repaire de malfaiteurs que
le guet ne pouvait atteindre ? Du haut du rempart qui dominait cette localité, on
eût, avec quelques canons, anéanti en deux heures, enseveli toute la bande sous
les débris de ces vieilles maisons *rechignées et rabougries,* qui font tant d'effet
dans le roman de *Notre-Dame-de-Paris*.

XVIII. — Clôture de Charles V. De la porte S. Denis à la Seine.

Du côté de la campagne, la face de la Porte ou *Bastide* S. Denis était de niveau avec les angles méridionaux des rues Bourbon-Villeneuve et Sainte-Apolline. La rue Neuve-S. Denis représente à peu près le chemin de ronde intérieur, et l'espace compris entre cette rue et celle Sainte-Apolline, la largeur du rempart. La largeur du fossé s'étendait depuis cette dernière rue jusqu'au boulevard, et empiétait même un peu sur son emplacement.

A l'ouest de la porte S. Denis, s'élevait la butte énorme de Villeneuve-sur-Gravois. Son origine, que son nom explique assez, date, je pense, de l'an 1356, époque où fut commencée l'enceinte qui nous occupe. Cette butte, formée sans doute aussi d'une partie des déblais des fossés, a servi de *bastide* ou *bastillon*, sorte de fort détaché, placé près de cette porte, une des plus importantes de Paris. Mais ce ne sont là que des conjectures.

Sauval (t. I, p. 75) nous apprend que les Filles-Dieu (établies entre le Grand-Égout et le boulevard actuel Bonne-Nouvelle) possédaient un terrain à l'endroit où depuis s'éleva la butte. Ces religieuses ayant été dépossédées de ce terrain dès l'an 1226 (selon Sauval), on y porta dès lors des immondices et des gravois qui formèrent ce monticule. En 1593, les maisons qu'on y avait bâties, dit-on, depuis 1552 furent détruites. Vers 1634, on résolut d'en faire un gros bastion à deux faces; on donna cette forme à la butte; mais le bastion ne fut jamais achevé ni muni d'un fossé. Quoiqu'elle ait été plusieurs fois abaissée, il en reste encore une bonne partie, peu fréquentée des voitures, à cause de son escarpement. Tous les anciens plans la représentent; sur ceux du XVIe siècle, elle est surmontée de trois moulins. J'en reparlerai au chap. XXI.

Sur la plupart des plans, le mur, entre les portes S. Denis et S. Martin, est fortifié d'une seule bastide. Celui de Vassalieu (1609) est le seul qui en offre trois. Ce détail est probablement imaginaire. Sur le dessin de la Tapisserie par Gagnières, on n'en voit aucune; c'est, je pense, une omission. De même, sur le plan de Mérian; mais il est possible qu'en 1615 cette bastide n'existât plus. Sur le plan de Gomboust, 1652, on ne voit, en cet espace, aucunes traces du rempart, et, à la place des fossés, sont des jardins. La rue basse, nommée Neuve-d'Orléans, qui aujourd'hui se confond avec le boulevard, représentait sans doute le chemin de ronde de contrescarpe, établi le long de l'arrière-fossé.

La porte S. Martin s'avançait vers le nord jusqu'au niveau des rues Sainte-Apolline et Meslay, comme on le voit sur mon dessin. L'impasse de la Planchette indique le commencement du chemin de ronde intérieur, qui courait au bas du rempart entre la porte S. Martin et celle du Temple; le rempart suivait à peu près [1] la direction de la rue Meslay. Cette rue, ouverte sous Louis XIV, se nomma, dans l'origine, *rue du Rempart*, parce que, selon La Tynna, elle fut commencée *sur les remparts*.

Je crois que La Tynna se trompe. La ligne méridionale des maisons de cette rue indique plutôt le point où passait le mur d'enceinte. Quant au rempart, il occupait l'espace compris entre ces maisons et l'impasse de la Planchette [2]. Le fond de l'impasse du Pont-aux-Biches aboutissait au rempart, au-dessous duquel coulait, sous une voûte, l'égout du même nom, qui débouchait dans le fossé.

L'exhaussement de la rue Meslay porte à croire qu'elle occupe, en effet, la place d'une portion du rempart abaissé. Mais notons qu'il existait depuis je ne sais quelle époque, à l'est de la porte S. Martin, une butte très-élevée, qui n'avait pas encore tout à fait disparu en 1714 [3]. Cette butte, en 1652, comblait le fossé et se confondait avec le rempart. C'est peut-être sur la pente méridionale de la butte que fut établie la rue Meslay, vers l'endroit où jadis commençait l'ouverture du fossé.

La porte du Temple était placée de biais par rapport au rempart, parce que l'extrémité de la rue du Temple déviait vers le nord-ouest. Sa face extérieure touchait l'angle de la rue de Vendôme, comme on le voit sur ma planche; sa position et sa forme sont indiquées sur un petit plan que je reproduirai, pl. XII.

Tout auprès de la porte du Temple, du côté de la Bastille, s'élevait une grosse butte, formée peut-être de gravois, et nommée, sur le plan de Du Cerceau, *le bastillon*. Comme elle ne figure pas sur le plan de Braun, on peut la croire postérieure à François Ier. Il en sera encore question au chap. XXI.

De la porte S. Martin à celle du Temple, le mur d'enceinte est garni de deux bastides, sur les plans de Gagnières, Braun et Du Cerceau; un autre anonyme, déjà cité, gravé sur bois vers 1570, en figure trois. Sur celui de Mérian, on ne voit plus, de ce côté, ni mur ni bastides, mais quelques maisons disséminées au hasard.

Dans le long espace compris entre la porte du Temple et celle S. Antoine, le rempart formait une courbe indiquée sur tous les plans, et n'était interrompu par

[1] Je dis à peu près, parce que sur la plupart des plans, notamment sur celui de Gomboust, il paraît, vers l'extrémité de la rue Meslay, rentrer un peu du côté de la ville.

[2] Ainsi nommée, suppose La Tynna, parce qu'on y passait sur une planche l'égout du Pont-aux-Biches. On établit sous Louis XIII, sur le fossé, un pont ou une chaussée servant d'aqueduc pour conduire les eaux de cet égout dans le Grand-Egout, qui commençait derrière le Château-d'Eau. On voit cette sorte de pont sur les plans de Boisseau et autres.

[3] Une portion se voit encore sur le plan de La Caille. Je ne sais si cette butte a servi de bastide du temps de Charles VI. Elle portait des moulins sous Louis XIII. J'en reparlerai au chap. XXI.

aucune porte de ville. Ce ne fut que plus tard, sous Henri IV, qu'on ouvrit, à travers le vieux rempart servant de courtine aux bastions à deux faces, une issue, à la hauteur de la rue du Pont-aux-Choux. Le pont de ce nom traversait le fossé, en deçà duquel était une poterne dite : du Marais, remplacée plus tard par une porte nommée : S. Louis.

La courbure du rempart n'est pas facile à fixer avec précision. Le plan de Braun, antérieur à la nouvelle enceinte bastionnée, nous guidera de préférence à tout autre. Notons d'abord que cette courbure apparente était formée plutôt de lignes droites coudées sur divers points, comme l'indique ma planche IX. De la rue du Temple, le rempart arrivait, par une ligne légèrement arquée, à l'endroit où furent établies, vers 1636, les Filles-du-Calvaire. Leur mur, suivant sa direction, faisait vers le sud-est une inflexion, indiquée sur le plan de Verniquet.

Passé la rue Neuve-de-Bretagne, le rempart était à peu près parallèle au boulevard Beaumarchais, jusqu'à la rue du Pas-de-la-Mule. Notons que, pour se guider dans cette portion de l'arc de clôture, on ne rencontre plus aucune rue ou ruelle qu'on puisse regarder comme un reste du chemin de ronde intérieur ; ce sont toutes rues établies, sous Henri IV, sur les anciens marais du Temple. Dès le commencement du XVIIe siècle, le rempart, de ce côté, a disparu en partie, a été défiguré selon les besoins des nouvelles propriétés limitées par son talus ; aussi est-il fort difficile d'en retrouver la ligne avec précision. Le plan de Gomboust en indique bien encore vaguement quelques traces ; mais elles se confondent avec les courtines qui relient les bastions à deux faces commencés sous Henri II ; quant aux anciens fossés, on n'en voit plus aucun vestige.

De la rue du Pas-de-la-Mule à la Bastille, l'enceinte de Charles V ne suivait positivement ni la ligne actuelle du boulevard, ni la direction de la rue des Tournelles. La rue Jean-Beausire représente probablement le chemin de ronde intérieur ; à coup sûr, elle ne fut pas établie sur l'emplacement du rempart abaissé ; elle exista longtemps avant sa disparition, puisqu'on la nommait au XIVe siècle, selon La Tynna, rue d'Espagne ; au XVIe siècle, Jean-Beausire, et, au XVIIe, quelquefois : rue du Rempart, dans le sens de : voisine du rempart, et non dans celui de : construite sur le rempart.

Je pense qu'on ne peut tracer autrement que je l'ai fait cette partie de la clôture, sans tomber dans des embarras inextricables. Si cette rue n'est pas l'ancien chemin de ronde lui-même, elle devait le longer de fort près.

La porte S. Antoine, bâtie sous Charles V, était située entre la rue Jean-Beausire et le commencement de la chaussée du boulevard. Son profil regardait la tour nord-est de la Bastille, nommée : tour du Coin, sur divers plans de 1789, et en était séparée par le fossé qui régnait autour de cette forteresse.

Il existe encore sur le boulevard, entre les rues Neuve-S. Gilles et du Pas-de-la-Mule, des jardins dont le sol est inférieur de deux ou trois mètres au niveau du boulevard. Ils appartiennent à des maisons dont l'entrée est rue des Tournelles. On pourrait croire que ces jardins représentent une partie du fossé : il n'en est rien. Dans cet espace, le boulevard actuel a été en partie établi sur une chaussée formée d'une portion de l'ancien rempart. Les jardins signalés aboutissent, à mon avis, au talus du rempart, talus que les anciens propriétaires ont, pour s'agrandir, taillé à pic. La preuve que ces jardins ne sont pas établis dans un fossé, c'est qu'ils sont de niveau avec le sol de la rue des Tournelles.

Entre les portes du Temple et S. Antoine, on compte huit bastides sur les plans de Braun et de Du Cerceau. Sur celui de Belleforest (1575), on en voit sept seulement, parce que la huitième, près de la porte S. Antoine, est remplacée par un gros bastion à deux faces. Ce nombre de huit bastides paraît assez borné pour un si long espace. Peut-être jugea-t-on, comme sous Philippe Auguste (voy. p. 80), que la ville, de ce côté, n'exigeait pas autant de fortification que vers la partie du nord et de l'est. Le dessin de Gagnières offre, dans cet espace, *onze* bastides au lieu de huit; je ne sais s'il doit avoir la préférence. Je m'en suis tenu au témoignage du plan de Braun.

Sur les plans du XVIIe siècle, le rempart, ayant été en partie déformé ou refait de ce côté de Paris, on ne voit plus aucune bastide, mais une suite de plusieurs bastions à deux faces, qui diffèrent par leurs formes et leurs dimensions.

J'ai expliqué, à la page 134, pourquoi la porte S. Antoine de Charles V fut construite sur un point qui s'éloignait de l'axe de la rue S. Antoine, et comment les deux hautes tours qui constituaient cette porte dans l'origine furent incorporées à six autres tours, dont l'ensemble devint la forteresse nommée *le Chastel* ou *la Bastide S. Antoine.*

Je ne décrirai pas cette *Bastide*, nommée plus tard la *Bastille* par excellence. Ce serait m'étendre sur un sujet trop connu. Une seule difficulté se présente : comment le fossé qui entourait la Bastille se reliait-il à celui de la ville? Celui qu'on voit figurer sur les plans très-nombreux de cet édifice, gravés vers 1790, n'était certainement pas dans le même état au temps de Charles V. Le fossé qui, de la Bastille, allait jusqu'à la Seine, n'avait pas non plus la forme ni les dimensions qu'on lui voit encore aujourd'hui. Le fossé de Charles V, probablement creusé en talus, dans le principe, comme tous ceux qui accompagnaient l'enceinte, ne reçut que plus tard, sous Henri II, la forme qu'il conservait en 1790. Ce fut sous ce roi, en effet, qu'il fut recreusé à fond de cuve, et élargi de manière à embrasser le bastion à deux faces élevé devant la face orientale de la Bastille, et un autre plus petit vers le milieu du fossé. J'ai, sur ma planche, représenté, par hypothèse, les fossés tels qu'on doit se les figurer avant l'addition des bastions de Henri II.

L'entrée principale de la Bastille était dans l'origine du côté du faubourg S. Antoine; mais, sous François Ier, la baie primitive avait été murée, et l'on y entrait par la face du nord, comme le témoigne un rare opuscule, qui décrit la fête donnée, dans la cour de cet édifice, le 22 décembre 1518 (in-4° goth., de 10 f. Impr. de Jehan Gourmont).

Plus tard, on ferma cette entrée, et l'on en ouvrit deux autres; l'une du côté de la rue S. Antoine, l'autre, entre les deux tours qui regardaient la Seine. C'est ce qu'attestent les plans de Du Cerceau et de Belleforest. Cette dernière entrée, qu'on trouvait en passant par le Petit-Arsenal, était la seule qui existât en 1789.

Je reprends ma description de l'enceinte.

Le rempart de la ville se terminait-il à la porte S. Antoine? Passé ce point, le reste de l'enceinte doit-il être considéré comme une dépendance de la Bastille? C'est ce que je ne saurais dire. Au delà de cette forteresse redoutable continuaient, jusqu'à la Seine, les deux fossés de Charles V, qui, sous Henri II, je crois, furent réunis en un seul. Ce double fossé, creusé dans le voisinage du fleuve, était en tout temps rempli d'eau vive ; car, à la suite des hautes crues, l'eau était retenue au moyen d'un batardeau ou écluse sise près d'une haute tour dont je vais parler, et qu'on désignait souvent sous le nom de *tour de l'Ecluse*. En 1789, cette écluse n'existait plus, depuis je ne sais quel temps, et l'on ne voyait plus, en été, qu'un maigre ruisseau fétide, provenant des égouts. C'est ainsi que j'ai vu ce fossé dans mon enfance, vers 1818.

Les anciens comptes témoignent qu'il était poissonneux, et que le capitaine-gouverneur de la Bastille possédait ou s'attribuait le droit de pêche (voir Bouquet, p. 182 et 183). Dans un compte de 1470, il est question de la « pescherie du fossé demprès la Bastide S. Antoine, appellée *la Garenne*, que la ville tient en sa main (*idem*, p. 200). » En 1614, on avait permis à Guillaume de Vilaines d'y mettre ses trains de bois (*idem*, p. 253).

Le long du fossé, du côté de la ville, s'élevait un gros mur, bâti sous Charles VI, s'il en faut croire Corrozet (fol. 128 verso), et interrompu en plusieurs endroits par de gros bâtiments de pierre ou tours carrées, semblables, je pense, aux autres bastides de l'enceinte [1]. Ces bâtiments, surmontés de toits, ressemblent à des maisons, sur les plans de Braun et de Du Cerceau; mais, en réalité, c'étaient probablement de hautes et fortes tours carrées, terrassées et crénelées. Les plans an-

---

[1] Sur les copies de la Tapisserie, et les plans de Braun et de Du Cerceau, ce mur n'est pas remparé ; mais sur celui de Belleforest, on voit un terrassement entre le mur du Grand-Arsenal et celui qui borde le fossé.

térieurs à 1560 offrent deux de ces bâtiments ; le dessin de Gagnières, trois. Il a pu en exister davantage ; car dans des comptes cités par Bouquet (p. 178), il est question, en 1424, de « la première des *quatre* maisons couvertes de tuilles estant « sur les fossez de la ville, entre *les* Bastides S. Antoine et la tour de Billy.» Plus loin (p. 181 et 193), il s'agit encore (1466) d'une «maison ou *loge*, assise *sur* les « murs, en allant de la tour de Billy à la Bastide S. Anthoine. » Je ne sais si l'on désigne ici les bâtiments qui nous occupent. Il résulterait du premier compte cité qu'il y en avait *quatre*. J'ai adopté ce nombre.

Sur les anciens plans, à partir de celui de Belleforest, ce mur et ces tours ou bâtiments carrés n'existent plus. On y voit à leur place un nouveau fossé, représentant la largeur des deux de Charles V, et, dans ce fossé deux bastions angulaires d'une proportion exagérée, comme l'attestent les meilleurs plans du XVIIIe siècle. L'un, très-petit, situé vers le milieu du fossé, renfermait une poudrière ; et l'autre, placé à son embouchure, avait une forme particulière ; j'en reparlerai plus loin au chap. xxi.

Quant à un troisième bastion que Belleforest place dans le fossé, au sud de la Bastille, c'est une erreur ; il était situé devant les quatre tours qui regardaient l'entrée du faubourg S. Antoine. C'est sans doute pour le mettre mieux en évidence que le dessinateur du plan de Belleforest (copie modernisée de celui de Du Cerceau) lui a assigné cette place.

Le nouveau fossé, creusé à fond de cuve et fortifié de bastions sous Henri II, était revêtu du côté de l'escarpe, mais ne le fut que beaucoup plus tard du côté opposé. Sur une estampe de J. Rigaud, gravée vers 1735, le côté de la contrescarpe ne paraît maçonné que dans le voisinage du pont dormant de la porte S. Antoine (celle commencée sous Henri II et rhabillée sous Louis XIV).

Si l'on n'éleva jamais de rempart de ce côté de l'enceinte, on se demande ce qu'on a fait des déblais du double fossé. Les employa-t-on à exhausser le quai dit, plus tard, des Célestins ? Peut-être servirent-ils de base à cette énorme butte qui s'élevait au nord de la Bastille, et qui, sous Henri II, façonnée en forme de bastion à deux faces, devint le *grant boulevart S. Antoine*. Ensuite il est possible que cette butte, dont je reparlerai ailleurs, fût simplement un énorme amas de gravois et d'immondices.

Charles V protégea l'embouchure du fossé de la Bastille et la tête de son enceinte par une haute tour ronde à trois étages, semblable à la tour du Chastel de Bois. Cette tour porta le nom de *Billy*, nom qu'elle doit je ne sais à quel personnage ou à quelle propriété voisine [1]. Plusieurs historiens ont cru que ce même nom

---

[1] Un rapprochement assez curieux, c'est l'existence d'un quai qui porte ce même nom de Billy, à l'extrémité opposée de Paris. Ce nom rappelle un général tué à la bataille d'Iéna.

appartint d'abord à la tour *Barbeau,* puis passa à la tour de Charles V. Aucun document positif ne peut faire adopter ou repousser cette assertion ; mais je crois plus probable que la tour de Ph. Auguste ne s'appela jamais ainsi. M. de Gaulle dit à ce sujet, dans son *Histoire de Paris* (t. II, p. 533) : «L'existence de ces *deux* « *tours de Billy* constitue une difficulté qui n'a été remarquée par aucun histo- « rien de Paris. On peut l'expliquer, ce me semble, en supposant que, lors de « l'agrandissement de l'enceinte de ce côté, la tour de Billy, voisine de la porte « Barbelle, *fut démolie*[1], et qu'on donna le même nom à celle qui fut construite « plus loin sur le même rivage de la Seine. »

La tour de Billy, que Sauval a confondue avec la tour Barbeau, figure sur les deux copies qui nous restent de la Tapisserie, et sur les plans de Munster et de Braun, tous plans qui ont pour base des dessins antérieurs à 1538, époque où elle fut détruite. Nécessairement on ne la voit plus sur le plan de Du Cerceau, gravé vers 1560, et, si elle paraît encore sur la copie de ce plan, donnée, en 1756, par Dheulland, c'est par suite d'une erreur, que j'explique dans mes *Etudes sur les Plans,* page 66.

Il m'a été assez difficile, d'après les plans cités, de bien préciser la position de la tour de Billy. Je pense m'être peu écarté de la vérité, en la plaçant où on la voit sur ma planche IX. Quand on construisit le bastion angulaire qui fortifie l'embouchure du fossé de la Bastille, on dut rencontrer les fondements de la tour. Elle avoisinait, sans aucun doute, l'*orillon* de ce bastion. C'est par méprise que, sur plusieurs plans fictifs, on l'a placée presque au bord de la Seine. Elle s'en éloignait assez, puisqu'elle était sur la ligne que suivent, sur le quai, les bâtiments actuels de l'Arsenal. Vers l'époque où elle fut bâtie (1370), on exhaussa (peut-être avec les déblais des fossés) le sol des quais dits aujourd'hui : de Morland et des Célestins. Cet exhaussement préserva des inondations le couvent des Célestins, religieux que Charles V affectionnait particulièrement.

La tour de Billy a porté encore d'autres noms. Elle s'appela (ainsi que l'attestent d'anciens comptes), comme la tour de Bois qui lui faisait pendant, la *Tour de l'Ecluse,* parce que l'écluse qui retenait l'eau dans les fossés lui était contiguë. Dans un de ces comptes que cite Sauval (t. III, p. 124), il est question des « nouveaux murs que l'on entend faire (vers 1370) entre la Bastide S. Antoine et la *Tour de l'Écluse des Barrés*[2]. » Dans un autre compte de 1371, il s'agit du « gros mur (j'en vais parler bientôt) faict entre la tournelle de Barbel et la *tour* « *de l'Ecluse.* » Cette désignation ne peut s'appliquer qu'à la tour de Billy ; peut-

---

[1] Cette supposition est une erreur ; la tour Barbeau existe sur tous les plans du XVIe siècle.

[2] Dès 1352, les Carmes dits Barrés avaient été remplacés par les Célestins, mais on avait par habitude désigné sous ce nom la tour voisine de leur ancienne demeure.

20

être même le nom de tour de l'Ecluse est-il le premier qu'elle ait porté : elle le conserve encore dans une ordonnance de février 1415, signalée par Dulaure. Elle s'est aussi appelée : Tour des Célestins, à cause de sa proximité des murs de ce couvent (voir Sauval, t. I, p. 40).

Au XVe siècle on louait à des particuliers la tour de Billy. C'est ce qui résulte de plusieurs comptes signalés par Bouquet. Ainsi on lit, à la page 192 de son *Mémoire*, qu'en 1473 elle était louée à bail à Guillaume le Tixerant, manouvrier, qui, le jour de la S. Jean de cette année, « bailla la clef à maistre Jacques Rebours, « Procureur-Général de la Ville, pour ce qu'il n'y vouloit plus demourer, et aussi « qu'il y avoit de l'artillerie. »

L'année de la destruction de la tour de Billy est connue de tous les historiens, ainsi que les circonstances de sa ruine. La foudre mit le feu, en 1538, au dépôt de poudres qu'elle contenait. Je vais reproduire le récit de Gilles Corrozet, auteur contemporain, qui a pu entendre l'explosion et en visiter les résultats. « L'an mil « cinq cens xxxviii . le xix . iour de Iuillet, enuiron cinq heures du soir, après « grandes tourmentes, esclairs et vents merueilleux, la fouldre tomba sur la tour « de Billy derriere les Celestins, en laquelle estoient pres de deux cens caques « de pouldre à canon, à cause de quoy toute la tour fut embrasée et rompue par « la violence du feu, de telle furie que les fondemens furent arrachez du fond de « terre, et les pierres transportées par le poussement du feu, iusques à S. An-« thoine des Champs, S. Victor, au Terrain, et dans la ville : et ne demoura en « la place aucune forme de tour. Ceste demolition gasta tous les iardins, abatit « la muraille des Celestins, et toutes leurs verrieres : brisa les maisons d'alen-« tour et tua et blessa plusieurs personnes. Les verrieres de S. Paul, de S. Ger-« uais, de S. Victor et de *S. Marceau* en tomberent par terre, et *les poissons sans* « *nombre* furent veuz morts sur le fleuue de Seine » (Ed. de 1561, f. 158 verso).

Il est encore question de cette tour dans des comptes de 1614 et 1622 (Bouquet, p. 252 et 253); mais on en parle, je suppose, dans le sens de « la place *où était* la tour de Billy, comme nous disons : « aller de la porte S. Denis à *la Bastille.* » Assurément elle ne fut jamais rebâtie, mais peut-être ses débris ont-ils pendant longtemps indiqué la place où elle s'élevait.

Sur les plans de Braun et de Du Cerceau on voit un grand bâtiment carré, en travers de l'embouchure du fossé de la Bastille ; sur celui de Belleforest, le bâtiment n'existe plus, mais l'embouchure est fortifiée d'un gros bastion angulaire.

Charles V n'ayant construit une nouvelle enceinte que du côté de la rive droite, il en résulta que l'extrémité de cette enceinte ne faisait plus face, au delà de la Seine, à la *Tournelle* ou *tour S. Bernard*, qui formait, à l'orient, la tête de l'arc de la clôture de Ph. Auguste. Pour remédier à cet inconvénient, on relia, comme on avait fait du côté de l'ouest, la tour de Billy à l'ancienne tour Barbeau, au moyen d'une muraille fortifiée. De la première de ces tours partait le mur, tout en pierres de taille, d'une épaisseur d'au moins deux mètres[1], flanqué de onze tours carrées[2] munies de créneaux et de machicoulis. La onzième faisait face, ou à peu près, à la rue du Petit-Musc, et tout auprès était *peut-être* une porte de ville dite : des Célestins.

A partir de ce point jusqu'à la tour Barbeau, le mur paraît plus bas et dévie deux fois de sa direction primitive, comme on le voit sur ma planche IX. Dans cet espace compris entre les rues du Petit-Musc et S. Paul, il était flanqué de cinq demi-tourelles en encorbellement, sortes d'hémicycles convexes du côté de la Seine, et qui servaient d'*échauguettes*. On en compte sept sur le dessin de Gagnières.

C'est probablement cette portion de la clôture de Charles V que désigne un ancien compte, où l'on cite « les grands murs nouvellement faits selon la rivière « entre la Tournelle de Barbel et la Porte qui est *devant les Célestins* » (Sauval, t. III, p. 126).

Tous ces travaux furent, selon le même (t. III, p. 124), commencés entre 1369 et 1371. Il est probable que, vers la même époque, on exhaussa la berge et forma les quais nommés depuis : Morland et de l'Arsenal.

Dans un recueil de dessins à la plume, conservés à la Bibliot. nationale (*section des Manuscrits*) et exécutés, vers 1583, par Jacques Cellier, de Reims, *calligraphe du Roy*, se trouve une vue peu exacte du couvent des Célestins, prise du bord de la Seine. On y remarque quelques-unes de ces tours carrées, reliées par un mur crénelé. Ce dessin, reproduit *librement* par M. Pernot, est trop grossier pour mériter toute notre confiance.

J'ai cru reconnaître plusieurs de ces anciennes tours incorporées aux bâtiments de l'Arsenal (reconstruits, du côté du quai, en 1718), sur plusieurs plans du XVIIe siècle, notamment sur celui de Bullet, 1676. Je crois même en avoir vu quelques restes en parcourant les cours de l'Arsenal. Dans une maison, rue de Sully, 17, j'ai remarqué, en 1840, une terrasse qui avait vue sur le quai, et m'a paru établie sur les murs d'une des tours.

Cette muraille fortifiée faisait face au petit bras de la Seine, qui, avant 1846 encore, séparait l'île Louvier du quai Morland. J'ai souvent été tenté de regarder ce bras de rivière comme un canal creusé sous Charles V, pour servir de fossé à cette partie de l'enceinte, qui déjà renfermait des *granges* pour l'artillerie. Cette

---

[1] En juillet 1850, j'en ai vu le profil au milieu de bâtiments en démolition pour l'ouverture de la nouvelle rue Schomberg.

[2] Sur le seul plan de Braun, on ne compte que dix tours carrées, plus une demi-tour ronde voisine de la tour de Billy.

hypothèse ne paraîtra point trop invraisemblable, si l'on considère qu'il n'est pas question de cette île avant l'an 1370, époque où elle se nommait : isle aux *Javiaux*, et que le lit où passait ce prétendu bras de la Seine avait l'apparence d'un fossé à talus régulier.

Nous exprimerons avec moins d'incertitude la même opinion au sujet du cours d'eau qui séparait en deux l'île actuelle S. Louis, vers l'endroit où est la rue Poulletier. Quoi qu'en aient dit certains auteurs, notamment T. Du Plessis, dans ses *Nouv. Annales de Paris*, p. 5 et 134, je le regarde comme un canal, ou plutôt un fossé creusé pour relier l'ensemble des fortifications de la capitale. J'ai déjà disserté sur ce sujet, page 63 ; j'ai supposé que, sous Ph. Auguste, l'île S. Louis était fortifiée d'un mur et de tours rondes (voy. pl. VI), et que dès lors peut-être on creusa ce canal, parallèle à une ligne droite tirée entre la Tournelle et la tour Barbeau. Mais ce qui, par rapport au temps de Ph. Auguste, n'est qu'une hypothèse, devient ici une certitude. Dès l'année 1356, ou un peu plus tard, le fossé de l'île S. Louis existait et était accompagné d'une fortification quelconque, servant à réunir les enceintes des deux rives et à fermer la Seine, au moyen de grosses chaînes soutenues sur des bateaux. Ce fut peut-être seulement à l'époque où furent élevées les tours du Chastel-de-Bois et de Billy qu'on imagina ce système de fortification *fluviale*, dont il n'est pas question avant 1369.

On voit, par d'anciens comptes (Sauval, t. III, p. 124), que cette année il existait dans l'île Notre-Dame une tour *quarrée*, nommée *Loriaux* parce qu'elle était habitée par Guillaume Coquille, dit *Loriaux*, « chargé de nettoyer les grosses chaînes du travers de la rivière. » Cette expression *tour quarrée* donne à penser qu'elle avait été élevée sous Charles V, car, sous Ph. Auguste, la forme des tours était généralement cylindrique.

Il est à présumer que la tour qu'habitait Loriaux était située, non pas vers le milieu de l'île, dans l'axe de la rue S. Louis, mais plutôt au bord de la Seine, vis-à-vis de la Tournelle ou de la tour Barbeau, et que, sur le rivage opposé de l'île, on en voyait une autre, à peu près semblable. On ne comprendrait pas une autre disposition. Dulaure admet une seule tour dans l'île S. Louis ; mais il serait bien embarrassé de lui donner une place vraisemblable sur un plan fictif. Sauval (t. I, p. 90) avance que « dès l'an 1369, et bien depuis, il y avoit *deux* tours. »

Dans la supposition où Ph. Auguste aurait le premier fortifié l'île d'un gros mur et de deux tournelles faisant face à celles qui commençaient, vers l'orient, les deux arcs de son enceinte, il faut admettre que la tour Loriaux et celle qui lui faisait pendant sur le rivage opposé de l'île avaient remplacé celles élevées sous Ph. Auguste.

Ces deux tours carrées étaient reliées sans doute par une muraille épaisse, ou un rempart formé des déblais du fossé. Un point qui paraît incontestable, c'est qu'il exista dans l'île Notre-Dame, sur une ligne correspondante aux tournelles de Ph. Auguste, une fortification quelconque établie au bord du canal ou fossé qui séparait cette île de celle dite : *aux Vaches;* mais aucun plan, aucun détail contemporain ne peut fixer nos idées sur ce point.

Ainsi, tout est incertain sur cette question, qu'un archéologue résoudra peut-être un jour par la découverte de documents inédits. Il me semble que la communication entre les deux têtes orientales de la clôture de Ph. Auguste, à travers l'île S. Louis, dut être établie sous le roi Jean plutôt que sous Ph. Auguste, puisque les chroniques des XIIᵉ et XIIIᵉ siècles n'en parlent pas.

Sauval (t. III, p. 124) cite « le pont de *Fust* (de bois) d'entre l'isle N. Dame et S. Bernard, planchéié en sept. 1370; — le pont de Fust derrière (ailleurs, on lit : d'emprès) S. Bernard aux Barrés. » Ces passages nous apprennent (si l'on sous-entend le mot *allant*, entre *S. Bernard* et *aux Barrés*) qu'un double pont conduisait de la tour S. Bernard ou *Tournelle* jusque près de l'ancien couvent des Carmes ou Barrés, où s'installèrent, en 1352, les Célestins.

La Tynna, à propos de l'île S. Louis, dit d'après Sauval : « Il paraît qu'il y avait « (dans l'île N. Dame) au nord et au midi, des ponts de bois qui furent empor-« tés par le débordement de l'an 1296 ¹.

On ne comprend pas l'utilité de ces deux ponts existant avant 1296. Auraient-ils été construits sous Ph. Auguste, pour conduire à des fortifications élevées déjà dans l'île, et pour servir en quelque sorte de chemin de ronde?

Les extraits de Sauval sont quelquefois difficiles à expliquer; et celui qui pourrait vérifier toutes les sources où il a puisé découvrirait souvent de lourdes erreurs de dates ou de copie. Je laisse au lecteur le soin de tirer de ces citations toutes les conséquences qu'il voudra.

Nous lisons encore dans Sauval cette phrase singulière : « Nous apprenons de « quelques Regîtres de la Chambre des Comptes qu'encore bien que l'isle « N. Dame fût *presque couverte de fossés...* néanmoins ne la croyant pas tout « à fait en sûreté, on l'*environna de fossés* revêtus de gasons » (t. I, p. 40).

Il m'est, je l'avoue, impossible de me figurer une île *couverte* et *environnée* de fossés. Ce qu'il dit de l'île N. Dame s'applique peut-être, par suite d'une mé-prise, à toute la ville.

---

¹ Le même auteur assure que le pont de la Tournelle existait déjà en 1369, et que cette année on y fit une tournelle carrée, *dont il a pris son nom*, et une porte. J'ai déjà réfuté cette assertion, p. 63. Le pont dont il s'agit ici ne serait-il pas celui établi, vers cette année 1369, sur le nouveau fossé creusé devant la porte particulière de la fortification nommée *Tournelle?* Il est possible aussi que le pont de bois de l'île Notre-Dame ait été muni d'une *barbacane.*

Un fait surprenant, c'est que, de toutes ces prétendues fortifications de l'île Saint-Louis, il ne reste plus aucune trace sur les plans représentant Paris vers 1530; c'est qu'aucun auteur ancien n'en parle; de sorte que si Sauval n'eût cité d'anciens comptes où il s'agit de la tour Loriaux et des ponts de fust de l'île N. Dame, jamais aucun des historiens modernes n'eût songé à relier l'île S. Louis au système de fortifications de Ph. Auguste et de Charles V. C'est une partie de l'histoire parisienne sur laquelle on a fort peu de lumières; aussi serait-il très-important de vérifier les lieux quand on abattra des maisons du côté de la rue Poulletier.

XIX. — Extraits d'actes et de comptes relatifs à la clôture de Charles V.

J'ai décrit, au chapitre précédent, le parcours et les divers détails primitifs ou additionnels de l'enceinte de Charles V. Mes *Recherches* sur les portes éclairciront encore quelques points de cette question si difficile à traiter, et que je suis loin de prétendre avoir résolue. On a si souvent, entre 1400 et 1630, réparé ou modifié, sur toute la ligne, les accessoires de cette enceinte, que les plans de Paris des XVIe et XVIIe siècles ne nous donnent peut-être qu'une idée fausse de son état original. Pour faire mieux comprendre les nombreuses transformations qu'elle a subies dans l'espace de plus de deux siècles, je vais reproduire ici, par ordre chronologique, des extraits d'anciens actes, registres ou chroniques, qui nous aideront à nous rendre compte de ces changements successifs. Si j'avais pris le temps de faire, à ce sujet, de longues recherches, dans les manuscrits conservés à la Bibliothèque nationale, aux Archives et ailleurs, j'aurais formé peut-être un gros volume de citations du même genre; mais, par les raisons exposées dans ma préface, je me suis borné aux notes que j'ai recueillies entre 1838 et 1850. Il doit se trouver, dans les vieilles chroniques et dans les divers Mémoires historiques, réimprimés de nos jours, un grand nombre de faits relatifs à la clôture de Charles V.

Ce chapitre n'est donc qu'une ébauche. Je laisse à celui qui refera un jour mon livre, le soin de le développer. Comme je n'ai pas recouru aux sources originales, je citerai ces articles, en les abrégeant, tels qu'ils sont imprimés dans les divers ouvrages d'où ils sont extraits, et j'en conserverai l'orthographe, toute fautive qu'elle soit évidemment. Sauval, Félibien, Bouquet et autres, ne se piquaient pas de transcrire les documents qu'ils offraient au public, avec la précision d'un *fac-simile*; ils en modernisaient souvent l'orthographe, ajoutant les accents et la ponctuation, procédé qui peut engendrer plus d'une méprise.

1425. — Ordonnance, au nom de Henri, roi d'Angleterre, où on lit : « Pour
« ce que... nostre Ville (de Paris)... doye estre soustenue, gardée et maintenue
« en bonne et seure fortification, et que grands *emparements*, ouvrages et répa-
« rations y aient esté et soient par chascun jour faiz et continuez, qui ont cousté
« moult grands sommes de deniers... néantmoins il est venu à nostre cognois-
« sance que tacitement et nuictement... plusieurs démolissements et fractions
« sont faiz ès *huit fenestres* charpenteries, maçonneries et couvertures des Por-
« tes, *Cours, Bastides, Maisons* et Eschifles qui sont autour de la closture et
« fermeture de nostre dicte Ville, et en sont emblées, prinses et arses et em-
« portées, les *huits fenestres*, ayz, plomb, traits, habillements de guerre etc...
« et aussi que plusieurs... vont *par dessus les murs* de la dicte Ville, dedans les
« fossez d'icelle prendre le poisson et les herbes... » Nous enjoignons au Prévost
de faire crier et publier que : « aucun ne aille ès Portes, Tours, Maisons, Eschif-
« fles et *Gardes du pourtour*, fermeture et closture de nostre dicte Ville, ne de-
« dans les fossez d'icelle, *par dessus les murs* ne autrement, etc. » (Bouquet,
Mémoire, p. 171).

Cet acte offre plusieurs expressions remarquables. Le mot *emparements* signi-
fie-t-il qu'on *rempara* la clôture? Je ne le pense pas. Qu'entend-on par les *bastides*? S'agit-il des buttes de terre voisines des portes, ou des gros bâtiments
carrés qui figurent sur les vieux plans? Est-ce le mot *maisons* qui se rapporte à
ces bâtiments? Au lieu du mot *cours*, il faudrait peut-être lire : *tours*.

Cette circonstance, qu'on pouvait aller dans les fossés *par dessus les murs*,
semble indiquer que ces murs étaient peu élevés ou flanqués de terres rapportées,
du côté de la ville et à l'extérieur; c'est ce que je n'oserais affirmer, par les
raisons développées au chap. xiv. Je ne sais si les *huit fenestres* appartiennent
aux portes de la ville, ou aux batiments de l'enceinte. Il est question encore
(*id.*, p. 177) de « Tours et Maison de *huyt fenestres* » du côté de la tour Billy,
baillées, en 1423, à Estienne Coulon, procureur du roi.

1429. — Au mois de Juin « ceulx de Paris firent *fortifier les murs* et y mirent
« foison canons et autre artillerie» (*Journal de Paris sous Charles VI*, p. 123).
« La première sepmaine de septembre, l'an 1429, les Quarteniers, chascun en
« son endroit, commencerent à fortifier Paris aux Portes, de *Boullevars*, ès *mai-
« sons* qui estoient sur les murs, affuter canons, queües pleines de pierres sur les
« murs, redrecer les fossez dehors la Ville, et faire barieres dehors la Ville et
« dedens » (*ibid.*, p. 125). Ces *maisons* qui estoient sur les murs sont sans doute
les tours ou *bastides* de l'enceinte. Le mot *boullevars* a-t-il ici le même sens que
celui de *rempart*? Je crois qu'il désigne plutôt les buttes voisines des portes.

1461 (Année de l'avénement de Louis XI). — Cette année, dit Corrozet

(*éd.* 1561, fol. 143, verso), «les Parisiens enclins à l'amour de leur Roy, establi-
«, rent guet en la ville, gardes aux portes, etc. et *reparerent* leurs fortifications. »
Notons que, dans l'édition de 1586, on lit : *rēparerent*, mot qui, ainsi orthographié, doit se lire : *remparèrent*. Serait-ce à cette époque que l'enceinte fut, à
l'intérieur, munie d'un rempart ?

. 1465. — Selon Corrozet (fol. 144), après la bataille de Montlhéri (juillet 1465),
« la *voirie* de la porte S. Denys fut abatue, et *rempars* furent faicts *au dedans*
« des murailles... » Quelle était cette *voirie?* Sans doute la butte nommée depuis :
Villeneuve-sur-Gravois, et ensuite : Bonne–Nouvelle. Il faudrait donc admettre ou
qu'il y a erreur, ou qu'elle fut relevée plus tard, puisqu'elle est marquée sur le
plan de Braun. Une partie de ses matériaux aura peut-être servi en 1465 à former le terrassement dont on flanqua le mur à l'intérieur.

1468. — Marché fait entre la Ville et Jehan Quatre-Vaulx, pionnier, pour
« écurer et nettoyer les grands fossez... depuis le *Boullevart neuf* de la Tour de
« Billy, jusques à la Tour du Chasteau-de-bois, réservé les Fossez de la Bastille »
(Bouquet, p. 201).

1474. — Selon un Registre de la Cour des Comptes, que cite Sauval (t. I, p. 42),
Louis XI aurait fait, cette année (et non en 1468), construire un *boulevart* proche
de la tour de Billy, et en même temps un *mur neuf* près de la porte Montmartre.
Ce boulevard est sans doute le terrassement qu'indique, le long du fossé de la
Bastille, le plan de Belleforest, et que je cite dans la note de la page 151. Quant
à ce *mur neuf*, il désigne peut-être un ravelin bâti sur le pont dormant qui précédait la porte Montmartre.

1512. — Un arrêt du 14 juin (Sauval, *ibidem*), qui fut renouvelé en 1536-68-
90 et 95, décide que « les voiries qui régnoient par dehors, le long des murs,
« seroient *applanies*, comme étant devenues assés grosses et assés hautes, pour
« commander dans la ville »; et l'on permit (à la même époque) aux bourgeois
de « faire charrier leurs gravois et leurs ordures (hormis les charognes), le long
« des *remparts* » pour grossir et soutenir les fortifications. Par *applanies*, on
veut dire sans doute *abaissées*, car ces buttes ou voiries se voient sur les anciens
plans; faut-il supposer qu'elles auraient été reformées plus tard? Il paraît, au
reste, que cette ordonnance n'eut aucun résultat.

On rappelle, dans un mémoire rédigé en 1632 (Félibien, t. V, p. 818), qu'en
1512, la ville fut fortifiée de *ramparts*. Nous avons vu, par les citations précédentes, que le rempart est certainement antérieur à cette année.

1514. — Un compte de cette date (Sauval, t. III, p. 561) signale un édit qui ordonne de porter les gravois et immondices «dedans et au long des murs, pour la
fortification de la ville.» Il s'agit toujours de l'enceinte du nord, mais aussi, je crois,

de celle du midi ; car, vers cette époque, on avait le projet d'élever un terrassement continu derrière le gros mur de l'Université.

1513 à 1518. — Il existe, dans un registre des Fortifications de la ville (Bouquet, *Mémoire*, p. 262 et suiv.), des comptes détaillés relatifs aux « œuvres de ma-
« çonnerie ordonnées estre faictes, de costé et d'autre, le long des talus des fossez »
entre la Tour de Bois et la porte S. Honoré. Il est question, dans ces comptes,
du *Boullevert* [1] de la Tour de Bois, et des *arrières-fossez* de la ville, près le
Boullevert S. Honoré. On y apprend qu'on revêtit ou projeta de revêtir le talus
d'escarpe du fossé, qu'on recreusa et cura les fossés, dans ce même espace,
afin qu'ils continssent toujours deux à trois pieds *d'eaux vives*, et que le mur
de revêtement de l'escarpe devait avoir *dix pieds* d'épaisseur.

Entre 1516 et 1518, on paye à Bernard Amaulry, maçon, 526 livres, pour
avoir fait « ouvrages de son mestier dans le jardin du *Logis* de la porte S. Ho-
« noré, et entre laditte porte et la deuxième *Guerite* [2] ensuivant tirant à la porte
« Montmartre » ; à François Decaumont, charpentier, 65 livres, pour avoir fait
un « bastardeau au travers du bout du fossé... près de la Tour de bois, de sept à
« huit toises de long » ; au même, 25 livres tournois, pour avoir « fait et élevé
« ès fossez de la ville, entre la porte S. Antoine et l'*Hostel d'Ardoise* [3], deux
« ponts à donner passage aux Manouvriers, pour aller quérir les terres du mi-
« lieu desdits fossez. » Il est enfin question des « ouvriers qui ont esté...,
« commençant auprès de la Tour de bois, en tirant de la porte S. Honoré et au-
« tres portes ensuivant, y faire *remparts* et *platteformes*, afin d'aller et venir
« en seureté » (*ibid.*, page 265).

1523. — « Le Samedy dernier iour d'Octobre, lit-on dans Du Breul (p. 1061),
« le Roy François Ier, pour la fortification de la Ville, ordonna que l'on feroit
« des tranchées *sur* les fossez de la ville, depuis la porte S. Martin iusques à
« celle de S. Honoré, qui fut le *premier dessein* des tranchées (des nouveaux
« fossés), ausquelles on recommença à trauailler en l'an 1536. »

Sauval (t. I, p. 43 et 81) dit, à propos de cette ordonnance, que l'exécution de
ce projet fut commencée, mais que « huit jours après on se lassa de ce travail,
« et il fut abandonné, ayant reconnu le peu d'utilité qui en reviendroit. Néan-
« moins au mois de Mars ensuivant (1524), on s'avisa d'élever des *remparts et
« de petits bastions* en dedans de la ville le long des murs, pour de l'artillerie. »

---

[1] Ce mot *boullevert* désigne-t-il le rempart ? Le seul plan de Belleforest offre, au sud de la Tour
de Bois, à l'intérieur, une butte surmontée d'un moulin : c'est peut-être ce *boullevert*.

[2] Ce mot *guérite*, comme je l'ai dit page 133, désigne peut-être une des bastides de l'enceinte. Le
même mot est encore employé dans un compte de Sauval, que je cite plus loin.

[3] Je parlerai, au chapitre xxi, d'un moulin et d'un bastion nommés : de l'Ardoise.

Corrozet (fol. 154, v.) s'explique ainsi à ce sujet : « Mr de Vendosme gouuer-
« neur de Paris... feit faire des trenchées hors les faulx bourgs depuis les fossez
« S. Honoré, iusques à ceux de S. Martin : et pour *seureté* de la ville furent leuez
« *parmy le populaire deux mil aduenturiers.* »

1525. — Délibération du 29 mars, pour raser les *voiries* ou buttes qui dominaient la ville (Félibien, t. IV, p. 658), parce que, selon l'avis du sire de la Tri-
moille, ces forteresses serviraient plus aux ennemis qu'aux Parisiens. Ce fut
peut-être à cette époque qu'on abaissa les tours carrées de Charles V, comme je
le suppose, page 132. —Le 9 mai de la même année (*ibid.*, p. 661), Guill. de
Montmorency alla visiter les « remparts qui sont requis et necessaires estre faicts,
« depuis la porte S. Honoré jusqu'à la tour... (*non désignée*).» Il s'agit ici, je pense,
de l'enceinte de Charles V, et non de la nouvelle clôture projetée. A la même
époque on rempara, au sud, le mur de Ph. Auguste sur certains points, avec les
terres de la chaussée qui séparait les deux fossés réunis en un seul (*ibid.*, p. 662).

1527 à 1530. — Réparation et curage des fossés entre les portes S. Honoré et
S. Martin (Bouquet, p. 266).

1532 à 1533. —Fossés approfondis entre la porte S. Honoré et la tour de
Bois. Ces travaux furent exécutés par les prisonniers du Châtelet (*ibid.*). On tenait à entretenir en bon état cette portion de l'enceinte, probablement par ce
motif qu'elle avoisinait le château royal du Louvre.

1536. — Cette année on ordonna, en juin et juillet, une visite générale des
anciens remparts, et on s'occupa beaucoup des nouvelles fortifications, dont je ne
parlerai qu'au chapitre xxi, puisque ces travaux ne se rapportent plus à l'enceinte
de Charles V, mais bien à la quatrième clôture de la rive droite, qui fait l'objet
spécial de ce chapitre.

1536, 7 août. — Plainte au sujet du trop petit nombre de gens qui travaillent
aux fortifications (Félibien, t. IV, p. 691).

1538. —Destruction par la foudre de la tour de Billy, qui ne fut jamais remplacée (voy. p. 154). Cette même année, la Ville acheta des pierres « pour con-
« vertir et employer à la construction d'un pont entre la Tour de Bois et les
« *Thuilleries*, pour la commodité et aisance du passage des marchandises » (Bouquet, p. 266). Ce fut donc vers cette époque qu'on ouvrit la Porte-Neuve, devant
laquelle fut établi ce pont. Le mot *Thuillerie* désigne ici le lieu où l'on fabriquait
des tuiles, et où plus tard s'éleva le palais de ce nom.

1558. —Le 24 mai « la Ville donna aux Arquebusiers les murs et les remparts
« qui s'étendoient depuis la porte S. Martin jusqu'à la première *guerite*, en atten-
« dant que le *grand boulevart* fût achevé » (Sauval, t. II, p. 694). Le *Grand-
boulevart* est le nom spécial que portait le gros bastion à deux faces, voisin de la

Bastille. Je ne sais si par le mot *guerite*, on veut indiquer un des bâtiments carrés qui fortifiaient le mur de Charles V.

1562 et 1563.—Le *Catal. des Archives du baron de Joursanvault* cite, sous le n° 1105, la pièce suivante : «Roolle de la valeur des aydes octroyées par le Roy à la « ville de Paris, pour employer ès fortifications (les nouvelles), et réparations des « fossez, portaulx, murs, rempars (de Charles V), etc., pour les années 1562 et « 1563. »

1574. — Bouquet (p. 267) signale l'ordonnance du 28 janvier de cette année, relative à la « deffense et seureté de la Ville » . On y lit « qu'il est besoin de rabat- « tre et escarper les chemins qui se trouveront estre faits à la douve du fossé d'en- « tre la porte S. Honoré et la porte Montmartre. » Je ne sais s'il s'agit ici des fossés de Charles V ou des nouveaux commencés plus loin, en 1536.

1581.— On édifia les murs du *fossé* de la porte Neuve (Du Breul, p. 1064). Ce fossé est-il celui de Charles V, entre la porte S. Honoré et la tour de Bois, fossé déjà restauré de 1515 à 1518, ou celui creusé plus loin vers l'extrémité des Tuile- ries, où était aussi une porte neuve, dite plus tard : de la Conférence? Sur les plans de Quesnel et de Mérian, le rempart attenant à la tour de Bois est refait à neuf.

1586.— «Permis à Claude Lefevre, boucher et pourvoyeur de la Ville... de « pouvoir faire paistre son bestail, ès fossez et remparts, tant dedans que dehors « laditte ville, depuis la porte du Temple jusques à la porte S. Antoine » (Bouquet, p. 248).

1589. —Félibien (t. V, p. 468) rapporte un ordre donné le 7 déc. au maître des OEuvres de « faire démolir les maisons données par la Ville à rente ou à vie « *dans* et *le long* des fossez. » Je ne sais si cet ordre fut exécuté. En tout cas, nous allons voir plus loin que jusqu'en 1635, époque où disparut entièrement l'en- ceinte de Charles V, la ville louait des maisons et des places dans les fossés. Peut- être ces maisons avaient-elles été rebâties depuis 1589?

1590. — Bail fait « à Michel Boucheur, d'une place à moulin, sur le rempart « d'entre les portes S. Honoré et Montmartre, à 55 toises de distance du pivot du « *moulin à vent des Petits-Champs*, etc. » (Bouquet, p. 250).

1597.—Bail de douze ans, à partir de cette année, conclu avec «Raphaël *Sal-* « *vesty*, pour certains lieux scis sur le bord des fossez, pour en iceulx faire à ses « frais deux jeux de Pail-mail, assis, l'un depuis la porte S. Denys jusques à la « porte Montmartre, et l'autre depuis la porte *de* Montmartre jusques à la porte « S. Honoré... » (*id.*, p. 220). Ce jeu de pail-mail, voisin de la porte Montmartre, figure sur le plan de Mathieu Mérian, 1615.

Félibien (t. V, p. 34) cite une Remontrance du Prévôt des marchands, en date du 15 mars 1597, où l'on expose que « les *Boullevers* sont tombés, les fossez

« pleins et remplis en plusieurs endroicts.» Je pense qu'il est encore ici question de l'enceinte de Charles V.

1601. — « Place louée à Alexis Desvignes, boulanger, pour y faire bâtir une maison mannable, scize rue S. Honoré, à l'opposite des Quinze-Vingts, faisant portion du rempart joignant la porte S. Honoré » (Bouquet, p. 220).

1603. — Place louée dans le ravelin de la porte S. Honoré du côté de la porte Neuve (*ibid.*, p. 218). Ce mot *ravelin* désigne ici une avant-porte fortifiée de murs percés de meurtrières.

1605. — Claude Vinct, maître cordonnier, prend à louage de la Ville, pour douze ans «deux *cazemattes* faites à neuf, au dessous du *moulin des Petits-Champs*» (*ibid.*). J'ai expliqué (p. 130) ce qu'on entend par le mot *casematte*. J'ai indiqué (p. 145) la situation de ce moulin représenté sur les plans de Belleforest, Quesnel, Mathieu Mérian, etc.

1607. — Permission accordée, moyennant quatre livres par an, à partir de Noël, à Jehan Martin, teinturier, « de faire *planter* le fossé de la ville de telle quan- « tité d'arbres où bon lui semblera, et ce depuis la porte S. Honoré jusques à la « porte du Temple, pour en jouir... à tousjours » (*ibid.*, p. 221). Cette demande paraît fort singulière. On voit figurer sur le plan de Mathieu Mérian, près de la porte S. Honoré, un double rang d'arbres : c'est probablement un commence- ment de cette plantation que le sieur Jehan Martin jugea sans doute à propos de ne pas continuer.

1608, janvier. — « Raphaël *Salvesti* maistre des Jeux de Pail-mail, qui a pris « à titre de loyer... (pour vingt ans) une place où souloit auoir un appentil de « charpenterie, assis proche la porte de Montmartre, contigue le fossé de la Porte « S. Honoré, pour y bastir... de la longueur entre le pont et la *Harce* de ladite « porte de Montmartre, etc.» (*ibid.*, p. 219).

La même année, le capitaine des arbalestriers tenait à bail de la Ville, moyen- nant quatre livres tournois par an, « une maison, jardin et allées le long des fossez « et murs, près la porte de Montmartre, etc. » (*ibid.*).

1611. — Le sieur Coniers et associés proposèrent au roi, cette année, de rendre les anciens fossés navigables avec cinq pieds d'eau, même dans les plus grandes sécheresses, depuis l'entrée du fort de la Bastille jusqu'aux Tuileries. Ils s'en- gageaient à refaire les portes et des murs nouveaux, etc. (Félibien, t. V, p. 804). Ce projet n'eut aucune suite. Il fut repris en 1651, sans aboutir.

1619. — Place en forme d'allée le long des murs de la ville, entre les portes S. Denys et S. Martin, louée pour soixante-dix ans à Guillaume Poullain, maistre cordier (Bouquet, p. 240).

1620, 18 janvier.— « Bail à Toussaint Dumesnil d'une place le long des allées

« des murs et remparts entre les portes S. Denys et Montmartre, contenant 90
« toises de long... fera bâtir une petite maison... jusques au premier plancher... et
« le surplus (sera employé) à filoir, le rez duquel ne sera elevé que de neuf pieds au
« dessous du dessus du chaperon des *murs de Barbacanes*, ne fichera rien dans
« lesdits murs, fera sceller pièces de bois pour tenir ses rateliers » (*id.*, p. 254).

Par *murs de barbacanes* faut-il entendre des murs percés de fentes verticales,
pour l'écoulement des eaux? En ce cas, il s'agirait du mur d'enceinte. Je crois
plutôt qu'il s'agit ici de murs percés de meurtrières et placés de biais, de manière
à former, devant la porte ou l'avant-porte, une sorte de bastion angulaire
nommé *ravelin* ou demi-lune. Le mot *barbacane* s'appliquait autrefois à tout ouvrage avancé servant à la défense des portes ou des ponts.

1620.—Plusieurs auteurs, La Tynna entre autres, disent que l'hôtel de la Vrillière (aujourd'hui la Banque) fut édifié cette année. Les bâtiments actuels de cet
hôtel occupent l'emplacement d'une portion du rempart. En 1620, il devait être
limité par ce rempart qui, de ce côté, figure encore sur le plan de Melchior Tavernier, même sur l'édition de 1635.

Dans des comptes de cette même année 1635, on cite des places louées sur
le rempart de la ville, entre les portes S. Honoré et Montmartre. Il est vrai
que ce mot rempart peut désigner ici la nouvelle fortification bastionnée, commencée dès l'année 1634; mais nous allons signaler ci-après plusieurs autres
comptes, qui établiront clairement qu'en 1620 aucun bâtiment nouveau ne dépassait la limite de l'ancien rempart, sur aucun point, entre les deux portes.

1621.—Il paraît qu'à cette époque les murs de Charles V étaient en fort mauvais état. Bouquet (p. 256) cite un procès de cette année entre la Ville et Jean
Gobelin. On lit, dans le cours du texte, que Jean Gobelin a fait faire de très-
bons murs « au lieu des *méchants murs* qui étoient faisant clôture de la ville, et
qui étoient *tout rompus.* »

La même année, le 7 mai, il est fait bail « à Jean Thieu (rubannier), d'une
« place sur les *remparts*, entre les portes S. Denys et de Montmartre, contenant
« 36 toises de long... pour lui servir de filoir à retordre ses soies » (*id.*, p. 257).

1622.—Requête tendant à obtenir, pour Jean Bahus, une « place étant dans et
« du long du bord du fossé de la Ville, hors d'icelle, entre les portes S. Denys et
« S. Martin, vuide et du tout inutile à ladite ville, laquelle place il désireroit pren-
« dre d'icelle Ville, pour y faire quelques *jardinages*, ainsi qu'il a été fait en *plu-*
« *sieurs autres endroits des fossés et arrières-fossés* » (*ibid.*, p. 258).

1624.—« Bail à Michel Duval d'une place sur la contrescarpe, dans l'arrière-
« fossé, hors la porte S. Honoré, du côté de la porte Montmartre. » Je pense qu'il
s'agit toujours ici de l'arrière-fossé de Charles V, et non des *fossés jaunes* (*ibid.*,

p. 259). —Même année, 28 sept. Défense faite par le Prévôt des Marchands aux maçons de la Ville « de plus démolir ni toucher aux murs et *parapets* des rem- « parts et fossés d'icelle, depuis la porte S. Honoré jusqu'à la Galerie du Louvre » (*ibid.*, p. 140). C'est le seul endroit où il soit question des *parapets* du rempart attenant à l'enceinte de Charles V. Je ne sais à quelle époque furent construits ces parapets; ils paraissent être indiqués sur le plan de Mérian, au-dessus du rempart qui, restauré à neuf, n'est plus accompagné de tours carrées.

1627. — Cette année, le 19 mars, on accorde au sieur Deffiat, et *à toujours*, « cent toises de long des remparts et fossés de la Ville, à les prendre depuis « l'endroit qui répond à la rue des Petits-Champs, et continuer tirant vers la « porte de Montmartre, en toute l'étendue desdits remparts et fossés, pour y « faire bâtir maison, jardin... à commencer laditte jouissance du jour que le « fauxbourg S. Honoré sera enclos dans la Ville, moyennant vi liv. de rede- « vance et faire combler ledit fossé à ses dépens'» (*ibid.*, p. 261). Le même jour, ou loua à maître Marescot, à perpétuité, 50 toises de long des remparts et fossés de la Ville, à commencer depuis l'endroit qui répond à la rue des Petits-Champs, et aussi à la condition de faire combler le fossé (*ibid.*).

Le 23 mars de la même année, on accorde aux sieurs Lucas, Lamy et Martin, à perpétuité, « 48 toises de long, qui est à chacun xvi toises de rempart et fossé, « et trois toises par delà ledit fossé sur ladite longueur, à prendre après que *dé-* « *livrance aura été faite à M. le Cardinal de Richelieu*, de ce qui lui a été accordé « depuis la porte S. Honoré jusques à la rue des Petits-Champs » (*ibid.*, p. 261).

On voit qu'à cette époque on n'avait pas encore commencé le Palais-Cardinal (dit depuis Royal). Dulaure assure que, dès 1624, le Cardinal «fit abattre les murs « de la ville, combler les fossés et niveler le terrain, et qu'en 1629, le terrain « étant déblayé, il fit construire son palais par Lemercier. »

Melchior Tavernier, qui avait soin de signaler sur ses plans, calqués sur celui de Mathieu Mérian, tous les changements survenus depuis 1615, n'indique ni ce palais ni l'hôtel de La Vrillière, même sur son édition de 1635, où figurent en- core le rempart et le fossé. Les extraits que je vais signaler, aux années suivantes, prouveront encore l'erreur de Dulaure.

1628. — Félibien (t. V, p. 72) cite un acte du 29 janvier, par lequel les Quinze-Vingts vendent au Cardinal leur maison dite de l'*Hermine*, rue S. Honoré, moyennant quarante-cinq mille livres. Cette acquisition eut pour but, sans aucun doute, la construction des bâtiments du palais, qui était certainement terminé en 1642; car Pierre Corneille, dans son *Menteur*, pièce jouée cette année, s'ex- prime ainsi (acte II, scène v) :

Et l'Univers entier ne peut rien voir d'égal — Aux superbes dehors du Palais-Cardinal.

1629. — Le 4 août, bail à Louis Prevost des herbages sur les remparts, fossés et arrière-fossés de la porte S. Denys à celle S. Honoré « sans qu'il puisse pré-« tendre la *ronture* (rupture?) des *saulz* (saules) et *autres arbres qui sont esdits* « *lieux*, à la charge de prendre garde et empêcher qu'aucuns ne passent *par* « *dessus* ni *par dessous les murs*, ni y fassent paître bestiaux, fouiller terres et sa-« bles, et n'endommagent les murs » (Bouquet, p. 249). On voit, par cet extrait, que le mur était, alors du moins, peu élevé et en mauvais état, puisqu'on pouvait passer *par dessus* et *par dessous*.

1633. — Cette année, le 23 novembre, parut un arrêt du Conseil, qui fut confirmé par le Parlement le 5 juillet 1634, avec quelques modifications. L'arrêt du 23 novembre a été imprimé in-4° (en 1634), sous ce titre : *Articles et conditions accordées par le Roy pour le parachevement de la closture*, etc. Félibien ne le cite pas, mais seulement celui du Parlement qui le mentionne, le modifie et le confirme. L'article III renferme une phrase très-importante, qui n'est pas reproduite dans l'arrêt de confirmation. Il y est dit que Charles Froger « sera tenu de « faire abatre et desmolir les anciennes portes, murailles et remparts (on ne « parle pas de tours), faire combler les anciens fossez, depuis la grande galerie « du Louure jusques à la porte S. Denys... *renuerser* dans ledit fossé *les terres* « *du rempart* qui sont *derrière* l'ancienne muraille de la ville. » Cet acte est le seul qui nous prouve que l'ancien fossé fut comblé avec les matériaux du rempart, et que ce rempart *flanquait* la muraille de Charles V à l'intérieur, au lieu de la supporter, comme semblerait l'indiquer l'examen de quelques anciens plans.

Cette phrase doit décider une question que j'ai regardée comme douteuse, pages **115** et **138**, et, si je n'ai pas supprimé toutes les raisons qui exprimaient mon incertitude, c'est que je n'ai eu connaissance du texte de l'arrêt du 23 novembre qu'après le tirage des pages mentionnées.

On apprend, par le *Mémoire* de Bouquet (p. 311), que le roi fit don, en janvier 1634, à Pierre Séguier, garde des Sceaux, d'une place « scize dans le rem-« part, fossez, contrescarpes, et dehors entre les portes S. Honoré et de Mont-« martre... aboutissant... par derrière aux murailles du Parc de l'Hostel de « Richelieu. » Le jardin du Palais-Cardinal était-il déjà achevé?

1634. — Un arrêt du Parlement, du 5 juillet (voy. Félibien, *t.* V, p. 91), rappelle et confirme, sauf quelques modifications, celui du Conseil du roi, rendu le 23 novembre 1633, et signé : Le Ragoix. J'indiquerai ici seulement tout ce qui, dans cet arrêt, se rapporte à l'enceinte de Charles V. Il y est dit que Charles Froger, secrétaire particulier de la Chambre du roi, est tenu de construire une nouvelle porte au faubourg Montmartre, et une autre qui sera nommée de Richelieu...; de « faire abattre et desmolir les anciennes portes, murailles et *ram*

« *parts;* faire combler les anciens fossez depuis la grande gallerie du Louvre
« jusques à la porte S. Denis. » Le roi lui délaisse, à titre d'échange, toutes les
places des *ramparts,* fossez et contrescarpes, compris dans cet espace, les places
et démolitions des anciennes portes S. Honoré et Montmartre. « Et pour cet effect
« tous ceux qui ont basty des maisons sur lesdicts ramparts, murailles et contres-
« carpes, seront tenus de démolir leurs maisons, etc... » Plus loin, on lit que
« Froger sera tenu laisser la propriété de la place estant derrière la closture des
« Filles-Dieu, appellée la *rue des Miracles,* et depuis leur dicte closture, l'étendue
« du rampart jusqu'à la rue qui se fera *dans le fossé* etc. » On ajoute que « pour
« récompenser les arbalestriers de leur maison (celle citée page 164), ils pren-
« dront pareille quantité de terres (42 toises sur 5) sur les remparts des *fossés-*
« *jaunes,* pour s'y accomoder, etc. » J'expliquerai plus tard ce qu'on nommait les
fossés *jaunes.*

Toutes ces conditions devaient être publiées au prône de toutes les paroisses et
par « affiches mises en tous carrefours et lieux publics de la ville. » Ce traité a été
imprimé in-4°, Paris, 1634, chez la veuve Jean, de Bordeaux. Il se trouve annexé à la *Gazette de France* de Renaudot, de cette année.

Malgré ces arrêts et ces traités, nous allons voir que, postérieurement à 1634,
on louait encore à divers particuliers des places et des maisons sur l'ancien rempart, entre les portes S. Honoré et S. Martin.

1634. — « Reçu du Seigneur le Cardinal, Duc de Richelieu, 12 liv. Tournois...
« échus au jour S. Jean 1635, à cause du bail fait à Mondit Seigneur, de deux
« places... derrière la rue des Bons-Enfants, pour en jouir à perpétuité, à com-
« mencer du 1ᵉʳ oct. 1634 » (Bouquet, p. 238).

1635. — « Maison scize hors la porte S. Denys, ou pend pour enseigne *la Corne*
« *de Cerf...* faisant le coing et tournant sur les fossez de la Ville » (Bouquet,
p. 222). — « ... Deux places scizes sur le Rempart du faubourg S. Honoré près
« la *faulce porte* », c'est-à-dire celle de Charles V, ainsi désignée depuis que
Pidou en avait construit une nouvelle plus loin vers l'ouest, en 1632 » (*id.*, p. 235).
— « ... Place sur la pente du Rempart de la Ville, entre la porte de Monmartre
« et le Moulin des Petits-Champs (*ibid.*). — Gilles Pottin, Maistre Cordier... à
« cause de deux places, avec un filoir, le tout sciz sur le Rempart, d'entre les
« portes Montmartre et S. Honoré, joignant la maison appellée le *Pot à Moi-*
« *nieaux* [1] » (*id.*, p. 240). — Bail fait à maistre Claude le Tonnelier « d'une place
« de six toises en carré, hors les pointes des pilles, estant totalement dans le fossé

---

[1] On appelait *moineaux* des galeries couvertes, sortes de casemates, s'avançant dans le fossé.
Études sur l'artillerie, t. II, p. 256 et 265. Le mot *pot,* avec un trait sur *o,* signifierait *pont.*

« de la porte S. Martin, du costé de la porte S. Denis (*id.*, p. 241). — ... Place
« vuide, joignant le bastiment de la porte S. Martin, faisant portion du Rem-
« part, du costé de la porte S. Denis (*ibid.*). —... Place vuide à l'endroit de l'ar-
« che murée, de nouvel édifiée entre la Tour *du* bois et le Guichet de devant le
« Louvre » (Sauval, t. III, p. 645).

On pourrait, en examinant tous les anciens registres de la Ville et de la Cour
des Comptes, former, je le répète, un volume de citations du même genre, concernant l'enceinte de Charles V. En définitive, il est assez difficile de savoir au
juste à quelle époque les murs, fossés, tours et remparts, qui constituaient cette
enceinte en 1530, ont entièrement disparu, de la place du Carrousel à la porte
S. Martin, d'autant plus que nous manquons de plans détaillés entre 1635 et 1650.
On dirait, en effet, que les topographes du temps attendaient, pour éditer de nouveaux plans de Paris, que les immenses projets de transformation de cette ville
fussent accomplis. Ce qu'il y a de certain, c'est qu'en 1650, à s'en rapporter à
un petit plan de Boisseau, qui porte cette date, il ne restait presque plus rien de
cette partie de la clôture commencée en 1356, sinon une portion de rempart
entre les portes S. Denis et S. Martin, et un bout de fossé le long de la rue S. Nicaise. On distingue, même encore en 1714, sur le plan de La Caille, quelques
vestiges du vieux rempart, près de la porte S. Denis, et un terrain vague entre
les rues de Cléry et Bourbon-Villeneuve, qui indique la place du fossé comblé.

Quant à l'autre partie de l'arc, comprise entre la porte S. Martin et la Bastille, elle ne fut effacée complétement que vers l'année 1670 environ, époque où
fut tracé le *nouveau Cours*, que nous appelons *Boulevards*.

A l'aide des plans de Paris édités de 1601 à 1635, et surtout avec le secours
des extraits de comptes cités en ce chapitre, on peut se faire une idée approximative de la physionomie qu'offrait l'enceinte de Charles V, vers le commencement du XVIIe siècle. Le rempart, alors négligé, déformé sur presque toute la
ligne, loué à bail, ainsi que les fossés, les arrière-fossés et les voûtes des ponts, à
des gens de diverses professions, flanquait toujours le mur d'enceinte, fortifié de
distance en distance de *bastides* ou bâtiments carrés, destinés autrefois à sa défense. Ce rempart délabré était alors un lieu de promenade pour les habitants
de la ville et des faubourgs du nord.

Dans la belle saison, tout cet ensemble présentait un coup d'œil pittoresque.
Si l'on se trouvait au fond du fossé, entre les portes Montmartre et Saint-Honoré, on voyait suspendus au-dessus de sa tête le vieux mur à demi ruiné, envahi par le lierre, et les bastides lézardées, conservant encore quelques restes de
leur parapet crénelé, et des consoles qui le soutenaient.

Ces grosses tours servaient alors vraisemblablement d'habitation à de pauvres familles, dont les hardes séchaient, agitées par le vent, aux fenêtres sans vitres. Çà et là, sur les buttes voisines, ou sur le rempart lui-même, tournaient de grandes ailes de moulins, qui semblaient se poursuivre.

Si le promeneur, affrontant les degrés usés d'un escalier à vis, montait sur une des bastides, il jouissait, du haut de la plate-forme, d'un spectacle curieux. Du côté des fossés, s'offraient à ses regards des scènes dignes du pinceau de Téniers. C'était un mélange de gazon, de ronces poudreuses, de décombres, de masures servant de cabarets, de chèvres broutant l'herbe, de jardinets clos et cultivés. Ici des enfants courent, se battent, lancent des pierres avec la fronde, ou enlèvent des cerfs-volants aux longues queues ondulantes; là, un cordier file son chanvre; plus loin, des ouvriers, attablés sous des berceaux ou à l'ombre des arbres, savourent le vin de Suresne; ailleurs, des gens s'exercent à l'arc dans un clos; partout des bourgeois de tout âge jouant aux quilles, aux boules, au pail-mail [1], tous venus là pour respirer le grand air, pour voir du feuillage, pour échapper aux fétides exhalaisons de leurs rues étroites et à l'aspect monotone de leurs pignons tout déjetés. Mais, hélas ! c'était une déception : car l'air de ces fossés était aussi impur que celui de la ville. Des égouts, y débouchant par des voûtes grillées, alimentaient au fond de la cunette un cours d'eau infecte, grasse, épaisse comme celle du Cocyte. De côté et d'autre, des ruisseaux de toutes couleurs charriaient la boue noire des rues, le sang des boucheries, la chaux des maçons, l'indigo du teinturier. Tout cela découlait de nombreuses gargouilles, d'où pendait en festons une mousse verdâtre, entraînant mille immondices, ajoutées à celles qu'y jetaient de toutes parts, en dépit des ordres de la police, les habitants des faubourgs et les locataires des masures établies sur le rempart, sur les talus et au fond du fossé.

La partie la plus ombragée de cette sorte de vallée était aux environs de la porte Montmartre; mais les rangées d'arbres qu'on y avait alignées étaient blanchies par les flots d'une poussière incessante, qui s'élevait des chemins de ronde extérieurs, au passage des chevaux, des troupeaux et des charrettes.

Si l'on se retournait du côté de la ville, on voyait au pied du rempart serpenter les ornières, pleines d'immondices, du chemin de ronde intérieur, bordé de quelques maisons, ou de murs élevés qui formaient la clôture d'un couvent contigu. De là, le regard embrassait au loin un océan de pignons, de toits couverts de tuile ou d'ardoise, surmontés de girouettes, de crêtes à jour, de bouquets en métal grisâtre, de cheminées fumeuses. De ce gouffre brumeux se détachaient

---

[1] On ne signale aucun jeu de *Longue-Paulme* établi dans les fossés de la rive droite, tandis qu'il en existait trois ou quatre dans ceux de l'Université.

sur l'horizon, à perte de vue, les donjons couronnés de créneaux, les tours et les
croupes plombées des églises, les coqs et les croix d'or scintillant au soleil, les
flèches élancées, les campaniles au toit en forme de cloche; le tout entremêlé
des cimes de quelques arbres séculaires.

L'oreille, comme l'œil, avait aussi ses distractions. C'était un brouhaha confus formé de mille sortes de bruits : les clameurs et les sifflets stridents des gamins,
les cris aigus et modulés des marchands de fruits, de pâtisseries et de friture en
plein air; les éclats d'une trompe, les grincements d'une crecelle, le son fêlé
d'un tambourin, le roulement des voitures engagées sous les passages voûtés des
portes, ou débouchant avec fracas sur les ponts-levis, les voix proches ou lointaines des mille cloches qui vibrent, tintent ou bourdonnent du haut des églises
et des chapelles de la grande cité.

Plus d'une ville de France, de Belgique ou d'Allemagne, encore munie de ses
murailles, fossés et bastides du XIV° siècle, pourrait nous aider à reconstruire,
dans son état primitif, l'enceinte de Charles V. On retrouve, en chaque départe-
ment, quelques parcelles des anciens types de la capitale, ses quais bordés de
maisons de bois aux piliers submergés, ses *trous punais,* ses égouts découverts,
et ses fortifications pittoresques. On peut revoir la Bastille dans le château de Vil-
lebon, et la tour du Temple dans le donjon de plus d'un vieux château. Poissy, il
y a quelques années, conservait encore une assez grande portion de son mur
d'enceinte, flanqué de tournelles, pour nous représenter en petit la clôture de Ph.
Auguste. Si mes souvenirs de voyage sont fidèles, j'ai rencontré, il y a vingt ans,
plus d'une petite ville de France, dont les murs fortifiés de bastides à demi déman-
telées, dont les remparts herbus, les fossés pleins de broussailles et d'immondices, rappelaient tous les détails qu'offrait aux regards, sous Louis XIII, l'enceinte septentrionale de Paris exécutée au XIV° siècle.

XX. Des fortifications établies autour des faubourgs de la rive gauche.

Avant de passer à la description de la quatrième clôture de la rive droite, je
consacrerai un chapitre aux fortifications permanentes ou provisoires exécutées
à diverses époques autour des faubourgs du sud, du côté de S. Victor, S. Marcel,
Notre-Dame-des-Champs et S. Germain-des-Prés. Il n'existe sur cette matière
que de vagues documents jusqu'ici fort peu étudiés.

Quelques rues se formèrent peu à peu dans le voisinage de l'abbaye ou prieuré
S. Victor, fondé sous Louis le Gros. Nulle part on ne lit qu'il ait existé un village

de ce nom ; mais, non loin de la Bièvre, vers l'endroit où la rue Copeau aboutit à celle S. Victor, il existait, sous Charles VI, un terrain ou un groupe de maisons, qu'on appelait *Cupels, Coupeel, Coypel, Coypeau* ou *Coupeau* (d'où le nom de *rue Copeau*), ainsi qu'une butte voisine, encore subsistante au Jardin des Plantes[1]. On lit dans le *Journal de Paris sous Charles VI*, p. 86, qu'en juin 1422, un armurier, accusé de vouloir livrer Paris au parti des Armagnacs, « fut prins *à Couppaulx*-lès-S.-Marcel. » Cette expression donnerait à croire qu'il y avait un village de ce nom.

Il est assez vraisemblable qu'à une certaine époque, soit sous Charles V, soit au temps de la Ligue, on a, de ce côté de Paris, établi quelques fortifications, ou du moins ouvert quelques tranchées. La vieille butte Coypeau, qu'on dit formée de dépôts d'immondices, a fort bien pu avoir servi autrefois de *bastillon* ou *boullevert* destiné à protéger le village Coypeau et le riche monastère de S. Victor.

Une autre origine peut, à mon avis, être attribuée à sa formation. Quand, au XIIe siècle, les religieux obtinrent permission de détourner le cours primitif de la Bièvre qui, assure-t-on, débouchait alors au même point qu'aujourd'hui, ils pratiquèrent un canal qui, courant de l'est à l'ouest, traversa le parc de l'abbaye, le mur de Ph. Auguste alors sans fossé, puis plus loin, faisant un retour d'équerre vers le nord, alla se jeter dans la Seine, entre les rue Perdue et de *Bièvre*, vis-à-vis l'Evêché. Les déblais d'une partie de ce canal ont pu contribuer à former la butte *Coypeau*, qui devint par la suite assez importante pour être utilisée comme *Bastide*, et recevoir de l'artillerie, au temps où l'on redoutait l'approche des Anglais. Si cette localité a jamais été fortifiée, c'est sans doute de cette manière. Il est possible aussi, je le répète, qu'au temps de la Ligue, ou même sous François Ier, on ait creusé de ce côté quelques tranchées remparées, pour couvrir cette partie des faubourgs.

Il se forma autour de l'église Saint-Marcel, fondée au IXe siècle, ou même antérieurement, un groupe de maisons qui devint assez considérable pour mériter par la suite le nom de *ville S. Marcel*[2]. En mai 1433, dit le *Journal sous Charles VI*, p. 154, « vindrent les *Arminaz* (Armagnacs) à mynuict en la *ville* de S. Marcel- « lez-Paris et firent moult de maulx. » Il paraît que cette petite ville, aujourd'hui incorporée à la capitale, se laissa surprendre, car elle était fortifiée à cette époque. Guillebert de Metz, qui écrivait en 1432 (comme il le dit au chap. xxii), s'exprime ainsi, au sujet de ce bourg : « Il y a fossez hors moult grans comme ce feust une

---

[1] Cette butte était double. Selon Jaillot, on forma en 1535 celle qu'on voit « à l'endroit où est la *terrasse* (sans doute le Belvédère ?). » Le mot *coupeau* signifie *sommet*.

[2] Lebeuf (*Hist. de Paris*, t. I, p. 199) dit, à ce sujet, que le mot latin *villa* signifie : village ; mais j'ai cité, p. 65, une pièce où l'on nomme Paris lui-même *villa*.

« ville à part.» D'après ce récit, il aurait été dès lors entouré d'un fossé, dont sans doute la Bièvre formait la continuation du côté de S. Médard [1].

Du Breul (p. 393) s'exprime ainsi en 1612 : « Ce que l'on appelle encores la « *Ville* de S. Marcel lez Paris, est *enclos et fermé de hauts murs*, qui la distinguent « et séparent du faux-bourg de Paris, que l'on surnomme aussi du même S. Mar- « cel. » Il est à regretter que Du Breul n'ait pas indiqué les limites précises de cette enceinte. Peut-être a-t-il pris pour des murs de clôture des murailles de divers clos, fort nombreux de ce côté. Le fossé est tracé sur plusieurs plans, notamment sur la grande gouache de l'Hôtel-de-Ville, où il paraît très-profond ; mais il ne décrit qu'une petite portion d'arc au sud-est. La rue des Fossés-S. Marcel indique, par sa courbure, celle même du fossé : elle se prolonge jusqu'au point où la rivière de Bièvre traverse la rue S. Victor.

Je ne sais l'emploi qu'on donna aux déblais de ce fossé ; peut-être en forma-t-on un terrassement derrière un mur qui lui était parallèle, ou un *boulevert*, voisin de la porte principale de laquelle je vais parler [2].

Ce qu'il y a de certain, c'est que la ville de S. Marcel, encore ainsi désignée en 1636 (Félibien, t. IV, p. 140), avait plusieurs portes, signalées par les vieux plans. La plus importante était placée rue Mouffetard, un peu en deçà de la rue des Fossés, et touchait probablement au mur dont parle Du Breul. Selon Sauval, en 1304, cette porte s'appelait *Poupeline*. Le plan de Gomboust, 1652, la nomme *Fausse porte* S. Marcel, pour la distinguer de celle du même nom (dite aussi Bordelle), atténante au mur de Ph. Auguste. Sur le plan de Bretez, 1739, on ne voit plus qu'une barrière.

Une autre porte, située à l'extrémité orientale de la rue des Francs-Bourgeois, s'appelait : Porte de la Barre. La rue actuelle Scipion, qui avoisinait cette porte munie sans doute d'une *barre* ou barrière, était désignée sous le même nom. La porte de la Barre est marquée sur presque tous les anciens plans. On la voit encore sur celui de Bretez, qui de plus offre, à l'extrémité de la rue de la Reine-Blanche, une barrière qui remplaçait peut-être une autre porte. Enfin on en distingue une troisième à l'extrémité orientale de la rue du Fer-à-Moulin. Après tout, ces portes pouvaient être tout simplement celles du cloître S. Marcel.

Sous Louis XI, «Vne bataille se donna à S. Marceau, ou y en eut beaucoup de prins et d'occis des deux parties » (Corrozet, fol. 145).

[1] Le bourg de S. Médard, placé entre la muraille de Ph. Auguste et la petite ville fortifiée de S. Marcel, n'eut jamais besoin de fortifications. Peut-être même était-il, sous Charles VI, compris dans l'enceinte de cette petite ville.

[2] J'ai supposé, p. 70, que la Butte-aux-Cailles pouvait provenir des déblais de ce fossé ; c'est une erreur. Cette colline est d'une nature calcaire, et se rattache à celle qui domine le Petit-Gentilly.

Sauval (t. I, p. 148) avance, je ne sais d'après quels documents, qu'en 1404, une partie de la rue de Lourcine se nommait « la Ville de Lourcine-lès-
« S. Marcel... et quelquefois rue de Franchise, parce qu'étant située dans le Fief
« de Loursine... les compagnons artisans y peuvent travailler... sans que les Maî-
« tres puissent les en empêcher. »

Il y avait autrefois à Paris un assez grand nombre de ces lieux *francs*, tels que : les enclos de S. Jean-de-Latran (dont le fief de Lourcine dépendait), du prieuré S. Martin-des-Champs, du Temple, de l'abbaye S. Germain, etc.

Le territoire de Lourcine est désigné en latin comme en français par des noms diversement orthographiés, parmi lesquels il est assez difficile de faire un choix [1], mais ici peu nous importe le nom. Je pense que la rue de Lourcine, bien qu'établie sur un fief privilégié, n'en faisait pas moins partie de la petite ville S. Marcel. « Ma-
« dame Marguerite femme du Roy S. Loys, dit Corrozet (fol. 90), edifia *en la*
« *ville S. Marcel-lez-Paris*, le conuent et monastere des nonnains qu'on appelle
« vulgairement les Cordelieres S. Marceau. » Or, ce couvent était placé rue de Lourcine, au haut de laquelle, un peu au-dessus du couvent (passé la rue actuelle du Champ-de-l'Alouette), était une porte qu'indiquent les plans de Quesnel et de Mathieu Mérian, et aussi celui de Jean Boisseau, 1650. Cette porte, qui n'a pas de désignation, était, je suppose, une de celles du bourg S. Marcel.

Sur le plan de Braun, et aussi sur la grande gouache de l'Hôtel-de-Ville, on distingue de plus deux autres portes ou arcades, situées à une faible distance l'une de l'autre, dans la même rue de Lourcine, vers le milieu. Le plan de Bois-seau en indique une seule près de la rue des Lyonnais. Faut-il, au lieu de portes, y voir de simples bâtiments, jetés d'une maison à l'autre, comme il en existait tant autrefois à Paris? Je crois plutôt que ce sont des portes réelles qui fermaient la portion de la rue où les artisans avaient droit de franchise.

Le plan de Braun offre encore une autre porte, placée en travers de la rue de l'Arbalète, près de l'endroit où la rue des Postes y débouche. Je ne sais si l'on doit la considérer aussi comme une des entrées de la ville S. Marcel. Selon La Tynna, la rue de l'Arbalète se nommait, au XVIe siècle, rue de la Porte-de-l'Arbalète, sans doute à cause de celle que je signale.

Au haut du faubourg S. Jacques, près du mur d'enceinte de l'Observatoire, existait une porte, marquée sur la plupart des plans; sur ceux de Quesnel et de Boisseau, elle paraît même fortifiée de deux tours rondes. Elle figure aussi, mais sous forme d'un simple pavillon, sur une vue de l'Observatoire, gravée par Pé-

---

[1] J'adopterais volontiers l'étymologie *Locus cinerum*, puisqu'on a trouvé de ce côté de Paris des sépultures antiques. Jaillot admet que les mots *locus cinerum* s'appliquent à la rue Poliveau.

relle ou Avéline, vers 1680. Les anciens actes la nomment *fausse porte* ou *pre-*
mière porte S. Jacques, par rapport à celle de l'enceinte de Ph. Auguste.

Cette porte ne se rattachait pas à un mur de clôture : il n'en exista aucun de ce
côté de Paris ; seulement, comme l'atteste le plan de Quesnel, on a creusé des
tranchées au-dessus des Chartreux, sans doute au temps de la Ligue. On n'a jamais cité une *ville S. Jacques,* mais il est question dans l'histoire de la *ville Notre-*
Dame-des-Champs. On veut désigner par là des groupes de maisons établies dans
le voisinage de cette ancienne chapelle. On lit dans le *Journal de Paris* sous
Charles VI et VII, p. 182 : en août 1438, « vindrent les Angloys environ mynuit en
« la *Ville* de Nostre Dame des Champs, et bouterent feux, et prindrent hommes
« et biens ce qu'ils porent. » Ce récit semble indiquer que cette petite ville n'é-
tait pas fortifiée d'une enceinte.

C'est par erreur que j'ai (*note de la page* 68) supposé que la butte du Mont-
Parnasse, existant autrefois derrière les Chartreux, a pu être formée des déblais
de tranchées creusées de ce côté des faubourgs ; car un Mémoire manuscrit sur
les anciennes carrières de Paris indique le Mont-Parnasse comme une carrière
qui fournissait dix espèces de pierres à bâtir. Du reste, aucun plan du XVI⁰ siècle
ne s'étend jusque-là ; aussi a-t-on sur cette butte fort peu de documents avant
1650, époque où on la nommait *Mont Parnasse* ou *de la Fronde.* Il est possible
qu'elle ait autrefois servi de bastide, pour défendre le faubourg S. Germain.

A la pointe de l'enclos des Chartreux, rue d'Enfer, non loin de l'Observatoire,
il y avait, sous Louis XV, une barrière. Je ne pense pas que cette barrière ait remplacé une ancienne porte, car on n'en voit aucune marquée sur les vieux plans.

Autour de l'enclos de l'abbaye S. Germain-des-Prés, on voyait, de temps immémorial, hors du côté du nord où s'étendaient les Prés-aux-Clercs, des groupes
de maisons qui méritaient bien le nom de *ville.* Elles ne furent incorporées à
la capitale que sous Henri IV ou Louis XIII. Au XV⁰ siècle existaient déjà, sous
leurs noms actuels ou sous d'autres noms, les rues Sainte-Marguerite, du Four,
du Vieux-Colombier, de Buci, des Mauvais-Garçons, du Cœur-Volant, etc. Cette
ville, à cause de la foire qui y fut établie dès le XII⁰ siècle, devait être considérable. Cependant on ne lit nulle part qu'elle ait été fortifiée, comme l'était l'abbaye elle-même, qui ressemblait plutôt à une citadelle qu'à un monastère. On
n'a jamais cité aucune porte de la *ville* S. Germain. J'ai lu dans un acte « la vieille
porte des fauxbourgs-S.-Germain », mais on désignait celle attenante au mur de
Ph. Auguste. On creusa seulement à diverses époques, autour de quelques points
de ce faubourg, des fossés, protégés par des remparts. Nous parlerons tout à
l'heure de ceux pratiqués au temps de la Ligue.

Ces fortifications ne furent jamais que provisoires ; elles disparaissaient avec le danger qui les avait rendues nécessaires. Une butte, dite *S. Père* (ou S. Pierre), existait, sous Louis XIII encore, vers l'endroit où la rue S. Guillaume fait un retour d'équerre. Cette butte, qui portait un moulin, doit son origine à des dépôts d'immondices ou aux déblais d'anciens fossés (de ceux peut-être de l'Abbaye, que ses matériaux auront servi à combler vers 1636). Elle a pu autrefois, être utilisée à titre de *bastide*. Un procès-verbal de 1636 (Félibien, t. IV, p. 144), nous apprend qu'elle occupait une surface d'environ quatre arpents, et servait de voirie pour la Cité, la rué de la Harpe et partie du faubourg S. Germain.

Nous lisons dans Corrozet (fol. 130) qu'en 1383, le roi ordonna que « les faux-« bourgs anciens d'entour Paris, fussent *clos* et *enfermez* de gros murs, portes et « fossez, et fussent reputez de ladicte ville. » Je ne sais si l'on commença à exé-cuter cet ordre, qui s'applique probablement aux faubourgs du midi, puisque ceux du nord étaient enclos à cette époque.

1550. — Cette année, parurent, le 6 novembre, des lettres-patentes, qui ordonnent de faire le *dessein* et tracé de la clôture des faubourgs de Paris, y compris ceux de l'Université (Registre cité p. 124). Corrozet signale aussi (fol. 176) un édit du 8 septembre, sur le même objet. Le 5 octobre 1551, selon Sauval, on planta des bornes pour en commencer l'exécution, mais il paraît qu'on l'abandonna.

En 1562, dit le même (t. I, p. 82), la Ville « fournit au Duc de Guise des « pionniers, qui en peu de jours environnerent de tranchées nécessaires les « faux-bourgs de l'Université, contre les courses des Huguenots, commandés par « l'Amiral de Coligny. »

En 1568 (*ib.*, p. 83), « par commandement exprès du Roi, il fut résolu, le 8 fé-« vrier, au Bureau de la Ville, d'achever en diligence les tranchées commen-« cées du côté de l'Université. »

En 1589, on exécuta autour de Paris de grands travaux contre l'armée du roi de Navarre. « Au dessus des faux-bourgs de l'Université et des fossés qui « sont entre la Tournelle et la porte S. Victor, on fit des *boulevarts* et des tran-« chées » (*ibid.*). A cette époque, l'ancienne butte Coypeau fut peut-être desti-née à recevoir de l'artillerie.

Le 25 juillet, mandement aux Colonels d'exhorter « les habitants aisez d'en-« voyer, pendant huitaine, chacun un homme pour travailler aux fortifications « de la ville, vers les faux bourgs » (Félibien, t. V, p. 463).

On lit dans l'historien Mathieu, à l'année 1590, époque du siége de Paris, de curieux détails, qui doivent s'appliquer en partie à la rive gauche. « On trauailloit « sans cesse aux murailles, fossez, et remparts : Les Iesuites et autres Moines « bien munitionnez de viures en leurs Colleges et Conuents, faisoient le guet

« à leur tour» ; et ailleurs : « Or les faux-bourgs estoient couuerts de rempars,
« esperons, grands rauelins et bouleuards fossoyez et de grandes trenchees que
« la Ligue gardoit par des gens de guerre et bourgeois de la ville et faux-bourgs,
« qui y alloient par tout et estoient 24. heures en garde : Il y auoit sur ces rem-
« parts plusieurs pieces d'Artillerie, comme canons, couleurines et pieces de
« campagne pour la garde des trenchees. »

Plusieurs petites estampes, à peu près contemporaines [1], indiquent des fossés,
remparts et bastions établis, en 1590, autour des faubourgs de la rive gauche, et
aussi de ceux de la rive droite, non loin du Grand égout ; mais ces fortifications,
je le répète, n'ayant été que provisoires, on aurait peine à en retrouver les traces, comme à en signaler la place précise, vu que l'on combla les tranchées avec
les déblais mêmes dont on les avait remparées. C'est peut-être des restes de ces
fossés de 1590 qu'on remarque sur le plan de Quesnel. Comme les plans de
Paris manquent entre 1575 et 1600, parce que, pendant cette période de troubles, aucun géographe ne songeait à en éditer, on ne peut tirer de ce côté aucune lumière pour éclaircir cette question encore obscure.

Sauval (t. I, p. 83) avance qu'en 1617 et 1649 « le fauxbourg S. Germain fut
« *environné* de retranchemens, de palissades et autres fortifications necessi-
« res, etc. » Sauval est dans l'erreur : ces fortifications ne furent que projetées.

1627. — Bouquet (*Mém.*, p. 327) cite des lettres-patentes du mois d'avril, où
l'on charge Boyer, secrétaire de la Chambre du roi, de clore les faubourgs
S. Germain, S. Michel et S. Jacques. Ce projet ne fut pas exécuté. Sauval dit
(t. I, p. 44) : « En 1526, Boyer proposa au roi d'entourer de courtines, de por-
« tes et de bastions, *tous* les faux-bourgs de l'Université. » Il faut probablement
ici lire : 1626, à moins qu'il ne s'agisse d'un autre Boyer.

Sous Louis XIV, il fut question, vers 1649, de ceindre les faubourgs du sud
d'une clôture bastionnée ; elle est tracée au pointillé sur le petit plan de Boisseau,
dit *Plan des Colonelles*, dont la première édition est de 1650. Mais, cette fois encore, on s'en tint à un projet. Plus tard, vers 1676, comme l'atteste le plan de
Bullet, on projeta d'établir autour de la rive gauche, non plus une ceinture bastionnée, mais un *Cours* planté d'arbres, dont l'arc, commençant à peu près vis-
à-vis de la porte de la Conférence, devait aboutir à la porte S. Bernard.

On ne mit à exécution que le projet relatif à la rive droite. Sous Louis XV
seulement, on commença le Cours du midi, mais sur une ligne plus étendue, et
il ne fut jamais terminé.

---

[1] Ces estampes, gravées en Allemagne ou en Hollande, donnent une idée approximative de ces
travaux. Sur une très-petite vue du siége de Paris en 1590, gravée au bas du frontispice de l'ouvrage
sur les *Fortifications, par Jacques Perret*, on ne voit pas de remparts du côté de l'Université.

XXI. — Quatrième enceinte (bastionnée) de la rive droite.

Sous la dénomination collective de *quatrième enceinte* [1], je comprends 1° toutes les additions faites successivement à celle de Charles V, à partir de 1536, entre l'embouchure du fossé de la Bastille et la porte S. Martin ; 2° la construction de six bastions angulaires réunis par une courtine, formant une nouvelle clôture partielle au delà de la précédente, bastions établis, entre 1566 et 1635, de l'extrémité du jardin des Tuileries à la porte S. Denis.

Cette nouvelle enceinte, bien qu'exécutée par tronçons et à des époques fort distantes l'une de l'autre, n'en doit pas moins être considérée comme l'ensemble d'un seul projet, conçu dès le règne de François Ier, ou même de Louis XII, et réalisé dans l'espace d'un siècle. Ce qu'on a jusqu'ici nommé : l'enceinte partielle de Louis XIII, doit donc se confondre avec les travaux isolés, entrepris antérieurement, puisque tous ces travaux se rapportent au même projet et au même but, savoir : une enceinte fortifiée de bastions à deux faces, à peu près semblables à ceux qu'on vient d'exécuter de nos jours, et dont la forme fut prescrite par les progrès de l'artillerie.

Je vais exposer brièvement les motifs de cette métamorphose dans la manière de fortifier les villes. Dès le règne de Charles VIII, l'usage du tir à plein fouet était généralement pratiqué (voir p. 116). Les ingénieurs comprirent bientôt que la hauteur excessive des tours et des murs d'enceinte offrait un grand inconvénient [2] : quand on les battait en brèche, leurs débris comblaient le fossé de matériaux, et facilitaient l'assaut. On chercha à parer à cet obstacle ; on tarda peu à trouver un système convenable : on plaça devant les vieilles enceintes de pierre des ouvrages avancés, de diverses formes [3], composés de terre, fort bas, et revêtus seulement d'un parement de pierre du côté de l'escarpe, afin que l'artillerie produisît peu de dégâts. Les boulets, frappant dans ces terres-pleins quelquefois garnis de fascines, venaient s'y amortir sans causer beaucoup de dommage. Les merlons du parapet, bas, épais, taillés en glacis, donnaient peu de prise à leurs coups ; les projectiles glissaient sur ces talus de pierre et ricochaient

[1] Je l'appelle *quatrième* enceinte, dans l'hypothèse fort vraisemblable qu'il en exista une avant celle de Ph. Auguste, qu'on regarde comme la seconde.

[2] Il est probable que sous Charles VIII on abaissa le mur et les tours construits sous Charles V.

[3] Les tours rondes de Ph. Auguste et celles carrées de Charles V, en saillie sur les murs d'enceinte, étaient par le fait de petits *bastions* destinés à prendre l'ennemi en flanc. Sous Louis XI, on plaçait devant les murs des terrasses de forme carrée, faisant saillie dans les fossés, et nommées *cavaliers* ; c'était une sorte de *bastion*. Je doute qu'on en ait élevé de ce genre à Paris.

sans faire de brèche. Bientôt on élargit ces nouveaux *bastillons*, et déjà, sous François Ier, on leur donnait la forme angulaire qu'ils ont de nos jours, forme qui permet de battre l'ennemi en flanc, et de défendre à la fois la courtine et l'approche des fossés. Dès lors fut résolue, à Paris, la construction d'une enceinte continue, fondée sur ce système : c'est celle qui va nous occuper; on mit un siècle à la terminer, et encore ne le fut-elle qu'imparfaitement.

Je commencerai par citer d'anciens actes relatifs à cette enceinte qui, au moment où elle touchait presque à son terme, fut tout à coup jugée inutile, et remplacée (vers 1670) par une terrasse servant de promenade. On n'en conserva que quelques bastions, entre la porte du Temple et la Bastille.

1523. — Nous avons cité, page 161, une ordonnance de cette date, qui doit être, comme le remarque Du Breul, la première idée du projet de cette quatrième enceinte de la rive droite. Mais il paraît que ce projet n'eut alors aucun commencement d'exécution, et ce fut en 1536 qu'on prit le parti de s'en occuper sérieusement.

1536. — On lit, dans les *Antiqvitez* de Corrozet (fol. 158) : « Le dernier iour
« de Iuillet, furent commencez les rempars, fossez et trenchées, pour enclorre
« les faulxbourgs et la ville de Paris, par le commandement de Iean du Bellay,
« Cardinal, Euesque et gouuerneur d'icelle ville. »

Sauval (t. I, p. 43) parle ainsi de ce fait : « En ce temps-là (1536) le Cardinal de
« Bellay..., outre plusieurs tranchées, fit faire des fossés et des *boulevards* (bas-
« tions), depuis la porte S. Honoré jusqu'à celle S. Antoine... Le 31 juillet, on se
« mit à travailler au bout des fauxbourgs de S. Honoré, mais... le 16 décembre
« l'ouvrage fut abandonné. » Il indique ensuite les noms des ingénieurs chargés de ces travaux.

Selon Félibien (t. V, p. 346), le 28 juillet 1536, on ordonna aux bourgeois de Paris et aux habitants des villages circonvoisins, de fournir à leurs dépens des gens pour travailler aux fortifications de la ville. Le clergé devait y contribuer aussi; on comptait employer pour ces travaux *seize mille* manœuvres, et toutes œuvres dans la ville devaient cesser pour deux mois.

Le Registre cité dans la note, page 124, nous apprend qu'en juin et juillet 1536, la Ville fit visiter les remparts, et contracta un *emprunt* pour les fortifications, et, qu'à cet effet, on imposa des corvées aux villages de l'Election de Paris.

Aucun historien n'explique au juste ce qu'il faut entendre par ces fortifications, ni de quel côté de Paris on les commença. Je suppose qu'il s'agissait dès lors des bastions à deux faces terminés plus tard du côté de la Bastille, et que les premiers travaux consistèrent à creuser des fossés au delà de ceux de Charles V, autour des faubourgs du nord, fossés qui furent recreusés sous Louis XIII.

1544. — Par le commandement de François Ier « furent faicts les rampars ès « portes S. Antoine, du Temple, S. Michel, S. Iaques et autres lieux » (Corrozet, fol. 161, v.). Ces travaux furent-ils en effet exécutés ? Il faut le croire, puisque Corrozet vivait sous ce roi ; mais qu'était-ce que ces *rampars* ? Veut-il parler de ces bastions à deux faces, situés entre la Bastille et la porte du Temple ? mais ils ne furent commencés qu'en 1553. Qu'entend-il par les remparts établis près des portes S. Michel et S. Jacques ? Étaient-ce ces avant-portes qu'on voit figurer sur les vieux plans, vers le milieu des fossés ? je pense que leur construction doit remonter plus haut. Il désigne peut-être sous ce nom un simple terrassement formé à l'intérieur du mur de Ph. Auguste.

Le même Corrozet, au folio 8, avait déjà parlé de ces travaux : « L'an 1544, on « feit les *rampars* et *bastions* à Paris, pour resister à la venuë de l'Empereur « Charles Cinqiesme (Charles-Quint). » Ces remparts ne peuvent être le terre-plein qui flanquait le mur de Charles V, puisqu'il existait depuis longtemps. Il s'agit sans doute d'ouvrages provisoires qui furent supprimés par la suite.

Sauval ne s'explique pas plus clairement sur ce fait. « En 1544 (dit-il, t. I, « p. 43), François Ier ayant appris que Charles-Quint avec son armée, étoit à « Château-Thierry, aussitôt il envoya à Paris le Duc de Guise, qui revêtit de « *remparts* les murs de la ville, tant du côté des faux-bourgs du Temple, de « Montmartre et de S. Antoine, que de ceux de S. Michel et de S. Jaques. »

1548. — Edit qui défend de « bastir ès fauxbourgs de Paris » (Félibien, t. III, p. 642). Cette défense, renouvelée deux ans plus tard, avait un double motif. D'abord on craignait de voir les faubourgs s'agrandir au détriment de la population des villes et villages des environs ; ensuite, comme on avait l'intention de renfermer les deux rives de la capitale dans une nouvelle enceinte bastionnée (ainsi que l'atteste l'article qui va suivre), on ne voulait pas augmenter le chiffre des indemnités à accorder aux propriétaires.

1550. — « En ceste année mil cinq cens (cinquante) [1], le Roy enuoya lettres « en France (en forme) d'edict, au preuost de Paris, et ses lieutenants, preuost des « marchans et Escheuins, par lesquelles il leur mandoit faire faire le portraict et « *dessein* de la closture et fortifications de *tout* Paris, comprins les faulxbourgs tant « de l'*Vniuersité* que de la ville... Donné à S. Germain-en-Laye le huictiesme « iour de Septembre » (Corrozet, fol. 176). Ces travaux ne furent jamais commencés du côté de l'Université.

1552. — Lettres du 19 octobre, signées : *Cardinal de Bourbon*, sur le besoin

---

[1] Dans l'édition de 1361, celle que je cite toujours, on lit : *mil cinq cens*, mais l'auteur veut dire 1550, puisqu'il parle d'événements relatifs à cette année. Cette faute a été corrigée dans l'édit. de N. Bonfons, 1586. On y a aussi rétabli les mots *en forme*, omis après *en France*.

de fortifier la ville « entre le lieu où estoit la tour de Billy, et le *boulevart* estant
« le long de la rivière de Seine, au dessus de l'isle Louviers » (Registre cité
p. 124, et Félibien, t. V, p. 381). J'ignore ce qu'on entend par ce boulevart.

1552. — Félibien (t. III, p. 643) produit un édit du 27 février, qui frappe d'une
contribution pour les fortifications de la ville (projetées en 1550) toutes les maisons, à l'exception de plusieurs couvents et hôpitaux. On y règle tout ce qui est
relatif aux dépenses que ces travaux doivent entraîner. Sauval dit (t. I, p. 43)
que, cette année, «Henri II ordonna une levée de douze cens mille livres par an,
« sur les Generalités et sur tout Paris, sans en excepter ni Couvents, ni Eglises,
« ni Communautés, ni Privilegiés : jusqu'à vouloir y être compris lui même le
« premier, et le tout pour être employé aux fortifications. »

1553. — Félibien (t. IV, p. 762) cite un arrêt du Parlement, en date du 3 février, qui décide que la ville « sera fortiffiée selon *la* modelle qui en avoit esté
« faicte.» Il s'agit de la continuation des mêmes travaux.

Cette même année, le 11 août, on commença à refaire, entre la Bastille et la
Seine, les fossés de Charles V, qu'on réunit en un seul, façonné non plus en talus, mais à fond de cuve, ou à parois verticales, et revêtu de pierres du côté de
l'escarpe. On le flanqua, comme je l'ai déjà dit, p. 152, de deux bastions, non
compris celui placé devant la Bastille. J'en reparlerai plus tard.

Voici comment Corrozet, témoin oculaire, parle de ces travaux (fol. 180, verso):
« Audict an 1553 furent commencées les fortifications du costé du bouleuert
« dans le fleuue de Seine, la ou le cours d'iceluy entre dans les fossez, derrière
« les Celestins, en continuant iusques à la Bastille S. Anthoine : pour laquelle
« chose accomplir ensuyant l'édit du Roy, toutes les maisons furent taxées et
« cotisées depuis quatre liures tournois iusques à vingt-quatre, et fut la première
« pierre assise le vendredy vnziesme iour d'Aoust, laquelle estoit ainsi escrite
« et grauée, que la voyez cy dessous. »

Cette pierre est figurée au folio 181, par un encadrement autour duquel on lit,
en majuscules : Nisi Dominus cvstodierit civitatem, frustra vigilat qvi cvstodit
eam. Au milieu sont le nom du Roi et les initiales des assistants, avec la date 1553,
8 mensis Augusti. «Lesdictes fortifications, ajoute Corrozet, à fons de cuue auec
« leurs rampars et secrettes deffences furent continuées iusques à la porte Sainct
« Anthoine. » Puis il cite deux autres inscriptions, dont la seconde porte le mil-
lésime M. D. LVI.

1554. — Félibien (t. V, p. 383) cite un Règlement du 2 mars, pour *pourvoir*
à la continuation de ces fortifications. Le Collége de Navarre fut taxé à 24 livres,
les religieux de S. Victor, à 100, l'enclos du Temple, à 24, etc. ; mais les travaux
allaient lentement, car ils ne furent achevés, selon Du Breul, qu'en 1559. Pendant

cet intervalle de cinq ans, nous avons presque achevé notre enceinte bastionnée, avec tous les forts détachés !

1557.—Félibien (t. IV, p. 773), mentionne à cette année, 18 mai, l'établissement d'une nouvelle taxe pour l'achèvement des travaux.

1559. — Cette année, fut terminé le nouveau fossé bastionné de la Bastille, sans doute aussi le petit bastion placé devant cette forteresse du côté du faubourg, et le gros bastion nommé : *Le Boullevert S. Anthoine*, voisin de la porte du même nom. Le plan gravé de Du Cerceau indique à la place de ce *boulevart* deux grands bâtiments carrés, qui existaient peut-être antérieurement.

1562. — Le 4 mars, selon Sauval (t. I, p. 43), il fut décidé qu'on enclorait la Ville-neuve, hors la porte S. Denis, d'une nouvelle muraille, et de fossés auxquels on donna le nom de *fossés jaunes* [1], fossés « que nous avons vû continuer, dit « Sauval, et achever en 1634, suivant l'allignement de ce premier dessein, où l'on « avoit mis la main dès l'an 1563. » Ce projet d'enclore la Ville-neuve ne fut réalisé que plus tard et imparfaitement. La butte de ce nom, sous Louis XIV, avait à peu près la forme d'un bastion à deux face s mais n'était pas revêtue, et le fossé ne fut jamais terminé.

1563. — Dans un registre des fortifications de Paris (Bouquet, p. 266) il est question, à cette date, du « toisage des *terres massives* pour la fortification de la ville», et du «vuidange des terres fait pour le *recouvrement* du *vieil* fossé qui « fait la closture du faux-bourg, du costé de Montmartre. » Ce mot *recouvrement* ne signifie pas *comblement*, car il est certain que de ce côté de Paris, le fossé de Charles V ne fut comblé que vers 1635.

1566. — Nicolas Bonfons , continuateur des *Antiqvitez* de Corrozet, s'exprime ainsi (édit. de 1586, fol. 185, v.): « Le 12. iour de Iuillet, mil cinq cens soixante « six à quatre heures de releuee fut (le Roy present la Royne et autres Seigneurs) « assise la premiere pierre des fortifications de la ville, du costé de la *Porte-* « *neuue*, faisant le coing du iardin de la Royne... » Il ajoute que cette pierre contenait des médailles en vermeil, représentant les portraits du roi et de la reine-mère. Par la porte-Neuve, il désigne une porte provisoire qui fut plus tard rem-

---

[1] Les *fossés jaunes* dont parle ici Sauval, n'étaient pas seulement ceux creusés du côté de la butte de Ville-Neuve-sur-Gravois. On appelait ainsi tout le cours des fossés établis entre l'extrémité du jardin des Tuileries et la porte S. Denis, au-dessus de l'enceinte de Charles V. « Les *fossés jaunes*, dit ailleurs Sauval, furent creusés sous Charles IX, en 1562 et 1563. » Je pense qu'ils furent même commencés antérieurement. En 1634, Louis XIII les fit recreuser et accompagner de bastions angulaires, projetés et, je crois, ébauchés depuis longtemps. Selon Jaillot et Dulaure, on les nomma *jaunes* à cause de la couleur du terrain. Je croirais plutôt qu'on les appelait ainsi parce que, sur le plan primitif, dressé pour l'exécution de la nouvelle clôture, ils figuraient *teintés en jaune*.

placée par celle de la Conférence. Suivant un acte cité par Félibien (t. V, p. 401), ce fait eut lieu le vendredi 11 juillet.

Selon Du Breul (p. 1064), ce bastion était encore imparfait de son temps, 1612. Il n'est donc pas étonnant que Belleforest ne l'ait pas figuré sur son plan dessiné vers 1572, non plus que le jardin des Tuileries, alors à peine tracé. Ce bastion commençait la série du front de fortification, qui devait, d'après le projet de François Ier, enclore les faubourgs Montmartre et S. Honoré. Je ne sais si dès l'année 1566 on se mit à ébaucher les bastions suivants jusqu'à la porte S. Denis; je croirais plutôt qu'on se borna à approfondir les tranchées qui, sous Louis XIII, se nommaient les *fossés jaunes*.

1585, 14 juin. — Les tranchées, les avenues et les fossés de Paris furent *relevés* (Sauval. t. I, p. 83).

1587. — Reprise des travaux des tranchées et des boulevarts (*ibid.*). Je pense qu'il s'agit ici des fortifications sur les deux rives de la Seine, car on en exécutait à cette même époque autour des faubourgs de l'Université. « L'ingénieur Augustin Rumilly, ajoute Sauval, eut la conduite de l'entreprise, et chaque manœuvre avoit sept sols par jour. »

1589. — On *élargit* les *boulevarts* des fauxbourgs du Temple, S. Denis, S. Antoine, Montmartre et S. Honoré (*ibid.*). Par ce mot *Boulevarts*, il faut entendre les bastions de la quatrième enceinte, les uns achevés, les autres commencés sous le rapport des travaux de terrassement.

Cette même année parut, le 30 nov., un ordre pour fortifier Paris, probablement au-dessus des faubourgs (Registre cité page 124). Le 7 déc., mandement pour la démolition des maisons données par la ville à rente ou à vie, dans et le long des fossés (*ibid.*).

1590. — A cette époque, Henri IV, qui faisait le siége de Paris, éleva des lignes de fortifications du côté des faubourgs du nord, pour s'y retrancher et y placer son artillerie [1]; mais ces travaux de siége provisoires sortent de notre sujet, qui traite des enceintes permanentes. Les Ligueurs, de leur côté, mirent en état de défense l'ancien rempart et les murs de Charles V, qui constituaient toujours la véritable clôture de Paris; quant à la nouvelle enceinte bastionnée, on dut se borner à en utiliser les portions achevées et à fortifier à la hâte les fossés jaunes. De plus, on établit des tranchées remparées et munies de canons, dans les faubourgs, à la hauteur du Grand égout.

Sous Henri IV, on songea plus à savourer les douceurs de la paix qu'à terminer

---

[1] Sur la petite estampe extraite d'un titre (citée dans la note page 177), on voit des batteries établies à Montmartre, sur la butte Chaumont, et même sur le monticule du gibet de Montfaucon. Ces batteries étaient opposées à celles de la Ligue.

les bastions projetés sous François Ier, ou, si l'on y travailla, ce fut avec beaucoup de lenteur ; je crois même qu'on laissait alors tomber en ruines, au sud, la vieille muraille de Ph. Auguste et, au nord, celle de Charles V.

Les plans de Quesnel et de Vassalieu, datés 1609, représentent comme terminé à cette époque, sur toute la ligne, le front bastionné qui s'étendait de la Bastille aux Tuileries ; mais, je l'ai déjà fait remarquer, c'est par anticipation qu'on y voit ces travaux comme achevés, puisqu'ils ne l'étaient pas encore vers 1670, époque où ils furent en partie effacés du sol. En réalité, en 1609, il n'y avait d'entiers que les bastions exécutés sous Henri II, du côté de la Bastille. Les nouvelles portes de la Conférence et S. Honoré (la troisième de ce nom), qu'on y voit figurer sans désignation, existaient, c'est probable ; mais ce n'était que des entrées provisoires, qui furent remplacées par des portes monumentales. Quant aux bastions situés entre les portes S. Honoré et du Temple, ils n'étaient guère qu'ébauchés en 1609, et ne consistaient sans doute encore que dans des dépôts de terre amassés le long des tranchées ordonnées en 1536.

1631. — Le 9 octobre, le Conseil du roi fit un traité avec Pierre Pidou (ou Pidoux), secrétaire de la Chambre du roi, pour exécuter la clôture des faubourgs Montmartre et S. Honoré, traité qui fut révoqué par un autre acte du 31 décembre 1632 [1]. Ce fut, je pense, pendant cet intervalle de temps que Pidoux fit construire les nouvelles portes S. Honoré et de la Conférence.

1634. — Le 5 juillet parut un arrêt du Parlement (déjà cité, p. 167), qui confirme, à quelques modifications près, celui du Conseil du roi du 23 nov. 1633. Félibien (t. V, p. 91) le cite en entier. J'en extrairai quelques phrases qui se rapportent à la nouvelle clôture. « Le sieur Charles Froger, secrétaire ordinaire « de la chambre du Roi,... est tenu faire achever la construction de la muraille « pour la nouvelle closture, à commencer depuis la nouvelle porte que M. Pierre « Pidoux a faict construire au bout du fauxbourg S. Honoré, pour finir à la « porte S. Denis, le long des *fossez jaunes*, suivant les alignemens de l'ancien « dessein ; faire deux portes, l'une au bout du fauxbourg de Montmartre, et « l'autre, qui sera nommée de Richelieu, au bout d'une rue neufve à commencer « au bout de la rue des Petits-Champs,... et, au lieu des anciens fossez, relever « les *fossez jaulnes*, aux lieux où ils sont tombez... Tous lesdicts ouvrages estre « rendus parfaicts dans deux ans. »

Suit l'énumération des nombreux priviléges accordés à Froger, en échange de ses charges d'abattre les anciens murs et remparts, de combler les fossés, etc. Tout l'emplacement occupé par ces murs, remparts et fossés lui appartenait,

---

[1] Ce traité a été imprimé. Il se trouve inséré dans la *Collection d'Ordonnances* de la Bibl. du Louvre.

avec droit de bâtir des maisons, des rues, des halles et marchés, des boutiques, deux couvents, etc., etc.

Il y eut de nombreuses oppositions de la part des propriétaires ou locataires de places, maisons ou moulins, qu'on expropriait ainsi; ils furent indemnisés par Froger, au moyen de terrains voisins des lieux de leurs anciennes possessions. On cite néanmoins encore à l'année 1635, dans les anciens comptes de la Ville (voy. page 168), des places, moulins, etc., sur le rempart ou dans le fossé; c'étaient des propriétés destinées à disparaître.

Il est vraisemblable que Froger employa, pour revêtir les bastions et la courtine, une partie des pierres provenant des murailles et des bastides de Charles V. Ce fut Barbier, intendant des finances, qui fut chargé de presque tous les détails de cette construction.

1634. — Cette année et les suivantes, selon Sauval (t. I, p. 44), « Froger et « Louis le Barbier renfermerent dans Paris la Ville-Neuve, avec le fauxbourg « S. Honoré, et celui de Montmartre [1], qu'ils garnirent de courtines et de bastions, « depuis la porte S. Denys jusqu'aux fossés et fortifications... commencés « en 1566 (du côté des Tuileries), et de plus suivirent les allignemens des « fossés jaunes, creusés par Charles IX, en 1562 et 63. »

Sauval ne s'exprime pas ici avec précision. Ces travaux s'arrêtèrent à la rue actuelle Poissonnière; la butte de Villeneuve, je le répète, ne devint jamais un bastion revêtu de maçonnerie, mais fut simplement taillée en forme d'un gros bastion à deux faces.

On lit dans la *Gazette de Renaudot* (an 1634, p. 320), que le 3 août le Cardinal-Duc (de Richelieu) arriva à Paris, « ville qui ne se trouve pas moins accrüe par « la nouvelle enceinte de ses murailles, etc. » Il paraîtrait qu'à cette date, le nouveau rempart bastionné de Louis XIII était déjà fort avancé.

1635. — L'auteur du *Supplément aux Antiquitez* de Du Breul (in-4°, 1639) s'exprime ainsi, page 72: « L'an 1635, l'on prit résolution au Conseil... de « fortifier le costé de la ville, depuis la porte S. Antoine, iusques à celle de « Montmartre, sur plusieurs desseins qu'on en donna, qui estoit, de coupper, et « tailler partie des remparts plus éminens, pour faire passer l'eau le long des « fossez, et tirer ceste eau partie de la rivière vers l'Arsenal, partie des eaux qui « descendent de Belleville... à quoy on a commencé à trauailler, et coupper les « *hautes buttes* desdits remparts pour ce dessein, qui n'est encores paracheué, « pour ne dire gueres aduancé. » Par les *hautes buttes*, il entend celle de Ville-

---

[1] Par faubourgs S. Honoré et Montmartre, il faut entendre les quartiers situés entre l'ancienne clôture de Charles V et la nouvelle établie sur les fossés jaunes.

neuve-sur-Gravois, et celles voisines des portes S. Martin et du Temple. On devait les convertir en bastions, mais on renonça à ce projet.

Je passe à la description de la quatrième enceinte de la rive droite, et de ses bastions échelonnés sur la ligne d'un grand arc, commençant à l'extrémité des Tuileries et finissant à l'embouchure du fossé de la Bastille. Ces bastions, entre les Tuileries et la porte S. Denis, étaient reliés par une courtine neuve; mais, de cette porte à la Seine, ils avaient pour courtine le vieux rempart, de sorte que, de ce côté de Paris, la clôture de Charles V ne fut pas complétement effacée; la nouvelle n'en dépassait pas la limite; on y avait seulement ajouté, à la place des murs et des tours du XIV° siècle, des ouvrages avancés, autour desquels tournait en zigzag un nouveau fossé. Ce ne fut que sous Louis XIV que le rempart formé sous Louis XI, ou antérieurement, disparut, de la porte S. Martin à la Bastille; et même on peut admettre que la chaussée actuelle, nommée : boulevards du Temple et Beaumarchais, représente encore une partie de ce rempart.

Sur le quai dit aujourd'hui : des Tuileries, au bord de la Seine, fut bâtie, entre 1631 et 1633, la porte de la Conférence, en place d'une porte provisoire établie peut-être sous Charles IX. Elle était située (voir la pl. X) à peu près au niveau du grand bassin octogone. A cette porte commençait la face méridionale d'un grand bastion que j'ai numéroté 1; on le nommait : *bastion des Tuileries*. Nous avons vu, page 182, qu'il fut fondé en 1566. Il n'était pas encore terminé, je le répète, non plus que la courtine qui lui fait suite au nord, en 1612, au rapport de Du Breul; il le fut probablement en 1631, quand on éleva la nouvelle porte. S'il paraît achevé sur plusieurs plans de 1609 et 1615, c'est que les topographes d'alors représentaient comme finis les travaux en voie de construction [1].

Ses deux faces formaient un angle très-obtus, et ses dimensions varient sur chacun des plans qui le représentent. Je l'ai tracé d'après celui de Bullet, un peu modifié. Sa face septentrionale se terminait par un angle arrondi, nommé *orillon*, et son flanc était en retrait par rapport à cet orillon.

Quand Le Nôtre, vers 1670, remania l'ancien jardin des Tuileries, ce bastion devint une terrasse. Une de ses faces subsiste, je crois, encore : c'est celle qui était parallèle à la façade du palais; mais elle a été revêtue depuis d'un nouveau parement. Quant à la face qui aboutissait à la porte de la Conférence, elle a été détruite, ou plutôt incorporée à de nouveaux terrassements en 1763, époque où l'on établit la place Louis XV. On le voyait encore en 1760, puisque De Vaugondy annonce, dans ses *Tablettes parisiennes* (p. 20), éditées cette année, qu'il

---

[1] Ce bastion n'est pas indiqué sur le plan en quatre feuilles de Jean Ziarnko, 1616.

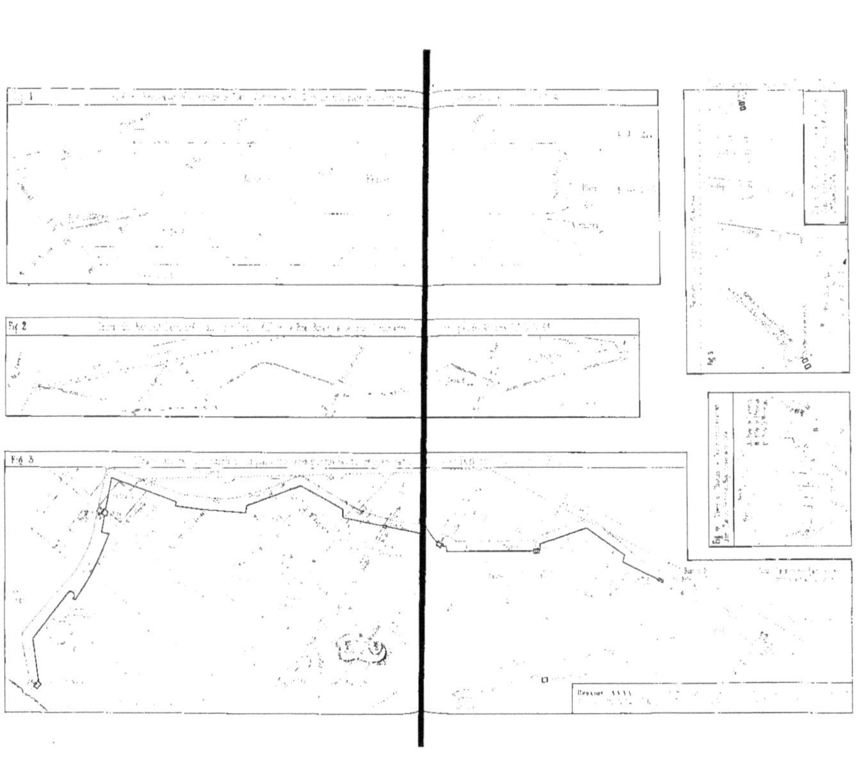

n'existera pas longtemps, « à cause du grand projet de la place de Louis XV, pour « laquelle on doit équarrir cette partie du jardin. » Une portion du fossé qui passait devant ce bastion subsiste encore, mais doit bientôt disparaître. On le traversait autrefois, pour entrer au jardin, sur un pont mobile, dit : le *pont-tournant.*

Les quatre bastions qui suivent, ébauchés peut-être depuis longtemps, ainsi que les fossés jaunes, qui s'étendaient jusqu'à la porte Poissonnière, furent terminés et solidement revêtus, en conséquence de l'arrêt cité à l'année 1633.

C'est de cette partie du rempart qu'il est question dans la comédie du *Menteur* de P. Corneille (acte II, scène **v**) :

> Toute une ville entière, avec pompe bâtie,
> Semble d'un vieux fossé par miracle sortie.

J'ai dessiné ces bastions avec le plus grand soin, après une longue étude de nombreux plans qui pouvaient m'éclairer, et que j'ai corrigés les uns par les autres, adoptant, pour chaque détail, le système qui m'a paru le plus vraisemblable [1].

J'ai fait de vaines recherches, au milieu des îlots de maisons que traversaient les bastions et les courtines, pour en retrouver quelques vestiges; il ne reste plus rien de tous ces travaux, effacés entièrement du sol vers 1700. Toutes les pierres de revêtement ont été arrachées, et le fossé jaune partout comblé successivement, soit avec des gravois, soit avec une partie des matériaux de la butte voisine, dite S. Roch ou des Deux-Moulins.

La réunion des deux faces du bastion 2 (qu'on peut nommer bastion S. Honoré) formait un angle très-aigu, dont la pointe s'avançait vers le milieu de la rue Royale, au niveau de la place actuelle de la Madeleine. Un coup d'œil jeté sur la planche X, fig. 3, en fera mieux connaître la forme et la position que toutes les descriptions écrites.

Sur une médiocre estampe d'Aveline, gravée vers 1700, et représentant la porte S. Honoré de Louis XIII, la face du bastion 2, à laquelle tient cette porte, a un parapet crénelé. C'est peut-être un détail de fantaisie.

Le bastion 3, que j'appellerais volontiers : de Vendôme, parce qu'il était derrière le vaste hôtel de ce nom, n'a jamais servi de limites, comme on pourrait le croire, au nouveau couvent des Capucines, bâti en 1686. Il suffit, pour s'en convaincre, de jeter un regard sur la figure 3, où j'ai tracé au pointillé les limites A de ce couvent, d'après un plan du temps. Sur un plan manuscrit, que je cite dans mes *Etudes sur les plans*, p. 244, on nomme ce bastion « le grand

---

[1] Les fig. 2, 4 et 5 de la pl. X sont des reproductions réduites de divers plans contemporains, qui m'ont aidé à dresser mon tracé de la figure 5.

« bastion basti par Barbier. » Il est entouré d'un fossé étroit, qui s'élargit le long de la courtine, et porte, à cet endroit, vingt-cinq toises. Je ne sais si cette largeur était partout uniforme.

La courtine qui reliait les bastions 3 et 4 livra passage, à l'endroit où passe la rue de la Michodière, à la porte Gaillon, commencée vers 1645, et non achevée. Sur le plan (fig. 2), la courtine, rompue à l'endroit de cette porte, paraît plus en saillie vers le nord que la première moitié, de sorte que le bastion 4 n'a pas de flanc du côté de l'occident. Je regarde cette disposition comme invraisemblable, car la courtine existait avant qu'on eût projeté la porte. J'ai donc figuré cette courtine en ligne droite, au delà de la porte, tous les autres plans la représentant ainsi. La rue Gaillon se prolongeait autrefois jusqu'à cette porte; au delà était un chemin qui faisait suite à cette rue, et qui s'appelle aujourd'hui rue de la Michodière.

Le bastion 4 (bastion de Grammont, si l'on veut) était un peu plus petit que les précédents. Sa face occidentale, y compris le flanc contigu, limitait obliquement le jardin de l'hôtel de Grammont, et, une grande portion de l'autre face, l'hôtel de Ménars. Ces deux hôtels étaient séparés par un mur qui partant, du sommet de l'angle du bastion, courait en ligne droite du nord au sud. Voyez le petit plan que j'ai reproduit (pl. X, fig. 4).

La face orientale du bastion 4 était interrompue, vers l'extrémité qui en avoisine le flanc, par le passage de la porte Richelieu, dont la profondeur s'étendait de ce point jusqu'au coin nord de la rue de Ménars. Sur le plan fig. 2, la face du bastion qui touche à cette porte continue au delà, en suivant une autre ligne. J'ai reproduit sur mon plan cette irrégularité, parce que, la porte ayant été construite en même temps que le bastion, cette irrégularité peut avoir existé, ce que pourtant je n'affirmerais pas.

A partir du flanc du 4ᵉ bastion, la courtine continuait parallèlement à la rue Feydeau jusqu'à la porte Montmartre, la troisième de ce nom, construite sous Louis XIII. D'après le plan de Gomboust, la rangée méridionale des maisons de cette rue indiquerait la limite du fossé, fort étroit dans cette partie, et la rue occuperait la place de l'ancien chemin de contrescarpe. On l'appelait en 1675, rue des Fossés-Montmartre, nom changé depuis, pour qu'il n'y ait pas confusion avec l'autre rue ainsi désignée et encore subsistante, établie sur le fossé de Charles V.

La troisième porte Montmartre, bâtie à quelques mètres au-dessus de la rue des *Jeux-neufs* (Jeûneurs), touchait, à l'orient, le flanc du bastion 5, qu'on peut appeler le bastion S. Fiacre, puisque, d'après le plan fig. 5, il a été établi sur le fief de ce nom, dont une rue voisine a conservé le souvenir. C'est d'après ce plan que j'ai tracé ce bastion. « Il alloit obliquement, dit Robert de Vaugondy, à

« l'hôtel d'Uzès [1], dont le jardin semble être formé par la deuxième face qui
« va se rendre à la *rue Poissonnière.*» La remarque de Vaugondy peut être juste :
mais il ne reste plus aucun vestige du bastion, dont le flanc oriental touchait non
pas à la rue Poissonnière, mais à celle du Sentier.

La fontaine, placée presque vis-à-vis de la rue Feydeau, indique à peu près
l'endroit d'où partait la première face du bastion 5. La seconde traversait la rue
S. Fiacre. Dans cette rue, près d'une porte communiquant, je crois, à l'hôtel
d'Uzès, j'ai vu souvent des murs construits de petites pierres bien équarries et
presque uniformes, que je regardais volontiers comme celles qui revêtaient le
bastion, et provenaient peut-être elles-mêmes de l'ancien mur de Charles V.
On vient de bâtir à cet endroit de nouvelles maisons.

La courtine qui partait du flanc oriental du bastion S. Fiacre aboutissait rue
Poissonnière, presque en face et un peu au-dessous de la rue de la Lune, au pied
de la butte de Ville-neuve-sur-Gravois. A cet endroit fut bâtie, ou du moins commencée en 1646, la porte dite Sainte Anne, ou de la Poissonnerie. Là s'arrêtaient
le rempart bastionné ainsi que les fossés jaunes. De là, jusqu'à la rue S. Claude,
les bastions n'étaient plus maçonnés ni de niveau avec le sol général ; c'étaient
de simples buttes auxquelles on avait donné, vers 1635 (voy. p. 185), la forme
de bastions à deux faces.

La butte dite autrefois : Villeneuve-sur-Gravois, puis Bonne-Nouvelle, depuis
que Louis XIII y fit élever la chapelle de ce nom, a, sur le plan de Gomboust,
à peu près l'aspect d'un bastion angulaire grossièrement taillé ; mais le fossé jaune
n'entoure pas ses deux faces, et s'arrête à la porte Poissonnière. Il n'y avait, au
pied de ce bastion, qu'une rue basse, qu'on ne peut nommer un fossé. L'une
de ses faces aboutissait à la bastide S. Denis.

J'ai déjà (p. 147) parlé de cette butte. Je pense qu'elle doit son origine à une
partie des déblais des fossés creusés en 1356. De La Marre (t. I, p. 84) la croit
formée depuis 1593 seulement, des ruines de maisons établies là depuis 1551.
C'est une incroyable naïveté, car elle est indiquée sur les plus anciens plans, où
elle est surmontée de moulins. Selon Sauval, la place où elle s'élève appartint
aux Filles-Dieu jusqu'à 1226, époque où elle commença à se former, et plus tard,
elle se garnit de maisons et constitua une sorte de bourg dès 1552. Cependant
sur le plan de Du Cerceau, dessiné vers 1560, son sommet ne porte que trois
moulins ; mais au bas, du côté du sud et de l'est, sont quelques groupes de
maisons. A la fin du XVIᵉ siècle elle était couverte en partie d'habitations qui

---

[1] La magnifique porte de cet hôtel a été abattue avant 1848. Il nous en reste une vue gravée sous
Louis XV par *Sellier*, d'après le dessin de Le Doux, architecte.

furent détruites soit en 1590 par le canon du roi de Navarre, soit par les ordres de la Ligue, en 1593. Sur les plans de Quesnel et de Mérian, on ne voit qu'un amas de ruines. En 1625, suivant un mauvais dessin des Archives (IIIe classe, n° 53), elle portait deux moulins. Enfin, vers 1630, elle se couvrit de nouvelles maisons, formant plusieurs rues encore subsistantes, et, vers la même époque, on releva de ses ruines, sous le nom de Bonne-Nouvelle, une ancienne chapelle de S. Louis et Sainte Barbe, construite en 1551, et qu'aucun plan n'indique.

Le bastion 6, ou plutôt la Butte-Bonne-Nouvelle, a donné sa forme au boulevard actuel du même nom (voir la pl. IX). Sa partie septentrionale a été coupée et abaissée sous Louis XIV, pour livrer passage au Cours planté d'arbres ; mais le terrain, à cet endroit, a toujours conservé une pente rapide, quoiqu'on l'ait diminuée à plusieurs reprises, notamment en 1845. La rangée de maisons, du côté du théâtre du *Gymnase*, marque à peu près la limite où finissait l'escarpement de la butte façonnée en bastion, au bas de laquelle était, je le répète, une rue basse et non un fossé.

Les bastions qui vont suivre, jusqu'à la Seine, ont été placés si près de l'ancien rempart qui flanquait l'enceinte de Charles V, qu'ils n'en sont, pour ainsi dire, que les appendices. Ce rempart paraît être la courtine qui les relie, et ils y sont comme soudés, de telle sorte qu'on a peine à reconnaître le point de jonction. On n'établit donc pas, à proprement parler, de ce côté de Paris, une nouvelle enceinte ; on ajouta simplement des bastions à celle de Charles V, dont on combla les fossés pour en refaire d'autres plus loin, qui tournèrent en zigzag autour de ces bastides d'un nouveau système. Il y eut accroissement non de la ville, mais de sa clôture, et, comme ces modifications se rattachaient au même projet qui présida à l'extension de la capitale du côté du nord-ouest, j'ai dû nommer tout cet ensemble : quatrième enceinte de la rive droite.

On ne projeta jamais de bastion dans l'espace peu étendu qui sépare la porte S. Denis de celle S. Martin. L'ancien rempart et son fossé étaient, sous Louis XIII, la seule fortification intermédiaire entre les bastions établis sous son règne et ceux ébauchés ou achevés depuis 1536, entre la porte S. Martin et la Bastille. Le plan de Gomboust représente en 1652 le rempart comme abattu et le fossé comme comblé entre les deux portes (voy. p. 147). C'est probablement vers 1635 que cette portion de l'enceinte de Charles V aura disparu.

Le susdit plan va nous être d'une grande utilité pour décrire les bastions 7, 8 et 9. C'est même le seul qui puisse être consulté, car ceux qui l'ont précédé (ceux de Jean Boisseau exceptés) sont fort peu exacts, et ceux qui l'ont suivi n'ont de précision que celle qu'ils lui ont empruntée. En 1672 et 1676 parurent les plans de Jouvin de Rochefort et de Bullet, plans estimables, mais qui n'offrent plus que quelques traces de ces trois bastions. Parlons d'abord de celui marqué **7** (voy. la planche IX).

A l'est de la porte S. Martin, existait en 1609, je ne sais au juste depuis quelle époque, une butte élevée, formée de gravois, et peut-être, en partie, de déblais des anciens ou des nouveaux fossés. On lit dans le *Mémoire* de Bouquet (p. 250) un compte d'où il résulte qu'en mars 1532, Pierre Chapperel et Christophle Lefevre possédaient chacun un moulin sur le *rempart* de la porte S. Martin. Ce mot *rempart*, souvent synonyme de bastide de terre, désigne, je suppose, la butte en question, mais je n'oserais l'affirmer, car, à tort ou à raison, elle ne figure sur aucun plan du XVIe siècle. On la voit indiquée pour la première fois sous forme d'un bastion, sur le plan de Quesnel, 1609, et sur tous les plans postérieurs. Sa formation doit-elle être attribuée au temps de Henri III ou Henri IV?

C'est à tort, c'est par manie d'anticiper sur l'avenir, qu'on lui a donné l'apparence d'un bastion revêtu. Sur le plan de Gomboust, le seul qui nous inspire de la confiance, il n'existe qu'une éminence de terre, forme angulaire, autour de laquelle tourne le fossé qui reprend à la porte S. Martin ; elle est surmontée de trois moulins. On voit ce monticule sur un dessin de Fr. Stella, dont je parlerai au sujet de la porte S. Martin. Il figure aussi sur une vue de la porte S. Denis gravée par Israël Silvestre. Sur le dessin de Stella, la butte porte quatre moulins, et, sur l'eau-forte de Silvestre, deux seulement.

Dans un compte du temps de Louis XIII, cité par Bouquet (p. **231**), il est question d'une place « baillée à un nommé Croieset, scize sur le haut du *Boulle-* « *vert* de la porte S. Martin, joignant une *cazematte* (galerie couverte), proche « de laditte porte, pour y bastir un moulin. » Le mot *boullevert* désigne le bastion qui nous occupe. Dans les deux comptes qui suivent celui-ci, il est encore question du même *boullevert*.

Vers 1676 on abattit une portion du bastion **7**, sur le passage du grand Cours. En 1714, le plan de La Caille l'atteste, il en restait encore une forte partie à côté de la rue Meslay commencée. Le Cours ou boulevart eut toujours, à cet endroit, une pente très-rapide, que j'ai vu abaisser deux fois, la dernière en 1851. J'ai déjà expliqué, page 148, l'origine de l'escarpement que conserve la rue Meslay. Le rempart qui flanquait le mur de Charles V, son fossé comblé et la butte du bastion, ne formaient, sous Louis XIV, qu'une seule masse.

Quant à la forme et à l'étendue du bastion **7**, il est facile de s'en rendre compte. La rue de Bondy [1], qui tourne derrière le boulevard S. Martin (pl. IX, fig. 2),

---

[1] Cette rue s'appelait autrefois : de la Voirie, à cause sans doute de cette butte formée, ou du moins grossie par des dépôts d'immondices.

garde le souvénir de ses limites. La courbe de cette rue indique l'emplacement
du chemin de contrescarpe établi au delà du fossé autour de la butte.

Sur le plan de Jean Boisseau et sur ses copies, on voit, près du flanc oriental
de ce bastion, une grande arcade qui ressemble presque à une poterne percée
dans la courtine. C'était une simple voûte sous laquelle débouchait l'égout du
Pont-aux-Biches qui, au moyen d'un pont ou aqueduc jeté sur le fossé (voir la
note, p. 148), communiquait avec le Grand égout. Sur le plan de Gomboust,
l'égout du Pont-aux-Biches traverse aussi le fossé sur une sorte de chaussée.

Le bastion 8, plus gros que le précédent, était une butte de formation ancienne,
à laquelle, sous Louis XIII ou antérieurement, on donna la forme d'un bastion à
deux faces. Un de ses flancs touchait, à l'est, la porte du Temple; l'autre, le rempart, à peu près vers le point où la rue Charlot croise celle de Vendôme. Ses
limites et sa forme, y compris la largeur du fossé qui l'entourait, sont représentées
par la rue arquée nommée des Fossés-du-Temple, qui passe derrière les petits
théâtres du boulevard, et qu'on peut considérer comme remplaçant l'ancien
chemin de contrescarpe du fossé.

Je ne sais au juste à quelle époque remonte l'existence de cette butte ou voirie.
Peut-être servit-elle de *bastide* dès le temps de Charles V. On parle, dans les
anciennes chroniques, de la *bastide du Temple;* j'ignore si c'est la butte ou la
porte qu'on désigne ainsi. Nous avons vu, page 159, qu'en 1429 on fortifia les
portes de *Boullevars*. C'est peut-être à cette date qu'il faut reporter son origine.
Sur le plan de Braun, représentant Paris vers 1530, on ne voit aucune butte à
cet endroit; c'est une omission, ou elle aura été abaissée puis relevée plus tard,
peut-être en 1544, puisque Corrozet nous apprend que cette année François Iᵉʳ fit
faire un *rampart* à la porte du Temple. Ce mot *rampart* désigne-t-il la butte en
question? c'est ce qu'il est difficile de décider.

Sur le plan de Du Cerceau, gravé vers 1560, on voit, près et en dehors de la
porte du Temple, un gros bâtiment en maçonnerie, en forme de carré long, et
creux à l'intérieur; on le nomme : *le bastillon.* Je croirais que cette forme est une
fantaisie du dessinateur, et qu'il n'y avait là qu'une butte de terre. Ce bâtiment
carré a été reproduit sur le plan de Belleforest (1575); mais un plan gravé sur
bois vers 1580, offre déjà, à sa place, un bastion à deux faces et revêtu. C'est
ainsi qu'il figure sur les plans de Quesnel, Vassalieu et Mérian, quoique ce revêtement n'ait jamais été exécuté, comme l'atteste le plan de Gomboust.

Il est question, dans les anciens comptes, des moulins qui couronnaient le
sommet du *boullevert* de la porte du Temple ¹. On lit, dans le *Mémoire* de Bou-

---

¹ Les plans de Quesnel et de Mérian indiquent trois moulins; celui de Gomboust, quatre; celui de

quet (pages **214**, **232** et suiv.), les noms des propriétaires de ces moulins. L'un d'eux appartenait, en 1603, à Robert Marquelet, ou Marguelet ; les autres étaient possédés, vers 1634, par les nommés Denyse Leger, Nicolas Limousin, Henri Fremin, boulanger, et Pierre Huart.

Un de ces moulins s'appelait, je crois, *moulin d'Ardoise ;* car nous lisons (*ibid.*, p. 133), dans un compte de 1635 : «Place scize sur le boullevert du Temple, « proche le moulin d'Ardoise. » Il est question, dès 1603 (*ibid.*, p. 249), des herbages des fossés « depuis la porte S. Antoine jusqu'au Moulin d'Ardoise, dont « jouit à présent Pierre Guillain. »

Il existait aussi dans les environs une ancienne maison ou hôtel du même nom. Dans un compte déjà cité, p. 161, on parle, en 1518, de l'*Hostel d'Ardoise.* Sauval (t. III, p. 629) signale un moulin à vent « construit sur le *Boule-* « *vert* (S. Antoine), commencé à faire de neuf (vers 1573) contre la porte S. Antoine, et l'*Hostel d'Ardoise.* L'historien Mathieu dit, à l'année 1594, à propos de l'entrée d'Henri IV à Paris : «L'Anglois s'estoit chargé du plus difficile, qui « estoit de tenir libre le rempart, depuis le moulin à vent qui est deuant vne « maison appellée *Lardoise* entre le fort de la Bastille et le fort du Temple, « iusques à la porte de sainct Denys. »

Sauval (t. I, p. 33) parle du *bastion de Lardoise,* où, de son temps, on avait transféré le Jardin des Arbalétriers. Or, ce jardin, dit aussi : des Arquebusiers, est indiqué par Gomboust sur le bastion marqué 10 sur ma planche IX, bastion qui ne porte aucun moulin. Il semblerait pourtant que le nom de l'Ardoise, donné au bastion, devrait venir du moulin ou de l'hôtel voisin. Les comptes cités par Bouquet paraissent bien clairs, et Sauval peut se tromper. Admettra-t-on que le moulin d'Ardoise était éloigné de l'Hôtel dit *Lardoise* ou *de l'Ardoise,* ou même n'avait aucun rapport avec le nom de cet hôtel ?

Le bastion 9 est une petite butte autour de laquelle tournait le fossé. Elle était placée vers le point où la rue des Filles-du-Calvaire aboutit au boulevard, et se trouvait derrière le couvent de ce nom, établi près du rempart vers 1637. Cette butte était sans doute un dépôt d'immondices si peu important, que les plans de Quesnel et autres ne l'indiquent pas. Cependant Gomboust et Boisseau ne l'ont pas oubliée. Sa forme indique qu'on l'avait façonnée pour en faire une sorte de demi-bastion, qui ne fut jamais achevé. Évidemment on a eu à une certaine époque l'intention de l'incorporer à l'enceinte bastionnée, c'est pourquoi je l'ai numérotée. Sur les plans de Boisseau, elle a la forme d'un petit bastion complet,

Boisseau, deux. Sur une eau-forte de Silvestre, représentant la chapelle de l'hôpital S. Louis, on aperçoit au loin cette butte, couronnée de deux moulins seulement ; mais les arbres du premier plan en cachent probablement d'autres.

isolé au milieu de l'eau du fossé. Aucune rue n'indique aujourd'hui par sa courbure la saillie de ce bastion tronqué, qui disparut vers 1680 sur le passage du
Nouveau cours.

Entre le bastion des Filles-du-Calvaire et le suivant on voit, sur les plans
du XVII° siècle, notamment sur celui de Gomboust, un pont de bois ou chaussée
qui traverse le fossé. En tête du pont, du côté de la ville, était une petite porte
qu'on nommait la Poterne du Marais ou du Pont-aux-Choux; Louis XIV la fit reconstruire au delà du fossé et l'appela : S. Louis. J'en ai déjà parlé page 149.

Le bastion 10 avait une forme très-obtuse, avec deux flancs arrondis, ou, si
l'on préfère, munis d'orillons. Il fut élevé sans doute postérieurement à Charles IX,
puisqu'il ne figure pas encore sur le plan de Belleforest, même à l'état de butte.
Le plan gravé sur bois vers 1580 indique un petit bastion maçonné, entre celui
du Temple et celui voisin de la Bastille; c'est le bastion 10, ou peut-être le précédent, car il paraît faire face à la vieille rue du Temple; mais ce plan est si grossier qu'on doit hésiter à invoquer son témoignage.

Le bastion 10 est marqué sur le plan de Quesnel; sur celui de Mérian il porte
un moulin. Ce moulin serait-il celui de l'Ardoise ? Je ne puis le penser, d'après
les extraits de comptes cités p. 193. Sur ces deux plans, le bastion est complète-
ment revêtu, ainsi que sur celui de Gomboust. Son niveau ne paraissant pas très-
élevé, cette circonstance donne à croire qu'il ne fut pas taillé, comme les précédents, dans une ancienne butte, mais plutôt formé de terres rapportées, et tirées
peut-être d'un énorme monticule voisin de la Bastille, qui servit également à
construire le bastion suivant.

C'est, sans aucun doute, ce bastion que Sauval, à tort ou à raison, nomme
bastion de Lardoise, puisqu'il dit que, de son temps, on y avait transféré le jardin
des Arquebusiers (situé depuis 1558 près de la porte S. Martin). C'est sur ce
bastion que Gomboust place en effet le *Iardin des Harquebusiers*; Boisseau, de
son côté, le nomme : *des Arbalestriers.* Il est probable qu'il portait cette double
désignation et appartenait aux deux compagnies réunies [1]. Sur le plan de Gomboust, on distingue un monticule de terre qui servait de but aux tireurs.

Sur le plan de Bullet (1676), la ligne du nouveau Cours échancre de biais ce
bastion de manière à absorber une portion de sa face nord-ouest, et son flanc
tout entier. Le plan de Jaillot (1772), digne de toute notre confiance, le représente encore avec cette forme très-évasée et cette apparence de mutilation. A
l'époque où le Cours entama ainsi sa surface, le Jardin des Arquebusiers et
Arbalétriers fut transféré derrière le bastion suivant, au delà du fossé.

[1] Un ancien chemin aboutissant à ce bastion se nomme aujourd'hui rue S. Sébastien; ce saint
était le patron des arbalétriers.

Aucune rue ne rappelle aujourd'hui par sa forme le bastion 10, qui ne figure plus sur les plans de 1789 ; il restait encore, vers 1840, des traces d'une partie de son mur de revêtement. C'est sans doute à lui que se rapportent ces deux extraits de comptes (vers 1634) : « Remy Coullins Maistre Ouvrier en maçonnerie du Roy... « à cause d'une place... sur le *Boullevert d'entre les portes S. Antoine et du Temple* » (Bouquet, p. 232). — Pierre Huart.., « à cause du Moulin sciz sur le « *rempart* d'entre les portes S. Antoine et du Temple » (*id.* p. 234). Ce moulin est, je pense, celui marqué sur le plan de Mathieu Mérian.

Sur une grande vue de Paris en quatre feuilles, signée *N. Cochin fecit*, estampe dont les costumes indiquent la date d'environ 1650, ce bastion ressemble à une butte informe, quoiqu'il soit revêtu, sur le plan de Gomboust. On y voit quelques arbres nommés : le Iardin des Arquebusiers. Au reste, cette estampe paraît fort peu exacte.

Notons ici, d'après le témoignage des meilleurs plans du XVIIIe siècle, que la courtine reliant le bastion 10 à celui qui va suivre formait une ligne brisée, un angle très-obtus, dont le sommet regardait la ville.

Le bastion 11 était un des plus gros de l'enceinte. Il se nommait spécialement le *gros bastion* ou le *grand Boulevart* [1] de la porte S. Antoine. Sa construction fut décidée dès 1536, commencée vers 1553, en même temps que le nouveau fossé de la Bastille, et terminée en 1559. Avant cette époque, et de temps immémorial, il existait à sa place une butte très-élevée, figurée sur les vieux plans [2]. Cette butte avait été formée de gravois et d'immondices, peut-être aussi des déblais des fossés de la ville et des fossés particuliers de la Bastille.

En 1553, je suppose, on abaissa et façonna ce monticule énorme pour en faire un bastion à deux faces. Quelques années plus tard il fut terminé et revêtu. C'est donc un des plus anciens bastions de cette quatrième enceinte. Sa forme est très-connue, car on le voit sur tous les plans antérieurs à celui de Verniquet. Il s'ouvrait sous un angle dont l'écartement varie un peu, selon chaque géographe. Le grand plan de Jaillot nous a servi de guide. Le flanc qui regardait la Bastille était uni ; celui opposé était muni d'un orillon. D'après une estampe de Perelle, le parapet avait la forme d'un talus, composé de pierres en retrait les unes sur les autres ;

---

[1] La Tynna, trompé par le nom de *Boulleverts*, donné autrefois aux bastions voisins des portes S. Martin, du Temple et S. Antoine, a cru que cette expression s'appliquait au cours planté d'arbres vers 1672. La Tynna pourtant consultait les vieux plans de Paris ; comment a-t-il pu faire une pareille méprise ?

[2] On lit dans Sauval (t. I, p. 45) qu'en 1465, « Girault, canonier des Bourguignons et des Bre- « tons, s'étant vanté de placer son artillerie sur les voiries qu'il y avoit devant la porte S. Denys, et « celle de S. Antoine, les Bourgeois aussitôt y envoyerent chacun un homme pour les raser, mais « ce travail fut bien-tôt abandonné. »

c'est ce qu'on nomme, je crois, un *glacis*. A la pointe était une échauguette ou guérite de pierre en encorbellement.

Le bastion S. Antoine fut détruit avant 1789, puisqu'il ne figure plus sur le plan de Verniquet. La rue S. Pierre, et celle S. Sabin qui fait un coude, indiquent à peu près sa forme. Ces deux rues représentent, je crois, l'ancien chemin de contrescarpe. J'ai, ci-dessus, supposé qu'une portion de la butte qu'il remplaça a pu servir à former le terre-plein du bastion 10.

Sur le plan de Du Cerceau, gravé vers 1560, d'après un dessin un peu antérieur, on ne voit là que deux gros *bastillons* carrés, dont l'un est censé peut-être représenter le bastion précédent. Au temps où ce plan fut dessiné, les deux bastions angulaires n'existaient-ils encore qu'en projet? Ce plan le ferait supposer. Sur celui de Belleforest, qui est une copie de Du Cerceau, on voit figurer le gros bastion angulaire avec ses deux flancs munis d'orillons. On remarque que le talus de contrescarpe du fossé qui l'entoure est en partie revêtu.

Le plan de Quesnel est le seul qui représente ce bastion comme surmonté de trois moulins, en 1609. Nulle part je n'ai trouvé de traces de ces moulins. Un compte de 1635 (Bouquet, p. 242) nous apprend que Guillaume Michelet, mercier, tenait à bail de la ville « deux logis dans le *Boullevert* S. Antoine, moyennant 80 liv. tournois par an. »

Sur son plan, Bullet a figuré le gros bastion 11, ainsi que le précédent, comme planté d'allées d'arbres qui suivent la ligne de ses faces et de ses flancs; je ne sais si ce détail est exact. Selon La Tynna, le boulevard S. Antoine fut le premier planté d'arbres dès 1668. Mais nous verrons au chapitre suivant que cette date est probablement une erreur.

Le bastion 12, beaucoup plus petit que les précédents et à deux orillons, n'était pas attenant à une courtine, mais placé devant la Bastille, du côté du faubourg S. Antoine. Il existait déjà vers 1559, et disparut avec la Bastille, dont il était un accessoire. Il renfermait des galeries souterraines servant de casemates. Inutile de le décrire : il figure sur les nombreux plans détaillés de cette forteresse célèbre.

Le bastion suivant, 13, fut construit aussi sous Henri II. C'est de tous le plus petit. Il servait plutôt de *casemate* que de bastion. Cependant, comme il avait la forme des précédents, et qu'il tenait au fossé de la ville [1], je n'ai pu l'oublier. Il était voûté d'énormes pierres formant une plate-forme bombée, et contenait des poudres. Il devint, à une certaine époque, une dépendance du Petit-Arsenal.

Je me souviens d'avoir, dans mon enfance, visité le fossé, revêtu de pierres grises à demi déchaussées et toutes hérissées de ronces qui sortaient des jointures.

---

[1] J'ai expliqué, page 181, à quelle époque l'ancien fossé de la Bastille fut recreusé, élargi et taillé à *fond de cuve.*

Vers 1815, le petit bastion du milieu existait encore, mais en ruines. On y voyait à l'intérieur des caves voûtées, qui servaient jadis de poudrières, et dont l'aspect me causait une vive impression. Le petit bastion 13 disparut quand on répara le fossé de la Bastille pour y faire déboucher le canal de l'Ourcq.

Le bastion 14 flanquait l'embouchure du fossé. Sa forme était très-aiguë, ou plutôt c'était une sorte de demi-bastion, muni d'un seul orillon sur le flanc nord. Il se voit sur un grand nombre de plans. J'ai indiqué approximativement sur ma planche IX la position de la tour de Billy, par rapport à ce bastion, qui fut bâti probablement, vers 1553, tel que le représente Verniquet. De La Marre assure (t. I, p. 81), ainsi que Sauval, que ce fut Henri IV qui le fit faire en 1600 : c'est une erreur, car il figure déjà sur le plan de Belleforest, dessiné vers 1572. Henri IV a pu le réparer, quand il établit de ce côté un Mail, mais ne l'a pas fait construire.

Résumons nos remarques sur cette clôture bastionnée. Sous Louis XIV elle était toute tracée, sinon terminée, et, des quatorze bastions, il n'en restait plus à revêtir que quatre, grands ou petits, pour que l'enceinte fût complète. Le plan de Gomboust est celui qui fait comprendre le mieux tout cet ensemble.

Observons que ce rempart n'était pas la ligne d'octroi de Paris, ligne reculée sur certains points beaucoup au delà des fossés, comme le prouve l'examen du petit plan de Jean Boisseau, qui indique les *Colonnelles* ou barrières en 1650.

Notons encore que les divers plans qui représentent la quatrième enceinte ne s'accordent pas sur la forme précise et la dimension de chaque bastion, ni sur l'épaisseur des parapets qui les bordaient, ni sur la largeur des fossés dont ils étaient entourés. Cette largeur était fort variable. Elle était beaucoup plus considérable le long des courtines qu'à l'endroit des bastions. J'ai dû, sur mon plan, aucune rue ne rappelant les limites des anciens chemins de ronde, adopter une largeur moyenne, qui varie de vingt-cinq à trente mètres autour des bastions et de quarante à cinquante devant les courtines. Sur un vaste plan dont j'ai parlé à propos du bastion 3, le fossé jaune a vingt-cinq toises devant la courtine, et environ quinze devant les faces du bastion.

L'escarpe du fossé, constituant toute la fortification, était revêtue de pierres de taille (de moyen appareil), entre les Tuileries et la rue Poissonnière d'une part, et de l'autre, depuis le bastion 10 jusqu'à la Seine; mais la contrescarpe ne paraît revêtue sur aucun point. Le plan de Belleforest est le seul qui représente comme maçonnée la contrescarpe du fossé de la Bastille, et une portion de celle du gros bastion S. Antoine (voy. p. 152). Ce travail a toujours paru inutile, et notre enceinte bastionnée moderne n'est également revêtue que du côté de l'escarpe.

C'est à tort, je crois, et pour l'effet, que tous les anciens plans, même celui de Gomboust, représentent presque partout les fossés comme remplis d'eau vive. Je pense qu'on n'y voyait guère, hors dans les cas de pluies torrentielles, qu'un mai-gre filet d'eau provenant des ruisseaux et des égouts et s'écoulant dans la cunette du fossé. Les eaux de la Seine, dans les hautes crues, ne devaient guère remplir les fossés, passé la rue S. Honoré d'une part, et de l'autre le bastion 10 ; et comme on ne dit pas qu'elles fussent retenues comme autrefois, au moyen d'écluses, elles se retiraient, et, en été, les fossés étaient à sec. Sauval, qui écrivait en 1650, dit, en parlant, je pense, de la rive droite (t. I, p. 44) : « La ville de Paris est envi-« ronnée de fossés fort larges et profonds ; mais ils sont *secs* et couverts des mai-« sons des fauxbourgs en plusieurs endroits : et même quelque peine que l'on se « soit donnée pour y faire venir de l'eau, jamais on n'a pu en venir à bout. »

Le premier projet d'entourer Paris, au nord, de fossés navigables, date, je le répète, de 1551 ; on le reprit en 1611, 1638, 1651 et 1658, mais rien ne fut commencé. Le canal de l'Ourcq, établi sous l'Empire, eût seul résolu la question : Louis XIV la trancha autrement, en supprimant sur presque toute la ligne les fossés et les bastions.

Je ne connais pas d'estampes qui représentent de près l'enceinte bastionnée, sinon du côté des portes S. Honoré et S. Antoine. D'après des vues de Perelle et d'Israël Silvestre, sur les points achevés, les murs de la courtine et des bastions descendant au fond du fossé, dont ils formaient l'escarpe, avaient fort peu de talus. Ces murs étaient revêtus d'assises de pierres équarries, avec des *chaînes* dans les encoignures. Ils étaient surmontés d'un large parapet, dont en dehors un cordon de pierre indiquait la base, qui était sans doute au niveau du terre-plein des bastions. La muraille qui soutient la terrasse de S. Germain-en-Laye peut donner une idée de cette construction, du côté des Tuileries et de la Bastille. J'ai déjà dit (p. 187) que le parapet du bastion 2 était, selon une estampe d'Ave-line, percé de créneaux ou embrasures et taillé en forme de glacis.

On voit, d'après le plan de Gomboust et autres, que le terre-plein des cinq premiers bastions, construits ou achevés sous Louis XIII, était de niveau avec le sol des rues voisines, tandis que les autres bastions, à partir de la rue Poisson-nière, taillés dans d'anciennes buttes, étaient plus ou moins élevés au-dessus de ce niveau. Chacun de ces bastions s'ouvrait sous des angles différents. Les plus anciens avaient seuls des orillons, tels que celui des Tuileries, et les cinq derniers du côté de la Bastille. Sous Louis XIII, on regardait sans doute cet appendice comme superflu.

XXII. — Grand Cours ou Boulevard de la rive droite, exécuté sous Louis XIV.

Les quatre bastions construits à grands frais sous Louis XIII durèrent à peine soixante ans. Son successeur, au lieu d'achever la quatrième clôture, détruisit les deux tiers des bastions et la courtine, et, sans élargir de beaucoup l'enceinte, la remplaça par une simple chaussée ou terrasse plantée d'arbres, qu'on nomma le *Nouveau Cours*, et qui existe encore aujourd'hui. C'était, à proprement parler, une longue courtine continue et sans bastions, qui, dépourvue de ces ouvrages avancés d'où partent les feux croisés, ne pouvait guère servir à la défense de Paris. C'était plutôt une promenade qu'un rempart, bien que par un reste d'habitude on lui donnât encore ce dernier nom.

Sous l'influence du maréchal de Vauban, une révolution complète s'opéra dans le système de fortification générale du royaume. On admit que le vrai rempart de la capitale devait être aux frontières, et l'on agit en conséquence. Paris devint une ville ouverte : ses portes ne furent plus des bastilles, mais des édifices de décoration. Les ingénieurs de nos jours paraissent revenus de cette idée, qu'il est inutile de fortifier une capitale, puisqu'ils nous ont bâti à grands frais une ceinture composée de 94 bastions, variés dans leurs dimensions et leurs formes, selon les localités. Est-ce un tort, ou un acte de sage prévision? Cette question stratégique n'est pas de ma compétence.

Cependant une partie de la quatrième enceinte subsista longtemps encore après Louis XIV. Jusqu'en 1760, on vit debout le bastion des Tuileries, et, jusqu'en 1789, la Bastille et les bastions qui l'avoisinaient au sud et au nord. Si le bastion des Tuileries survécut si longtemps, c'est qu'on ne savait au juste quelle disposition adopter pour embellir le quartier contigu à la demeure royale. Si Louis XIV eût habité Paris et non Versailles, le bastion de Charles IX eût disparu un siècle plus tôt. Quant à la Bastille et aux ouvrages qui fortifiaient ses environs, on les laissa subsister pour *maintenir* le faubourg S. Antoine, et pour avoir sous la main une sûre *prison d'Etat*.

L'établissement du Nouveau Cours fut décidé dans le Conseil du roi des 7 juin 1670 et 11 mars 1671, comme le rappelle un arrêt de 1664. En 1672 (Félibien, p. 228) parut une Ordonnance qui défend de bâtir au delà des bornes posées par Louis XIII. On redoutait encore le trop grand accroissement de la capitale, et l'on voulait aussi éviter les indemnités qu'aurait nécessitées l'acquisition des maisons nouvellement construites. En 1675, le roi chargea Bullet de dresser, sous la direction de Blondel, un plan de Paris où seraient tracés en grand le Cours du Nord et celui du Midi. Ce plan, qui fut gravé l'année suivante, indique très-bien la position du nouveau Cours, relativement à l'enceinte bastionnée ; mais Bullet suppose, par anticipation, comme accomplies, un grand nombre de transformations qui n'eurent lieu que plus tard.

Dès 1670, on commença à exécuter le projet arrêté au Conseil, si l'on s'en rapporte à ce passage de Sauval, ou plutôt de l'éditeur qui amplifia son manuscrit (t. I, p. 671) : « Le *Rampart* de la porte S. Antoine fut commencé à bâtir « par Arrêt du Conseil d'Etat du 7 juin 1670, pour y faire un Cours planté d'ar- « bres en trois allées, dont celle du milieu a seize toises de large... Ce Cours a « été revêtu de murs de pierres de taille... Il a été ordonné qu'il sera laissé des « *fossés* de douze toises de large, dans lesquels passera l'égout de la Ville, qui « sera pavé au fond pour l'écoulement des eaux, et *en dedans le Rampart* sera « laissé une *rue pavée* de trois à quatre toises de large... Le Rampart du Temple, « que l'on a commencé en 1684, doit conduire jusqu'au Cours de la Reine... Le « Rampart planté d'arbres depuis la porte Sainte-Anne, fut fait en 1684, jusqu'à « la porte S. Honoré. Le Rampart planté d'arbres, depuis la porte S. Denys, jus- « qu'à la porte S. Honoré, fut construit en vertu de l'Arrêt du 17 mars 1671. » Je ne sais si tout ce récit est exact.

Le fossé dont il est ici question n'exista que depuis la porte S. Antoine jus- ques un peu au delà de la rue des Filles-du-Calvaire : c'était l'ancien fossé creusé sous Henri II et Louis XIII autour des nouveaux bastions. Partout ailleurs, on ne voyait que des rues basses, comme l'indique la disposition du sol. On n'a pu nommer fossés ces rues basses, car il n'y a pas de fossé sans un talus de con- trescarpe [1]. Quant à la rue pavée qu'on devait laisser *en dedans le rempart*, il faut comprendre la chaussée du milieu : il n'y eut jamais de rue basse du côté de la ville.

La Tynna, comme je l'ai déjà dit (note de la page 195), fait une énorme bé- vue quand il dit et répète, à propos de chaque nom des boulevards actuels, que ces divers boulevards furent commencés en 1536, plantés en 1668 et achevés en 1705. Ces trois dates sont erronées. La Tynna a vu une ordonnance de 1536, re- lative à la construction de *boulevarts* ou *boulleverts*, comme on disait alors ; mais il n'a pas compris qu'en 1536 un *boulevart* signifiait une *bastide de terre*, et même déjà : un bastion à deux faces. Quant à la plantation du Cours, elle ne put commencer en 1668, sur aucun point de la ligne, puisqu'elle ne fut décidée qu'en 1670. Le plan de Bullet représente, en 1676, par anticipation, je pense, le Cours comme déjà planté de quatre rangs d'arbres, de la Bastille à la rue des Filles-du-Calvaire.

[1] Sur le mauvais plan de Paris édité par J. Montbard en 1694, sont figurés des fossés pleins d'eau autour des boulevards du nord et du midi. C'est une pure fantaisie.

La construction du Cours avança lentement, à cause des grands travaux préliminaires pour le nivellement du sol, et des nombreuses réclamations à régler avec les propriétaires des terrains, puisque, comme nous l'avons vu, la ville, depuis des siècles, vendait ou affermait partout des places sur les remparts et les bastions et dans les fossés.

L'arrêt du Conseil d'Etat, du 4 novembre 1684 (Félibien, t. IV, p. 271), dit que le Cours ou *rampart* est destiné à « procurer des promenades aux Bourgeois « de la ville. » On y apprend que le Prévôt, à force de soins et de dépenses, a formé ce Cours, depuis la porte S. Antoine « jusqu'à la porte Sainte-Anne « dite Poissonnière, ayant à cet effet fait démolir l'ancienne porte du Temple... « Il convenoit réduire et applanir plusieurs buttes de terre en plusieurs endroits « et environs dudit Cours, qui serviroient à remplir les marais et trous estans le « long d'iceluy, et de faire acquisition de plusieurs maisons qui se rencontroient « dans son alignement, etc. »

1685. — Autre arrêt du Conseil, du 7 avril (*id.*, p. 272). On y voit que « le nouveau Cours planté d'arbres le long des remparts » ne dépassait pas encore la porte Poissonnière, et que le roi avait accordé au prévôt des marchands l'autorisation de « disposer des terres vaines et vagues des fossez, portes anciennes et « mazures estant depuis la porte S. Antoine jusques à celle de S. Martin, mesme « de reprendre les héritages... qui auroient esté cy-devant donnez par la Ville à « baux emphytéotiques, en remboursant les detempteurs d'iceux, etc. » Il s'agit ensuite d'une place vague, dont le prévôt demande la concession, place située derrière les murs des Filles-Dieu, au lieu dit la *Ville-Neuve* [1]; « où estoient cydevant les fossez de la Ville (ceux de Charles V). » Il paraît qu'on avait accumulé dans cette portion du fossé une masse de 1,400 toises carrées de décombres ou immondices. L'enlèvement de cette voirie, ajoute l'arrêt, servira à former ledit nouveau Cours. On cite aussi « quelques places vagues des fossez, remparts, con« trescarpes, portes anciennes, et masures ez environs des portes S. Martin, « Poissonnière, Montmartre, de Richelieu, de Gaillon et S. Honoré. » On permet au Prévôt de disposer de toutes ces places, etc., et on lui ordonne de « faire *inces*« *samment* travailler aux ouvrages qu'il convient faire, pour former ledit Cours, « depuis la porte S. Honoré jusques à celle de S. Martin, suivant le *plan* (celui « de Bullet) qui en a esté dressé, en commençant par la porte S. Honoré. »

Il résulte de cet acte qu'en avril 1685 la chaussée du Cours ou Boulevard était praticable tout au plus entre la Bastille et la porte S. Martin, et qu'au lieu de la continuer de l'est à l'ouest, on s'occupa de l'autre extrémité de l'arc. Quand

---

[1] On voit encore sur le plan de La Caille, 1714, cette place vide entre les rues Bourbon-Villeneuve, Cléry, S. Claude et S. Philippe. Le fossé, dont elle représente la largeur, paraît comblé.

on jette les yeux sur les divers plans de Paris édités par N. De Fer à cette époque, on croirait ces travaux beaucoup plus avancés ; c'est que les géographes sont toujours pressés de terminer, sur le papier, les travaux qui, en réalité, sont encore inachevés ou même à l'état de simple projet.

En résumé, toute la ligne des boulevards fut ordonnée et peut-être commencée en 1670, mais elle n'était pas terminée en 1714; je dirai plus : en 1760, plusieurs parties n'étaient pas encore dans l'alignement, et il restait toujours quelques terrains vagues, et même certains endroits inaccessibles aux voitures.

Le Cours d'enceinte de Louis XIV avait, en général, surtout du côté de la campagne, l'apparence d'une chaussée, d'une terrasse, soutenue, mais pas sur tous les points, par un mur de revêtement, couronnée d'un parapet.

Quelques escaliers placés en retrait, et multipliés plus tard, conduisaient de la plate-forme aux rues basses. Le mur du revêtement et le parapet étaient formés de grosses pierres de taille, dures et bien cimentées. Au dehors, des cordons de pierre indiquaient le niveau du terre-plein de la chaussée.

Il restait encore, avant 1830, de nombreux échantillons de ces constructions, dont une partie était postérieure à Louis XIV, entre la Madeleine et la Bastille. Aujourd'hui on en découvre à peine quelques traces sur le boulevard des Filles-du-Calvaire et sur celui des Capucines [1]; encore, sur ce dernier point, le sol du boulevard, a-t-il été abaissé et renouvelé depuis quelques années, à deux reprises.

Avant 1844, sur le boulevard Poissonnière, le mur de soutien du rempart limitait le magnifique jardin de M. Rougemont de Lowenberg. Ce jardin et ceux contigus étaient inférieurs de trois à quatre mètres à la chaussée. Le niveau fort bas de la cour de la maison dite : du Pont-de-Fer, indique celui des marais, cultivés encore en 1730, au pied du terrassement. Avant 1838, la rue Hauteville aboutissait au mur de revêtement du boulevard [2], et l'on montait sur sa plate-forme par un escalier de quinze marches; de même, entre les portes S. Denis et S. Martin. De cette dernière à la Bastille, plus d'une maison, à droite ou à gauche, avait son premier étage (du côté des rues basses) de plain pied avec le boulevard.

Je ne me rappelle pas avoir jamais vu, entre la rue du Faubourg-Montmartre et celle de la Chaussée-d'Antin, le moindre vestige du terrassement du grand Cours. Il en existait un, indiqué sur le plan de Bretez, mais il n'y avait pas de rue basse à ses pieds. C'est, je crois, sous l'Empire que cette partie du boulevard fut abaissée et le rempart détruit.

Le Cours formait-il autrefois une terrasse du côté où sont aujourd'hui les mai-

---

[1] Le mur de revêtement dont on voit des traces sur le boulevard des Capucines, n'existait pas encore en 1734, comme l'atteste le plan de Bretez.

[2] Ce mur était postérieur à 1734. Sur le plan de Bretez, dessiné cette année, il n'existe pas.

sons de numéro impair? En certains endroits la chaussée dominait les cours et jardins de ces maisons; en d'autres, elle était au même niveau; enfin, sur quelques points, entre la rue du Temple et la rue Poissonnière, elle leur était inférieure, vu l'élévation du sol, exhaussé par des restes des anciennes buttes.

De ce côté du Cours, y eut-il autrefois un mur de revêtement continu, un parapet, des escaliers en retrait et une rue basse, comme sur la partie opposée? Entre la place de la Bastille et la rue du Temple, on distingue encore beaucoup de jardins et de cours, inférieurs de trois à quatre mètres au sol du boulevard. La chaussée était nécessairement soutenue par un mur; mais ce mur formait la limite de propriétés qui avaient leur entrée dans des rues de derrière, parallèles au boulevard. Il n'y eut donc jamais, comme de l'autre côté, de rues basses au pied du terrassement, et il en fut certainement ainsi sur toute la ligne. Il suffit, pour s'en convaincre, d'examiner les plans de La Caille et de Louis Bretez. On y voit que, dans presque tout son parcours, la chaussée plantée d'arbres domine les cours ou jardins des maisons qui y aboutissent, mais nulle part on n'y remarque la plus petite portion de rue basse.

Je ne dis pas que, sur certains points, par exemple, de la Bastille à la rue du Temple, le Cours n'ait pas été, du côté de la ville, muni d'un parapet et flanqué d'escaliers; mais ces escaliers servaient uniquement aux propriétaires limitrophes pour monter sur le boulevard. Il en existe encore plusieurs sur les boulevards des Filles-du-Calvaire et Beaumarchais, ainsi que des portions de l'ancien mur d'appui. J'ai déjà expliqué, page 150, à quelle cause on doit attribuer, de ce côté de Paris, la différence de niveau qui existe entre le sol du boulevard et celui des maisons de la rue Jean-Beausire. Tous ces mouvements de terrain, qui gardent le souvenir du Cours de Louis XIV, tendent à s'effacer de jour en jour. Avant l'an 1900, il n'en restera plus la moindre trace, car on n'a jamais plus qu'aujourd'hui remué et transformé sur tous les points la vieille surface du sol parisien; aussi ne s'est-on jamais plus intéressé au vieux Paris qu'à notre époque, où il est sur le point de disparaître tout entier.

Notons encore que la ligne des boulevards n'a jamais été la limite de la capitale sous le rapport de l'octroi; ses barrières s'étendaient bien au delà de cette ligne, au commencement du XVIIIe siècle.

Ce fut seulement vers 1740 que cette promenade, alors déjà bien ombragée, devint le rendez-vous des promeneurs parisiens. A cette époque, les élégants affectionnaient surtout les boulevards du Temple et S. Antoine, dont les arbres, plantés les premiers, offraient de magnifiques allées. Dans cette portion du Cours étaient établis des cafés et autres lieux de divertissements, qui attiraient le beau monde et les équipages.

.- Plusieurs estampes, gravées sous Louis XV, donnent quelque idée dé ces promenades. J'en citerai une petite, signée : *Delahaye sc.*, et une eau-forte remarquable, gravée par P. F. Courtois, d'après A. de S. Aubin, intitulée : *La promenade
des Remparts de Paris*. On y remarque le *café Caussin*. On voit encore, sur plusieurs estampes servant de vues d'optique (éditées chez Daumont, vers 1750), le
boulevard du Temple. C'est une sorte de terrasse, garnie çà et là de quelques
maisons d'agrément ou de cafés. Au delà du parapet, la vue s'étend sur les collines de Ménilmontant et de Belleville, sur des jardins, des champs en culture et
des fermes, le tout égayé par quelques moulins à vent.

Il existe plusieurs vues générales de Paris, gravées sous Louis XIV et Louis XV,
où l'on aperçoit, des hauteurs de Belleville, la ligne du boulevard, qui ressemble
tout à fait à une longue chaussée. Je citerai notamment le profil, en deux feuilles,
dessiné et gravé par l'ingénieur Milcent en 1736. Le Cours y paraît soutenu d'un
mur de revêtement, entre la Bastille et la rue du Temple. Passé ce point, on ne
voit plus qu'un simple terrassement.

Quelques mots, avant de terminer, sur le Cours projeté, en 1670, du côté de
la rive gauche, et commencé longtemps après. Sur le plan de Bullet, 1676, on
en distingue le tracé primitif ; il part d'un point du quai d'Orsay, qui fait face au
Bastion des Tuileries, et aboutit, après avoir enclos les Incurables et le Val-de-
Grâce, à la porte S. Bernard. Quand, plus tard, sous Louis XV, on établit un
Cours de ce côté de Paris, on changea et l'on agrandit cette ligne de ceinture.
Il commença aux Invalides, s'avança plus au sud, au-dessus des faubourgs
S. Jacques et S. Marceau, et aboutit à la Seine, vis-à-vis de l'embouchure du fossé
de la Bastille. Ces boulevards étaient tous plantés en 1761, selon La Tynna ; mais
une partie ne fut jamais exécutée : celle qui devait, de la pointe des Chartreux,
aller rejoindre le Marché-aux-Chevaux. Ces boulevards, peu habités et solitaires
avant 1840, rappelaient la physionomie du Cours du Nord sous Louis XIV. L'établissement successif des embarcadères de trois chemins de fer leur a donné un
peu de vie, et, dans vingt ans, ils seront peut-être très-fréquentés.

Sous Louis XVI, les Cours du nord et du midi furent enclos par un nouveau mur accompagné d'allées d'arbres, et formant la limite d'octroi de la capitale. Paris attend l'époque où il s'élancera jusqu'à la nouvelle enceinte bastionnée, élevée conformément à la loi du 4 juin 1841 ; car malgré les récentes
révolutions qui ont failli le dépeupler et lui signifier l'heure de la décadence, il a
plus que jamais l'espoir d'une vie longue, active et glorieuse. L'Empire, qui
s'établit au moment où j'écris ces lignes, réalisera sans doute cet espoir.

(Achevé d'imprimer en décembre 1852).

RECHERCHES

SUR

LES ANCIENNES PORTES DE PARIS.

Considérations générales.

Mon intention n'est pas de décrire tous les événements qui se rapportent aux anciennes portes de la capitale ; ce serait entreprendre une partie considérable de son histoire, car ces portes ont été témoins de scènes en tout genre, telles que : assauts, émeutes populaires, entrées royales, réceptions de souverains ou d'ambassadeurs, cortéges funèbres, exécutions sanglantes, etc. En rassemblant tous les récits détaillés de nos historiens anciens et modernes, on en formerait sans peine un livre fort intéressant, surtout accompagné de *fac-simile* exacts des miniatures ou des estampes relatives à ces événements; mais j'ai dû renoncer à ce côté brillant et pittoresque, qui ne serait, après tout, qu'une simple compilation, pour me renfermer dans la partie topographique et architecturale. Ce n'est donc qu'à titre d'accessoire, et pour rompre la monotonie descriptive, que j'ai, çà et là, rattaché quelques faits historiques au souvenir de ces portes.

Les renseignements les plus positifs, les plus clairs, en fait de topographie, ce sont les plans et les dessins; mais il en existe fort peu, à ma connaissance, qui concernent les vieilles portes de Paris, j'entends celles des enceintes de Ph. Auguste et de Charles V. Le plus souvent il nous faudra recourir au témoignage des plans généraux qui représentent ces portes chacun à sa manière, non d'après nature, mais de souvenir ou même d'imagination. Dans les chroniques manuscrites de Froissard et autres, on trouve des miniatures où figurent quelques portes de Paris ; mais les anciens miniaturistes avaient l'habitude de tracer de fantaisie les localités. Les vieilles tapisseries, ainsi que les estampes historiques, offrent à peu près la même inexactitude. Sous Louis XIV seulement, on a commencé à dessiner les édifices de Paris sur lieux, et avec une certaine précision. Les artistes de ce temps n'oublièrent aucune des portes nouvelles qui avaient un aspect monumental; mais ils faisaient peu de cas des anciennes, à cause de leur architecture irrégulière et de leur état délabré.

Israël Silvestre, qui avait séjourné longtemps à Rome, aimait à reproduire les ruines, et ne dédaigna pas de s'occuper des portraits de nos vieux cloîtres. Il est fâcheux qu'il n'ait pas eu l'idée de dessiner toutes les anciennes portes de l'enceinte de Ph. Auguste, existant encore de son temps. Il ne nous a laissé que celle de Nesle, également représentée par cinq ou six graveurs de la même époque.

De nos jours il ne reste plus le moindre vestige des portes de Ph. Auguste, de Charles V et de Louis XIII. On les a toutes abattues, il y a longtemps, comme inutiles à la défense de la capitale et nuisibles à la circulation. Les portes S. Denis et S. Martin ont seules survécu, surtout par cette considération que ces arcs de triomphe, isolés comme ils le sont, ne gênent en rien la voie publique.

Nous n'avons aucun document positif sur les portes antérieures à celles de Ph. Auguste. Les chroniques constatent leur existence, mais ne désignent ni leur forme, ni leur emplacement, ni même leurs noms particuliers. Les plus anciennes portes qu'on puisse mentionner sont nécessairement celles de la Cité, île qui, sous la domination romaine, fut entourée d'un mur d'enceinte (voy. page 4 et suiv.). Je n'ai jamais trouvé nulle part le moindre détail concernant ces portes.

Quelques historiens modernes ont fait remonter à l'époque romaine la construction des Grand et Petit Châtelets, rebâtis au XIV° siècle, et les ont regardés comme des portes de l'enceinte de la Cité. Cette opinion m'a toujours semblé inadmissible. Ces deux édifices, situés en tête des ponts, du côté opposé aux rivages de la Cité, ne peuvent passer pour des portes, mais pour les fortifications particulières des deux ponts.

Les Romains avaient coutume de munir les ponts importants de *castels*, placés en tête ou au milieu. On en trouve des échantillons dans beaucoup de villes d'Europe. Le moyen âge conserva l'usage de ces sortes de constructions. Les ponts principaux étaient souvent munis, à l'extrémité opposée à la ville, ou vers le centre, d'une sorte de porte ou bastide fortifiée, désignée sous le nom de *chastelet* (en latin *castellum*), et quelquefois de *barbacane*. On donnait ce dernier nom, à Rouen, à une tour carrée flanquée de tourelles, qui défendait l'entrée du pont de pierre, du côté de la rive gauche. Sur les anciennes perspectives de Londres, antérieures à l'incendie de 1666, on voit, en travers du grand pont, plusieurs châtelets couronnés de créneaux. Le plus rapproché du sud est surmonté de têtes de suppliciés fixées sur des piques. Le pont de Prague est encore muni, à chaque bout, de hautes bastides, flanquées de tourelles dans les angles. Sans aller si loin, les ponts de S. Cloud et de Charenton avaient aussi leurs bar- bacanes ; ce dernier était, d'après le plan de Du Cerceau, fortifié d'une grosse tour carrée.

Il est évident pour moi que les deux châtelets, quelle que soit la date de leur origine, ne furent jamais que des têtes de pont. Les véritables portes de la Cité tenaient au mur d'enceinte de l'île, et par conséquent faisaient face aux Petit et Grand Châtelets, supposé qu'ils existassent dès lors.

Quand Lutèce fut entourée d'un mur d'enceinte, elle eut deux portes au moins, puisqu'elle communiquait par un double pont avec les rives opposées, et peut-être une ou deux autres, destinées à faciliter son mouvement commercial [1]. La construction de ces portes consistait sans doute en assises de pierres, mélan- gées de briques. Quant à leur forme et à leurs détails, il serait difficile, vu l'ab- sence de documents, de les préciser. D'après les échantillons plus ou moins anti- ques qu'offrent encore plusieurs villes de France, il est à présumer que leur structure avait pour élément la forme carrée : la voûte qui traversait le bâtiment était un arc à plein cintre, et les créneaux du parapet qui couronnait la plate- forme avaient une largeur égale à celle des merlons qui les séparaient.

Telle est l'idée qu'on peut se faire de ces édifices considérés dans leur ensem- ble ; mais, si l'on veut entrer dans le détail des divers accessoires qui leur don- naient de la force ou de l'élégance, on risque beaucoup de tomber dans l'idéal : la porte de Mars, à Reims, ne ressemble guère à la porte d'Arroux à Autun [2].

Il nous reste, il est vrai, des traités sur l'architecture militaire des Romains et de nombreux échantillons qui peuvent nous aider à compléter l'idée des portes de Lutèce ; mais la forme, les ornements et les proportions variaient beaucoup suivant les localités, et la plupart ont été modifiées à l'époque du Bas-Empire ou du moyen âge. Les portes construites à Lutèce s'écartaient sans doute des modèles usités en Italie. Je l'ai déjà dit ailleurs : une citadelle, bâtie en Algérie par nos ingénieurs, différerait toujours, en raison du climat, du sol et des maté- riaux du pays, de celles qu'ils établiraient en France. C'est pourquoi il est assez difficile de se créer une idée juste des portes de la Cité de Paris sous la domina- tion romaine.

[1] La porte du Cloître Notre-Dame, du côté de la pointe orientale de la Cité, était peut-être une ancienne porte de l'enceinte. En 1368, il existait aussi sur le quai actuel Napoléon une *porte*, dite : *de Garitement*. (Voir ce mot.)

[2] Il ne faut pas confondre les arcs de triomphe avec les portes de ville. Les portes triomphales étant des monuments de décoration, de fantaisie, variaient plus encore dans leurs formes que les portes servant de fortification.

Il serait tout aussi impossible de connaître la structure des portes annexées à la première clôture de la rive droite, clôture attribuée par les uns à l'époque romaine, et par les autres aux rois de la première ou de la seconde race. Il est tout au plus permis de hasarder quelques conjectures. Dans le premier cas, ces portes ressemblaient, sans aucun doute, à celles de la Cité ; dans le second, leur architecture était une imitation abâtardie du style antique. Leurs proportions étaient plus lourdes, et la forme carrée n'était peut-être pas exclusivement employée. Le plein cintre était toujours le principe des arcades, mais les ornements (supposé qu'on en fît usage), tels que les corniches, les pilastres, les chapiteaux, etc., devaient différer du type romain, ainsi que la disposition intérieure de l'édifice et la forme des merlons. On croit, en général, que jusqu'à l'époque des Croisades nos ancêtres avaient conservé, tant bien que mal, en fait d'architecture militaire, les traditions romaines : c'est peut-être une erreur.

Au reste, on n'a gardé que le souvenir de deux portes qu'on suppose avoir appartenu à une clôture septentrionale antérieure à Ph. Auguste : celle dite, dans l'origine, *Porta Bagauda*, près de S. Gervais, et une autre, voisine, de l'église S. Merry. Je ne compte pas ici le Grand-Châtelet (devant lequel, du côté du nord, était une petite place, dite la *Porte-Paris*), par les raisons exposées ci-dessus, et aussi page 20. Du reste, on ne possède aucun renseignement positif sur ces deux portes, dont je parlerai aux articles : BAUDOYER et S. MARTIN.

Passons aux portes de Ph. Auguste. La question, sans être claire, est infiniment moins obscure. Nous serons obligés, pour nous en faire une idée, de recourir aux plans généraux de Paris, dont les plus anciens datent de François Iᵉʳ. Or, à cette époque, leur forme primitive devait avoir subi des altérations, du moins dans certains détails ; mais la plupart, je crois, avaient, à quelques appendices près, conservé leur ensemble ; telle était la porte S. Jacques, dont je donne, pl. XI, un plan géométral.

Toutes les portes élevées sous Ph. Auguste le furent d'après un modèle à peu près uniforme [1]. Vues du dehors, elles se composaient en principal de deux grosses tours rondes éloignées l'une de l'autre de quelques mètres, et reliées par un mur épais. Ces tours offraient un ou deux étages voûtés, au-dessus du rez-de-chaussée, avec quelques étroites fenêtres à chaque étage. Elles différaient peu, je pense, par leur diamètre, de celles qui flanquaient le gros mur. Consistaient-elles pareillement en un blocage revêtu de pierres de petit appareil ? je l'ignore, puisqu'il ne reste de ces tours *portales* aucune trace, et qu'aucun auteur ne les

---

[1] Le prétendu devis dont j'ai parlé page 65 nous apprend que chaque porte de la rive gauche avait coûté 120 livres. Cette uniformité de prix prouverait qu'elles étaient toutes construites à peu près sur le même modèle ; mais je regarde ce compte comme peu authentique.

décrit sous ce rapport ; je supposerai qu'elles étaient construites en pierres de taille dans toute leur épaisseur, ainsi que tous les pans de murs dont l'ensemble constituait la forme générale des portes.

Le mur de face, qui reliait à l'extérieur les deux tours un peu au delà de l'axe de leur diamètre, était percé d'une large baie ogivale encadrée de plusieurs rangs de moulures. Les deux vieilles tours qu'on voit encore sur le quai de l'Horloge, et qui furent bâties sous Philippe le Bel, peuvent donner une idée des portes de Ph. Auguste, sauf que le mur de face, au lieu de finir en pignon, offrait au sommet une ligne horizontale dentelée par de larges créneaux.

A côté de la baie ogivale, en existait-il une plus étroite pour le passage des piétons ? Je crois que ces petites portes latérales sont une innovation du XIVe siècle. Pour entrer dans la ville, on traversait une voûte obscure, qui avait en étendue la profondeur du bâtiment. Ce passage était probablement consolidé par des arcs à nervures.

Du côté de la ville, le bâtiment n'offrait, je pense, qu'une face unie, percée de quelques étroites fenêtres donnant du jour aux salles de l'intérieur. La nudité du mur était sans doute égayée de quelques ornements en saillie. On y voyait peut-être l'effigie du saint qui avait donné son nom à la porte, ou encore le blason sculpté de la ville de Paris, blason que Ph. Auguste lui avait accordé [1].

Sur une des faces de la porte (à l'extérieur, je pense), au-dessus ou à côté de la baie d'entrée, s'élevait une statue de la Vierge, placée soit sur un socle et protégée par un dais de pierre sculpté, soit au fond d'une niche pratiquée dans l'épaisseur du mur. Corrozet (folio 11), et Sauval (t. I, p. 31), nous ont laissé des détails, assez vagues du reste, sur cette particularité, dont nous reparlerons au sujet de plusieurs portes de l'enceinte du nord. Je suppose que cette remarque s'applique également aux portes méridionales. Aux termes d'une ordonnance de François Ier, en date d'avril 1533, époque où la plupart des portes de la rive droite furent abattues, les statues de la Vierge, qui les ornaient, durent être conservées et dressées dans un endroit apparent et peu distant de la place qu'occupaient ces portes.

Le rez-de-chaussée du bâtiment était vraisemblablement divisé en deux salles basses par le passage de la voûte ogivale. Ces salles, communiquant avec les tours, servaient de corps-de-garde, ou de dépôt pour des armures et des machines de guerre, et avaient peut-être des issues sous la voûte. Au-dessus du plafond voûté du rez-de-chaussée, se trouvait la grande salle du premier étage, destinée à

---

[1] Le blason de Paris, sculpté sur diverses portes de la rive gauche, n'était pas contemporain de Ph. Auguste. D'autres furent décorées, mais aussi postérieurement à ce roi, des armes de France.

loger des gens d'armes, et recevant du jour principalement du côté de la ville.

Dans cette même salle se trouvait une ou deux herses qu'on laissait tomber, quand on voulait défendre le passage. En outre, la baie devait être fermée, au moins du côté de la campagne, de forts vantaux bardés de lames de fer, qu'on ouvrait pendant le jour. La description de tous ces détails ne repose pas sur d'anciens documents, mais sur la vraisemblance.

La chambre du premier étage avait pour plafond la voûte qui soutenait la plate-forme de l'édifice, à moins d'admettre un second étage [1]. En un coin du bâtiment, ou dans une des tours de la porte, était placé un escalier à vis conduisant à tous les étages et ayant issue sur la plate-forme. Dans certaines villes, cet escalier était en plein air, appuyé contre le bâtiment, du côté de la ville. Mais je crois cette disposition (dont les remparts de Cologne, d'Aigues-Mortes et autres villes donnent une idée), postérieure au XIII⁰ siècle.

Les plates-formes des bâtiments des portes étaient-elles de niveau avec celles des tours qui les flanquaient? c'est ce qu'il serait difficile de prouver. Je pencherais volontiers pour l'affirmative. Il est vraisemblable que dans l'origine ces plates-formes ne portaient pas de toits, afin qu'on pût y placer des machines de guerre; cependant nous verrons, à l'article de la porte Buci, que cette porte, en 1209, était couverte en tuiles; mais c'était peut-être une exception.

Les parapets crénelés qui couronnaient les plates-formes n'étaient sans doute pas, au XIII⁰ siècle, établis en saillie sur des consoles dont les intervalles formaient ces vides, ces créneaux ouverts sur un plan horizontal et nommés mâchicoulis, puisque ce genre d'accessoires, qui donne aux vieux édifices une allure si gracieuse et si pittoresque, ne fut, assure-t-on, usité qu'au siècle suivant. Le sommet des portes offrait alors un aspect nu et sévère, qui rappelait celui de l'architecture militaire des anciens.

Ph. Auguste, n'ayant pas accompagné son mur d'enceinte d'un fossé, la face extérieure de ses portes n'était pas façonnée pour recevoir les flèches d'un pont-levis. Ce fut seulement sous Charles V, ou sous son successeur, que l'on commença à leur donner une nouvelle disposition. A cette époque, on ne rebâtit certainement pas les portes, mais on en modifia les bâtiments, sans toucher aux anciennes tours. Dulaure avance, d'après Sauval, je crois, que ces portes ne furent fortifiées de tours que sous Charles V. C'est, à mon avis, une erreur, car, je le répète, si on les eût rebâties vers 1365, comme l'assure Sauval (t. III, p. 126), on leur eût donné, comme à celles de la rive droite, une forme de *bastide*. On retoucha seu-

---

[1] Le bâtiment de la porte de Nesle offrait trois étages au-dessus du rez-de-chaussée, mais ce bâtiment n'était probablement pas du temps de Ph. Auguste, comme je le dirai à son article, et ne peut par conséquent passer pour un échantillon des portes du XIII⁰ siècle.

lement aux murs de face, et on en consolida les fondations, comme je l'ai déjà expliqué page 69.

L'appendice le plus important, après le fossé et les ponts, ajouté à ces portes, ce fut une avant-porte fortifiée, à peu près semblable à celles qui précédaient les portes neuves de la rive droite, et que je décrirai plus loin. Les portes S. Jacques et S. Marcel étaient munies de fortifications de ce genre, ainsi probablement que toutes les autres de l'Université.

Quant aux portes septentrionales de Ph. Auguste, on n'y ajouta ni pont-levis [1] ni avant-portes, puisqu'elles ne furent jamais accompagnées de fossés : du moins cette circonstance est à peu près prouvée (Voy. p. 110 et suiv.).

Les principales portes de l'enceinte de Ph. Auguste avaient sans doute, je le répète, une forme et des dimensions à peu près semblables, quand elles étaient situées dans l'axe des rues qui y aboutissaient ; mais le plan de leur ensemble devait s'écarter du type général, quand ces rues ne rencontraient pas le gros mur à angle droit, comme il arrivait pour celle des Cordeliers (nommée plus tard S. Germain), que je n'ai su comment figurer sur ma planche II, dans sa forme primitive. Les tours qui fortifiaient les portes construites dans cette condition n'étaient peut-être pas placées sur la même ligne, et l'une était plus éloignée que l'autre du mur, à moins d'admettre que le bâtiment de la porte fût élevé sur un plan irrégulier, du côté de l'intérieur.

Je n'ai rencontré que trois plans géométraux qui puissent donner une idée des portes de Ph. Auguste : ceux de la porte S. Jacques et S. Marcel (voy. planche XI), et celui de la porte de Nesle, que je crois d'une construction plus moderne. Quant aux portes de la rive droite, abattues pour la plupart avant 1540, il n'en existe pas, à ma connaissance, le moindre plan ou dessin particulier. C'est donc d'après ces trois documents que j'ai dû, par analogie, tracer toutes les autres portes ; il est évident que mes dessins ne sont qu'approximatifs.

Outre les principales portes de Ph. Auguste, on comptait, surtout du côté de la rive droite, un assez grand nombre de *poternes* ou *fausses-portes* [2], expression qui semble désigner des entrées de Paris d'une importance secondaire.

Il serait assez difficile de préciser ce qu'il faut entendre par le mot *poterne*. Les anciens comptes emploient, en certains cas, indifféremment l'expression de porte ou celle de poterne. Dans un acte de 1209, Philippe Auguste fait don à l'abbaye S. Germain d'une porte de ville non terminée (celle dite plus tard Buci,

[1] Il n'est pas sûr que toutes les portes du midi aient été munies d'un pont-levis. Le contraire est même probable.

[2] Nous rappellerons encore que, dès Charles VI, on nomma aussi *fausses-portes* les anciennes portes de l'enceinte septentr. de Ph. Auguste, ainsi que celles situées au haut des faubourgs.

à l'extrémité de la rue S. André-des-Arts); il la nomme en latin. « *posternam murorum nostrorum* » ; mais les portes donnant issue aux rues les plus importantes ont invariablement été nommées *portes*. On n'a jamais dit la poterne S. Jacques ou S. Denis. Ce mot indique donc, pris dans sa véritable acception, une sorte d'entrée supplémentaire, qui n'est pas toujours ouverte, qui ne conduit pas à une rue principale.

J'ai vu néanmoins des dessins de certaines portes de nos provinces, qui se nommaient *poternes*, et qui pourtant offraient un aspect monumental, et paraissaient munies de tous les accessoires qui constituent les portes fortifiées de premier ordre.

A Paris, le mot poterne ou fausse porte s'appliquait spécialement à une simple baie percée dans le gros mur, destinée à livrer passage à une rue peu fréquentée. Ces baies ont été sans doute pour la plupart établies postérieurement à la construction de l'enceinte, au fur et à mesure des besoins des habitants. Plusieurs d'entre elles furent même fortifiées de tours, comme la poterne S. Paul; mais elles n'en différaient pas moins des portes principales, en ce que les tours qui les protégeaient au dehors étaient seulement des·tours murales, qui s'élevaient à peine au-dessus du mur d'enceinte, tandis que les véritables portes, les maîtresses–portes, comme on disait autrefois, étaient flanquées de tours à plusieurs étages, dépassant de beaucoup la plate-forme de ce mur, et accompagnées de bâtiments assez vastes, contenant des chambres voûtées.

Ces dernières étaient de véritables forts munis de tous les accessoires de défense; il fallait, pour pénétrer dans la ville par ces portes, passer sous une voûte profonde, qu'en temps de guerre fermaient des herses massives; c'était en un mot des édifices, tandis que les poternes étaient de simples issues qu'on bouchait en cas de danger; l'intérieur de leur baie n'avait de profondeur que l'épaisseur du mur; il n'y avait pas de logis au-dessus, ni de herse; elles servaient uniquement de voies de communication et non de points de défense.

Du reste, il y avait à Paris des poternes d'un aspect plus ou moins imposant au dehors, selon l'importance de la rue à laquelle elles introduisaient; mais à l'intérieur, elles n'offraient aucune saillie. Si l'on s'en rapporte au plan de Braun, il y avait des poternes consistant en des sortes de pavillons à arcades telles que celle du Bourg-l'Abbé; celles des Béguines et de Beaubourg étaient établies chacune dans une tour murale, avec un vide en forme de puits entre la la double baie; celle dite: Au Comte d'Artois a probablement, comme je l'explique page 96, été percée à côté d'une tournelle de l'enceinte; celles S. Paul, Barbette et Coquillière s'ouvraient entre deux tours, mais n'étaient accompagnées d'aucun corps de logis.

Toutes les questions que je viens de soulever au sujet des portes de Ph. Auguste attendent encore une solution positive. Jusqu'à la découverte de nouveaux documents écrits ou dessinés, il faut se contenter de conjectures et raisonner par analogie, c'est-à-dire en comparant ces portes avec des édifices du même genre, attenants à des enceintes non modernisées du XIII° siècle.

Les vieux plans à vol d'oiseau ne nous fournissent, sur les portes du nord, que des renseignements douteux. Celui de Munster et tous ceux qui dérivent de la même source les représentent, mais si grossièrement, qu'on ne peut les consulter. Celui, bien moins imparfait, édité par Braun les retrace aussi, mais son témoignage n'est pas digne de toute confiance.

Quant aux portes méridionales, on les voit en élévation sur tous les plans antérieurs à 1680 ; malheureusement les plus détaillés n'en donnent qu'une idée vague et ne sont jamais d'accord entre eux ; ce qui prouve assez que la figure de ces édifices a pour base des dessins faits de mémoire, ou même de fantaisie.

Si nous passons aux portes élevées sous Charles V (du côté du nord), et terminées sous son successeur, nous trouverons, en les comparant avec celles de Ph. Auguste, des différences fondées surtout sur la nécessité de défendre la capitale contre la nouvelle puissance de l'artillerie. D'abord, on diminua le nombre des portes et des tours murales, et l'on n'admit plus de poternes. L'enceinte bâtie sur la rive droite vers 1370 ne livra passage qu'à six portes, ouvertes à l'extrémité des rues principales : celles S. Antoine, du Temple, S. Martin, S. Denis et S. Honoré, quoique l'arc de cette enceinte fût d'un tiers au moins plus étendu que celui de la clôture de 1190.

On renonça, dans la construction de ces portes, aux tours cylindriques, ou du moins on ne les employa qu'à titre d'accessoires, ou d'embellissements. Les hautes tours rondes de la seconde porte S. Antoine, élevées au XIV° siècle (*Voyez* p. 122) furent sans doute le dernier échantillon de ce genre. Du reste, cette porte dura fort peu de temps, puisque vers 1369 elle fut incorporée à la Bastille.

La forme carrée fut adoptée pour les tours et les portes, comme la plus favorable au placement et à la manœuvre des canons. Ces portes étaient spécialement désignées sous le nom de *Bastides*, mot à peu près synonyme de *forteresse* [1]. C'était en effet des bâtiments formés d'épaisses murailles. Les tours cylindriques qui entraient dans leur architecture étaient d'étroit diamètre ; elles servaient moins à fortifier l'édifice qu'à en adoucir les angles, qu'à en marquer la desti-

---

[1] Nous avons vu, p. 132, que les tours carrées de cette enceinte se nommaient aussi : *Bastides sur les murs.* C'était en effet de petits forts, mais moins vastes que les portes, et moins compliqués dans leur forme.

nation. Le plus souvent même, on se bornait à suspendre aux encoignures, et aussi au mur de la façade extérieure, des tourelles à cul-de-lampe, qui donnaient à la masse un aspect plus élégant. Les portes S. Antoine, S. Martin et S. Honoré étaient de ce genre. Les tourelles qui les flanquaient servaient d'échauguettes, ou renfermaient l'escalier à vis qui, du premier étage, conduisait à la plate-forme.

Au résumé, au XIII° siècle les tours rondes étaient le principal corps d'une porte de ville : au XIV°, elles n'en étaient plus que l'accessoire.

Les portes de Charles V avaient plus de profondeur, plus de saillie du côté de la campagne, que celles de Ph. Auguste, de sorte que leurs flancs ou profils protégeaient le mur et les fossés, à la manière des bastions modernes. On pratiquait dans ces flancs des embrasures d'où l'on tirait de biais sur les assaillants, pour les éloigner du fossé. Au reste, les tours rondes de Ph. Auguste remplissaient autrefois à peu près les mêmes fonctions.

Un pont de pierre jeté sur le fossé mettait la voûte du passage de plain-pied avec le sol. Dès Charles V, ou un peu plus tard, ce pont, coupé devant la baie d'entrée, faisait place à un pont-levis. Toutes les portes de Paris n'avaient pas encore de pont-levis sous Charles V; du moins celles S. Antoine et Montmartre n'en furent pourvues que sous son successeur. Les ponts de pierre, accompagnés d'un pont-levis, prenaient alors la dénomination de ponts *dormants*, c'est-à-dire immobiles, par rapport aux seconds. Sur les vieux plans, ces ponts dormants, au nord comme au sud, ont de deux à quatre arches sur le fossé principal.

Les murs de face des portes étaient percés de baies, soit ogivales soit en forme d'arc surbaissé (forme déjà usitée au XIV° siècle). L'intérieur de cette baie offrait un passage voûté, interrompu vers le milieu par une petite cour, dont nous parlerons bientôt.

A côté de la baie principale était percée, selon l'usage du temps, une autre baie beaucoup plus étroite, destinée aux piétons, et munie d'un pont-levis particulier, qu'on redressait au moyen d'une seule flèche. La largeur du pont dormant faisait face à cette double entrée.

Chaque baie devait être fermée de ventaux épais, bardés de gros clous ou de lames de fer. Quand on eut ajouté des ponts-levis, l'entrée du bâtiment était d'autant plus difficile à forcer, que les ponts-levis relevés formaient une nouvelle barrière ajoutée aux vantaux et à la herse, simple ou double, qui défendait l'ouverture du corridor voûté.

A l'entrée du pont dormant, sur la chaussée qui séparait le grand fossé de l'arrière-fossé, s'élevait, peut-être dès le temps de Charles V, une petite bastide ou avant-porte, dont la baie n'était pas dans l'axe de celle de la porte principale, disposition qui avait pour but de multiplier les difficultés de l'abord et de prendre l'ennemi en flanc. Cette avant-porte avait son pont de pierre d'une seule arche jeté sur l'arrière-fossé. Elle avait aussi sa herse particulière ; mais cette herse se relevait ou s'abaissait par un système de bascule, au lieu de se manœuvrer de haut en bas, parce que ce petit bâtiment n'avait pas de salle au premier étage. L'ensemble de cette avant-porte se nomme souvent *la herse* dans les anciens actes.

Plus tard, on ajouta devant cette avant-porte ou *barbacane*, deux murs épais, percés de meurtrières et placés obliquement, de manière à former un angle dont le sommet regardait la campagne. Cet appendice, dont on voit des restes devant les portes d'anciens châteaux, se nommait *ravelin* ou *demi-lune*, et peut-être aussi (voy. p. 165) *murs de barbacane*. On peut considérer cette invention comme l'idée mère de nos bastions modernes à deux faces, dont la forme angulaire est si propice au système des feux croisés.

Sous Charles V, on avait conservé l'antique usage de combattre du haut des murailles et des portes, et d'en lancer ou laisser tomber diverses sortes de projectiles. Les portes étaient donc terminées par une plate-forme couronnée de parapets crénelés. Mais il faut observer que les merlons étaient plus larges qu'au siècle précédent, ou, si l'on préfère, que les créneaux étaient plus étroits et moins nombreux. Ces parapets, en saillie sur les murs des bâtiments, s'appuyaient, sans aucun doute, sur des consoles dentelées, séparées par des intervalles dont le vide formait des mâchicoulis.

Dès le temps de Charles V, les plates-formes des portes ont pu, comme celles des tours, être couvertes de toits, mais de toits disposés de manière à laisser libre l'abord des parapets crénelés. C'est ainsi que figurent plusieurs portes de ville du XVe siècle sur d'anciennes miniatures.

Sauval, qui a dû voir encore debout quelques-unes des portes de Charles V, avant leur destruction, en parle ainsi (t. I, p. 42) : « Chacune des portes fut « couverte d'une bastille de pierre semblable en quelque sorte à cette grosse tour « *ronde* du Châtelet, environnée de quatre tourelles. » Cette phrase ne semble pas très-claire, et la comparaison de ces bâtiments avec une grosse tour ronde est tout à fait inexacte. Il aura voulu dire une grosse tour *carrée*, et désigner cette portion du *Grand-Châtelet* qui, sur d'anciens dessins, offre, du côté de la rue de la Joaillerie, un gros pavillon carré flanqué à chaque angle d'une tourelle cylindrique. La suite de son récit paraît confirmer mon interprétation. « Chacune « de ces portes fut bordée de corps-de-garde et terminée de deux porteaux « (façades) ; le vide qui se rencontroit entre deux, se nommoit *basse-court*, y « compris le corps-de-garde des deux côtés, qui étoient bordés de siéges de plâtre : « tout le reste étoit de pierre de taille ; les porteaux, voûtés chacun de six arcs « doubleaux, portoient de larges terrasses pavées qui regnoient au-dessus des

« corps-de-garde et rouloient autour des porteaux et de la basse-court ; quatre
« tours rondes, couvertes d'un comble d'ardoise, deux du côté de la ville et autant
« du côté des faubourgs, en defendoient l'approche de toutes parts ; et de plus,
« par dehors, on n'y pouvoit entrer que par un pont dormant et un pont-levis. »

Ces détails ne peuvent convenir à toutes les portes de Charles V, qui étaient
loin d'être uniformes, si l'on s'en rapporte aux vieux plans. Peut-être Sauval a-t-il
eu en vue particulièrement la porte S. Denis. Au reste, son récit peut donner une
idée générale de leur style et de leur ensemble.

Il est à remarquer qu'aucun ancien plan, acte, compte ou chronique, ne signale
de poterne ouverte dans l'arc compris entre la bastide S. Honoré et celle S. Antoine. Si l'on excepte les six rues principales qui aboutissaient aux portes, toutes
les autres étaient des sortes d'impasses, ayant pour limites le chemin de ronde
intérieur. Il était très-facile, dans l'enceinte de Ph. Auguste, d'établir une nouvelle issue : il suffisait de percer le gros mur, quitte à le rétablir au besoin ; mais
l'ouverture d'une porte à travers un rempart suivi d'un double fossé exigeait
beaucoup plus de dépenses, car elle nécessitait la construction d'un double pont.
Aussi, pour divers motifs faciles à expliquer, s'en est-on tenu constamment au nombre de portes décidé dès l'an 1356 [1]. On regardait comme un avantage d'avoir
peu de portes, mais bien fortifiées, comme aussi peu de tours murales, parce que,
depuis l'invention de l'artillerie, ces tours, servant de bastions, exigeaient un
espacement assez large pour atteindre ce but. Au XIIᵉ siècle, on multipliait les
points de défense ; au XIVᵉ, on en réduisait le nombre, mais on en augmentait
la puissance défensive.

Presque toutes les portes de Charles V, sur la rive droite, furent réparées plus
ou moins sous Louis XI, mais n'éprouvèrent, c'est probable, aucune modification
générale dans leur forme primitive. Deux de ces portes avaient perdu cette
forme (je ne sais depuis quel temps) sous François Iᵉʳ. Sur les plans de cette époque, les portes Montmartre et du Temple ne sont plus que de simples pavillons
non fortifiés. C'est peut-être sous ce roi qu'elles furent ainsi rebâties. Celle de
Buci, qu'il fit reconstruire sur la rive gauche, offre aussi l'aspect d'un pavillon à
toit aigu. Déjà l'on commençait à considérer les portes de ville comme peu propres à une défense sérieuse contre le canon ; aussi fit-on, sous ce règne et sous
les suivants, ouvrir, en diverses occasions, autour des faubourgs de Paris, des
tranchées remparées, assez semblables à celles qu'on pratique de nos jours. Un
simple terrassement en pleine campagne, muni d'un fossé, semblait un meilleur

---

[1] Il faut excepter la porte Neuve, établie en 1536 près de la Tour de Bois, et une porte des Célestins, percée dans la portion de clôture qui reliait la tour de Billy à celle Barbeau.

abri pour établir l'artillerie ou repousser celle de l'ennemi, que tout l'ancien appareil de murailles, de tours et de bastides.

Sous Henri II, on eut la première idée de remplacer une ancienne porte fortifiée par un arc de triomphe. La porte S. Antoine, commencée sous ce roi, avait en effet ce caractère; ce n'était plus une *bastide,* mais un monument de décoration. Les portes S. Victor et S. Bernard, rebâties sous Henri III et Henri IV, n'étaient que des pavillons carrés. Il en fut ainsi sous le règne de Louis XIII. Quand on y ajoutait des tourelles en encorbellement, comme on fit à la porte Richelieu, c'était plutôt pour les embellir que pour les fortifier.

A cette dernière époque, les enceintes bastionnées étaient d'un usage général; on renonça définitivement aux *portes-bastides,* et quand on répara les anciennes, on leur donna une forme nouvelle.

On conçoit que le système de bastions à deux faces rendait inutile la fortification des portes, dont le rôle avait bien changé : car, au lieu de fortifier l'enceinte, elles étaient elles-mêmes protégées par les bastions. Aussi consistaient-elles en un simple bâtiment, composé, pour l'agrément des yeux, de pierres mêlées de briques, et orné de quelques sculptures. Leurs faces étaient percées de larges fenêtres, et leur intérieur pourvu de logements habitables.

Sous le règne de Louis XIV, l'enceinte bastionnée de Paris et les portes fortifiées parurent complétement inutiles. On regarda comme le vrai rempart de la capitale les citadelles de la frontière. Dès lors les anciennes portes de la ville tardèrent peu à être abattues ou remplacées par des arcs de triomphe, nommés portes S. Denis, S. Martin, S. Bernard et S. Antoine. Les portes de la Conférence, Richelieu et S. Honoré, quoique assez majestueuses et encore en bon état, disparurent vers 1730. Il ne nous reste plus que celles S. Denis et S. Martin.

Aujourd'hui Paris, à proprement parler, n'a plus de portes, car ces dernières sont des édifices de pure décoration, et nos barrières, des sortes de petits temples, logis beaucoup trop somptueux pour les employés de l'octroi. On a ménagé dans la courtine de notre nouveau rempart bastionné de simples issues, pour le passage des voies importantes; mais on n'y a pas construit de bâtiments pour combler ces vides, assez défendus par le feu des bastions voisins, et d'ailleurs faciles à barricader, en cas d'urgence. Reviendra-t-on à dire un jour, comme sous Vauban : Le rempart de Paris, c'est la frontière ?

Encore quelques pages sur nos anciennes portes. Observons que l'usage de donner ce nom de *porte* à tout l'ensemble d'un gros bâtiment fortifié est un abus de mots. Nous entendons par *porte* : le bâtiment, la baie dont il est percé, et le vantail simple ou double qui ferme l'ouverture. Il résulte de ce triple sens bien des méprises. Ainsi, quand on lit dans les anciennes chroniques, qu'on a brûlé, saccagé, rompu une porte de Paris, je pense qu'on doit entendre les parties ligneuses, et non la maçonnerie de l'édifice. C'est en ce sens qu'il faut interpréter un passage (voy. page 135) où l'on dit que le connétable de Clisson fit, en 1383, abattre toutes les *portes* nouvellement construites ; car il n'est pas vraisemblable qu'on eût démoli, après quelques années d'existence, de si solides monuments de pierres de taille. Mauperché (*Paris ancien*, p. 151) s'imagine qu'il s'agit ici des portes de Ph. Auguste : c'est une méprise d'un autre genre.

J'emploierai nécessairement le mot *porte* avec le triple sens que l'usage a consacré, mais en observant, dans l'occasion, de bien m'expliquer sur les parties de ces bâtiments dont il sera question.

En temps de danger imminent, on murait, on *étoupait*, comme on disait autrefois, une partie des portes de la capitale. Le *Journal de Paris sous Charles VI* en fournit beaucoup d'exemples. En 1408, on *mure de plastre* les portes S. Martin, du Temple et Montmartre, et l'on change les serrures et les clefs de toutes les autres ; aux années 1413, 1415 et 1416, on en mure une partie ; en 1418, on mure la porte S. Antoine, et il ne reste que deux portes ouvertes : celles S. Denis et S. Germain.

Lorsqu'on apprit la captivité de François Iᵉʳ (1525), on se hâta d'étouper toutes les portes de Paris, moins celles S. Victor, S. Jacques, S. Denis, S. Antoine et S. Honoré. Rouvertes en 1538, elles furent, un peu plus tard, encore fermées jusqu'en 1550. Pendant les guerres de la Ligue, on tint constamment murées une partie des portes de Paris.

Vers 1371 parut un arrêt du Parlement qui maintient Jehan Paurille, ou Pamille, gardien des portes de la ville (Registre cité, page 124).

Au temps de Charles VI, et même bien antérieurement, les bourgeois, constitués en une sorte de garde nationale, étaient chargés, en temps de guerre ou de troubles, de garder les portes de Paris ; on en trouve de nombreuses preuves dans nos vieilles chroniques. Le 29 avril 1411, une ordonnance enjoignit aux bourgeois de faire garde et guet aux portes, pendant le jour.

En 1488, dit Corrozet (folio 143), « les Parisiens, *enclins à l'amour de leur* « *Roy*, establirent... gardes aux portes, dont aucunes furent estoupées, mesme « celle de Bussi, qui a esté ouuerte du temps du Roy François premier. »

1525, 11 mars, ordre du Prévôt des Marchands qui enjoint aux Quarteniers qui ont les clefs des portes S. Denis et S. Jacques, de loger dans ces portes qu'on ouvre de jour et de nuit, pour les postes « et là où ils ne le pourroient ou voudroient « faire, ils seroient contraints mettre des bourgeois, gens de bien, loger ez dictes « portes, qui seront payez aux despens de ladicte ville, etc.» (Félibien, t. IV, p. 654).

Le 7 avril de la même année, parut un règlement (*ibid.*, p. 660) pour la garde des portes. Le prévôt Jehan Morin s'y plaint de ce que « ez gardes des portes se « font plusieurs festins et banquets de grosse despense, et ne servent les gardes « de guères. » En conséquence, il fut établi qu'il n'y aurait plus dorénavant pour la garde des portes que « quatre bourgeois, un archier et un arbalestrier, ou « *harquebutier*, et que commandement sera faict auxdicts bourgeois... d'aller « matin auxdictes portes, et deffenses de ne faire aucuns festins et banquets, et « de ne despendre lesdicts bourgeois plus hault chacun de quinze sols tournois « par jour. »

Mai 1525. — Nouvelle ordonnance pour l'ouverture et fermeture des portes (*ibid.*, p. 663). — 18 août, Ordre d'ouvrir les portes. On ôte les gardes mises aux portes S. Antoine, S. Denis, S. Honoré et S. Victor (*ibid.*, p. 672).

1552, 26 oct. — Arrêt qui ordonne que la garde des portes se fera par les chefs d'hôtels et non par leurs serviteurs (Registre cité, p. 124).

1563. — Ordonnance pour la garde des portes. « Tous chefs d'hostel, de « quelque qualité et condition qu'ils soient... iront en personne à la garde des « portes, chacun en leurs quartiers, tour et rang » (Félibien, t. IV, p. 808).

1568, 18 nov. — Ordre d'abattre les maisons le long des portes et près des *herses* S. Denis et S. Martin (Registre cité, p. 124).

1572. — Ordonnance du 22 novembre qui enjoint « aux capitaines faisant « garde aux portes, de laisser sortir personne, tant à pied qu'à cheval, sans congé « du Duc de Nemours ou du Prévost » (Félibien, t. V, p. 424).

1587. — Ordre aux Quarteniers de coucher aux portes et de garder la clef du guichet (Registre déjà cité). Cette ordonnance fut renouvelée le 7 juillet 1589 (Félibien, t. V, p. 463).

1589, 17 déc. — Ordre d'abattre les maisons hors des portes, du côté de l'Université (Même registre).

1594. — Ordonnance d'Henri IV, en date du 8 mai, qui commande aux Bourgeois de garder les portes, de jour et de nuit. Les détails de cette ordonnance offrent un grand intérêt pour l'histoire de la Garde nationale de Paris; on y signale les consignes à observer aux portes (Félib., t. IV, p. 13). Le 15 nov. de la même année, injonction nouvelle pour la garde et l'ouverture des portes. Les colonels se plaignent de ce que «le peuple est fort froid d'aller aux gardes» (*id.*, t. V, p. 26).

1599, 6 mai. — Ordonnance pour ouvrir les portes à trois heures et demie, et les fermer à neuf (Registre déjà cité)..

1607, 1ᵉʳ août. — Ordonnance qui règle ainsi cette matière : Les portes s'ouvriront à 4 heures du matin, et fermeront à 10 heures du soir, du 1ᵉʳ mars à la fin de septembre. Elles seront ouvertes en septembre de 5 heures du matin à 9 du soir, et, pendant les mois d'octobre, novembre, décembre, janvier et février, de 6 heures du matin à 7 du soir (*ibid*).

En temps de paix, les portes de Paris étaient louées par la Ville à divers particuliers, qui rendaient le local dès que revenaient les bruits de guerre. Ainsi, une des plus importantes, la porte S. Jacques, était habitée, avant l'année 1286, par Antoine Roussel; en 1304, par Pierre du Tilleul, prêtre anglais; en 1573, par Pierre Grignon, qui occupait aussi les portes S. Bernard et S. Marcel. On verra, à l'article de la porte S. Victor, que cette porte était habitée, en 1472, par Jehan Pluyette, bachelier en théologie.

On exécutait quelquefois des criminels, en dehors de la ville, devant les principales portes. Ainsi, au bas de la butte, dite S. Roch ou des Deux-Moulins, sur la place du Marché-aux-Pourceaux, et en vue de la porte S. Honoré, construite sous Charles V, on brûlait ou bouillait vifs, aux XVᵉ et XVIᵉ siècles, diverses sortes de criminels, notamment les faux-monnayeurs.

Les places qui, au dehors, précédaient les ponts des principales portes étaient donc comme des succursales des lieux de supplice. On y attachait, je ne sais au juste à quel endroit, peut-être à des poteaux voisins de l'entrée, les membres ou les têtes de criminels exécutés dans la ville. Le 12 nov. 1411, Colinet de Piscx, pour avoir livré le pont de S. Cloud aux Armagnacs, fut décapité aux Halles. Chacun de ses quatre membres fut attaché à l'une des *maistres-portes* de Paris ; ils ne disparurent que le 15 septembre 1413 (*Journal sous Charles VI*, p. 7 et 19). Les quatre *maîtresses-portes* étaient celles S. Denis, S. Antoine, S. Honoré et S. Jacques.

Sauval (t. III, p. 276) signale des potences établies, en 1421, à la porte S. Denis et à celle S. Antoine. On lit dans le *Journal* déjà cité, que la même année, au mois de juillet, les loups vinrent dévorer, *en saillant* les *gembes* qu'on pendait aux Portes.

« En 1448 ou 1449, des voleurs, convaincus de quantité de crimes... furent pendus à la porte S. Jacques et à la porte S. Denys » (Sauval, t. I, p. 516). — En 1527, des têtes de criminels furent exposées hors des portes S. Jacques et S. Antoine (*id.*, t. III, p. 608). — En 1535, Morice Jonas fut décapité devant le pilori des Halles, et les débris de son corps, divisé en quatre quartiers, furent placés aux quatre principales portes de Paris (*ibid*, p. 617).

Cette coutume existait encore au XVIIᵉ siècle en Angleterre, comme l'atteste une estampe que j'ai citée, page 206. Sous Louis-Philippe, et comme en souvenir de cette coutume, la barrière St. Jacques eut le triste privilége de voir, de temps à autre, s'élever sur son rond-point les poutres sanglantes de la guillotine. Depuis 1848 on exécute devant la prison de la Roquette.

Je passe maintenant aux détails concernant chaque porte en particulier. Je les décrirai par ordre alphabétique, en ayant soin de citer, à la fin de chaque article, les dessins ou estampes qui s'y rapportent et qui peuvent nous éclairer sur leur topographie.

Quand il a existé plusieurs portes du même nom, je les signale naturellement selon l'ordre chronologique de leur construction. Lorsqu'une porte a été désignée sous plusieurs noms, ce qui est le cas le plus ordinaire, je la décris sous celui qui est le plus connu, le plus usité et le plus moderne. Toutes ses autres dénominations sont inscrites en leur rang, en petites majuscules, et le lecteur est renvoyé au nom principal, placé en tête de l'article qui la concerne. Les noms de quelques portes, dont l'existence est fort douteuse, seront inscrits en majuscules italiques.

ANNE (Porte Sainte-). — Cette porte était située à l'extrémité septentrionale de la rue actuelle Poissonnière, dite autrefois : chemin des Poissonniers, à la hauteur de la rue de la Lune (voy. pl. X, fig. 5). Sauval (t. I, p. 104) nous apprend que, le 16 juin 1646, on accorda aux habitants de la rue Montorgueil, etc. permission d'avoir une porte au bout de la rue des Poissonniers, « à la charge « de ne bâtir aucune maison qu'à vingt toises du lieu où elle seroit placée, et « que les rues qui y aboutiroient n'auroient pas moins de largeur... Le 27 sept., « le Prevôt et les Echevins... ordonnerent que la porte auroit six toises de face, « et firent abattre le mur à l'endroit où cette porte devoit être. En 1647, Pa- « risot, Maître Masson, offrit de la faire pour 38650 livres; d'autres depuis en « ayant été adjudicataires, la Ville leur fit deffenses d'y travailler, et le Mazié en- « fin leur fut préféré. Avec tout cela, on n'a pas mis encore une seule pierre à « cette porte... On ne laisse pas de la nommer la Porte Sainte-Anne. »

Gomboust l'indique, peut-être par anticipation, sur son plan de 1652, et l'appelle : *Porte de la Poissonnerie.* Ce fut, en effet, sa première désignation, car elle ne put prendre celle de *Sainte-Anne* qu'après la construction de la chapelle du même nom, qu'Anne d'Autriche éleva à sa patronne, vers 1656, dans la rue actuelle du Faubourg-Poissonnière, entre les rues Bleue et Montholon. Cette chapelle donna aussi son nom au faubourg, qui n'était auparavant qu'un chemin appelé le *Val laronneux,* dans sa partie sise au delà du Grand-Egout, qui le traversait [1]. C'est ce qu'attestent les plans de Jean Boisseau.

Dans le texte annexé au plan de Gomboust, on cite une *« porte Montorgueil,* re-

---

[1] La Tynna se trompe, quand il avance que la rue Poissonnière se nommait jadis : *Val des Larrons.* Il a sans doute confondu cette rue avec le faubourg du même nom.

« bâtie en 1633.» Ce nom semble devoir s'appliquer à la porte Sainte-Anne, à laquelle. aboutit, après avoir changé de désignation, la rue Montorgueil; mais il y a ici fort probablement une erreur, et le texte veut parler, je pense, de la nouvelle porte *Montmartre,* construite en 1633.

On n'a jamais établi de porte à l'extrémité septentrionale de la rue Montorgueil, dans l'enceinte de Charles V; aucun plan, aucun écrit ne constate ce fait. Il faut donc admettre que la porte Sainte-Anne ou de la Poissonnerie fut la première ouverte dans l'axe de cette rue, réduite pendant longtemps à l'état d'une sorte d'impasse, quoiqu'elle aboutit aux Halles.

La Tynna place, par erreur, à l'entrée du faubourg Poissonnière, la porte Sainte-Anne, dont il fait remonter la construction à l'année 1645. Ramond du Poujet admet à tort, comme portes distinctes, celle de la Poissonnerie et celle Sainte-Anne. Il place la première près de la rue de la Lune, et la seconde à l'entrée du faubourg, où il n'y en eut jamais.

La porte Sainte-Anne fut détruite vers 1700. Elle figure encore sur le plan de J.-B. Nolin, 1699. Je n'en connais aucun dessin spécial. Sa représentation sur le plan de Gomboust est assez insignifiante; elle y ressemble à un petit pavillon.

ANTOINE (Portes Saint-). — A l'extrémité occidentale de la rue S. Antoine, non loin de S. Gervais, exista fort *probablement* une porte de construction romaine ou gallo-romaine (Voir au mot Baudoyer).

Ph. Auguste fit commencer, vers 1190, dans la même rue, à la hauteur du collége actuel Charlemagne, une porte qui hérita du nom de la première et se nomma en français *Baudets, Baudeer.* La rue S. Antoine s'appelait, à cette époque, selon La Tynna : la Grant rue, et aussi : rue de la Porte Baudeer, nom qu'elle reçut de l'ancienne porte, et qu'elle communiqua à celle de Ph. Auguste.

La seconde porte Baudets ou Baudeer a-t-elle quelquefois porté le nom de S. Antoine ? Le fait est certain, si l'on s'en rapporte à la *Taille de Paris* de 1313 (édit. *Buchon,* p. 138 et 140), qui la nomme ainsi et la distingue de la place dite : porte *Baudaier.* L'abbaye S. Antoine ayant été fondée en 1198, il n'est pas impossible que, dès le temps de Ph. Auguste, on ait donné à la rue et à la nouvelle porte le nom de ce saint. Quelques auteurs ont admis, avec Du Breul, que ce nom pouvait provenir du couvent du Petit-S. Antoine, fondé en 1361. Cette opinion doit être rejetée, puisque la *Taille de* 1313 cite la porte S. Antoine. Je parlerai plus au long de cette porte au mot *Baudoyer.*

Seconde porte S. Antoine. — Sous le roi Jean, ou même antérieurement, fut bâtie, à l'extrémité orientale de la rue S. Antoine, près du boulevard actuel, une porte de ville, flanquée de deux tours rondes, fortes et élevées, distante d'environ 280 toises de celle de Ph. Auguste. Ce fut, je crois, la première établie sur la ligne de l'enceinte ordonnée en 1356.

Cette nouvelle porte S. Antoine, achevée ou non, fut destinée, vers 1370, par Charles V, à faire partie de la forteresse redoutable que ce roi avait projetée de ce côté de la capitale, sans doute pour faire le pendant du Louvre. Il fit ajouter à cette porte six autres tours; le tout fut relié par d'épais bâtiments renfermant des chambres voûtées, et entourés de toute part par le fossé de la ville. Tout cet ensemble fut nommé : *Le chastel* ou *La Bastide S. Anthoine*, et plus tard, la *Bastide* ou *Bastille* par excellence.

Si la porte primitive, incorporée à la Bastille, prit le nom de S. Antoine, ce fut pour peu de temps, puisqu'à peine construite, elle cessa de servir de porte.

Froissard, au chap. 392, cite à l'année 1358 la *porte S. Anthoine*. Je ne sais s'il veut désigner celle-ci ou celle élevée sous Ph. Auguste, et plus connue sous le nom de : porte Baudets ou Baudeer.

On peut aisément se faire une idée de la porte en question, car il existe un grand nombre de vues gravées de la Bastille, dont elle faisait partie. Elle s'ouvrait précisément dans l'axe de la vieille rue S. Antoine. Un rang de quatre hautes tours formait, du côté du faubourg, la face principale de la forteresse. Or, les deux tours du milieu (nommées : *de la Chapelle* et *du Trésor*), un peu en saillie, par rapport aux deux autres qui faisaient l'encoignure, représentent la porte en question. Au-dessus de sa baie ogivale s'élevaient cinq statues, dessinées dans l'ouvrage de Millin, statues placées sous Charles V ou Charles VI [1]. On construisit sur le fossé, devant cette façade, un pont de pierre dont tous les plans de la Bastille offrent des restes. Lors de la prise de cette citadelle, en 1789, il y avait déjà longtemps que ce pont avait été supprimé, et la baie ogivale murée (voy. p. 151).

Troisième Porte S. Antoine. — Quand la Bastille fut achevée (ce fut aux frais du roi, assure-t-on), on songea à reconstruire une autre porte de ville, à laquelle on donna peu d'apparence, parce qu'elle se trouvait fortifiée par le voisinage du Chastel-S.-Antoine. Cette nouvelle porte n'était plus dans l'axe de la rue, mais s'en éloignait d'environ trente-huit toises vers le nord. J'ai expliqué, p. 134, quelle était sa situation précise, et comment on y fit aboutir la rue S. Antoine, en élargissant cette rue vers son extrémité orientale [2].

---

[1] Ces statues représentaient saint Antoine (au milieu de l'ogive), ayant à ses côtés Charles V, Jeanne de Bourbon et deux princes de leur sang. Millin y voit de préférence Charles VI et sa famille ; je ne sais s'il a raison. D'autres ont avancé que c'était Louis XI.

[2] « En l'an 1583, dit Du Breul (p. 1068), on élargit de sept pieds la rue dicte de la porte Baudez »;

Cet élargissement avait peut-être aussi un autre motif : Charles V tenait à ce qu'il y eût un espace libre tout autour de sa *Bastide,* afin de pouvoir, au besoin, faire jouer son artillerie, aussi bien du côté de la ville que du côté de la campagne ; car il est à noter que nos rois fortifiaient leur *bonne ville de Paris,* autant, sinon davantage, contre les Parisiens eux-mêmes, que contre les ennemis extérieurs. Cette portion élargie de la rue S. Antoine devint plus tard le théâtre de fêtes, de revues et de tournois, célèbres dans notre histoire. Cet espace, au XVIᵉ siècle encore, passait pour un des vides les plus spacieux qu'on trouvât à l'intérieur de la capitale.

Tous les plans antérieurs à 1670 représentent tant bien que mal cette porte de Paris, du côté de la ville. Plusieurs vues de la Bastille, gravées au XVIIᵉ siècle, offrent aussi une image, mais fort vague et incomplète, de la face qui regarde l'ouest : c'est un pavillon à toit aigu, sans aucun style d'architecture.

Je ne connais qu'une estampe où l'on distingue nettement sa face extérieure et primitive : on la trouve à la Bibliothèque Impériale (ci-devant Nationale), dans le recueil de Topographie parisienne (*Quartier de l'Arsenal,* t. II). C'est une eau-forte médiocre, mais rarissime, car je ne l'ai jamais rencontrée ailleurs ; elle paraît être un essai d'amateur peu exercé, exécuté je ne sais au juste à quelle époque, peut-être sous Louis XIV. On y remarque, à gauche, la Bastille vue de trois quarts, le *pont-Pétrin* (Perrin), etc. Il est assez difficile de se rendre compte des mouvements de terrain, ainsi désignés dans les renvois : *chaussée de Pincourt, du P. Petrin* et *S. Anthoine.* Venons au détail le plus intéressant pour nous.

Vis-à-vis du profil septentrional de la *Bastide-neuve S. Anthoine* (comme s'exprime l'inscription), s'élève la porte de Charles V, pavillon carré, couvert d'un toit en pente des quatre côtés. La face est percée d'une baie, arrondie à peu près en plein cintre, et accompagnée, à droite et à gauche, d'ouvertures étroites, qui semblent indiquer des entailles pour loger les flèches d'un pont-levis, bien qu'on ne voie ni pont ni fossé. A chaque angle supérieur du pavillon est suspendue une tourelle à cul-de-lampe, coiffée d'un toit conique, outre deux autres placées sur le même rang, au-dessus de la baie d'entrée. Le profil du bâtiment paraît faire face à la tour de la Bastille, nommée *tour du Coin,* sur les plans détaillés de cette forteresse célèbre.

Ce que cette estampe offre de plus singulier, c'est la date, la signature et l'écriture bizarre du texte de renvoi. Cette écriture à longues queues rappelle assez celle usitée sous Henri IV. On lit au bas : An M. IIIIᶜ VIˣ VIII (1468) —

cette rue représente la portion de la rue S. Antoine qui s'étendait de la place Baudoyer à l'endroit où nous voyons le collége Charlemagne.

Il cav. (cavaliere) *And. Mantegna F.* J'ai reproduit, pl. XII, fig. 5, la partie de cette estampe où se trouve la porte S. Antoine, et j'ai imité, en plus petit, la date et les caractères de la signature.

N'ayant jamais pu me procurer aucune lumière au sujet de cette pièce topographique, j'exprimerai ici mes propres conjectures. Cette eau-forte a pour base, je suppose, un ancien dessin, peut-être fort imparfaitement reproduit et pouvant remonter, en effet, à l'an 1468. Le graveur aura copié, en la modifiant et en conservant les abréviations, l'écriture gothique de l'original. Quant à la signature de *Mantegna*, elle me paraît apocryphe : ce célèbre artiste du XVe siècle s'occupait surtout d'ornements. Mais, quoi qu'il en soit de l'origine de cette estampe, je crois que la porte S. Antoine, qu'elle représente, n'est pas un détail imaginaire. Le style du bâtiment peut se rapporter à l'époque de Charles V, bien que la baie d'entrée présente une forme à plein cintre. Sur plus d'une miniature du XVe siècle, on s'est plu à substituer cette forme à celle de l'ogive ou de l'arc surbaissé. La Bastille étant assez bien rendue, il est probable que le dessin de la porte ne s'éloigne pas trop de la réalité.

J'ajouterai que les portes S. Martin et S. Honoré, construites aussi sous Charles V, avaient des façades d'une architecture analogue.

Dans un in-folio édité en 1662, qui décrit l'entrée triomphale à Paris (1660) de Louis XIV et de Marie-Thérèse, qu'il venait d'épouser, on remarque une estampe (gravée, je crois, par Jean Marot), représentant « l'arc de pierre sur le pont dormant de la porte S. Anthoine »; cet arc est celui terminé sous Henri III, et orné pour la circonstance. (J'en parlerai plus tard.) A travers la grande arcade, on aperçoit la vieille porte de Charles V, percée d'une baie cintrée. Au-dessus du cintre sont trois statues dans des niches surmontées de dais gothiques. On distingue deux entailles destinées à recevoir les poutres d'un pont-levis.

Je ne sais si ces niches et les statues qui les garnissent faisaient en réalité partie de la porte, ou si le tout est un ornement provisoire, ou même un caprice du dessinateur. Je penche à croire que les statues seulement ont été ajoutées, parce qu'elles paraissent allégoriques. Sous Louis XIV, époque où l'on méprisait beaucoup l'architecture ogivale, on eût certainement imaginé autre chose que ces niches. Le texte de l'ouvrage ne fournit, à cet égard, aucun renseignement.

Sur le grand profil de Paris, gravé vers 1660, par N. Cochin, dont j'ai parlé page 195, on voit cette porte grossièrement représentée du côté du faubourg; on y remarque aussi trois statues dans des niches.

La porte S. Antoine de Charles V fut souvent témoin de fêtes pompeuses, d'entrées royales, d'émeutes populaires et de supplices. Elle joua un rôle important dans les troubles si fréquents sous les règnes de Charles VI et de son succes-

seur, à cause de sa proximité de la Bastille, et des Palais S. Paul et des Tournelles. On trouve des détails sur tous ces événements dans les nombreuses chroniques des XV° et XVI° siècles. Le *Journal de Paris sous Charles VI et VII* en parle
assez fréquemment. Ainsi, on y lit qu'en 1416, le 8 mai, on y porta les chaînes
de fer qui étaient à Paris. En juin 1417, on y fit un *pont-leveys*; en juin 1418,
elle fut murée ainsi que la plupart des autres portes; mais le 14 juillet suivant,
elle fut démurée, à l'occasion du retour d'Isabeau de Bavière.

Le 23 avril de la même année, Charles VI fit son entrée par cette porte (Félibien, t. IV, page 566). — Le 1ᵉʳ juin, les Armagnacs pénétrèrent à Paris de ce
côté, mais ne purent s'avancer au delà de la porte Baudets (*ibid.*, p. 567).

En mai 1430, selon le *Journal* déjà cité, le bâtiment de cette porte renfermait
plusieurs prisonniers, qui s'échappèrent après avoir dérobé les clefs au geôlier
qui s'était endormi sur un banc. Le seigneur de l'Isle–Adam fit reprendre, tuer et
traîner à la rivière les malheureux fugitifs. Au reste, je croirais volontiers que,
par *Porte S. Antoine,* on entend ici (comme en plusieurs autres passages), la
Bastille, dont ce seigneur était capitaine.

En 1466 eurent lieu des *monstres* (revues) des habitants de Paris, qui défilè-
rent sous la porte S. Antoine (Corrozet, fol. 146).

Le 1ᵉʳ janvier 1539, Charles-Quint y fit une entrée solennelle, décrite au long
dans Félibien, t. IV, p. 699, et t. V, p. 355.

Corrozet nous apprend qu'en 1544, François Iᵉʳ *ajouta un rempart* à cette porte.
Je ne sais s'il s'agit d'un terrassement à l'intérieur du mur, ou du gros bastion
dit : *boullevert S. Anthoine,* qui ne fut achevé que sous Henri II.

En septembre 1573, entrée à Paris, par la porte S. Antoine, du roi de Pologne
(Henri III). La cérémonie est décrite au tome V de Félibien, page 429. Au reste,
à cette époque, il existait, outre la porte de Charles V, l'arc triomphal d'Henri II,
qui la précédait.

Le 28 avril 1606, Henri IV, de retour d'un voyage, et accompagné de mille
chevaux, fut harangué par le corps du Bureau de la Ville, à la porte S. Antoine,
et l'on tira le canon (Registre cité, page 124).

1621. — Pierre Mathieu décrit, à cette année, le fait suivant, dont fut témoin la
porte S. Antoine de Charles V. La nouvelle de la mort du duc de Mayenne fut
pour le peuple de Paris le motif d'une grande exaspération contre les protestants
qui avaient leur temple à Charenton. Le dimanche 26 septembre, l'autorité fit
occuper militairement le faubourg, afin de leur assurer protection, à leur allée
comme à leur retour. De grand matin, le lieutenant civil envoya des sergents
pour garder la porte S. Antoine; mais, vers midi, la foule exaltée attaqua les re-
ligionnaires dans le faubourg. « L'emotion fut grande *à la porte S. Anthoine* et

« au commancement de la grand' rüe : vne pauure Damoiselle qui auec quelques
« autres ne s'estoit mise au gros entre les gardes, fut arrestée à la porte par vne
« troupe de racaille, qui la vouloit forcer de saluër *l'image de la Vierge*, qui est de
« ce costé en sortant la porte, et ne le voulant faire et prononçant quelques
« parolles contre la veneration de cette Image, fut à l'instant assassinee sur la
« place. »

La porte de Charles V dut être abattue vers 1674, quand on restaura celle dont
je vais parler. De la Marre (t. I, p. 88) assure qu'elle fut détruite en 1660 : c'est
une erreur ; elle fut, à cette époque, restaurée, *embellie*, à l'occasion du mariage
du roi, mais non démolie.

QUATRIÈME PORTE S. ANTOINE. — Quand Henri II fit son entrée solennelle à Paris, en 1549, la porte de Charles V parut trop mesquine pour cette occasion. On
éleva donc, au delà du fossé, un modèle d'arc de triomphe *à la Romaine*, édifice
de charpente et de toile, dont l'image, gravée sur bois, figure dans l'ouvrage suivant : « C'est l'ordre qui a esté tenu à la nouvelle et Ioyeuse entrée que le Roy
« très chrestien Henri deuxième de ce nom a faicte en sa bonne ville et cité de
« Paris, le 16ᵉ iour de Iuin 1549. *Paris, Jacques Roffet*, 1549, in-4. »

L'arc représenté dans cet ouvrage est un vaste pavillon à trois portes, magnifi-
quement orné de blasons, de statues de chevaliers et de bas-reliefs imités en
peinture. Sur un grand fronton sont les armes de France et celles des Médicis, et,
en sept endroits, le croissant de Diane de Poitiers. Cet arc n'était donc qu'un monument de parade ; un peu plus tard on commença à le construire de pierres,
mais sur un autre modèle plus sévère. Il fut fondé sur une sorte de chaussée solidement établie, au delà de la Bastille, à l'extrémité orientale du pont dormant
qui précédait l'ancienne porte ; et, au delà de cet arc, on creusa un nouveau
fossé ; de sorte que cette porte, à laquelle travailla Jean Goujon, se trouva, quand
elle fut terminée sous Henri III, entre deux ponts de pierre.

Il y avait en outre, à l'extrémité du second pont, à l'entrée du faubourg, une
barrière ou porte à bascule, qu'on nommait la *herse*, et qu'on voit figurer sur la
plupart des plans des XVIᵉ et XVIIᵉ siècles, sur plusieurs estampes historiques du
temps de Louis XIII, et aussi sur une eau-forte de Silvestre. Un compte de 1614,
cité par Bouquet (*Mémoire*, p. 252), mentionne la *herse* de la porte S. Antoine.

L'arc triomphal d'Henri II, le premier construit à Paris, se nommait : *l'avant-
portail S. Antoine*. On lit, à ce sujet, dans Du Breul (p. 1061) : La porte S. Antoine (l'ancienne) « est decorée d'un *avant-portail* fort riche et magnifique, au
« haut duquel l'on voit les armes de France, Pologne, et de la Ville, qui fut édifié
« en l'an 1585, comme le dénotte cet escrit graué en marbre au dessous desdites
« armes. » Cette inscription portait la date de l'année de l'achèvement.

Sauval (t. III, p. 1) s'exprime ainsi : « L'avant-portail de la Porte S. Antoine
« est un arc de triomphe dressé par la Ville pour faire honneur à Henri III, à son
« retour de Pologne, et bâti sur les dessins de Metezeau... L'ouvrage est à bos-
« sages rustiques... et consiste en un portail accompagné de deux poternes. A l'ar-
« cade de la grande porte sont couchées deux figures de fleuves, etc. »

Sauval se trompe quand il croit cet arc bâti sous Henri III ; il fut terminé sous
ce prince, mais les travaux avaient été commencés sous Henri II, et suspendus
sous Charles IX. Les deux figures de fleuves ont été signalées par tous les historiens comme l'œuvre de Jean Goujon, qui mourut en 1572.

Cette porte, telle qu'elle fut terminée sous Henri III, est représentée sur des
estampes de Boisseau, Silvestre et autres, antérieures à l'an 1660, époque où elle
fut modifiée pour la réception du roi.

Le mardi 10 janvier 1623, Louis XIII fit, au retour de je ne sais quel voyage, son
entrée à Paris par la porte S. Antoine de Henri II, et passa nécessairement sous
l'ancienne, construite par Charles V. La voûte de cette vieille porte fut garnie de
lierre, y compris la herse et les chaînes du pont-levis, et on déguisa sa façade au
moyen d'un édifice en bois et en toile ornés de peintures. On trouve de grands
détails sur cette solennité au tome V de Félibien (p. 550 et suiv.).

On lit dans la *Gazette* de Renaudot, qu'en déc. 1634, Mazarin, alors nonce extraordinaire du Pape, descendit au village de *Piquepuce*, au couvent de S. François, et que, le 26, il fit son entrée à Paris, par la porte S. Antoine, « dans un
carrosse du Roy, deuancé de quantité d'estafiers et laquais, et suivi d'un cortège
de cent à cent vingt carrosses. »

Lorsqu'en 1660 eurent lieu les fêtes à l'occasion du mariage de Louis XIV, l'arc
triomphal de Henri II ne parut pas assez splendide pour recevoir Sa Majesté. On
y ajouta donc de nouveaux ornements provisoires de plâtre ou de bois peint,
dont l'effet parut si merveilleux qu'on résolut, quelques années plus tard, de le
rhabiller d'après ce modèle. Ce fut en 1672, ou un peu avant, que l'architecte
Blondel remania cet édifice, comme il nous l'apprend lui-même dans son *Cours
d'Architecture.* Il y ajouta des armoiries, des pyramides, des avant-corps sur
les profils, etc., et élargit les deux baies latérales, sans retoucher à celle du
milieu.

Les estampes représentant la porte S. Antoine, ainsi rhabillée par Blondel,
sont très-nombreuses ; les meilleures à consulter sont sans doute celles que cet
architecte publia lui-même. Celles gravées plus tard peuvent offrir des différences, car cette porte fut réparée plusieurs fois depuis 1672.

Blondel fit combler le grand fossé creusé devant cet arc de triomphe, et établit
à cette place, du côté du faubourg, une vaste esplanade presque circulaire, ornée de

parapets et de piédestaux garnis de statues. Le tout est décrit au long dans les ouvrages de Le Maire, Brice et Piganiol de La Force, et représenté avec assez de fidélité sur les vues de Perelle, gravées vers 1680, et beaucoup d'autres.

Quant à la vieille porte de Charles V, voisine de la rue Jean-Beausire, elle ne pouvait subsister longtemps. Elle fut abattue vers 1674, ou même un peu plus tard, car Brice, dans la première édition de sa *Description de Paris* (1684), dit, p. 197 : «La porte S. Antoine... fut bâtie pour Henri II... *Depuis quelques an-* « *nées* on l'a embellie considérablement, en abattant une autre vieille porte qui « estoit proche. » Sauval, ou plutôt l'éditeur qui amplifia son manuscrit, dit (t. I, p. 105) : «La porte S. Antoine, qui avoit toujours conservé sa forme de « Forteresse, fut *abbatue* en 1671. » Il est assurément dans l'erreur, quand il ajoute : « On éleva, *sur la même place*, un arc de triomphe achevé en 1674 « par Blondel et Anguerre. »

La porte S. Antoine, refaite par Blondel, était, sous Louis XIV, celle par laquelle les ambassadeurs faisaient leur entrée solennelle à Paris. On leur avait assigné pour résidence provisoire l'hôtel de Rambouillet, situé rue de ce nom, au faubourg S. Antoine.

L'arc triomphal, projeté et commencé sous Henri II, achevé sous Henri III, et rhabillé sous Louis XIV, disparut vers 1778, selon La Tynna; ce fut en 1788, selon d'autres auteurs.

Blondel avait eu le bon goût de conserver les deux fleuves couchés de Jean Goujon, deux bas-reliefs très-connus. Quand on démolit l'arc, on les incrusta au-dessus d'une porte cintrée dépendant de la propriété de Beaumarchais, boulevard de ce nom, à l'entrée de la rue du Chemin-Vert. Cette maison fut démolie à son tour en 1832. Alors on recueillit ces sculptures, aujourd'hui déposées dans le jardin du musée Dusommerard ou de Cluny. Elles paraissent avoir beaucoup souffert des suites de ces deux déplacements.

Je parlerai ici pour mémoire d'un autre arc triomphal situé au haut du faubourg S. Antoine. Cet arc ne peut être considéré comme une porte de Paris, mais tout au plus comme une *fausse-porte* du faubourg S. Antoine. Il fut élevé, en 1660, sur les dessins de Claude Perrault, à l'occasion du mariage du roi, près du rond-point actuel de la barrière du Trône. Il était d'un effet grandiose ; malheureusement il ne fut construit qu'en plâtre, sauf le soubassement, formé d'énormes pierres jointes sans ciment. Il n'en existait plus rien en 1730, sinon peut-être le soubassement. Un grand nombre d'estampes de Perelle et autres le représentent, et beaucoup d'auteurs le décrivent. On en voit la position précise sur le plan de La Caille, 1714.

ARBALÈTE (Porte de l'). — La Tynna nous apprend qu'au XVI° siècle la rue actuelle de l'Arbalète se nommait rue de la *Porte de l'Arbalète*. On voit, en effet, sur le plan de Braun, une porte en travers de cette rue, entre la rue Mouffetard et celle des Postes. C'était, je pense, une des portes de la *ville S. Marcel*.

ARGENCOURT (Porte d'). — Dans un *Mémoire* de 112 pages (imprimé chez Lambert, in-4°, 1772), qui réfute celui de Bouquet, on cite, à la page 73, d'après une note tirée d'un plan terrier, levé vers 1687, une *fausse porte* du faubourg S. Honoré, qui se nommait : *porte d'Argencourt*. On voit figurer sur le plan en neuf feuilles de Jouvin de Rochefort, 1690, et sur celui de La Caille, qui en est la copie modernisée, une fausse porte et une barrière établies dans ce faubourg, à la hauteur de la Petite rue Verte. C'est sans aucun doute ce bâtiment qu'on a voulu désigner par ce nom de porte d'*Argencourt*, nom qui provient d'un hôtel du voisinage, ou qui est peut-être celui altéré d'*Argenteuil*. Ce faubourg était, en effet, la grande route qui conduisait à Argenteuil.

Arrode (Poterne Nicolas), voyez : Comte-d'Artois et aussi : Montmartre.
Ave–Maria (Porte de l'), voyez : Barrés.
Aveugles (Porte aux), voyez : Saint-Honoré.
Avoye (Porte Sainte-), voyez : Temple.
Bahaigne ou Bohème (Porte de), voyez : Coquillière.

BARBEEL, BARBELLE-SUR-L'YAUE, ou BARBEAU (Poterne). — La plupart des historiens appellent ainsi la porte sise rue des Barrés, et plus connue sous le nom de : porte des Barrés, des Béguines ou de l'Ave-Maria. Mais Sauval en fait une porte particulière. «Quoique la porte des Béguines (dit-il, t. I, p. 35) « fût assés proche de la rivière, il y en avoit encore une autre sur le bord, qui « dans nos titres est nommée la Porte *Barbéel devers Lyaue*, tant parce qu'elle « tenoit à la rivière, qu'à cause d'une maison qui appartenoit, et qui appartient « encore à l'Abbayie de Barbeaux. » Je ne sais si Sauval a raison; mais, en tout cas, cette porte, voisine de la Seine, ne figure sur aucun des vieux plans de Paris. Le nom de *Barbeel sur* ou *devers l'yaue* ne prouve pas que cette porte fût voisine de la Seine. C'était la tour qui portait cette désignation, parce qu'en effet elle était au bord du fleuve, et attenante à l'hôtel appartenant (depuis 1279, selon Jaillot) à l'abbaye de Barbeau, près de Melun. Quoi qu'il en soit, j'ai marqué sur la planche VI, fig. 1, la place où pouvait être cette poterne, si toutefois elle a existé. Je ne sais si c'est elle ou celle des Béguines qui est nommée, en 1473: « l'huisserie du trou punays » (voy. p. 77, et aussi l'article Barrés).

BARBETTE (Porte ou Poterne). — Elle était située Vieille rue du Temple, un peu en deçà de la rue des Francs-Bourgeois (voy. pl. VII, fig. 3). Je n'oserais affirmer qu'elle fût contemporaine de Ph. Auguste, car je n'en trouve nulle part aucune preuve. Il est probable pourtant qu'il y eut là, dès le temps de ce roi, une issue. En tout cas, j'ignore le nom primitif de cette porte ou *poterne* (c'est ainsi que la désignent d'anciens titres). Vers l'an 1200, la Vieille rue du Temple n'était, passé celle des Francs-Bourgeois, qu'un chemin se dirigeant à travers les marais et la culture du Temple.

En 1298, on l'appelait porte ou poterne Barbette, du nom d'Etienne Barbette. prévôt des Marchands, qui possédait tout auprès, hors de la ville, un logis considérable, qui fut dévasté en 1306. Ce logis devint plus tard la propriété d'Isabeau de Bavière, qui le fit reconstruire. Alors il prit le nom de *Petit séjour de la Royne*. Il reste encore aujourd'hui, à l'angle de la rue des Francs-Bourgeois, une tourelle à cul-de-lampe, et de forme hexagone, qui appartenait à cet hôtel. La porte conserva toujours son ancien nom, ainsi que l'hôtel lui-même.

Le meurtre commis le **23** novembre **1407**, par ordre du duc de Bourgogne, sur le duc d'Orléans, à quelques pas de cette porte, lui a donné une grande célébrité. On trouve sur cet événement des détails très-circonstanciés dans d'anciens mémoires (voir Félibien, t. IV, p. 549, la dissertation de Bonamy, insérée dans les *Mém. de l'Acad. des Inscr.*, et aussi, les *Antiq. nation.* de Millin).

J'ai vainement cherché dans les chroniques du XVe siècle une miniature qui représentât ce meurtre. On y eût vu figurer la porte Barbette, mais c'eût été fort probablement un dessin de fantaisie, selon l'habitude des miniaturistes, qui ne se donnaient guère la peine de tracer les localités d'après nature. Le plan explicatif de l'endroit précis où se passa l'événement, plan dressé par Bonamy et annexé à sa dissertation, est un plan fictif, sans exactitude.

J'ai donné, sur ma planche VII, un tracé hypothétique de la porte Barbette. Si c'était réellement une simple poterne, elle n'était pas accompagnée d'un bâtiment, mais elle était néanmoins fortifiée de tours. Elle fut démolie sous François Ier, vers 1530, ou un peu plus tard. La *Taille de* 1313 la nomme : *la fausse poterne du Temple* (*édit. Buchon*, p. 130).

BARRE (Porte de la). — Cette porte, sise à l'extrémité orientale de la rue des Francs-Bourgeois-S.-Marcel, tenait, je pense, à un mur d'enceinte accompagné d'un fossé, qui fortifiait autrefois la petite ville Saint-Marcel, dont j'ai parlé page 172. Elle introduisait au cloître de l'église collégiale dédiée à ce saint. Elle est indiquée sur la grande gouache de l'Hôtel-de-Ville, le plan de Braun et celui de Du Cerceau. Elle figure même encore sur celui de Gomboust, 1652. Je ne sais, au juste, l'époque où elle fut bâtie, ni celle de sa démolition. Peut-être après tout n'était-elle qu'une porte particulière du cloître.

BARRÉS (POTERNE DES). — On appelait ainsi, selon tous les historiographes parisiens, une porte percée dans le mur de Ph. Auguste, à l'extrémité orientale de la rue du même nom, non loin de la rue S. Paul. La poterne ainsi que la rue avait, dit-on, cette désignation, parce qu'elle conduisait au couvent des Carmes dits *Barrés* (à cause de leurs manteaux blancs barrés ou bigarrés de noir), couvent où plus tard s'installèrent les Célestins.

Il n'est pas sûr que cette poterne fût contemporaine de Ph. Auguste. En ce cas, quel aurait été son nom primitif? car les Carmes ou Barrés ne vinrent à Paris qu'en 1254. En 1318, ils s'établirent près de la place Maubert, et leur première demeure, exposée aux inondations de la Seine, resta vide, à ce qu'il paraît, jusqu'à 1352, année où les Célestins vinrent l'occuper. Il semblerait naturel qu'on eût dès lors donné à la rue et à la poterne le nom de ces nouveaux religieux, mais il n'en fut pas ainsi. On cite bien, dans d'anciens actes, une porte des Célestins ; mais fort probablement il ne s'agit pas de celle qui nous occupe (voy. le mot CÉLESTINS).

S. Louis établit, on ne sait au juste en quelle année, un couvent de Béguines près de cette poterne (supposé qu'elle existât), qui, plus tard, sans aucun doute, après le départ des Carmes-Barrés, prit, ainsi que la rue, le nom de ces nouvelles religieuses. D'après un acte, cité par Du Breul et par Félibien (t. III, p. 218), on l'appelait, en 1317, *portam Beguinarum.* Un compte de 1466, que signale Bouquet (*Mém.*, p. 213), mentionne « la *Potterie de la Beguignere.* » Je pense qu'il s'agit de la même porte.

La *Taille de Paris* de 1313 ne parlant pas de la poterne des Barrés ou des Béguines, je suis porté à croire que c'est cette même poterne qu'on y désigne (édit. Buchon, p. 140 et 142) sous le nom de *Porte Barbéel.* Elle pouvait fort bien être ainsi nommée, puisqu'elle touchait d'une part au couvent des Béguines, et, de l'autre, au logis de l'abbé de Barbeau ou Barbéel, établi en ce lieu vers 1279. Sauval pense le contraire, puisqu'il donne le nom de porte *Barbeel-sur-l'yaue* à la poterne contiguë à la tour du même nom, et située au bord de la Seine. Jaillot semble partager cette opinion de Sauval, et distingue aussi la poterne Barbeel de celle des Barrés (*voyez* BARBEEL).

Le 1ᵉʳ mars 1480, en vertu de Lettres-patentes (Félibien, t. IV, p. 603), les Béguines ayant été remplacées par des religieuses Cordelières dites *Filles de l'Ave-Maria*, la poterne prit ce nom. Elle s'est peut-être aussi appelée, je ne sais pourquoi, *Poterne des Veignes* ou *des Vignes* (voy. p. 78), à moins que cette désignation ne s'applique à une porte contiguë à la tour Barbeau. Il est difficile, en lisant l'article où on la mentionne, de deviner au juste l'endroit où elle était située.

Dans un compte, que je signalerai à l'article : Porte des CÉLESTINS, on parle d'une « porte des *Barres* devant les Célestins ». Est-il encore question ici de la poterne des Barrés? Je crois qu'il s'agit plutôt d'une autre porte, puisqu'on ajoute : *devant* les Célestins. Entre le gros mur de Ph. Auguste et l'entrée des Célestins, il y avait une distance de 141 toises, selon Verniquet. Le mot *devant* signifie-rait-il : *tournée vers?* Ensuite il ne serait pas impossible que le vrai nom des rue et porte des Barrés ou Barrez fût : des *Barres*, c'est-à-dire : de la Barrière, puisqu'il y avait là une entrée de Paris. Je le croirais d'autant mieux que Corrozet, dans sa liste des rues, nomme la rue des Barrés : *rue des Barrières*, mot dont ce-lui de *Barres* est synonyme en vieux français [1].

Un compte d'environ 1474 (Bouquet, p. 193) nous apprend que Pierre Messa-ger, cordier, avait droit de « filer de son mestier, au long des murs de la Ville, de-puis la première maison qui est joignant de la *Porte des Barres*, jusques au mur du *jardin* qui fut de laditte Ville». Cette porte des *Barres* est-elle la même que celle des *Barrés?* Il est aisé de supposer que l'accent a été oublié; cette omission est même presque un usage dans l'ancienne écriture, mais ici, l'on peut admettre, sans invraisemblance, qu'il s'agit en effet d'une autre porte. Cet article me sem-ble, ainsi que le précédent, fort difficile à interpréter.

Je ne sais précisément à quelle époque disparut la poterne dite successivement : des Barrés, des Béguines, de l'Ave-Maria, et peut-être aussi : de Barbéel, et des Veignes. Elle fut abattue, sans doute, du temps de François Ier. Du moins elle n'existe plus sur le plan de Du Cerceau, gravé vers 1560. Sur celui de Braun, elle est percée dans une tournelle murale qui ferme la rue des Barrés (Voir pl. VI), disposition qui semblerait prouver qu'elle fut ouverte postérieurement au règne de Ph. Auguste.

Dans le *Mémoire* de Bouquet, p. 202, il est question, vers 1608, de deux logis situés près de « l'endroit où *souloit estre la porte de Begemne* (des Béguines) contenant « 29 thoises de long... ensemble la tour et Esperon... (près le Chantier du Roy « et le jardin du Logis de Barbeau). »

BAUDOYER ou BAUDETS (Porte). — Le nom primitif de cette porte, comme sa situation et son existence même, est encore une sorte d'énigme. Tous les histo-

[1] Sauval lui-même (t. I, p. 35), qui ne la confond pas avec une autre, la nomme deux fois rue des *Barres*, quoique ailleurs (p. 113) il la nomme : des *Barrés*. Il serait bien possible que la porte ici en question se fût appelée, ainsi que la rue, porte des Barres, et que la vraie porte des *Barrés* fût celle dont je parlerai au mot CÉLESTINS.

riographes parisiens la signalent, mais sans aucune précision, et admettent qu'elle tenait à un mur d'enceinte de la rive droite, antérieur à celui de Ph. Auguste. Les uns en attribuent la construction à l'époque de la domination romaine ; d'autres au règne de Louis le Gros, etc., et tous la placent dans le voisinage de la place dite de nos jours : Baudoyer.

Ce nom de *Baudoyer*, que j'adopte comme le plus vulgairement connu, paraît résulter de l'altération d'un nom sur l'origine duquel on n'est pas d'accord. Dans les plus anciens titres, rédigés en latin dégénéré, on lit : Porta *Bagauda* ou *Bagaudarum, Baldeorum, Balderii, Baldaeri, Baudia, Bauderia, Bauderii, Baudeti, Baudelii.* Dans les actes en vieux français, on la nomme : Porte des *Bagauds* ou *Bagaudes,* et plus souvent : *Baudets, Baudais, Baudays, Baudès, Baudez, Baudois, Baudier, Baudéer, Baudaier, Baudayer,* et enfin *Baudoyer,* qui est le nom actuel.

Aucun nom d'édifice de l'ancien Paris n'a offert autant de variantes dans son orthographe ; aucun n'a donné lieu à plus de commentaires. Du Breul (p. 1175) explique qu'il y eut autrefois à S. Maur un camp ou une citadelle nommée Castellum *Bagaudarum.* Eutrope, à la fin du livre IX de sa chronique, nous apprend brièvement que l'an 285 ou 286 après J.-Christ, l'empereur Maximien alla soumettre des bandes de paysans révoltés, aux environs de Lutèce ; ces paysans (rusticani) se nommaient *Bagaudœ ;* mais Eutrope ne nous dit pas où était leur camp. Je regarde comme vraisemblable qu'une porte de ville, construite vers cette époque, ait pu tirer de cette circonstance son nom de *Bagauda.*

De la Marre, dans son traité de la Police, avance que la porte *Bagauda* ou *Bagaudarum,* ouvrage des Romains, s'appelait ainsi parce qu'elle conduisait à un fort bâti par Jules César, à l'endroit appelé S. Maur, pour loger sa légion, nommée *Legio Alaudarum,* à cause d'une figure d'alouette (alauda) qui ornait le casque des soldats de cette légion. De la Marre suppose que le mot *alaudarum* s'est altéré, par la suite, de manière à être prononcé *Bagaudarum.* On conviendra qu'une pareille hypothèse est un jeu de l'imagination. Il n'y a de vrai que l'existence de la légion *Alaudarum,* formée par César l'an 51 avant J.-Christ ; elle se composait de fils des premières familles gauloises, et par prudence était disséminée parmi les légions romaines. Je regarde ce renseignement comme un fait isolé qui n'a aucun rapport avec la porte qui nous occupe.

L'abbé Lebeuf (*Dissert.,* t. I, p. 28) rejette l'étymologie de De la Marre « tant (dit-il) à cause de l'éloignement des mots, qu'à cause de celui du tems » ; puis ensuite, selon son habitude, il en admet une autre tout aussi vague ; il croit que le mot *Baudets* vient du mot celtique *Bald* ou *Baud,* « qui a un très-grand nombre de rapports avec ce qui regarde la guerre » . Ailleurs (*Hist. du Diocèse de Paris,*

p. 127), il lui attribue une tout autre origine : il le fait dériver du nom de *Bau-dacharius*, défenseur de Paris à la fin du VIIe siècle. Nous allons voir Du Breul donner encore une autre étymologie au mot *Baudets*.

Plusieurs auteurs ont avancé, à tort ou à raison, qu'il fallait prononcer *port* où *apport* Baudets, opinion qui, si elle était prouvée, détruirait celle de l'existence d'une porte de ce nom. Corrozet (*folio 68, v.*) dit que le cimetière S. Jean était « près l'*apport* Baudoier ou *porte* Baudes », et Du Breul s'exprime ainsi (p. 1176) : « Aucuns deriuent ceste nomination (Baudets), *non à portâ, sed à portu, nec à* « *Bagaudis, sed à Baudelio,* l'appellant, Lapport *Baudeille* ou *Baudille,* Soubdiacre « de S. Euuert Euesque d'Orleans. Lequel *Baudele* fut martyrizé à Nimes en « Prouence, le 20. iour de May, et en l'honneur duquel l'Eglise de Neuilly sur « Marne (size en la contrée des Baudets) est dediee. » Il ajoute que Charles V, dans un acte de 1364, appelle le même lieu (Neuilly-sur-Marne), *Portum Baude-lij*, et que « il n'est inconuenient, qu'vn mesme lieu ait esté premierement « nommé La Porte Baudets, et depuis le Port Baudele. »

J'ai dû citer cette hypothèse, mais je n'y adhère pas. Ce qu'il y a de certain, c'est que dès le XIVe siècle, on appelait Porte *Baudets* et aussi *Baudoyer* un carrefour qui rappelait sans doute l'existence d'une porte de Paris. Le même Du Breul signale (p. 1067) des lettres-patentes de Charles V, datées de mai 1366, par lesquelles ce roi permet au Prévôt des Marchands d'élever une croix « in biuio seu platea nuncupata gallice *La porte Baudoyer.* Le pied de ceste Croix, ajoute Du Breul, sert à present (1612) de fontaine ». N'oublions pas, comme je l'ai dit page 17, que c'est au XVIIIe siècle qu'on a commencé à écrire sur les plans *Place* au lieu de *Porte* Baudoyer.

Un autre point sur lequel les historiens ne sont pas d'accord, c'est l'emplace-ment même qu'occupait l'ancienne porte *Bagauda*. A coup sûr (si elle a existé), elle a dû être située sur une portion de la petite place qui en a conservé le nom ; mais on n'en a jamais trouvé la moindre trace, quoiqu'on ait plusieurs fois, et cette année même (1852), opéré de profondes fouilles de ce côté, pour le prolon-gement de la rue de Rivoli. Tous les tronçons de mur que j'ai remarqués dans ces fouilles appartenaient à l'ancien hôtel de Craon.

« Il paroît, dit Jaillot (Q^{er} de la Grève, p. 7), par le plan de Mérian, de 1620, « que cette porte étoit vis-à-vis la rue Geoffroy-l'Asnier. » Ce plan n'offre à cet égard aucune précision. Le mot *P. Baudet* y est gravé dans une portion de la rue S. Antoine, au-dessus de la place, mais c'est tout simplement parce que le graveur n'a pu loger cette inscription sur l'espace de la place, occupé en partie par une fontaine surmontée d'une croix, celle-là même dont parle Du Breul. A coup sûr Mérian n'a pas eu l'intention de désigner, en 1620, l'emplacement d'une porte qui n'existait déjà plus en 1366. Il est surprenant que Jaillot, d'ordinaire si judicieux, ait vu là un renseignement.

L'abbé Lebeuf a rejeté avec raison l'idée que la tour nommée : du Pet-au-Diable appartenait à une enceinte antérieure à celle de Ph. Auguste, mais il croit que ses fondements pouvaient être ceux d'une des deux tours qui fortifiaient la porte Baudoyer. Il suffit de connaître la place où s'élevait le donjon dit : la tour du Pet-au-Diable (*voyez* page 18), pour comprendre l'invraisemblance de cette hypothèse. Lebeuf excellait à combattre une erreur, mais le plus souvent il en élevait une autre à la place.

Jusqu'à la découverte de vestiges matériels ou de documents inédits sur cette matière, il régnera toujours une grande incertitude sur l'époque et sur l'emplacement où fut construite l'ancienne porte dite *Baudoyer* par altération de son nom primitif. Son existence même , je le répète, n'est pas démontrée, et la date de sa destruction remonte si haut, qu'on n'en a aucune nouvelle.

Le *Journal de Paris*, sous Charles VI, signale deux fois (p. 30 et 42), à l'année 1416 et 1418, un seigneur *De Lours de la Porte Baudet*. Ce seigneur avait-il un hôtel près de la place ainsi nommée, ou près de la seconde porte du même nom, dont je vais parler ?

Seconde porte Baudets ou Baudoyer. — L'histoire de cette porte est assez claire. Elle fut construite vers l'an 1190, près de l'entrée actuelle du collége Charlemagne. Au XIIIe siècle, elle s'appelait, en français, *Baudets* ou *Baudeer*, nom diversement orthographié, et qu'on lui donna sans doute parce qu'elle conduisait au carrefour du même nom, qui plus tard s'est appelé *Baudoyer*.

L'abbaye S. Antoine ayant été fondée en 1198, au temps même où l'on bâtissait la porte Baudets, cette porte aura reçu, dès l'origine, le nom de l'abbaye. La *Taille de* 1313 s'exprime ainsi : *Queste S. Pol* qui commence à la porte *Baudaier*, en allant jusques à la porte S. *Anthoine* (Edit. Buchon, p. 131). Il ne peut être ici question de la porte S. Antoine, voisine de la Bastille, puisqu'on n'en bâtit une de ce côté que vers 1356.

La rue actuelle S. Antoine commença à porter cette désignation, je ne sais au juste à quelle époque. Selon La Tynna, elle s'appelait : rue de la porte Baudeer, depuis la rue des Barres, jusqu'à la porte de Ph. Auguste.

La porte Baudets, sise à la hauteur du collége Charlemagne, était une des plus importantes de Paris. Au XIVe siècle, cette porte, ou la place du même nom, servait de point de réunion aux oisifs du quartier. Philippe de Maizières, dans son *Songe du Vieil Pélerin*, donne à Charles VI le conseil de se méfier des serviteurs indiscrets « par lesquels tout ce que tu feras en ta chambre, et souvente fois ailleurs, sera revélé à la *Porte Baudet*, et par conséquent à toute la Ville de Paris ».

Lebeuf, qui cite ce passage (*Dissert.*, t. III, p. 406), croit qu'il s'agit ici de la place Baudoyer. Du Plessis (*Annales*, p. 72) prétend que, du nom de cette porte, est venu le mot *Badaud*, appliqué aux oisifs de Paris.

Il résulte d'un acte de 1253, cité par De la Marre, que cette année, les Templiers avaient 50 sols de rente sur deux maisons joignant la *porte Baudets* et le *mur du Roy*. Cet auteur a cru qu'il s'agissait ici de la première porte de ce nom ; mais il est très-probable, au contraire, comme le remarque Mauperché, qu'il est question de celle de Ph. Auguste.

On lit dans Corrozet (fol. 105, v.) : « L'an mil cccix, les cheualiers Templiers… « furent bruslez vifs, iusques au nombre de 50. à la porte S. *Anthoine* vers le « molin. » Il veut désigner sans doute, non la porte Baudets, mais le lieu où, de son temps (1561), était la porte S. Antoine, bâtie sous Charles V.

En janvier 1540 (Félibien, t. V, p. 357), Charles-Quint vint à Paris. Après avoir passé la porte S. Antoine, voisine de la Bastille, il arriva à la *porte Baudoyer*, où on lui joua un beau Mystère, « sur un grant échaffaut. » Il s'agit ici de la *place* de ce nom, ou de l'endroit où était la porte de Ph. Auguste, car cette porte n'existait plus en 1540, comme nous le verrons bientôt.

En cherchant dans les vieilles chroniques, on trouverait sans doute des récits de fêtes ou de grands événements dont la porte Baudets fut le théâtre. Je n'ai pris aucune note à ce sujet, mon but étant de disserter sur les anciennes portes, plutôt que de décrire la partie historique qui s'y rattache. Je ferai observer ici qu'on risque souvent de confondre la porte avec la place dite : la *porte Baudets*.

Corrozet (folio 87) parle d'une image Nostre-Dame, placée, de son temps, rue S. Antoine, vis-à-vis de l'hôtel d'Evreux. Il ajoute que cette image passait pour avoir orné le dessus de la porte Baudet. Fr. de Belleforest (dans sa *Cosmographie univ.*, t. I) dit, à propos de S⁰ Catherine-du-Val, qu'à l'hôtel d'Evreux (situé, je crois, vis-à-vis du collége actuel Charlemagne), était une des portes de la ville, « ainsi qu'encores on en voit (1575) les marques, y ayant partie de l'arceau de « la porte, et deux Rois et Reines à chacun costé d'icelle. »

Du Breul s'exprime ainsi (p. 881) : « La principale porte de ce costé là, nommee « la *Porte Baudets*, estoit au droict où est l'Hostel d'Eureux et où se voyent en- « cores deux statues de Roy et Royne esleuées sur vne partie de l'arceau de « ceste ancienne porte ». Quelles étaient ces statues ? probablement celles de Ph. Auguste et de sa femme Ingelburge ou Agnès de Méranie.

Il restait donc, en 1612 encore, des vestiges de la porte ; mais il y avait long-temps qu'elle avait été en partie abattue, pour élargir la rue S. Antoine. Aussi ne figure-t-elle plus sur le plan de Braun, ni même sur un petit plan exécuté en marquetterie vers 1520. Nous lisons, dans un compte du Domaine, de 1474,

rapporté par Bouquet (*Mémoire*, p. 191) : «De l'ancienne porte qui souloit estre
« esdits anciens murs, joignant de l'Hostel d'Evreux, en la grant rue S. Antoine,
« près Sainte-Catherine du Val des Escoliers, *néant;* pour ce qu'elle fut ja pié ça
« abbatuc pour élargir laditte rue. » Ainsi, dès 1474, la porte de Ph. Auguste
n'existait plus. Je ne sais à quelle époque disparurent ses derniers débris, probablement sous Louis XIII, lorsqu'on éleva l'église des Jésuites.

BEAUBOURG (Poterne de la rue). — On croit communément qu'il existait
autrefois au nord, un peu au-dessus de Paris, une agglomération de maisons
nommée *Beau-bourg*, et que Ph. Auguste, ayant enclos dans son enceinte une
portion de la rue principale, fit percer, pour la commodité des habitants, à l'endroit où le gros mur traversait cette rue, une issue qu'on appelait simplement
la *Poterne* ou la *fausse Poterne*. Il est probable que, pour la distinguer des autres, on ajouta plus tard au mot poterne le nom de *Beaubourg*. Sauval (t. I,
p. 115) paraît croire que ce nom proviendrait d'un Jean de Beaubourg; mais,
dans d'anciens actes, on lit positivement *in pulchro Burgo*, et *Biau Bourc*.

Elle porta aussi, au XIIIe siècle, une autre désignation, celle de Poterne *Nicolas
Hydron, Ydron, Yderon, Huideron, Hidelon, Hindelon*, ou enfin *Huidelon*, nom
que Jaillot regarde comme le véritable. Je n'ai trouvé, du reste, aucun renseignement sur ce personnage.

Dans un acte passé en 1273, entre Philippe le Hardi et les chanoines de
S. Merry (Félibien, t. III, p. 25), on lit : *Portam Nicolai Hidelon*, quelques lignes
plus bas : *Poternam Hindelon*. La *Taille de Paris de* 1292 la nomme *Huideron*.

Il paraît que plus tard ce nom, déjà si diversifié, s'est changé en celui de *Vigneron*. Un compte, vers 1573, rapporté par Sauval (t. III, p. 628), l'appelle
Fausse porte Nicolas le Vigneron. Un autre (Bouquet, p. 229) mentionne un jardin assis en la rue Beaubourg, dite : Faulce porte *Saint-Nicolas*, sans aucun
nom à la suite. On lit (*ibid.*, p. 210) « un jardin assis en la rue Beaubourg, dite
« faulce porte *Nicolas , Vigneron*, 1608. »

Il semblerait résulter des articles suivants qu'elle était accompagnée d'un
corps de bâtiment : « Reçu de Pierre Glacet, advocat au Chastelet (vers 1474)...
« pour le dangier des anciens murs, en tant que en comprend la maison où il
« demeure, avec *le dessus* de la Porte de Beaubourg, par an huit sols Parisis
« (Bouquet, p. 190). » — «Maison scize rue Beaubourg, joignant la vieille porte
« qui appartenoit à deffunt Nicolas Glanet (*ibid.*, p. 229). » Le nom de *Glanet*
est probablement le même que celui de l'avocat *Glacet*.

Il n'existe aucun dessin de cette poterne, détruite sous François Ier, selon
Corrozet. On voit sa position précise sur ma planche VII, fig. 3. Je l'ai représentée

par hypothèse, faute de documents, comme fortifiée de deux tours, mais sans bâtiment. Il est vraisemblable qu'elle eut cette apparence dans l'origine. Sur le plan de Braun figure à cet endroit une sorte de pavillon, qui ne peut être contemporain de Ph. Auguste.

Béguines (Porte des). *Voyez* Barrés et S. Paul.
Behaigne (Porte). *Voyez* Coquillière.

BERNARD (Porte S.).—Quand, vers 1212, l'enceinte méridionale ordonnée par Ph. Auguste fut achevée, elle ne livrait, assure-t-on, passage qu'à six portes : celles S. Germain, des Cordeliers, Gibart, S. Jacques, Bordelle et S. Victor [1]. A l'endroit où le mur aboutissait, à l'orient, au bord de la Seine, s'élevait une haute tour nommée particulièrement *la Tournelle*, à laquelle on substitua plus tard (voy. p. 62) un ensemble de fortifications, désigné sous le même nom. Dans le voisinage de cette tour, il n'y avait probablement dans l'origine ni quai ni porte de ville.

Jaillot, La Tynna et Ramond du Poujet se trompent sans doute, lorsqu'ils avancent qu'il y avait une porte de la Tournelle du temps de Ph. Auguste. On ne trouve, dans les historiens du XIIIᵉ siècle, ni sur aucun plan, de traces de son existence ; mais il est possible que dès Charles VI on eût établi une porte de ville attenante à la Tournelle, dont elle prit le nom, ainsi que celui de S. Bernard, à cause du couvent voisin des Bernardins, fondé vers 1244. La Tynna a, je crois, pris pour une porte de l'Université, l'entrée particulière du château de la Tournelle (*voy*. note de la page 157).

Corrozet ne la mentionne pas sur sa liste des portes de Paris (1561) ; il est pourtant vraisemblable qu'à cette époque on devait entrer, de ce côté, dans la capitale, puisqu'il y avait un quai. Ce qu'il y a de certain, c'est qu'en 1606, François Miron, prévôt des marchands, fit bâtir un gros pavillon carré, percé d'une baie à plein cintre et couvert d'un toit élevé. André du Chesne, en 1609, le nomme : Porte de la Tournelle, d'autres : Porte S. Bernard. Dans le Registre, cité page 124, on lit des lettres-patentes du 20 juin 1606, où il est dit que la porte de la Tournelle sera donnée (à garder?) à Anthoine Faria.

Vers 1670, l'architecte Blondel eut ordre du roi de *rhabiller* ce pavillon, et d'en faire un arc-de-triomphe. Blondel trouva moyen d'y pratiquer deux grandes baies d'égale dimension, remplaça le toit par une sorte d'entablement, et orna les deux murs de face de bas-reliefs à la gloire du roi. L'éditeur de Sauval assure

[1] Je ne crois pas que la porte de Nesle ait été ouverte dès le XIIIᵉ siècle. (Voyez le mot NESLE.)

que la porte S. Bernard fut *abattue* et remplacée par un arc-de-triomphe en 1670. C'est une erreur évidente, puisque Blondel lui-même raconte, dans son Cours d'architecture, qu'il ne fit que *rhabiller* l'ancienne, opération qui lui causa beaucoup de peine. Brice, dans sa première édition, 1685, se borne à dire « la porte S. Bernard a été *embellie* depuis plusieurs années » .

Des Lettres-patentes du 11 sept. 1672, citées par Félibien (t. V, p. 218), ordonnent la suppression de l'aqueduc de la porte S. Bernard, et la construction de rues, à la place des fossés et contrescarpe, à la charge que les combles des maisons seront plus bas d'un pied au moins que le haut du *mur du rampart*. On cite dans le même acte le pignon du *jeu de paulme de la Tournelle*. Ce passage prouve que même en 1672, on accordait encore une certaine importance au mur de Ph. Auguste.

Sur un plan des Archives, levé en 1666 (*voy.* pl. IV, fig. 2), on voit le tracé géométral de la porte S. Bernard, bâtie en 1606. On y distingue une grande baie, et à côté une autre plus étroite pour les piétons. Le pont qui la précède est formé de quatre piles. Il existe de cette porte une vue du côté du fossé gravée par Perelle, d'après le dessin de Silvestre. Elle consiste en un gros pavillon carré surmonté d'un toit très-élevé, avec une cheminée de chaque côté. La baie principale est à plein cintre; la petite, qui l'accompagne au sud, est rectiligne. Chacune d'elles avait son pont-levis particulier, et l'on remarque dans la façade les trois entailles qui recevaient les flèches des deux pont-levis.

Au-dessus de l'arc de la grande baie est une tablette qui contenait sans doute une inscription. Deux fenêtres de moyenne grandeur éclairent la salle du premier étage, au-dessus duquel, au centre, s'élève une haute lucarne qui dépasse la base du toit et se termine par un fronton angulaire. Le pont-levis est suivi d'un pont de pierre de trois arches. Au loin, vers le sud, on aperçoit la porte S. Victor, qui paraît avoir à peu près la même disposition.

Israël Silvestre a représenté cette même porte, en plus petit, sur une eau-forte, dont le milieu est occupé par un médaillon ovale que soutiennent deux figures allégoriques. Le vieux mur, qui aboutit à la porte, est percé de meurtrières et flanqué de deux tours crénelées.

La porte S. Bernard, du côté de la campagne, figure aussi sur une rare eau-forte de Zeemann, graveur hollandais, célèbre par son talent à rendre la transparence des eaux. Cette vue de Paris, ainsi que sept autres de la même suite, méritent peu de confiance.

Silvestre nous a laissé une vue de cette même porte, prise du côté de la ville. La grande baie est précédée d'un encadrement rectiligne, que surmonte une fenêtre accompagnée de deux autres plus petites, irrégulièrement placées; au-dessus est une lucarne semblable à celle de l'autre face. Cette vue a été reproduite dans la *Topographia Galliæ*, éditée à Francfort en 1655. M. Pernot a copié la première décrite, en l'enjolivant à sa façon. La grande baie est de forme ogivale ainsi que la lucarne, etc. En un mot, il a reconstruit le bâtiment de 1606 dans le style du XIVᵉ siècle, et n'a oublié que la petite porte latérale et le pont-levis.

L'image de la porte S. Bernard, refaite par Blondel, a été très-souvent gravée, jusqu'à l'époque de sa démolition, qui eut lieu sous Louis XVI. On en voit les deux faces détaillées dans l'*Architecture* de Blondel, et dans les *Antiq. Nationales* de Millin. Une grande estampe signée *C. le Vasseur sculp.*, et intitulée : « Le transport des filles de joye à l'hôpital », nous atteste que, vers 1780, elle était habitée, car on y voit, sur le profil du nord, de longues perches chargées de linge.

Bordet ou Bordelle (Porte). *Voyez* S. Marcel.

BOURG-L'ABBÉ (Poterne).—Elle était située rue de ce nom, un peu au-dessus de la rue aux Ours (voy. pl. VII, fig. 4). Elle tenait, selon La Tynna, ainsi que la rue, son nom d'un bourg nommé l'Abbé, parce qu'il dépendait de l'abbé de S. Martin, ou, selon Jaillot, de l'abbé de S. Magloire. Notons ici que bien que ces deux monastères de S. Martin et de S. Magloire ne fussent que des prieurés, on donnait indifféremment au supérieur le titre de prieur ou celui d'abbé.

Cette poterne, qui n'eut jamais d'autre nom, était, je crois, contemporaine de Ph. Auguste. Quand ce roi renferma dans son enceinte une partie du Bourg-l'Abbé, il ménagea, pour la commodité des habitants, une sortie vers le milieu de la rue principale du bourg. On comprend que, par sa position même entre deux entrées importantes de Paris, elle ne pouvait être qu'une poterne [1]. Je l'ai, d'après le plan de Braun, représentée comme pratiquée dans une tournelle murale placée en travers de la rue. Le long du mur d'enceinte, près de cette porte, existait autrefois un jardin dit : du Bourg-l'Abbé (voy. p. 91), jardin établi probablement sur un ancien chemin de ronde.

Bourgogne (Porte de). *Voyez* Comte d'Artois.
Braque (Porte de). *Voyez* du Chaume.

BUCI (Porte). — Cette porte était située rue S. André-des-Arts, près et un peu au delà de la rue actuelle Contrescarpe (voy. pl. I, fig. 2). En 1209, époque où

---

[1] Du Breul, p. 1000, la nomme *fausse porte*. Il est vrai qu'à partir du règne de Charles VI on donnait ce nom aux anciennes portes du nord, par rapport aux nouvelles bâties sous Charles V.

l'on bâtissait le gros mur d'enceinte, elle était encore inachevée et ne portait aucun nom. D'après une charte de Ph. Auguste, que cite Du Breul, page 382, ce roi, qui la nomme *Posternam murorum nostrorum*, la donna cette année à l'abbé de S. Germain, à la charge de l'entretenir en bon état « quando constructa fuerit, « Abbas S. Germani debet eam totam de novo cooperire de *merreno* et tegulâ et « tenere in tali statu quod non depereat[1]. »

La Tynna avance à tort qu'elle fut *vendue* aux religieux ; ce don du roi avait pour but d'indemniser l'abbaye du terrain qu'elle avait fourni pour le passage de l'enceinte.

Cette année même 1209, ou un peu plus tard, elle porta le nom de Porte S. Germain-des-Prez. En 1350 ou 1352, les religieux la *vendirent*, sous les mêmes conditions, à Simon de Buci, conseiller du Roi, moyennant une rente annuelle et perpétuelle (dit Du Breul) de vingt livres parisis. Il peut nous paraître étonnant qu'une porte de ville fortifiée soit l'objet d'un don et d'une vente : c'était pourtant autrefois un fait assez commun. Au reste, je pense que la possession d'une porte entraînait le revenu des droits d'octroi de cette porte.

Il est probable que, dès cette même année 1350, elle prit le nom de son nouveau possesseur. Alors la porte voisine, nommée *des Cordèles* ou *des Frères-Mineurs* (Cordeliers), prit à son tour le nom de porte S. Germain, qu'elle ne quitta plus. Ce nom lui fut transféré parce qu'elle conduisait également à l'abbaye, et lui appartenait depuis 1240. Les auteurs de la *Gallia Christiana* appellent la porte Buci *Porta S. Germani de Buciaco*. Elle est nommée, dans divers actes, *Buci, Bucy*, et surtout *Bussy*. Selon La Tynna, l'orthographe la plus correcte est *Buci*. Ce nom, en effet, est ainsi orthographié sur la tombe d'un membre de cette famille (voy. Corrozet, fol. 59 *verso*).

Guillebert de Metz, qui écrivait en 1434, signale, au chap. 28 de sa *Description de Paris*, « la *porte d'Orleans*, emprez laquele est l'issue de Nele ou est au dehors le pré apellé aus clercs ». Or, comme il ne nomme pas la porte Buci, c'est d'elle évidemment qu'il veut parler. On cite, dans un article de Sauval (t. III, p. 589) : le « Sejour d'Orleans en la rue S. Andry-des-Arcs, lès la porte de *Bissy*.» J'ai lu que cet hôtel s'étendait de cette porte à la rue de l'Eperon, et que Valentine de Milan y logeait, lorsqu'elle demanda à Charles VI justice du meurtre de son mari. Cette porte a donc pu se nommer *d'Orléans;* mais ce fut, je crois, pour fort peu de temps, puisque je ne l'ai jamais vue signalée ainsi que dans le manuscrit ci-dessus.

Du Breul et d'autres historiens assurent qu'elle a été témoin de l'entrée des troupes du duc de Bourgogne, effectuée en mai 1418, par la trahison de Perinet-

---

[1] Il résulte de cet acte que cette porte de Ph. Auguste était couverte d'un toit.

le-Clerc [1]. Cet auteur avance même (p. 382) que, selon une tradition orale, la porte Buci aurait porté quelque temps le nom de : *porte des Anglois*. Elle fut murée depuis cet événement, dit-on, et ne fut rouverte qu'en 1539, selon Jaillot, 1538 selon d'autres, et 1542 selon Du Breul. Cependant Corrozet (folio 143 *verso*) dit que, sous Louis XI, « aucunes portes furent *estoupées* (bouchées), mesmes « celle de Bussi, qui a esté ouuerte du temps du Roy François premier. »

Le même auteur nous apprend (fol. 161 *v.*) que, sous le règne de ce dernier roi, « on feit ouuerture de la *porte de Bussy, bastie toute de neuf*, à ceste occasion les « grands Seigneurs, mesme ceux de la Iustice, et les bourgeois, feirent bastir « hors d'icelle porte... grand nombre de beaux hostels et riches maisons. » Vers 1558 elle fut encore fermée et rouverte en 1586.

Lorsqu'en 1350 ou 1352 Simon de Buci acheta cette porte, de l'abbé de S. Germain, il la fit, selon Du Breul, réparer et recouvrir, et prit à rente « la maison qui est au dessus de ladicte porte, et *les tours qui la costoyent.* » Il résulte de ces derniers mots que, du temps de Du Breul (1612), la porte était encore munie de ses deux vieilles tours. Cependant, sur les plans de Quesnel et de Vassalieu, qui sont de 1609, elle consiste en un pavillon carré, en saillie sur le fossé.

Il est certain que la porte Buci, réparée vers 1350, ne fut pas reconstruite, mais seulement un peu modifiée vers l'année 1356, lorsqu'on creusa des fossés au pied du gros mur. En effet, sur le plan de Braun, dessiné vers 1530, elle est encore flanquée de deux tours. On la disposa pour recevoir les flèches d'un pont-levis, et un peu plus tard on y ajouta de nouvelles constructions. Ce fut sous François Ier seulement, selon le témoignage contemporain de Corrozet, qu'elle fut « bastie toute de neuf ». Elle fut rebâtie, je pense, un peu plus vers l'ouest, et les traces de murs qui figurent sur la planche II, fig. 1, en sont des restes, à moins qu'on n'y voie ceux d'une avant-porte.

André Du Chesne, en 1609, parle ainsi (*Antiq. des villes de France*, p. 138) de la porte Buci : « l'vne des plus belles, et sur le portail de laquelle s'estendent les armoiries de la Ville. »

Vers 1465, Simon Aubert, cordier, « avoit à louaige la porte de Bussy et les al- « lées des murs, depuis laditte porte aux Galeries de Neelle, tant hault que bas, pour « y filer de son mestier. » (Bouquet, p. 194). — En mars 1558, le « logis de la porte « de Bussy, avec les allées des murs jusques à l'hostel de Nesle, et deux tours étant « esdits murs », avait été baillé par la Ville aux Capitaines et Archers... » pour y

---

[1] C'est, je crois, une méprise que Jaillot a partagée (*voyez* page 260). Les historiens du XVIIIe siècle ont beaucoup disserté sur une borne placée à l'extrémité orientale de la rue S. André-des-Arts, sur laquelle on croyait voir sculptée l'effigie de Perinet-le-Clerc. Cette prétendue découverte me semble digne de figurer parmi les contes archéologiques concernant le vieux Paris.

édifier, bâtir et entretenir buttes et autres choses necessaires et convenables pour l'exercice du jeu de l'arc » (Sauval, t. III, p. 630).

Cette porte fut abattue, selon les uns en 1672, selon d'autres en 1673. En mars 1674 elle n'existait plus, car un compte de cette date parle de la *place ou étoit* la porte de Bussy (Bouquet, page 277).

Les plans du XVI° siècle représentent celle reconstruite, selon Corrozet, sous François Ier, comme flanquée de deux tours et surmontée d'un corps de logis. Mais, sur le plan de Mathieu Mérian, 1615, elle n'a plus qu'une tour au coin sud, et consiste en un gros pavillon carré qui paraît avoir assez de saillie sur le fossé. La baie est de forme ogivale; au-dessus sont deux fenêtres, et sur le toit, deux lucarnes correspondantes.

Je n'ai jamais rencontré de dessin particulier, ni d'estampe concernant cette porte. M. Pernot en a composé une vue qui ne mérite aucune confiance.

CALVAIRE (Porte du). *Voyez* SAINT-LOUIS.

CÉLESTINS (PORTE DES). — On cite une porte de ce nom, dite aussi *des Barres*, qui, je crois, ne peut être confondue avec la porte des *Barrés*, ou des Béguines.

On lit, dans un compte que rapporte Sauval (t. III, p. 126) : « Les grands « murs nouvellement faits selon la rivière, entre la Tournelle de Barbel et la *Porte* « *qui est devant les Celestins*. » Un autre compte, postérieur à 1538, s'explique plus clairement (*id.*, t. III, p. 629) : « Les Capitaines… de la Confrairie des cent « Arquebusiers de Paris, pour une place étant au long des murs près la ri- « vière de Seine à la *porte des Celestins*, entre la grange de l'Artillerie de la « Ville et place où étoit la Tour de Billy » ; et, à la page suivante : « De Jean le « Jay, pour une maison joignant la *porte des Barres* du côté du lieu où étoit la- « dite Tour de Billy. » '

D'autre part, on parle, dans un compte non daté (Bouquet, p. 175) de « deux « maisons estans à la *Porte des Barres* ' près et devant l'église des Célestins » ; ailleurs (*ibid.*, p. 181) : « *Porte des Barres devant les Célestins* » ; —vers 1450, à la même page, on cite une *Tour des Barres*, qui n'est, je pense, ni celle de Billy, ni celle Barbeau.

Où était placée la porte des Célestins, la même sans doute qu'on appelle des *Bar-res*? Est-ce celle des *Barrés*, décrite ci-dessus? On ne peut, à mon avis, confondre ces deux portes, puisque nous lisons que celle qui nous occupe était *près et de-vant* l'église des Célestins. Ces mots *près* et *devant* ne peuvent s'appliquer à la

---

' Ce mot *Barres* est peut-être le mot *Barrés*, sauf l'accent qu'on omettait dans l'ancienne écriture. En tout cas, cette porte des Barrés est autre que celle décrite page 252.

porte des Barrés, éloignée de 141 toises de l'église. Etait-elle située sur le quai, vis-à-vis la rue du Petit-Musc, et ouverte dans le gros mur fortifié de onze tours carrées, que Charles V fit élever entre les tours Billy et Barbeau, comme je l'explique page 155? La placerons-nous sur le quai, à côté de la tour de Billy, qui s'est appelée tour des Célestins, parce qu'elle avoisinait le mur de clôture de leur couvent? Supposerons-nous, enfin, que l'expression : porte des Célestins, désigne la porte d'entrée de ce couvent?

Corrozet (fol. 85 verso) rapporte que S. Louis fit construire pour les Carmes dits Barrés : « Vn monastere, au lieu ou sont maintenant les Celestins, lequel (lieu) encores (1561) s'appelle la *porte des Barrez.* »

Il est donc fort probable qu'il exista une porte de Paris dite : des Célestins, des Barres, ou même des Barrés, qui n'était pas celle située entre le couvent des Béguines et le logis de Barbeau. Sur la grande gouache de l'Hôtel-de-Ville et sur le plan de Braun, on voit un bâtiment attenant au mur d'enceinte du quai et faisant face à la rue du Petit-Musc ; il paraît percé d'une baie : c'est probablement cette porte des Célestins, qui, sur ces plans, n'a aucune désignation.

CHAUME (Poterne du). — Sa situation est indiquée sur ma planche VII, fig. 2. Ramond du Poujet répète, d'après De Vaugondy, que, lorsqu'on fonda le *mur mitoyen* de la Merci, on retrouva des restes de l'ancien mur de la porte du Chaume. D'après cette assertion, elle aurait été placée un peu au delà de la rue de Paradis, vers le nord. Or, la direction d'une portion encore subsistante de ce mur, rue Rambuteau, 12, indique assez qu'il devait joindre la poterne du Chaume, à peu près à l'endroit où je la place sur ma planche. Je renvoie le lecteur à ce que je dis à ce sujet, page 83.

Je doute que cette porte fût contemporaine de Ph. Auguste, car elle ne conduisait directement qu'au mur d'enceinte du Temple ; et les portes voisines Barbette et Sainte-Avoye devaient bien suffire aux besoins de la circulation.

Sauval (t. I, p. 34) dit qu'elle fut percée dans l'épaisseur du mur, par Messieurs de Montmorency, pour la commodité de leur hôtel. Un peu plus loin, il avance que Philippe le Bel, par Lettres données à Melun en 1297, permit aux Templiers de l'ouvrir. Sauval paraît ici admettre l'existence de deux portes du même nom.

La *Taille de Paris* de 1313 la nomme *La faulce poterne du Temple.* Selon quelques historiens, elle se serait aussi appelée *Porte de Braque*, de Nicolas de Braque, qui avait construit un hôtel et une chapelle (remplacés depuis par la Merci) dans le voisinage, vers 1384. Sauval rejette cette opinion.

La rue du Chaume, selon La Tynna, s'est appelée, au XIII° siècle : rue de la Neuve-Poterne, et aussi : rue d'Outre-la-Porte-Neuve. Elle dut être démolie vers

1535. Sur le plan de Braun, elle a la forme d'une grande arcade. On lit dans le *Mémoire* de Bouquet, p. 191 : « De la Porte du Chaulme, *néant* cy : pour ce qu'il n'y a point de *habitation* (vers 1474). » Ce passage atteste que c'était bien une simple poterne, sans bâtiment qui l'accompagnât ; mais il semble résulter d'un autre compte, cité page 86, qu'elle était fortifiée de deux tours.

CHOUX (Poterne du PONT-AUX-). *Voyez* S. LOUIS.

COMTE ou A-LA-COMTESSE D'ARTOIS (POTERNE AU-). — On la voyait rue Montorgueil, tout près de l'impasse de la Bouteille, un peu en deçà. Elle était postérieure d'au moins un siècle à la construction du mur de Ph. Auguste. Selon Jaillot, Robert II, comte d'Artois, neveu de S. Louis, possédant un hôtel entre les rues Pavée et Mauconseil, fit percer cette poterne vers la fin du XIIIe siècle, et lui donna son nom, ainsi qu'à la rue Montorgueil (appelée : rue Comtesse-d'Artois, depuis cette porte jusqu'à la pointe S. Eustache).

On la désigne ainsi dans les anciens actes : Porte Au-Comte d'Artois, porte à-la-Comtesse, joignant l'hostel d'Artois, quelquefois simplement : Porte d'Artois (Bouquet, p. 227). On l'appelait encore, selon Du Breul (p. 1060) : *La fausse Porte de Bourgogne*, à cause de son voisinage de cet hôtel. Un compte sans date (Bouquet, p. 137) cite une maison, sise rue Montorgueil, joignant l'ancienne *porte de Bourgogne*.

Elle s'est aussi nommée, au XIVe siècle, et peut-être dès la fin du XIIIe, *Porte ou Poterne de Nicolas ou Feu Nicolas Arrode*. En 1217, selon La Tynna, Nicolas Arrode, prévôt de Paris, habitait à la Pointe S. Eustache, portion de la rue Montmartre, qui aurait porté, d'après le *Dict* de Guillot, le nom de ce prévôt. Le même Nicolas Arrode (ou son fils) est mentionné dans une charte de 1248, citée par Géraud. Sur la *Taille* de 1313 éditée par Buchon, p. 28, on signale la *porte feu Nicolas Arrode*, que, dix pages plus loin, on nomme *porte au Conte d'Artois*[1]. Il est certain qu'elle a porté ces deux noms en même temps. La désignation de Porte Montorgueil ou Mauconseil lui a peut-être aussi été appliquée.

Cette poterne consista sans doute en une simple baie percée dans le gros mur. Ramond du Poujet (édition 1826, p. 11) dit, en note, qu'en 1498 la ville ordonna la démolition d'une tour de l'ancienne enceinte, placée rue Comtesse-d'Artois, en face de l'impasse de la Bouteille, tour qui *gênoit le passage*. Cette tour était-elle une des deux qui auraient fortifié la poterne ? Je crois plutôt que la poterne était

---

[1] Les tombes de la famille Arrode se voyaient autrefois à S. Martin-des-Champs. Un Jean Arrode fut chargé, avec cinq autres bourgeois notables, de faire creuser, en 1356, les fossés de la nouvelle enceinte (Sauval, t. I, p. 39).

ouverte à côté de la tour, ainsi que je la représente, pl. VII, fig. 4. Je ne sais où M. du Poujet a recueilli ce renseignement. Il en résulte que la poterne aurait été détruite cette année même 1498, comme l'assure La Tynna. Cependant j'ai lu ailleurs qu'elle fut abattue en 1545, époque où furent mis aux enchères les anciens hôtels de Bourgogne et d'Artois. Il est question, dans des comptes de 1569 (Bouquet, p. 226 et 227) de la porte d'Artois, et Bonfons, dans sa liste des rues (*Antiq.*, éd. 1586), nomme encore « la rue et *porte* de la Comtesse d'Artois. » Veut-il désigner simplement la place où elle exista ? En tout cas, le plan de Du Cerceau, gravé vers 1560, ne l'indique plus. Sur celui de Braun, plus ancien de trente ans, elle figure comme une grande arcade.

Dans un registre des Recettes (Bouquet, p. 80), un article de 1451 s'exprime ainsi : « De la Porte à la Comtesse, qui est joignant de l'Hostel d'Artois, néant ; « pour ce qu'elle est adjointe dès longtemps audit Hostel. »

CONFÉRENCE (Porte de la). — Cette porte était située sur le quai des Tuileries, à l'extrémité occidentale du mur du jardin, à la hauteur du grand bassin octogone. La première face du bastion des Tuileries y aboutissait (voy. pl. X, fig. 3). Il paraîtrait qu'on bâtit à cet endroit, en 1566, une porte qui fut reconstruite, vers 1632, par P. Pidou, architecte de la porte S. Honoré (la troisième de ce nom), qui était du même style.

On ne sait pas au juste l'origine de son nom. Selon Le Maire et autres, elle le prit à l'occasion de la *Conférence* tenue en 1659, au sujet du traité de paix dit : des Pyrénées. L'erreur est manifeste, puisque Gomboust, sur son plan de 1652, la nomme : porte de la Conférence. Selon André Du Chesne *fils* (*Antiq. des villes de France*, 1668, p. 95), on l'appelait ainsi, parce que ce fut là que François de Richelieu, grand Prévôt de France, père du cardinal, « arresta les Parisiens et « *conféra* avec eux, lors des Barricades, dans le temps que le Roy Henri III se « sauvoit par eau de la fureur du peuple [1]. »

Selon d'autres auteurs, son nom proviendrait des *Conférences* tenues à Suresnes, en 1593, entre les députés du roi de Navarre et ceux de la Ligue. J'adhère à cette dernière opinion, parce qu'en 1593 il existait déjà, c'est fort probable, sur le quai, une porte provisoire, que représentent, sans la désigner, les plans de Quesnel et de Vassalieu (1609). Je ne pense pas que ces géographes l'aient figurée par anticipation. C'était donc cette issue qu'on appelait : porte de la Conférence, nom qui passa à celle plus imposante qui la remplaça.

---

[1] Ce qu'il y a de singulier, c'est que Du Chesne fils place cet événement à la porte Richelieu, qui, dit-il, s'est nommée aussi : de la Conférence. Il ne décrit pas la porte sise sur le quai. Cette méprise est inconcevable.

N. Bonfons cite, à l'année 1566, la porte Neuve (c'est-à-dire récemment bâtie) construite à cet endroit, quoique le bastion ne fût pas encore terminé en 1612, comme l'assure Du Breul. Le plan de Belleforest, 1575, n'en marque aucune. Les plans nous manquant entre 1580 et 1600, on ne peut saisir au juste l'époque où fut établie la porte qui nous occupe.

Du Breul, auteur contemporain, nous dit (p. 1064), après avoir parlé de la porte-Neuve, située près de la tour de Bois : « En l'an 1581, on edifia les murs du « fossé de la *Porte Neufve*. » A coup sûr il veut désigner celle dite plus tard : de la Conférence. Il est certain, à mes yeux, qu'une porte quelconque existait en cet endroit, quoique le bastion des Tuileries ne fût pas achevé. Il est possible qu'à une certaine époque, on l'ait nommée : porte de la Conférence ; mais il est à remarquer qu'en 1612 Du Breul ne l'appelle pas ainsi. De la Marre et plusieurs autres auteurs ont confondu par méprise ces deux portes Neuves.

Il reste donc toujours, au sujet de l'origine de la porte de la Conférence, dite aussi, je crois, des Tuileries, sous Louis XIV, une obscurité que je n'ai pu dissiper. Le bâtiment en fut reconstruit vers 1632. On le voit représenté, du côté de la ville et de la campagne, sur plusieurs estampes d'Israël Silvestre, La Belle, Perelle et autres graveurs. Elle ressemblait beaucoup, mais en plus petit, dans son ensemble et ses détails, à la porte S. Honoré, bâtie à la même époque ; elle avait moins de fenêtres ; mais quant aux ornements et aux ponts-levis, etc., c'était la même disposition. Je me dispenserai donc de la décrire, m'étant étendu sur l'autre porte, construite en même temps par le même architecte. Son pont de pierre ou dormant n'avait sans doute aussi qu'une seule arche. Sur tous les plans, on voit plus loin, à l'ouest, dans l'axe de cette porte, un autre pont jeté sur un ruisseau ou un égout, qui ne se confond pas avec le fossé de la ville.

La porte de la Conférence, bâtie par Pidou ou Pidoux, disparut vers 1730.

COQUILLIÈRE (Porte ou Poterne). — Cette porte était située rue du même nom, entre les rues du Jour et J.-J. Rousseau (voir la pl. VIII, fig. 1). Je ne sais si elle fut ouverte dès le temps de Ph. Auguste. On assure qu'au XIIIe siècle la rue Coquillière s'appelait déjà : rue de la porte *Coquillier* ou *au Coquillier*, nom qu'elle devait à la famille *Le Coquillier* ou *Coquiller*, dont l'hôtel était dans le voisinage. En tout cas, la date de sa construction est un point incertain. Par la suite, on donna une terminaison féminine au mot Coquillier ; on en fit une sorte d'adjectif, et on dit : la porte *Coquillière*.

Au XIIIe siècle, l'hôtel Coquillier fut vendu à Guy, comte de Flandres, et la porte s'appela Porte de Flandres, selon M. Géraud (*Taille de Paris en 1292,* p. 361). On lui donne aussi, dans d'anciens comptes, la désignation altérée de

Coquillart et *Coquilliard*. Du Breul (p. 1060) dit : la faulse porte *Quoquillart*.

En 1327, Philippe de Valois fit don à Jean de Luxembourg, roi de *Behaigne* (Bohême), d'un hôtel de Nesle contigu à cette porte, qui prit alors le nom de *Porte de Behaigne* ou *Bahaigne*. Cet hôtel était, sous Charles VI, la demeure du duc d'Orléans, et devint plus tard l'hôtel de Soissons. Je n'ai jamais lu que la porte ait été nommée : d'Orléans.

Dans la *Queullette* (Ceuillette ou Taille) de 1313, citée par Félibien (t. V, p. 618) [1], on l'appelle *Cuqueheron* (Coqhéron), à cause du voisinage de la rue du même nom.

On lit dans le *Mémoire* de Bouquet, p. 186 : « De la vieille Porte estant esdits « anciens murs, comme on va de *Saint Ustasse* à l'hostel de Flandres, nommée « anciennement la porte *Coquillière*, néant, pour ce qu'il n'y a point d'*habitation*, « 1474. » Cet article donne à croire que c'était une simple poterne percée dans le mur, mais sans corps de logis, bien qu'elle fût fortifiée de deux tours. On lit dans un autre compte (*ibid.*, p. 175) : «*néant* ici. pource qu'elle est enclavée par- « tie en l'Hostel de *Bahaingne* (*Bohême*), et partie en l'Hostel de la *Trimouille.* »

Cette porte fut abattue vers 1536. Dans un compte de 1546 (*ibid.*, p. 247), il est question d'une place « faisant portion de la *porte Coquillere*, démolie *depuis dix* « *ans.* » Il paraît qu'elle le fut imparfaitement, puisqu'en 1556 (*ibid.*, p. 204), Jehan Gontier, avocat au Parlement, possédait « une anglée massive, estant de- « meurée du reste de la *porte Coquillart*, après la démolition d'icelle. »

Bonfons (*Antiquitez*, éd. 1586) s'exprime ainsi, dans sa liste des rues de Paris : « La porte Coquillere, depuis la *porte* iusques sus les fossés. » Il désigne ainsi la partie de la rue Coquillière, depuis l'endroit où était encore *un reste* de la porte, jusqu'aux *fossés de Charles V.*

On lit, au sujet de cette porte, dans La Tynna : « En 1684 [2], on trouva, à deux « toises de profondeur, dans les ruines d'une vieille tour, précisément à l'endroit « où était cette porte, une tête de bronze antique, plus grosse que le naturel, « couronnée d'une tour à six faces, sur laquelle l'opinion des savans s'est « exercée. » J'ai déjà, p. 99, parlé de cette découverte. On doit en conclure que la porte Coquillière était flanquée de deux tours, dont une existait encore en partie en 1684. On ne la voit tracée sur aucun plan. Il est à regretter que nos anciens géographes aient dédaigné d'indiquer les vestiges de ce genre; ces documents seraient fort précieux pour les archéologues de nos jours.

DAUPHINE (Porte). — Elle était située à l'extrémité de la rue du même nom,

---

[1] Je pense que c'est cette même *Taille* plus détaillée qu'a publiée Buchon.
[2] Dulaure dit : en 1657; je ne sais lequel de ces deux auteurs a raison.

percée en 1607. Une inscription en majuscules dorées, gravée sur une tablette de marbre noir, qui est encore incrustée dans la maison n° 50, indique la place qu'occupait (je suppose) sa face septentrionale. M. Girault de Saint-Fargeau a cru devoir, dans son ouvrage sur les Quartiers de Paris, figurer, *pour l'effet*, cette inscription en caractères *gothiques*.

Quoique la rue date de 1607, la porte ne fut construite qu'en 1639, comme l'atteste une pièce insérée dans le *Mémoire* de Bouquet, p. 281, et qui commence ainsi : « Articles et Conditions arrêtées au Bureau de la Ville, le 7 avril 1639, « pour la construction d'une porte au bout de la rue Dauphine, et la continua-« tion de ladite rue au travers du fossé, etc. » Notons que le prolongement de cette rue était projeté depuis longtemps; car, sur le plan de Quesnel, 1609, le gros mur paraît déjà abattu en cet endroit et le fossé comblé.

Je ne connais aucun dessin spécial de cette porte, qui subsista peu de temps. Elle figure sur le plan de Gomboust et autres, où elle a la forme d'un pavillon, avec une arcade. Sur une pièce du recueil : *Topographie françoise* (1648, édité par Jean Boisseau), on l'aperçoit dans le lointain : c'est un bâtiment sans étages et à toit aigu, percé d'une grande baie à plein cintre, entourée d'une chaîne de pierres en bossage. En 1760, Robert de Vaugondy signale comme subsistant encore un jambage de l'arc. La Tynna a oublié de la mentionner. Elle fut détruite en 1673, comme on lit sur la tablette citée ci-dessus.

DENIS (Portes S.). — Il est possible qu'avant Ph. Auguste il existât, rue S. Denis, environ à la hauteur de la rue des Lombards, une porte de ville correspondante à celle qui se voyait du temps de l'abbé Suger près de l'église S. Merry. En tout cas, aucun historien, aucun acte ne signale de porte à cet endroit. J'ai déjà disserté, pages 20 et 206, sur le Grand Châtelet, qu'on a regardé à tort comme une porte de Paris, placée en tête de la rue S. Denis.

Vers l'an 1190, Ph. Auguste en fit construire une, fortifiée de deux grosses tours, à côté et un peu au-dessous de l'impasse des Peintres. Le compilateur Brice dit par méprise, dans sa *Description de Paris* (édit. de 1685), qu'elle était située à l'endroit de la Fontaine de la Reine, au coin de la rue Grénetat.

Il est naturel de croire que son premier nom fut : Porte S. Denis, et que celui de *porte aux Peintres*, qu'elle reçut d'une impasse voisine, ne lui fut donné que plus tard. Ce fut probablement sous Charles V, quand fut établie la nouvelle Bastide S. Denis, que l'ancienne porte de la rue S. Denis reçut ce surnom [1], afin de

---

[1] Dans un compte de 1473 cité par Bouquet (*Mémoire*, p. 187), on parle d'un hôtel « joignant l'*ancienne porte S. Denys*, appellée la *porte aux Peintres*. » Ce dernier nom paraît ici n'être qu'un surnom.

les mieux distinguer. Il serait surprenant qu'on eût, sans raison, substitué au nom d'un saint si vénéré des Parisiens, celui de l'impasse, nommée : aux Peintres, parce que, dit Sauval : « les peintres à fresque se tenoient près de cette porte [1] ». Il est à présumer que cette dénomination fut imposée à la porte par le vulgaire vers la fin du XIV⁰ siècle, ou un peu plus tard, mais que le nom primitif et officiel était : porte S. Denis, puisqu'elle conduisait à l'une des plus illustres abbayes de France.

Dans un acte de 1323, que cite Félibien (t. III, p. 331), on lit : « juxtà portam S. Dionysii. » Le *Journal de Paris sous Charles VI* (p. 72) la nomme, en 1420, *seconde* porte S. Denis (par rapport à ceux qui viennent de la campagne), et ailleurs (p. 177), *Porte aux Paintres*, 1438. On lit dans un ancien compte (vers 1500) : « les antiens murs joignant la *porte aux Peintres*, où est pour enseigne : l'Arbaleste » (Bouquet, p. 209); et, dans un compte plus moderne : Porte *des* Peintres (*ib.*, p. 227).

Cette porte eut encore plusieurs noms peu usités. Dans la *Quelette* ou *Taille* de 1313 (Félibien, t. V, p. 619), on lui donne celui de : *porte S. Denis Darnetal,* parce qu'elle n'était pas très-éloignée de la rue Darnetal, dite depuis *Grénetat.* En 1329 on l'appelle : « *Porte Mauconseil,* près S. Jacques l'Hospital » (*id.*, t. III, p. 368), à moins que ce nom ne désigne (ce qui est plus probable) la porte au Comte-d'Artois, rue Mauconseil.

A l'est de la porte S. Denis étaient deux jeux de paume, le long du mur, à l'extérieur. Ils étaient séparés par une tourelle murale (voy. p. 90). A l'ouest se trouvait le jardin des Arbalétriers de la Ville, dont j'ai parlé page 92.

Les extraits suivants offrent quelque intérêt : «... La vieille porte S. Denys, « avecques les montées par où l'on monte de la rue en hault, à ladicte Porte et « ès *Allées* sur les anciens murs, d'un costé et d'autre d'icelle porte, vers 1450 » (Bouquet, p. 180) — «... Maison appellée *la Scellette* (1608), qui souloit servir à « monter sur la porte S. Denis » (*ib.*, p. 208). Ces passages semblent indiquer qu'il n'y avait pas d'escalier à vis pratiqué dans le bâtiment, comme à la porte S. Jacques.

Je ne connais aucune représentation particulière de la porte S. Denis de Ph. Auguste, qui, sur le plan de Braun, a la forme d'une simple maison. Il est vraisemblable que dès 1530 elle avait été dégarnie de ses tours, comme d'un ac-

---

[1] La Tynna dit à propos de l'impasse de ce nom : « Doit elle son nom actuel à Guyon Ledoux, « maître peintre, qui y fit bâtir une maison en 1535, ou à Gilles Le Peintre, dont les enfans pos- « sédaient en 1305 la maison de l'Arbalète ? » A coup sûr, la porte se nommait ainsi bien avant 1535. En 1474 (*Mém.* de Bouquet, p. 188), un peintre nommé Pierre Deschamps demeurait près de cette porte.

cessoire inutile et embarrassant la circulation. Il est à regretter que Corrozet, dans la première édition de ses Antiqvitez (1532), ne l'ait pas décrite. Il se borne à nous dire (édit. de 1561, folio 11) qu'il y avait au-dessus de la porte, comme à toutes les autres, une statue de la Vierge (*voy.* page 209).

Sauval (t. I, p. 31) signale *de visu* celle qui ornait la porte-aux-Peintres : « elle « étoit élevée sur un pied d'estail, contre une maison de la rue S. Denys, qui fait « le coin d'un cul de sac, appellé la porte aux Peintres. Le Propriétaire en a eu « tant de soin, qu'ayant rebâti sa maison, pour marquer plus de vénération, il a « posé cette figure sur un pied d'estail, l'a fait peindre et couronner d'un dais, « avec cette Inscription en lettres d'or au bas, *cette Image étoit sur l'ancienne* « *porte qui fut abatue en* 1535, *et a été mise ici pour servir de mémoire.* Elle est « de pierre, plus grande que nature... et après tout elle ne passe pas pour mal « faite, quoi qu'ancienne de plus de quatre cens soixante ans. »

L'inscription citée par Sauval indique l'an 1535 comme l'époque de sa démolition. Un ancien compte de mai 1542 (Bouquet, p. 245) parle de la porte-aux-Peintres, « *naguères* démolie. »

Seconde porte S. Denis. — Charles V, vers 1370, fit bâtir une autre porte plus éloignée du centre, tout en laissant subsister l'ancienne. Cette nouvelle porte se nommait : porte ou plutôt *Bastide* S. Denis. Elle était placée à la hauteur de la rue actuelle Sainte Apolline ¹ (voir la pl. IX). Corrozet, dans sa liste des portes de Paris en 1561, cite la porte Sainct Denys : « *porte Royale* », ajoute-t-il. Ce surnom spécial lui venait sans doute de ce que nos rois y faisaient leur entrée solennelle, lors de leur avénement, et plus tard leur sortie funèbre, lorsqu'on menait leur dépouille à S. Denis. On voit dans Félibien (t. V, p. 513) qu'en 1610, année des funérailles d'Henri IV, on l'appelait par excellence « *la porte de Paris* ». L'effigie de ce roi fut, pour cette occasion, dressée au-dessus de l'entrée, sans doute du côté de la ville.

La Bastide S. Denis, depuis l'époque de sa construction jusqu'à celle où elle disparut vers 1672, dut être souvent réparée et modifiée, quoique je ne puisse citer aucun ancien compte qui l'atteste. Au XV⁵ siècle, Dedier-Dordel tenait à louage « une tournelle estant dans la basse-cour de la Bastide S. Denys, joignant au pont-levis, par devers la porte S. Martin » (Bouquet, p. 176).

L'image de cette porte, du côté de la campagne, est assez connue. Elle figure, avec quelques différences, sur les principaux plans. C'est un gros bâtiment carré,

---

¹ La Tynna, au sujet de la rue Neuve-S.-Denis, avance que, sous *Charles IX*, les portes S. Denis et S. Martin furent placées aux deux bouts de cette rue, du côté du nord, et qu'elle porta en conséquence le nom de : rue des Deux-Portes. Le nom de Charles IX est sans doute une erreur de l'imprimeur. L'auteur a voulu dire *Charles V*.

formant une cour à l'intérieur, terrassé et sans toiture (excepté du côté de la ville),
flanqué, dans les angles, de tours ou de tourelles en encorbellement. Il a beaucoup de saillie sur le fossé, et ses deux faces paraissent de niveau avec la base du
rempart. Il était précédé d'un pont-levis établi postérieurement à la porte, si
l'on s'en rapporte au passage suivant du *Journal sous Charles VI*, p. 32 : « A l'en-
« trée de sept. 1417... fut la porte S. Denis fermée, et furent abattuës les arches
« pour faire ung pont-leveys, et fut deux moys fermée en la droite saison de
« vendanges. » Ce pont-levis était suivi d'un pont dormant en pierre de deux ou
trois arches. Au-dessus des piles, des places semi-circulaires, comme on en voit
au pont Neuf, servaient à abriter les piétons, lors du passage des voitures. A la
suite du pont de pierre était une avant-porte, fortifiée, munie d'une herse ou
bascule remplissant l'office de pont-levis, avec un pont d'une arche jeté sur l'arrière-fossé, comme je l'explique, page 139.

L'eau-forte qu'Israël Silvestre nous a laissée de cette porte est sans doute
assez exacte quant à la représentation de la porte et des ponts; mais certainement le graveur a, selon son habitude, arrangé pour l'effet le voisinage. A l'é-
poque où dessinait Silvestre (vers 1650), la porte S. Denis touchait du côté de la
ville à de hautes maisons, dont il la suppose dégagée, pour lui donner l'apparence d'une ruine romaine. Cet artiste se plaisait à faire ressortir les monuments
de Paris, sur un fond de paysage italien. Sa vue du grand Châtelet est du même
genre, ainsi que bien d'autres. Les ponts jetés sur le double fossé ne paraissent
pas bien rendus sur cette estampe. Le profil occidental de la porte offre trois arcs
de pierre ou de brique; on en distingue six sur le plan de Gomboust.

Une estampe historique et satirique, éditée par Jean Le Clerc, d'après un tableau de N. Bollery, représente cette porte du côté de la ville. Henri IV, accoudé
à l'une des deux fenêtres du premier étage, regarde passer l'armée espagnole,
qui sort piteusement de Paris. On distingue le commencement d'un second étage.
Au-dessus de la grande baie en ogive est sculptée ou peinte une Annonciation;
entre l'Ange et la Vierge, est un lis dans un vase; ce détail est peut-être imaginaire.
A côté et à gauche de la grande baie, est une autre baie plus petite. On voit aussi
figurer à l'est de la porte trois arcades inégales; mais tout cet ensemble est confus, manque de perspective et paraît dessiné de mémoire. En somme, cette image
est fort grossière, à part quelques têtes assez bien touchées, notamment celle du
roi. Quant à la localité, elle offre tout au plus quelques réminiscences de la vieille
bastide de Charles V.

On rencontre assez souvent, dans les chroniques manuscrites, des miniatures
représentant cette porte, à propos d'une entrée royale. Montfaucon en a reproduit plusieurs; mais elles ne se ressemblent nullement entre elles. La porte est

évidemment tracée de fantaisie, ainsi que les localités voisines. Il faut donc nous en tenir à l'image que nous offrent les plans détaillés de Quesnel, Mérian, Gomboust, et l'eau-forte d'Isr. Silvestre. La petite vue de la porte S. Denis, représentée pl. XII, fig. 7, est une composition formée de divers éléments.

Il est à regretter que Sauval, qui avait souvent vu cette porte, ne nous en ait pas laissé une description en termes précis. « La porte S. Denys, dit Du Breul, p. 1062, « est ornée d'vn riche *auant-portail*, où se voyent par admiration diuerses sta- « tues et figures qui sont faictes et dressées expres auec plusieurs vers et sen- « tences pour explication d'icelles. » Du Breul ne fait pas connaître ce qu'on doit entendre par cet *avant-portail*. Etait-ce l'avant-porte qui précédait le pont dormant, ou un nouveau bâtiment ajouté à l'ancien, du côté de la ville ?

En août 1620, on permit à un boucher d'établir un étal près de la *herse* de la porte S. Denis (Bouquet, p. 255). Ce mot *herse* signifie sans doute l'avant-porte, et désigne la partie pour le tout.

On lit dans *La Vie et les bons mots de Santeuil*, in-12, 1722, p. 168, que le célèbre poëte, revenant un jour de S. Denis à Paris avec deux de ses amis, eut, à moitié chemin, l'idée excentrique de monter sur une charrette extrémement chargée de foin. Là, il se mit à composer un hymne à sainte Cécile. « Lorsqu'il « fallut passer sous la porte de S. Denys, un de ses amis l'avertit de baisser la « tête ; son application l'ayant empêché de faire réflexion à ce qu'on lui disoit, il « ne la baissa point et fut blessé ; étant descendu, il dit que l'architecte étoit un « ignorant d'avoir fait une porte *si basse*, et qu'il méritoit d'être *pendu comme* « *Ravaillac*, etc. »

La bastide S. Denis fut témoin de bien des cérémonies lugubres ou triomphales, décrites dans les anciennes chroniques et les ouvrages sur le Cérémonial, « tellement, dit Du Breul, que l'on la peut nommer ensemble, *Porte de deuil* et « *Porte de ioye* [1]. » On pourrait composer un volume du récit des événements où cette porte joua un rôle ; je me bornerai ici à signaler quelques faits qui la concernent.

Elle était à peine construite, qu'elle était déjà saccagée, en 1383, dans une émeute (voy. p. 135). — Le 12 oct. 1408, l'évêque de Liège y passa quand il vint à Paris prêter serment de fidélité à Charles VI (*Journal sous Charles VI*, p. 2). — En sept. 1429, on plaça sur la plate-forme « de grans canons qui gettoient de « la porte S. Denis jusques par-delà S. Ladre (Lazare) largement (*ibid.*, p. 126). »

[1] Quand nos rois faisaient leur entrée solennelle par la porte S. Denis, ils avaient coutume de passer la nuit qui précédait leur entrée au couvent de S. Lazare. (Louis XI passa cette nuit au château des Porcherons.) Lorsqu'on portait leurs dépouilles à S. Denis, il était d'usage de présenter le corps dans le chœur de l'église du même couvent.

— En déc. 1431, Henri, roi d'Angleterre, âgé de neuf ans, y fit son entrée, à la honte et pourtant aux applaudissements des Parisiens. On lit (*ibid.*, p. 144) une longue description des fêtes données à cette occasion. « La Porte S. Denis, deuers « les champs, avoit les armes de la Ville ; c'est assavoir ung escu si grant, qu'il « couvroit toutte la maçonnerie de la Porte, et ou travers de l'escu avoit une nef « d'argent grande comme trois hommes. »

Sept ans plus tard, en 1438, le même peuple parisien massacra les Anglais et reçut Charles VII, toujours avec le même empressement. Ce roi entra à Paris par la bastide S. Denis. Corrozet (*folio* 141, v.) assure que cette entrée eut lieu le 4 nov. 1437 ; mais le *Journal* cité dit : 1438. Quand le roi se présenta à la porte S. Denis, « un iouvenceau en guise d'un ange volant en l'air par artifice, luy feit « present des clefs de la ville. »

Au commencement du règne de Louis XI, « la *voirie* de la porte S. Denis fut « abatue et rempars furent faicts au dedans des murailles » (Corrozet, *folio* 144). Cette voirie est la butte Villeneuve-sur-Gravois, dont j'ai parlé pages 147 et 189.

Le 22 mars 1594, une partie de l'armée d'Henri IV s'introduisait à Paris par cette porte, tandis que le roi faisait son entrée par la porte Neuve. Le même jour, comme je l'ai dit ci-dessus, il monta dans la salle du premier étage de la porte S. Denis, pour voir partir l'armée espagnole par une pluie battante. C'est de cette fenêtre qu'il dit au duc de Feria : « Recommandez moy à vostre Maistre, « mais n'y reuenez plus. » Seize ans plus tard, le même édifice, tendu de noir, voyait passer les dépouilles du roi populaire.

J'ai déjà dit, page 220, que la porte S. Denis était une de celles où l'on suspendait les membres de certains criminels exécutés à Paris.

Troisième porte S. Denis. — La Bastide S. Denis, construite sous Charles V, fut abattue vers 1672 et remplacée par l'arc de triomphe actuel, élevé cette année-là par Blondel, à environ quatre-vingts mètres au nord de l'ancienne porte. L'éditeur du manuscrit de Sauval avance que la nouvelle porte fut construite sur les fondements de l'*ancienne*. C'est une erreur si évidente, qu'il est inutile de la réfuter.

La porte S. Denis de Blondel faillit être démolie en 1793, à cause de ses inscriptions et de ses armoiries royales. Heureusement elle en fut quitte pour porter, quelque temps, comme la ville de S. Denis, le nom de *porte Franciade*. Son histoire se mêle à toutes les révolutions qui nous ont agités depuis 1790 jusqu'au 4 décembre 1851. On peut dire que toutes ont commencé là.

DENIS (fausse-porte du faubourg S.). — *Voyez* ci-après l'article intitulé : Portes des Faubourgs.

DORÉE (Porte). Corrozet, dans sa liste des rues. cite la « ruelle au coing de
« la *porte dorée* descendante sur la riuière (sur le quai de la Grève). » Ce nom
s'appliquerait-il à une vieille porte de la première enceinte de la rive droite ? Ce
n'est point probable ; il s'agit sans doute d'une porte particulière, ou d'une
enseigne. Néanmoins, jai cru devoir ne pas omettre cette indication.

ENFER OU DE FER (Porte d'). — *Voyez* S. MICHEL.
EUSTACHE, HUISTACE, HUITASSE (Porte SAINT). — *Voyez* MONTMARTRE.

FAUBOURGS de Paris (ANCIENNES PORTES DES). — Outre les portes attenantes à
l'enceinte de Charles V, il y avait, à l'extrémité des principaux faubourgs du
Sud, des portes accompagnées de *barres* ou barrières qui en fermaient l'entrée.
On les nommait *faulces portes* ou *premières portes*, S. Marcel, S. Jacques, etc.,
parce que c'était les premières qu'on rencontrait quand on venait à Paris. Une
partie de ces portes peu connues remonte peut-être à Charles VI. Je rappellerai
sommairement ce que j'en ai dit au chap. xx.

« L'an 1383 (Corrozet, *folio* 130), le Roy ottroya lettres, par lesquelles appert
« que son vouloir estoit, que les fauxbourgs anciens d'entour Paris, fussent clos
« et enfermez de gros murs, *portes* et fossez, et fussent reputez de ladicte ville. »
Il ne s'agit pas ici, c'est évident, de l'enceinte septentrionale, alors achevée,
mais bien des faubourgs du Midi.

Ce fut, je suppose, vers cette époque que la petite ville S. Marcel fut entourée
d'un mur d'enceinte et d'un fossé (voy. p. 173). Les anciens plans, jusqu'au
règne de Louis XV, indiquent au haut de la rue Mouffetard, la principale rue
du bourg, une porte placée près des Gobelins, laquelle n'a d'autre apparence que
celle d'un pavillon carré. On la nommait communément : fausse-porte S. Marcel.
Cette expression *fausse-porte* lui est donnée pour la distinguer de celle attenante
au mur de Ph. Auguste. Gomboust l'appelle : *vieille porte* S. Marcel, nom qui
semble indiquer une construction ancienne. Selon Sauval (t. III, p. 69), elle
existait déjà en 1304, sous le nom de porte *Poupeline*. Elle se voit encore sur le
plan de La Caille, 1714.

Derrière le cloître S. Marcel était une *porte de la Barre*, placée à l'extrémité
orientale de la rue des Francs-Bourgeois-S.-Marcel, qui portait jadis aussi le nom
de *rue de la Barre*. Elle servait à la fois d'entrée au cloître et de porte de ville,
car le fossé passait devant. J'ai signalé également au chap. xx, auquel je renvoie,
une fausse-porte dont j'ignore le nom, bâtie au haut de la rue de Lourcine, passé
les Cordelières, et, en outre, deux autres portes situées plus bas vers le milieu de
la même rue ; enfin une porte dite *de l'Arbaleste*, dans la rue du même nom.

Au haut du faubourg S. Jacques, entre le mur des Capucins et celui de l'Observatoire, était la *fausse-porte S. Jacques*, ainsi désignée, par rapport à celle attenante à l'enceinte de Ph. Auguste. La construction de cette porte remonte peut-être à une époque éloignée, car, sur les plans de Quesnel et de Boisseau, elle est fortifiée de deux tours rondes, comme les portes de Ph. Auguste.

On n'a jamais cité le *bourg S. Jacques*, mais on mentionne le *bourg de Notre-Dame-des-Champs*, groupé sans doute autour de la vieille chapelle de ce nom, sise entre les rues S. Jacques et d'Enfer. J'ignore si jamais ce bourg fut fortifié de murailles et de fossés : on n'en trouve aucune preuve.

Louis XIII, en 1628, de retour de La Rochelle, fit son entrée solennelle à Paris ; on orna, pour le recevoir, cette porte, qu'on appelait la *première* porte S. Jacques[1].

On ne signale aucune porte de ville du côté du bourg de S. Germain-des-Prez. Seulement, il est certain qu'à plusieurs époques, sous la Ligue et peut-être plus anciennement, on creusa, de ce côté de Paris, des fossés accompagnés de remparts ; mais la description de ces fortifications provisoires est fort vague.

Le 3 juin 1525, eut lieu une délibération sur la garde de la *porte du bourg* S. Germain-des-Prés (Félibien, t. IV, p. 664). Je pense qu'il s'agit ici de la porte qui conduisait au bourg S. Germain, c'est-à-dire de celle située à l'extrémité de la rue actuelle de l'Ecole-de-Médecine.

On lit, dans le registre cité p. 124, un ordre du 27 avril 1585, qui enjoint d'envoyer des troupes aux *guichets* et *fausses-portes* (du midi), pour garder les habitants des faubourgs.

Sur la rive droite il exista aussi des *fausses-portes*, dans les faubourgs S. Honoré, S. Denis et S. Martin. Elles servaient de barrières d'octroi. Il s'en trouvait peut-être également dans les faubourgs Montmartre, Poissonnière, du Temple et S. Antoine ; mais aucun plan ne les indique.

Dans le faubourg S. Honoré, à la hauteur de la Petite rue Verte, était autrefois une barrière accompagnée d'une porte. Dans un procès-verbal de 1636 (Félibien, t. IV, p. 144), on l'appelle : *la vieille porte du Roolle* (Roule). C'est la même peut-être qu'on désigne vers 1687 sous le nom de : porte d'*Argencourt* (voy. ce mot). Les anciens plans ne s'étendant pas assez vers l'ouest, on ne l'y voit pas figurer ; mais sur celui en neuf feuilles de Jouvin de Rochefort gravé vers 1690, et celui de La Caille, 1714, elle est nommée : *La fauce porte S. Honoré*.

. Au faubourg S. Denis, près du grand égout qui le traverse, était une porte en forme de gros pavillon ; elle est marquée sur le plan de Quesnel, 1609, et sur

---

[1] Voyez l'in-folio intitulé : *Éloges et Discours sur la triomphante Reception du Roy*, etc. *Paris, Pierre Recolet*, 1629, avec planches gravées par Abraham Bosse, Melchior Tavernier et Pierre Firens.

plusieurs autres de date postérieure. Comme celui de Belleforest, 1575, ne la représente pas, je supposerai qu'elle ne fut établie que vers le commencement du XVIIe siècle. Outre cette porte, située à la hauteur de la rue actuelle des Petites-Ecuries, on en distingue une autre contre l'église de S. Lazare.

Celle du faubourg S. Martin est aussi placée près et au sud du pont jeté sur le grand égout, au niveau de la rue Neuve S. Nicolas. Ces portes, sur les plans postérieurs à Louis XIII, paraissent avoir été remplacées par des grilles de fer ou des barrières de bois. Celui de Gomboust 1652, n'en indique plus aucune; cependant, sur plusieurs plans de Jean Boisseau, postérieurs à ce dernier, on les voit encore.

FLANDRES (Porte de). *Voyez* COQUILLIÈRE.

FRANCE (Porte de).— Cette porte, projetée par Henri IV, ne fut jamais exécutée. Elle devait introduire sur une vaste place du même nom, située sur l'emplacement de l'enclos du Temple et du voisinage. Le projet en a été dessiné par Claude Chastillon, et gravé, vers 1640, par Poinssart.

FRÈRES-MINEURS OU DES CORDÈLES (Porte des). *Voyez* S. GERMAIN.

GADINE ou **GAUDINE** (Porte de).— Sauval (t. III, p. 126) fait mention d'anciens comptes où l'on cite plusieurs fois, vers 1368, sans indiquer sa position précise, « la Porte de *Gaudine* pavée, terrassée, voutée— entre la Porte de « Bordelles et celle de *Gadine*— douze grands pertuis ès forts murs de taille « sus la Porte de *Gadine*, pour asseoir douze corbeaux et six postues pour sou- « tenir la terrasse d'icelle. » Ce nom de *Gadine* ou *Gaudine* était-il un surnom de la porte Papale, celui d'une avant-porte de la porte Bordelles, ou une poterne percée dans le voisinage de cette dernière porte, et murée plus tard? Serait-ce enfin une porte du bourg S. Marcel, ou de l'abbaye Sainte-Geneviève?

GAILLON (PORTE).—Elle était située rue de la Michodière, qui autrefois se nommait *Gaillon*, comme la rue qui en fait la suite. Elle fut percée dans la courtine du rempart de Louis XIII, entre les bastions 3 et 4 (voir pl. X), à environ soixante mètres, au nord, de la place actuelle Gaillon.

« Le 22 mars 1645, dit Sauval (t. I, p. 104), le Roi permit aux propriétaires « des maisons du fauxbourg S. Honoré, de faire à leurs dépens une porte au bout « de la rue Gaillon, où aboutissent quatre autres rues, et qui conduit aux grands « chemins d'Argenteuil, de Pontoise, etc., le tout à la charge de la faire beau- « coup plus large que les autres... *où un homme de pied ne sauroit passer,*

« lorsqu'il s'y rencontre un charoi ; en tout cas, à grande peine, et encore se
« met-il en danger : si bien qu'on fut d'avis de lui donner six toises de face : on
« étoit déjà après, quand il survint des difficultés entre ceux qui en faisoient les
« frais, de sorte que l'ouvrage fut interrompu, mais enfin repris en 1648 et
« 1655, et enfin tout à fait abandonné. » Plus loin, il ajoute : « On l'a laissée là,
« et fort peu avancée : cependant on ne laisse pas de la nommer *Porte S. Roch.* »

On lit sur un plan de 1651, signé : *A. Flamen* : « La porte *Gallion* qui se bastit
« dans le Marché-aux-Chevaux. » Elle touchait, en effet, du côté de l'est, à ce
marché. Elle n'est pas encore marquée sur le plan de Gomboust ; on n'y voit
que la rue prolongée jusqu'au fossé.

Un plan partiel d'environ l'an 1680 (signalé dans mes *Etudes sur les plans*,
p. 244) en donne le tracé géométral. C'était un simple bâtiment carré. Je ne connais
aucun dessin en élévation de cette porte, sinon sur un mauvais plan, édité vers
1650 par J. Honervogt, où elle ressemble à celle de Richelieu : un pavillon carré
muni d'une tourelle à chaque angle. Mais cette image est probablement de pure
fantaisie. Je suis porté à croire qu'elle ne fut jamais achevée, non plus que le pont
qui devait traverser le fossé.

L'époque précise de la disparition de la partie commencée est aussi fort incertaine. Selon l'éditeur de Sauval, « ce qui avoit été commencé fut démoli en 1684 » ;
selon d'autres, ce fut en 1689. Ces dates sont erronées. Le Maire, dans son *Paris ancien et nouueau* (1685, t. III, p. 488), dit, en parlant de la porte Gaillon :
« elle est toute ruineuse ». On la voit encore figurer sur un plan de De Fer en
quatre feuilles, 1697. « En 1700, dit La Tynna, cette porte fut abattue, et l'on
raccourcit la rue Gaillon. »

Elle n'est pas marquée sur le plan de Bullet, 1676 ; c'est donc par erreur que
Ramond du Poujet assure qu'elle l'est *encore* sur l'édition de 1707. On la voit
sur quelques plans édités par De Fer vers 1705, mais elle y est placée trop près du
boulevard. Ce qui est certain, c'est qu'en 1714 il n'en existait plus aucune trace.

Elle tirait son nom, ainsi que la rue, de l'hôtel Gaillon, situé près de S. Roch.
Suivant De la Marre, elle devait prendre le nom de porte S. Roch, mais celui de
Gaillon a prévalu.

GARITEMENT (Porte de). On lit cette phrase dans Sauval (t. III, p. 125) :
« Depuis le port Notre-Dame (S. Landri?), le long de la rivière en montant jus-
quà la *Porte de Garitement* (vers 1368). » Qu'était-ce que cette porte de la
Cité, sise au bord de la Seine ? Une ancienne porte de l'enceinte attribuée aux
Romains? une porte particulière de ce port, ou du cloître Notre-Dame ? Les do-
cuments nous manquent complétement sur cette matière. Le mot *garitement* a

peut-être été mal lu par Sauval. Notons en tout cas que la racine du mot (garite) semble indiquer que la porte était fortifiée.

GERMAIN-DES-PRÉS (Porte S.). — La première porte ainsi désignée était située à l'extrémité occidentale de la rue S. André-des-Arts; elle prit plus tard le nom de *Buci* (*voy.* ce mot); alors celle dont il est ici question, placée rue actuelle de l'Ecole-de-Médecine, où nous voyons la fontaine voisine de la rue du Paon, fut appelée à son tour *S. Germain.*

Du temps de Ph. Auguste, il n'y avait point de porte à cet endroit. Un acte rédigé en latin (Félibien, t. III, p. 116), permet en 1240 aux religieux de S. Germain de percer le gros mur, *frangere murum,* pour y pratiquer une issue. A cette époque, ils possédaient déjà la porte voisine nommée *S. Germain,* que Ph. Auguste leur avait donnée en 1209. Ils appelèrent la nouvelle : Porte *des Cordèles,* ou des *Frères-Mineurs,* à cause de sa proximité du couvent des Cordèles ou Cordeliers établis depuis dix ans sur l'emplacement actuel de la Clinique.

Vers 1350, les religieux cédèrent à Simon de Buci l'ancienne porte S. Germain, à laquelle ce personnage donna son nom, et la porte des Cordèles prit dès lors celui de S. Germain, qu'elle conserva toujours. Cette nouvelle désignation lui convenait d'autant mieux qu'elle conduisait directement à l'entrée principale de l'abbaye. La porte des Cordèles était placée de biais par rapport au gros mur, et faisait face à la rue du Paon, plutôt qu'à celle de l'Ecole.

Plusieurs historiens ont confondu ces deux portes S. Germain, d'autant plus aisément que celle qui devint la porte Buci conserva longtemps encore son nom primitif. C'est, je crois, à la porte S. Germain, jadis : des Cordeliers, et non à celle Buci, que se rapporte l'événement du 29 mai 1418, dont Corrozet parle ainsi, folio 136 : « L'an 1418, au mois de May, Iean de Villiers, seigneur de l'Isle Adam, « au nom du Duc de Bourgongne, entra dedans Paris par la *porte S. Germain* « *des prez,* auec ccc. combatans : et de nuit luy feit ouuerture Pernet le clerc « serrurier qui auoit desrobé les clefs à son père. » Du Breul et autres auteurs croient qu'il s'agit ici de la porte Buci. Je ne suis pas de cet avis, puisque cette dernière avait, depuis l'an 1350, cédé son nom à la porte des Cordeliers. Le *Journal de Paris sous Charles VI* et les autres chroniques rapportent ce fait, mais sans s'expliquer sur la position de la porte S. Germain où il se passa (*voy.* p. 242).

La porte S. Germain fut souvent modifiée depuis 1240, époque de sa construction. Elle dut l'être notamment vers 1356, lorsqu'on creusa de larges fossés au pied du mur de Ph. Auguste, ainsi que je l'ai expliqué pages 67 et 123.

On cite, dans le *Mémoire* de Bouquet, p. 275, une maison « sise (vers 1540) *hors* la Porte S. Germain, contre la *herse* d'icelle. » Cette herse, placée en dehors de la porte, ne peut être celle dont le bâtiment lui-même était muni. Il faut entendre par ce mot une avant-porte, établie à l'extrémité du pont de pierre, du côté du faubourg, et fermant au moyen d'une herse à bascule, comme on en voit devant les portes du nord. Cette herse, au reste, ne figure sur aucun des vieux plans de Paris.

Dans un compte de 1366 à 1368, on parle d'un clocher, couvert d'ardoise, fait à la porte S. Germain, pour pendre une cloche (Sauval, t. III, p. 126). A cette époque, elle se nommait encore quelquefois : des Cordeliers, et était accompagnée d'une petite porte latérale et d'une basse-cour (*ibid.*).

Il est question dans un autre compte, sous Charles VI (Bouquet, p. 178), d'une « loge assise en la basse-court S. Germain dehors œuvre, entre la basse-court du « *Boullevart* et ladicte porte. » Je ne sais au juste ce que signifie ici le mot *boullevart*. Appelle-t-on ainsi le gros mur, parce qu'on l'avait terrassé en cet endroit, ou l'avant-porte ?

Félibien (t. V, p. 480) rapporte une ordonnance du 23 sept. 1598 pour *rétablir* la porte S. Germain. Ce travail fut confié à Huot, quartenier du quartier, qui s'entendit, à ce sujet, avec les dixeniers de la Ville. « La porte S. Germain, dit André Du Chesne (*Antiq.*, 1609, p. 138), porte sur son front l'année de son nouueau bastiment, escrite en grosses lettres. » Il oublie de citer cette année.

La porte S. Germain, jadis : des Cordèles, fut démolie en 1672, comme en fait foi l'inscription, rapportée par Hurtaut (*Dict. de Paris*, t. IV, p. 127), et qui existait encore de son temps (1779), sur une table de marbre noir, placée dans la niche de la fontaine. On y lisait qu'elle fut abattue en exécution d'un Arrêt du Conseil du 9 août 1672, et que la présente inscription avait été apposée, suivant un autre arrêt du 29 sept. 1673, pour marquer l'endroit où était cette porte.

Je n'ai jamais rencontré de dessin spécial et détaillé de la porte S. Germain. Il faut se contenter de l'image qu'en offrent les plans à vol d'oiseau. Celui de Braun la représente, vers 1530, comme un bâtiment carré qui a peu de saillie, et que flanque une sorte de tour carrée au sud; c'est peut-être le clocher dont parle Sauval. Sur le plan de Du Cerceau, on voit un simple pavillon, faisant face, comme sur le précédent, à la rue du Paon.

Les plans de Quesnel et de Mathieu Mérian offrent la porte refaite en 1598 : c'est un grand bâtiment carré, très-saillant sur le fossé, avec pont-levis. On voit que l'ensemble forme une petite cour du côté de la ville. Cette porte paraît placée de biais et faire face aussi à la rue du Paon; au sud, on distingue encore un clocher. Les restes de murs tracés sur le plan reproduit, pl. II, fig. 1, sont peut-être des débris de cette porte. Il est probable qu'elle était ornée, au-dessus de la baie, des armes de France ou du blason de la Ville. L'artiste Pernot a composé pour les amateurs peu difficiles, une porte S. Germain dans un style tout à fait moyen âge.

GIBARD (Porte). *Voyez* S. MICHEL.
HAMELIN (Porte PHILIPPE). *Voyez* DE NESLE.

HONORÉ (PORTES SAINT-). — La première porte de ce nom fut bâtie sous Ph. Auguste en même temps que l'enceinte septentrionale, entre 1190 et 1200. Elle était située rue actuelle S. Honoré, à l'endroit où est le portail de l'Oratoire (voy. pl. VII, fig. 2), et non au coin de la rue Tire-Chappe, comme dit Du Breul, p. 1059. Elle dut porter, dans l'origine, ainsi que la rue, un autre nom, puisque l'église S. Honoré ne fut commencée qu'en 1204. Selon La Tynna, la partie de la rue où fut établie cette porte se nommait : rue de la *Croix du Tirouer*. Peut-être la porte elle-même fut-elle désignée d'abord sous le même nom, mais elle dut tarder peu à prendre celui de S. Honoré.

Quand S. Louis eut établi les Quinze-Vingts, non loin vers l'est de cette porte, elle prit, dit-on, le nom de *Porte-aux-Aveugles*. Je crois plutôt que ce surnom appartint à la seconde porte S. Honoré, placée tout à fait à côté de cet hospice; il est possible pourtant que les deux portes se soient appelées ainsi.

Le seul plan de Braun la représente, du côté de la campagne, comme un bâtiment carré à un étage, surmonté d'un toit, et fortifié aux angles de tourelles en encorbellement. C'est absolument la même forme que celle de l'autre porte bâtie plus loin vers 1369, ce qui m'engage à crôire qu'elle est dessinée de fantaisie, à moins d'admettre qu'elle ait été modifiée ainsi à une certaine époque. Il est vraisemblable que, dans l'origine, elle ressemblait aux autres portes de Ph. Auguste. On dit, dans les *Mémoires de l'Acad. des Inscrip.*, t. XXIII, probablement d'après des renseignements authentiques, qu'elle était accompagnée de deux tours, que Ph. Auguste donna, en 1217, à Foulques de Compiègne, son sergent, à condition de les conserver en bon état.

Au-dessus de la baie ogivale (du côté de la ville?) s'élevait, au fond d'une niche ou sur un socle, une statue de la Vierge. Sauval (t. I, p. 31) en parle ainsi: « Quant « à la statue de la Vierge qui se voit sur la *porte* de l'église des Prêtres de l'Ora- « toire, elle couronnoit la porte S. Honoré; mais de cela, on n'en a autre preuve « ni certitude que la conformité qui se rencontre entre .elle, et celle de la porte « des Peintres. »

Par porte de l'église de l'Oratoire, il ne faut pas entendre le portail actuel qui, du temps de Sauval, n'existait pas encore. Le pignon était alors masqué par des maisons de la rue S. Honoré. En 1745 seulement, on abattit ces maisons pour construire le portail que nous voyons aujourd'hui, et c'est alors, je suppose, que la statue aura disparu.

«On trouva, dit Robert de Vaugondy, des restes de la porte S. Honoré en fon-« dant l'extrémité occidentale du portail de cette *église*.» Il est à regretter que ce géographe n'ait pas levé le plan de ces restes. La porte fut détruite vers 1535, ou peut-être un peu plus tard , car on lit dans le *Mémoire* de Bouquet, p. 274 : « Place scize entre les deux portes S. Honoré, aout 1545. » Un autre compte de 1582 (*ibid.*, p. 203) cite une maison « rue S. Honoré, à l'endroit où *souloit estre la faulce-porte* de ladite rue, du côté de l'ancien couvent des Filles-Pénitentes. » Ce mot *faulce-porte* ne peut s'appliquer qu'à celle de Ph. Auguste.

Voici encore deux extraits du même *Mémoire*, relatifs à cette porte qu'on louait à divers particuliers. — 1450. «Thomas Le Sueur, routisseur... pour une place « quarrée, joignant des murs de la ville qui font *l'ancienne* closture... entre le « dégré ¦qui sert pour monter ès estaiges et chambres qui sont entre icelle *an-*« *cienne* Porte et la maison d'icelui Thomas, etc. » (p. 175). — 1474. « Jehan « Vallée, Molleur de Busche, pour une place... joignant de la montée de *l'ancienne* « porte S. Honoré et des anciens murs en laquelle place a un petit caveau faisant « le dessous de laditte montée, etc. » (*ibid.*, p. 186).

Froissard, à l'année 1358, parle d'une bataille entre les Parisiens et les Anglais à la porte S. Honoré. Il faut entendre celle bâtie sous Ph. Auguste, car à cette époque, la porte nouvelle sise plus à l'ouest n'était pas encore construite.

Seconde porte ou Bastide S. Honoré. — Lorsque Charles V éleva de nouvelles murailles, la porte S. Honoré fut placée entre les rues actuelles Jeannisson et du Rempart[1] (voy. pl. IX). Elle fut aussi désignée sous le nom de *Porte-aux-Aveugles*, plus vraisemblablement que celle de Ph. Auguste, parce qu'elle touchait presque à l'établissement des Quinze-Vingts.

L'événement le plus remarquable dont cette porte fut témoin, c'est l'assaut que tenta la Pucelle de ce côté de Paris. Toutes les chroniques contemporaines le racontent à peu près avec les mêmes circonstances. Cet assaut infructueux eut lieu en septembre 1429, le jour de la Nativité Notre-Dame. Le *Journal sous Charles VI et VII*, qui traite avec mépris Jeanne d'Arc, parce qu'il écrit en faveur du duc de Bourgogne, est surtout indigné qu'elle eût choisi un jour de fête solennelle.

Corrozet se trompe d'une année, quand il rapporte l'événement à l'an 1430. J'ai déjà, page 145, cité un passage qui le concerne[2]; je vais reproduire ici une

---

[1] J'ai dit par erreur, p. 144, que la rue du Rempart était un ancien chemin de ronde intérieur. Cette rue, au contraire, occupe une partie de l'emplacement du rempart.

[2] Ce même passage se trouve également dans Félibien , t. IV, p. 590, avec quelques différences dans l'orthographe.

partie du récit de Corrozet (*édition* 1561, folio 138), qui décrit cette portion du
rempart, existant encore de son temps. «Le Duc d'Alençon... alla mettre le
« siege deuant la porte Sainct-Honoré, et de prinsault, emporta le *bouleuert* [1] basti
« contre ladicte porte. En ce costé y auoit doubles fossez, et entre les deux vne
« *butte à doz d'asne* : les François s'estants faicts maistres du premier, s'effor-
« cerent de toute puissance par la conduicte de la pucelle de gaigner le second
« fossé plein d'eau, le remplissant de bois, pierre, terre et autres choses, pour
« ioindre à la muraille, etc. Cela aduint en l'an mil quatre cens *trente.* »
     On lit dans le *Journal* ci-dessus, page 76 : « En ce temps (1421) à la Porte
« S. Honoré fut veuë dessous le Pont en l'eau une source comme de sang ung
« pou moins rouge... et en furent les gens qui y alloient moult esbahys et tant qu'il
« convint que la Porte fust fermée et le Pont levé deux jours pour la grant mul-
« titude du peuple qui là alloit; et si ne pot oncques personne sçavoir la signi-
« fiance de la chose. »
     Cette source de sang n'était sans doute autre chose que les eaux d'un teintu-
rier; à cette époque le moindre accident était réputé merveilleux.
     Le 4 juin 1549, le Dauphin (François Ier) fit à Paris, par cette porte, une en-
trée, décrite dans Félibien, t. V, p. 360.
     La porte S. Honoré joua aussi un rôle dans les guerres de la Ligue. On lit dans
l'*Histoire* de P. Mathieu : « Le Roy (de Navarre) ne voulant estre oisif de son
« costé dressa quelque entreprinse pour mettre en alarme ceux de Paris, et leur
« donner occasion en les resueillant de penser à eux. Ils en prindrent telle alarme
« qu'ils *terrasserent* la porte S. Honoré, où l'on leur donna aduis que les trouppes
« du Roy venoient donner le vingtiesme de Ianuier. Tout cela s'esuanouït sans
« rencontre ny perte de part ny d'autre. »
     La porte S. Honoré de Charles V figure sur tous les plans à vol d'oiseau anté-
rieurs à l'année 1636. Ce fut à peu près vers cette époque qu'elle fut démolie[2].
On l'appelait alors : *faulce-porte* (Bouquet, p. 235).
     Elle consistait, du côté de la campagne, en une bastide carrée, flanquée dans
les angles de tourelles rondes à toit conique; sur les plans de Braun et de Du
Cerceau, ces tourelles sont en encorbellement; sur d'autres elles descendent
jusque dans le fossé. La baie de la porte est cintrée ou plutôt en arc surbaissé,
forme usitée, ainsi que l'ogive, du temps de Charles V. Il ne serait pas impossible au
reste qu'elle eût été reconstruite sous Louis XI. Au-dessus de la baie on remarque
un étage percé de deux fenêtres carrées à croisillons de pierre. Sur le toit aigu

---

[1] Peut-être ce mot *boulleuert* désigne-t-il la butte S. Roch, dont je parlerai bientôt.
[2] Selon un procès-verbal du 16 mai 1656 (Félibien, t. IV, p. 144), elle existait encore cette année.

se détache, vers le milieu, selon quelques plans une lucarne gothique, selon d'autres une tourelle à cul-de-lampe. Le pont-levis était suivi d'un pont dormant, fortifié lui-même d'une avant-porte munie d'une herse à bascule, comme on en voit devant d'autres portes, système en usage quand il n'existait pas de bâtiment pour la loger.

Sur la grande gouache de l'Hôtel-de-Ville, la bastide S. Honoré est représentée avec des détails très-pittoresques, mais peut-être imaginaires. On y distingue plusieurs étages percés de fenêtres; sur une tourelle suspendue au-dessus de la grande baie est un cadran d'horloge. On ne remarque pas d'avant-porte; mais une tour ronde, qui s'élève vers le sud, près de la contrescarpe du fossé, paraît en être un reste.

La figure 9 de ma planche XII offre un dessin de cette porte, que j'ai composé d'après divers anciens plans. L'avant-porte, avec herse à bascule, se voit sur le plan de Braun. J'ai adopté des formes et des proportions en rapport avec celles d'autres portes bâties à la même époque. Mon dessin est fort petit : j'ai mieux aimé être sobre de détails que d'en inventer. A gauche de la porte est une tour murale ou bastide, qu'il faut supposer à une distance plus éloignée.

Les extraits suivants du *Mémoire* de Bouquet jetteront quelque lumière sur la porte de Charles V. — «La Bastide et demourance de la Porte S. Honoré, que « tient à louaige Jean Pocaire, par bail, etc., vers 1474 (p. 191). — Jourdain « Picot, Bourgeois de Paris, pour une maison où souloit avoir masure; joignant « d'un petit jardin qui est des appartenances de la Porte S. Honoré, du costé de « la Porte Montmartre (*ibid.*). » A la pag. 265, il est encore question du jardin du logis de cette porte.

1511. Bail fait à Girard Goudoin, d'une petite maison en la « *basse court* de « la Porte S. Honoré, joignant la *Herse* du costé de la Tour du Bois... Place « vague ès *arrière-fossés*, derrière et joignant sa maison (*id.*, p. 244). — Petit « coin de mur de la Ville, ès arrière-fossés près et joignant la porte S. Honoré « (*ibid.*).—1520. Maison... hors et joignant la *herse* de la Porte S. Honoré... faisant « le coing tournant aux *Thuileries* (*id.*, p. 245). — 1608. Place estant dans le « *Ravelin* de la Porte S. Honoré, du costé de la Porte neufve (*id.*, p. 218). — « Place hors la Porte de S. Honoré, au dedans de l'arriere des fossez d'icelle... à « prendre de *l'hereté* de derriere du mur du *Rauelin* (*id.*, p. 215).—Place vague « estant dans la Porte S. Honoré, dans le *Corps-de-garde de la rue de Seine*, etc. « (*id.*, p. 216). — Place à faire Boucherie, entre le pont-levis de la Porte S. Ho- « noré (*ibid.*). — Maison assise dans le *boullevert* de la Porte S. Honoré (*ibid.*). »

« 1611. Place sur le rempart du côté de la Porte S. Honoré... le long de la « maison du Cordier (*id.*, p. 251). — 1612. Place dans le *Boullevard* de la Porte

« S. Honoré, au dedans du fossé au bout du Pont-Dormant, à l'endroit de la
« masse dudit pont, du côté de Montmartre» (*ibid.*).

En 1632, on avait loué au sieur Aubrepin « le *dessous* du pont-dormant
« de pierre, avec permission de faire boucher l'arcade par les deux côtés »
(*id.*, p. 260).

Non loin au nord-est de cette porte, s'élevait un monticule, nommé au XVIIe
siècle : butte des Deux-Moulins ou S. Roch (voy. pl. X, fig. 3), représenté sur tous
les anciens plans, et même encore sur celui de Gomboust, celui qui en donne
l'idée la plus exacte, quoiqu'il commence à être envahi de toute part par des
rues nouvelles. Un arrêt du Conseil du 15 sept. 1667 autorisa l'aplanissement de
la butte S. Roch, et en 1672 elle avait disparu. Il n'en reste aujourd'hui d'autres
traces que la pente du sol des rues des Deux-Moulins, Sainte-Anne, des Moineaux, etc.

Ce monticule factice était formé d'anciens dépôts de gravois, et peut-être aussi
d'une partie des déblais des fossés ouverts en 1356, de ce côté de Paris. Sous
Charles VI, il servit sans doute de bastide de terre, sorte de *fort détaché* où
l'on plaçait de l'artillerie. Au pied de la butte, du côté qui regardait la porte,
était une place dite : Marché aux Pourceaux et aux Moutons. C'était en même
temps un lieu de supplice, célèbre dans l'histoire de Paris aux XVe et XVIe siècles.
Sur les plans de la Tapisserie, de Braun et de Du Cerceau, on y remarque un
massif carré de maçonnerie. C'était là qu'on brûlait ou bouillait vifs divers cou-
pables, notamment les faux-monnayeurs. En outre, on voit à côté une ou deux
potences. Ces détails n'existent plus sur les plans du XVIIe siècle.

TROISIÈME PORTE S. HONORÉ. — Cette porte, située à l'extrémité occidentale de la
rue de ce nom, presque dans l'alignement de la rue actuelle *Royale* (dite autrefois :
du Fossé des Tuileries) avait été projetée, ainsi que le bastion auquel elle tenait,
dès le règne de Charles IX, mais les troubles du temps reculèrent son exécution,
qui n'eut lieu que sous Louis XIII.

Cependant, sur les plans du commencement du XVIIe siècle, on voit déjà, à
cette place, figurer une porte. Est-ce une fantaisie du dessinateur? Je ne le pense
pas, car on lit dans le texte, daté 1615, annexé à la première édition du plan
de Mathieu Mérian : «Porte S. Honoré *rebastie de nouueau.*» Il est donc probable
qu'en 1615, il existait déjà un bâtiment provisoire qui fut remplacé vers 1632
par un autre d'un aspect plus imposant.

Cette nouvelle porte fut construite avant le bastion, et, quand celui-ci fut
achevé, se trouva placée vers le milieu de sa face occidentale (voy. pl. X, fig. 3).
Aux termes d'un traité que j'ai cité, p. 184, elle fut commencée par Pierre Pidoux en 1631, et achevée en 1633; elle disparut entre 1730 et 1734. Il nous en

reste plusieurs vues gravées, prises du côté de la ville et de la campagne. Sa description donnera une idée de celle de la Conférence, bâtie dans le même style et par le même architecte, mais sur une moindre échelle.

Elle se composait de pierres de taille de grand appareil, mêlées peut-être de briques, selon la mode du temps. La vue qui mérite le plus notre confiance est celle d'Israël Silvestre, prise du dehors et de trois quarts. Le paysage qui l'accompagne est évidemment tracé de fantaisie, car cet artiste ne dessinait d'après nature que le monument annoncé sur l'inscription.

Le bâtiment principal se trouve entre deux pavillons carrés en saillie, coiffés d'un comble en forme de carène renversée et vue de profil; le sommet du comble se termine par un campanile. Au-dessus de la baie principale, en arc à plein cintre, sont sculptées en bas-relief les Armes de la Ville. Plus haut, et passé la base du toit, s'élève un fronton arrondi, formé par de gracieux enroulements. Au-dessus du fronton, percé d'une fenêtre ronde, apparaît l'écusson royal, surmonté de la couronne de France; le tout d'un effet élégant et grandiose. Les toits des pavillons latéraux sont ornés de lucarnes circulaires que terminent des casques à cimiers. Les pavillons ont trois étages de fenêtres. Les angles des bâtiments, ainsi que les contours des fenêtres, sont décorés de chaînes de pierres en bossage. Quant au profil du monument, il offre un parement à peu près nu, sauf des corniches indiquant la division des étages. Du toit très-élevé du bâtiment central, s'élancent deux hautes cheminées décorées. La grande baie du milieu est accompagnée de chaque côté d'une autre plus petite et rectiligne. Celle du Nord est précédée d'un pont-levis pour les piétons. Au premier étage, le mur de face est percé de trois longues entailles destinées à loger les flèches du grand et du petit pont-levis [1]. Le pont dormant est d'une seule arche de pierre, en dos d'âne; sur la clef de voûte est encore sculpté le blason royal. A la descente du pont, du côté de la contrescarpe, s'élève un poteau portant, je crois, une inscription, et, au-dessous, une sorte d'écusson. Le mur de face du bastion est surmonté d'un parapet, et un cordon de pierre indique à l'extérieur le niveau du terre-plein.

Une médiocre estampe, éditée vers 1700 par N. de Poilly, et gravée, je crois, par Aveline, représente cette porte vue de trois quarts et du sud-est. C'est à peu près la même disposition, mais les proportions sont un peu différentes. La face en talus du bastion est percée de plusieurs ouvertures longitudinales, pratiquées, soit pour l'écoulement des eaux, soit pour l'éclairage d'une galerie intérieure. Le parapet est muni de larges merlons, dont le sommet est taillé en glacis. Ces détails sont peut-être un enjolivement du dessinateur.

[1] Ces pavillons ou tours carrées qui flanquent le bâtiment principal, et ces deux portes à pont-levis, sont une imitation, une réminiscence de la structure des portes de Charles V.

Il existe une vue de la même porte, prise du côté de la ville, dessinée et gravée par N. Perelle, vers 1680. C'est le même style d'architecture, avec un peu moins d'ornements; toutes les fenêtres et les portes sont entourées de chaînes de pierres en bossage, mais les deux pavillons latéraux ne sont pas en saillie comme ceux de la face opposée (ils étaient même un peu en retrait, suivant un plan géométral que j'ai vu aux Archives ou ailleurs). Les lucarnes du toit sont terminées par des frontons semi-circulaires. On lit au bas de l'estampe que la porte fut construite en 1635, date qui ne s'accorde pas avec celle de l'Ordonnance qui en concerne l'exécution.]

Cette estampe de Perelle a été reproduite dans une collection de vues de Paris, gravées en Hollande, et aussi, comme vignette, dans plusieurs *Descriptions de Paris;* je citerai entre autres le *Séjour de Paris*, par Nemeitz, 1727.

Brice, dans sa *Description de Paris* (édit. de 1706), s'exprime ainsi : « La porte « de S. Honoré est la seule des anciennes portes qui est encore restée sur pied. « Il y a apparence qu'elle ne subsistera pas long-tems. A la place de ces Gui- « chets obscurs et serrez qui causoient tous les jours des embarras et des acci- « dens fâcheux, la Ville a fait élever de superbes portes qui seront des monu- « mens du bon goût, qui régne aujourd'huy dans ce Royaume. »

HONORÉ (Fausse-porte Saint). — On voit figurer sur plusieurs plans, dans le faubourg actuel S. Honoré, à la hauteur de la Petite rue Verte, une porte accompagnée d'une barrière. *Voyez* ce que j'en dis plus haut, p. 230 et 257.

Huidelon ou Hydron (Porte Nicolas). *Voyez* Beaubourg.

JACQUES (Porte Saint). — Bâtie, entre 1200 et 1212, rue de ce nom, près de celle Soufflot (voir pl. III, fig. 4 et page 55), cette porte ne fut jamais reconstruite, mais seulement modifiée et réparée plusieurs fois, notamment sous Charles V et sous François Ier.

Selon Sauval, elle n'aurait jamais porté d'autre nom que celui de *porte S. Jacques*, qu'elle tenait (ainsi que la rue) du couvent voisin des *Jacobins*, fondé vers 1218; selon d'autres, de l'Hôpital S. Jacques-du-Haut-Pas, établi sous S. Louis. A en croire Dulaure, elle se serait appelée dans l'origine : *porte Notre-Dame-des-Champs*, à cause du voisinage de cette ancienne chapelle. Elle était certainement terminée en 1212, et, comme la rue S. Jacques se nommait alors : Grant rue du Petit-Pont, et que les Jacobins n'étaient pas encore connus, on dut lui donner une autre désignation que celle de : Porte S. Jacques.

C'était, du côté du sud, la principale porte de Paris : aussi était-elle une de celles qu'on gardait avec le plus de vigilance et qu'on ne murait jamais, puisqu'elle était en tête de la principale voie qui traversait la capitale du sud au nord. Néanmoins, en temps de paix, on en affermait le bâtiment, comme je l'ai constaté page 220.

La porte S. Jacques fut témoin d'événements ou de cérémonies d'une grande importance, surtout sous le règne orageux de Charles VI. Quand nos rois décédaient dans leurs résidences du sud-ouest, c'est par cette porte que leurs dépouilles rentraient dans la capitale. Leur corps, déposé d'abord dans l'ancienne chapelle de Notre-Dame-des-Champs, était ramené à Paris par la porte S. Jacques, conduit à la cathédrale, puis de là à S. Denis. Cette cérémonie eut lieu pour les obsèques de Charles VII, de Charles VIII, du duc d'Orléans, père de Louis XII, d'Anne de Bretagne, de la reine Claude et de François Ier. Félibien, dans ses volumes de *Preuves,* a reproduit la description de ces cérémonies.

On a présumé que saint Louis a plusieurs fois, notamment à son retour de Palestine, fait son entrée par cette porte. Le *Journal de Paris sous Charles VI et VII* la mentionne souvent. On y lit, p. 166, de curieux détails sur l'entrée, en avril 1436, des partisans de Charles VII, qui, par cette porte, se répandirent dans tout Paris et en chassèrent les Anglais. Je ne rapporterai de ce récit que la partie qui concerne la porte S. Jacques : « Le vendredy d'après Pasques (1436) vinrent « devant Paris... le comte de Richemont, qui estoit Connestable de France de par « le Roy Charles, le bastard d'Orleans, le Seigneur de l'Isle-Adam et plusieurs « autres Seigneurs droit à la Porte S. Jacques, et parlerent aux Portiers, disant, « laissez nous entrer dedens Paris paisiblement, ou vous serez tous mors par « famine, par cher temps ou autrement; les gardes de la Porte regarderent par « dessus les murs, et virent tant de peuple armé, qu'ils ne cuidoient mic que « toutte la puissance du Roy Charles pust finer de la moitié d'autant de gens « d'armes, comme ils povoient voir, si orent paour, et doubterent moult la fu- « reur, si se consentirent à les bouter dedens la Ville, et entra le premier le Sei- « gneur de l'Isle-Adam par une grant eschelle qu'on luy avalla, et mit la Ban- « niere de France dessus la Porte criant Ville gaignée. »

Corrozet (*édit.* de 1532, fol. 45, v.) raconte ainsi ce fait d'après je ne sais quelle chronique : « La porte S. Iacques estoit fermée et en auoit les clefz l'éuesque de « Therouenne Anglois lequel auec le Seigneur de Vilby capitaine de Paris aussi « Anglois se sauuerent en la Bastille et fust ladicte porte *rompue* (c'est-à-dire « ses *vantaux*), par ceulx de la ville, par laquelle entrerent le Connestable « (comte de Richemont), le Bastard d'Orleans et leurs compaignies ayans les « espées traictes, crians : S. Denis ! » Il est à remarquer que le même auteur, dans son édit. de 1561, fol. 139, place ce fait à la porte S. Michel.

En 1438, nous apprend le *Journal* cité ci-dessus, des larrons venus de Che-
vreuse, au nombre de vingt ou trente, entrèrent dans Paris par la porte S. Jacques ; ils y tuèrent « un sergent à verges assis à ung huis... et prindrent trois des
« Portiers gardans la porte et plusieurs pouvres gens, etc. »

En 1441, les Anglais tentèrent sans succès de surprendre la ville de ce côté.

En 1509, le 16 mars, Louis XII fit, par cette porte, une entrée solennelle dont
les détails sont décrits dans le *Cérémonial* de Godefroy.

Le 26 juillet 1538, Lettre du roi qui prie bien *affectueusement* les Prévôt des
marchands et Echevins de permettre au Bailly de la *Mairie* du faubourg S. Jacques
de tenir son siége et ses prisons en la *tour* de la porte S. Jacques (Registre cité
p. 124).

En 1544, « on feit un *rampart* à la porte S. Jacques », et, à cette occasion, on
trouva des restes de l'ancien aqueduc d'Arcueil (Corrozet, fol. 8 et 161, *verso*).

Le 14 déc. 1587, Henri III entra à Paris par la porte S. Jacques, et « ëstant
« près des fauxbourgs vers la première *Herce* (la fausse-porte), commença l'Ar-
« tillerie de la Ville à sonner etc. » (Félibien, t. V, p. 444).

Le 9 sept. 1590, dix Jésuites armés et placés sur le mur, près de la porte
S. Jacques, combattirent contre une troupe de soldats du roi de Navarre. Ce fait
est détaillé dans les *Additions à la satyre Ménippée.*

Le 9 mars 1594, les Seize firent condamner toutes les portes de la rive gauche,
moins la porte S. Jacques, dont la clef fut confiée à un de leurs affidés, nommé
Pichonnat (Mauperché, p. 156). Le 13 sept. de la même année, Henri IV, devenu
roi, rentra par cette porte, à son retour d'un voyage (Félibien, t. V, p. 474).

En sept. 1614, Louis XIII, revenant de la Bretagne, fit son entrée par la même
porte (*ibid.*, p. 519). L'historien Mathieu donne de grands détails sur cette cérémonie, dont une estampe de Mérian nous a conservé le souvenir. Malheureusement la porte S. Jacques y paraît tracée de fantaisie. C'est un grand bâtiment
carré, présentant au sommet quatre tourelles à cul-de-lampe, dont la plate-forme,
couronnée de créneaux, est garnie de fleurs pour la circonstance. Au-dessus de la
baie sont placées les armes de France et de Navarre. Peut-être a-t-on voulu représenter l'avant-porte.

Le 28 janvier 1616, autre entrée du roi qui revenait de Tours. On lit, à ce sujet,
dans l'*Histoire* de P. Mathieu, p. 906 : «Sur les remparts du *Faux-bourg S. Iacques*
« *trente pièces d'Artillerie*, auec vne quantité de boüettes, salüerent sa Maiesté
« auec vn bruit si grand qu'il sembloit que ce fust des grands coups de tonnerre
« et esclairs. A la *porte S. Iacques* se presentent les armes de sa Maiesté à ses
« yeux dans vn Tableau posé *au dessus du Pont-leuis d'icelle*, pendant que
« là mesme vne douce et agreable musique chanta quelques motets sur les •

« loüanges de ce victorieux Monarque. » Cette fête a été, je crois, aussi gravée.

Le 16 mai 1616, le même roi fit par cette porte une nouvelle entrée, à son retour de Bordeaux, accompagné de la jeune reine son épouse. On en trouve la description dans le *Cérémonial* de Godefroy, et une représentation, sur une estampe de la *Collection-Fontettes*. Le char du roi est conduit par le Temps. La porte ou l'avant-porte S. Jacques, figurée de mémoire, est munie d'un double pont-levis, dont l'un, à une seule flèche, sert de passage aux piétons.

En janvier 1623, le roi devait encore rentrer à Paris par cette porte, mais «à « cause de l'incommodité du passage des rues qui sont à l'advenue des portes « S. Marcel et S. Victor », le roi décida qu'il passerait par la porte S. Antoine. (Félibien, t. V, p. 550).

L'entrée du même roi, le 23 déc. 1628, à son retour de La Rochelle, fut célébrée avec beaucoup de pompe. Un grand in-folio, orné d'estampes gravées par Ab. Bosse et autres, nous en a transmis les détails (voy. *note*, p. 257).

Aucune de ces planches ne peut nous fournir une vue exacte de la porte S. Jacques, puisqu'elle est défigurée par des ornements ajoutés pour cette occasion, et parée d'emblèmes peints sur toile ou sur bois. En un mot, on ne peut s'en faire la moindre idée. Le texte ne nous en apprend pas davantage ; il parle de la *première porte* S. Jacques, située au haut du faubourg, ainsi que de la porte et de l'avant-porte S. Jacques ; mais il ne décrit que les décorations qui en déguisaient la maçonnerie.

Il existe une estampe isolée, gravée, je crois, par Pierre-Firens, représentant cette décoration vue de loin. On y remarque le fossé, le mur d'enceinte, flanqué de quelques tours, et, au delà, les clochers de la ville. Mais le point principal, la porte S. Jacques est complétement masquée par des accessoires de circonstance, et, pour l'effet, toutes les maisons du voisinage ont été supprimées : telle était alors la nature des estampes historiques.

On ne sait donc où chercher une image en élévation de la porte S. Jacques. Les anciens plans, vu leur orientation, ne la représentent que de profil, et ne s'accordent pas entre eux. La petite vue de Paris, prise du sud, gravée en 1607 par L. Gaultier, offre toutes les portes de l'Université, mais avec une inexactitude choquante. C'est une estampe qui reproduit une enseigne de libraire exécutée de mémoire. Il est fâcheux qu'on ait plusieurs fois regravé cette image du vieux Paris, qui n'est propre qu'à fausser nos idées.

Nous possédons sur la porte S. Jacques un plan géométral qui paraît exact : je l'ai reproduit, réduit au tiers (pl. XI, fig. 2), d'après le calque d'un plan des Archives levé en 1665. De l'inspection de ce plan il résulte, qu'en 1665 le fossé devant la porte S. Jacques était comblé et couvert d'un double rang de maisons mal alignées [1], formant la tête du faubourg S. Jacques, entre la porte et la rue actuelle S. Hyacinthe, alors nommée : des Francs-Bourgeois. Sur l'original, des parties ombrées assez vaguement semblent annoncer que l'entrée des maisons, de chaque côté, était au-dessous du niveau de la chaussée, ce qui prouverait que le fossé était imparfaitement comblé. On remarque une barrière et des bureaux d'octroi ; une double ligne pointillée indique l'alignement projeté de la rue S. Jacques.

Ce plan atteste que le bâtiment de Ph. Auguste avait conservé ses deux grosses tours rondes. Dans un coin est un escalier à vis. De ces tours partent de gros murs qui, après avoir formé des angles assez bizarres, vont rejoindre le massif d'une avant-porte (bâtie sous Charles VI, ou plus tard), percée d'une baie qui ne correspond pas à l'axe de la vieille porte, mais en dévie vers l'ouest et à dessein : les détours auxquels cette disposition obligeait les assaillants rendaient une surprise très-difficile. A côté de la principale baie, le plan en indique une autre plus petite. Chacune d'elles avait autrefois sa herse et son pont-levis particuliers. Le gros *mur des carneaux* (*créneaux*), comme l'appelle le plan, était sans aucun doute percé de meurtrières ou même de larges embrasures pour l'artillerie. Il formait une sorte de bastion destiné à mettre à l'abri les défenseurs de la porte. Le *rampart* dont parle Corrozet à l'année 1544 (*voy*. p. 180) serait-il ce *mur des Carneaux?* Je crois plutôt qu'il fut construit du temps de Charles VI ou de Louis XI.

Nous lisons dans la *Descr. des villes de France*, par André Du Chesne, 1609, p. 139 : « On fortifie auiourd'huy la porte S. Jacques d'une *avant-porte* que l'on « *relève de ses poudreuses reliques*, et qui signalera beaucoup le premier lustre « de son antiquité. »

Dans un Arrêt du Conseil d'Etat de 1691, on parle d'une maison « size sur le *Boullevart* de la Porte S. Jacques.» Je ne sais trop ce qu'il faut entendre par ce mot *boullevart* : peut-être un terrassement qui flanquait le gros mur à l'intérieur, ou simplement le mur lui-même.

Il est fâcheux que l'architecte qui a levé le plan ci-dessus décrit n'y ait pas joint celui de l'élévation de la porte. Le dessin de ce bâtiment célèbre manque à l'archéologue, qui ne peut se contenter de la composition de M. Pernot.

Selon Sauval (t. III, p. 126), La porte S. Jacques avait une *basse-court*, sans doute du côté de la ville, à moins qu'il ne désigne ainsi l'intervalle entre la porte et l'avant-porte ; en tout cas, cette *basse-court* avait été, c'est probable, établie postérieurement à Ph. Auguste.

Nous rappellerons ici que la porte S. Jacques était l'une des quatre *maîtresses-*

---

[1] Les noms des propriétaires de ces maisons y sont indiqués. On y remarque ceux de Guy, Penicher (ou Pénichet), Silvain et veuve Crespinet, noms signalés aussi dans une Ordonnance de 1690, que rapporte Félibien, t. IV, p. 297.

portes de Paris auxquelles on suspendait les membres des suppliciés (*voy.* p. 220); non loin de là était l'*Estrapade*, instrument de supplice militaire.

Cette porte fut démolie en 1684, et ses matériaux, selon Mauperché (p. 156), furent achetés dix mille livres par les Jacobins.

JACQUES (Fausse porte S.).—L'avant-porte que j'ai signalée à la page précédente ne doit pas être confondue avec celle-ci, qui était la porte du faubourg du même nom. J'en ai parlé plus haut, page 257.

LÉPREUX (Porte du). — C'est le nom imaginaire d'une porte que Du Plessis, dans ses *Nouv. Annales de Paris* (p. 33 et 77), suppose avoir appartenu à une enceinte méridionale, antérieure à celle de Ph. Auguste. Il la place dans le voisinage de la chapelle S. Yves, et la nomme ainsi, parce que saint Martin, revenant de Tours à Paris par une entrée située vers cet endroit, y rencontra un lépreux qu'il guérit en lui donnant un baiser (*voyez* p. 24).

LOUIS (Porte S.). — Dès le temps d'Henri IV ou de Louis XIII, il existait dans le rempart, à l'extrémité septentrionale de la rue actuelle du Pont-aux-Choux, une petite issue, suivie d'un pont jeté sur le fossé, et appelé vulgairement : le Pont-aux-Choux [1], nom qui passa à la rue et à la porte elle-même.

Ce pont figure déjà sur les plans de 1609, mais on n'y distingue pas la porte, que Gomboust, en 1652, nomme : *Poterne du Marais*. Ce pont de bois mettait en communication les marais du Temple avec ceux qui s'étendaient au delà du fossé, et son nom provenait, sans doute, des choux que l'on cultivait spécialement dans ces marais potagers. Le Maire, dans son *Paris ancien, Paris moderne*, assure (t. III, p. 421) que la Seine remontait jusque-là quand ses eaux étaient hautes.

La Tynna se trompe quand il dit que la rue du Pont-aux-Choux tire son nom d'un « pont sur l'égout couvert par la rue Turenne (aujourd'hui : S. Louis)»; ce pont était jeté, non sur l'égout, mais sur le fossé de la ville, comme on le voit sur ma planche IX. Il ne cite pas la poterne du Marais, qu'il confond avec la porte rebâtie plus tard sous le nom de Saint-Louis.

Cette nouvelle porte prit, ainsi que le pont qui fut aussi refait, le nom de Saint-Louis, dont l'inscription suivante, rapportée par Hurtaut, explique l'origine : Ludovicus Magnus avo Divo Ludovico. Anno. R.S.H. m. dc. lxxiv. Le 13 mai 1654, dit Sauval (t. I, p. 105), « le Prevôt et les Echevins mirent la première « pierre de la porte S. Louis, nommée auparavant par raillerie le Pont *au* choux :

---

[1] Le plan de Jouvin de Rochefort est le premier qui désigne ainsi ce pont.

« elle est assise derriere le Monastere des Religieuses du Calvaire de la rue
« S. Louis. Dans le tems qu'on y travailloit, un des Chirurgiens du Roi appellé
« Maucorps fit faire près de là un pont de bois : presentement il y en a un de
« pierre, à qui on donne encore le nom de Pont aux choux. »

Cette date de 1654 est-elle une erreur? Le Maire, qui écrivait en 1685, dit
qu'elle fut bâtie en 1674. Sur un petit plan gravé par Albert Flamen, vers 1658,
on la nomme « Porte du Calvaire ditte de Saint-Louis ». Il est vraisemblable que
la porte fut en effet commencée en 1654, mais ne fut terminée que vingt ans
plus tard, et alors décorée d'une inscription portant la date de son achèvement.

La nouvelle porte, suivie d'un pont de pierre, se voit en élévation sur les plans
de Jouvin, La Caille, Bretez et autres. C'est un pavillon entre deux autres plus
étroits. Elle était *rustiquement bâtie*, selon Hurtaut, c'est-à-dire : d'architecture
en bossage. Elle fut détruite un peu avant 1760. Elle est encore marquée sur le
plan-atlas de Denis et Pasquier, 1758, mais ne l'est plus sur celui de Robert de
Vaugondy, 1760. La porte S. Louis était, sous Louis XV, un lieu de rendez-vous
où affluaient les équipages.

LOURCINE (Portes de la rue de). *Voyez* chap. xx, page 174.

LOUVRE (Porte ou poterne du).—Elle était située à côté et au nord de la tour
dite du Louvre, ou : *Qui fait-le-coin*, tour qui s'élevait vis-à-vis celle de Nesle.
Elle n'existait pas du temps de Ph. Auguste dont la résidence, le chastel du Louvre, était séparé complétement de la ville. Elle fut probablement ouverte, dans
l'origine, pour le service de ce palais, puis plus tard, je ne saurais dire à quelle
époque, peut-être quand Charles V eut fortifié le nouveau quai le long du Louvre
(*voy.* p. 143), elle aura servi de porte de ville. On n'a guère sur cette matière
d'autres documents que ceux fournis par les plans du XVI° siècle. Je n'oserais
même affirmer que tel eût été son nom, car, à ma connaissance, aucun ancien
compte n'en fait mention, aucun plan ne la désigne. C'est par erreur que plusieurs auteurs l'ont regardée comme contemporaine de Ph. Auguste.

Sur le plan de Braun, elle est fortifiée de deux tourelles en encorbellement;
sur celui de Du Cerceau, elle paraît avoir été rebâtie, et consiste en un simple
pavillon à toit élevé, garni de deux lucarnes, avec une baie à plein cintre, encadrée d'une chaîne de pierres.

Je ne sais au juste en quelle année fut abattue la porte du Louvre. Le plan de
Belleforest, 1575, offre encore la Tour-qui-fait-le-coin, mais on ne voit plus de
porte contiguë. Elle n'existait certainement plus en 1609, et il ne restait plus
alors de la Tour que le rez-de-chaussée.

MARAIS (Poterne du). — *Voyez* : Porte Saint-Louis.

MARCEL (Porte S.).—Cette porte, située rue actuelle Descartes, près de la rue de Fourcy (voy. pl. III, fig. 4), fut bâtie entre 1200 et 1212. Un acte de 1261, cité par Félibien (t. IV, p. 513), la nomme : *Porta S. Marcelli*. Mais son nom primitif semble être celui de *Porte Bordelles*, nom qu'on donnait encore à la rue Descartes avant 1813, et qui lui vient de Pierre de Bordelles (Petrus de Bordellis), personnage notable à Paris sous Ph. Auguste. Sauval (t. I, p. 118) réfute l'erreur populaire qui attribuait l'origine de ce nom à l'existence d'un lieu de débauche.

Du Breul, p. 271, dit qu'il y avait, dans une chapelle de l'église Sainte-Geneviève, *le chef* (la tête) *de S. Baudelle*, sous-diacre, natif d'Orléans, et mort martyr à Nîmes. Le nom du martyr aurait-il, comme l'insinue Du Breul, été donné à la porte [1], et, par la suite, été altéré par malice ? Je ne le pense pas, et je crois l'étymologie de Sauval beaucoup plus vraisemblable.

L'orthographe de ce nom a souvent varié, soit qu'on ait voulu le rectifier, soit qu'on l'ait défiguré à dessein, par zèle pour la bienséance. On lit dans les anciens historiens : *Porte Bordelle, Bordèle, Bordel, Bourdelles, Bardelle, Bordet, Bordetes* et *Bordette*. « La pudeur, dit André Duchesne, luy a fait quitter enfin « ce sale et impudique nom. » Sur les plans de Mérian, de Gomboust et autres, elle s'appelle Porte *S. Marcel* ou *S. Marceau ;* mais la rue qui y aboutit retient toujours l'ancien nom. Sur un plan de toiseur, que je citerai bientôt, elle est nommée *Bordette*.

J'ai recueilli, à son sujet, peu de particularités. Sauval, qui l'avait vue debout, nous apprend (t. III, p. 126) qu'elle avait « une seconde basse-court entre les *bar-* « *rières* et le pont dormant. » Ce mot barrière désigne une avant-porte. Je doute que ces basses-cours existassent du temps de Ph. Auguste, époque où les portes de ville offraient une construction plus simple.

Je n'ai jamais rencontré de dessin en élévation de cette porte, dont la plupart des vieux plans ne donnent qu'une idée vague. On y voit seulement qu'elle était, comme celle S. Jacques, fortifiée de tours et d'une avant-porte. L'image qu'en offre la petite vue de Paris de L. Gaultier (citée page 271) est sans doute fort inexacte : c'est un haut bâtiment carré et crénelé, précédé à l'extérieur de deux tours qui sont isolées du bâtiment et forment l'avant-porte. Sur le plan de Mérian, elle est flanquée de deux tours du côté de la ville.

J'ai reproduit (pl. XI, fig. 1), réduit de moitié, un plan géométral des Archives, où figure encore, en 1685, cette porte, quoique le fossé soit comblé et l'a-

[1] Le même auteur, qui tient à tirer parti de son saint, donne à entendre, p. 1176, que *Baudeille* ou *Baudille* pourrait bien avoir donné aussi son nom à la porte *Baudets*.

vant-porte abattue. Elle se compose, en principal, de deux tours, contemporaines de Ph. Auguste.

On mentionne cette porte dans d'anciens comptes, actes ou récits ; mais aucun événement notable ne s'y rattache. Pendant les troubles du règne de Charles VI, elle était presque toujours *étoupée*, c'est-à-dire : murée. En 1437, l'archevêque de Reims, le Parlement, etc., firent leur entrée à Paris par cette porte, qu'on avait récemment démurée (*Journal de Paris*, p. 172). On lit, dans l'*Histoire* de P. Mathieu, je crois, qu'en 1602 Henri IV rentra, un soir, dans sa capitale par la porte S. Marcel.

Elle fut détruite, selon La Tynna, en 1683. C'est une erreur, car il en est encore question dans un arrêt de 1685, rapporté par Félibien (t. IV, p. 273); et De la Marre nous apprend (t. I, p. 90) qu'elle fut démolie, en exécution de lettres-patentes de juillet 1686, et qu'à cette époque «le terrain de la contrescarpe du fossé de S. Victor fut abaissé et le fossé comblé.»

MARCEL (Fausse Porte S.). — Outre la porte que je viens de décrire, il existait une *fausse porte S. Marcel* au haut de la grande rue de ce bourg, rue dite aujourd'hui : Mouffetard (voy. p. 256). Sur un grand plan manuscrit de l'enclos des Gobelins (1691), conservé à la Bibliothèque impériale (*Topogr. de Paris*, grand carton suppl.), on voit le tracé géométral de cette porte : c'est un simple bâtiment carré, qui peut-être en remplaçait un plus ancien, fortifié de tours.

Géraud (*Taille de Paris* en 1292) mentionne une *Poterne S. Marcel*, située au bout de la rue Clopin. Je pense qu'il y a ici quelque méprise, et que cette poterne n'a jamais existé. Serait-ce celle que des comptes de 1368 nomment porte *Gadine* ou *Gaudine*? (Voir ce mot.)

MARTIN (Portes S.). — Le nom de la rue S. Martin est très-ancien, puisque, dès le VIIe siècle, il existait déjà un oratoire dédié à ce saint, d'où elle a pris sa dénomination. Cette rue était de temps immémorial une des grandes *chaussées* de Paris.

La première porte de ville placée rue S. Martin s'élevait près de l'église actuelle S. Merry, vers l'endroit où commence la rue des Arcis, ainsi appelée peut-être parce qu'elle aboutissait à l'arcade ou aux arcades qui constituaient cette porte [1]. Il n'est pas prouvé qu'elle fût de construction romaine, ni attenante à un mur d'enceinte; mais le fait de son existence est incontestable. J'en ai déjà parlé pages 10 et 11. Raoul de Presles (1380) et Corrozet (1532) attestent qu'on voyait

---

[1] Quelques auteurs prétendent qu'il faut lire : rue des *Arsis*, vieux mot qui signifie : *incendiés*; d'autres : des *Assis*, mot tronqué qui veut dire *Assyriens* ou Juifs.

encore de leur temps un débris de voûte, un jambage nommé l'*Archet-S.-Merry* [1].
Peut-être même la rue des *Arcis*, qui continue celle S. Martin, s'est-elle aussi
appelée *rue de l'Archet*, nom altéré par la suite.

L'abbé Suger nous apprend dans ses écrits que cette porte de Paris fut donnée,
avec ses revenus, par Dagobert à l'abbaye de S. Denis; que vers 1145 il habitait tout auprès; qu'en 1147 elle produisait cinquante livres de revenus, etc.

De la Marre (t. I, p. 72) cite un Titre du Trésor des chartes, daté 1263, où l'on
parle de cette porte, au sujet d'une maison voisine ayant pour enseigne *Le Fléau*.
Félibien (t. III, p. 25) signale un acte en latin, 1273, où il s'agit d'un terrain
voisin de S. Merry, terrain qui s'étend « usque ad domum Flairæ de Fossatis,
quæ quidem domus est *juxta portam et ultra.* »

Quelques auteurs pourraient croire avec Mauperché que l'*archet S. Merry*
était une des portes du cloître du même nom : ce serait une erreur, puisque
Suger dit : *porta parisiensis.* Ensuite, la *Taille* de 1313 (*édit. Buchon*, p. 81 et 94)
distingue l'archet S. Merry de « l'entrée du cloître que l'an dit la Barre. »

Le rimailleur Guillot cite vers 1300 une *rue de la Porte S. Mesry:* c'était sans
doute une portion de la rue S. Martin qui avoisinait cette porte de ville ou celle
de l'église.

Observons que le nom de *Saint-Merri* ou *Merry* (en latin *Medericus*) date du
IXe siècle. Si donc cette porte fut construite sous les Romains, elle dut porter dans
l'origine un nom qui ne nous est point parvenu. Il est à regretter que ni Suger,
ni Raoul de Presle, ni Corrozet ne nous aient laissé aucun renseignement sur le
style de sa construction : nous saurions à quel siècle l'attribuer.

Dans l'Histoire latine de l'abbaye S. Martin, la première charte citée est datée
1060. Henri Ier y dit qu'avant lui on avait détruit l'abbaye consacrée à ce Saint,
et qu'il l'a fait reconstruire. « Porrò *antè Parisiacæ vrbis portam,* in honore Con-
« fessoris Christi Martini, Abbatia fuisse dignoscebatur, quam tyrannicâ rabie
« omninò deletam, ab integro ampliorem restitui. »

Quelle était cette porte de Paris, voisine de la première abbaye S. Martin? ce
ne peut être celle de Ph. Auguste, bâtie vers 1190. Serait-ce celle située près
de S. Merry? mais alors le mot *antè* paraît impropre, car si l'on admet que
l'abbaye primitive occupait l'emplacement de celle reconstruite par Henri Ier, elle
s'éloignait de S. Merry d'au moins 380 toises. Ph. Auguste aurait-il fait bâtir
sa porte S. Martin sur les ruines d'une autre plus ancienne? ce n'est point probable, par les raisons exposées page 15. Au reste, l'authenticité de la charte de
1060 pourrait être contestée, comme celle de tant d'autres.

---

[1] Je ne sais à quelle époque ces restes de voûte ont disparu; mais la place où on les voyait retint longtemps le nom d'*Archet-S.-Merry*.

Sauval (t. III, p. 65), et, après lui, Mauperché, parlent d'un reste de terrassement qui tenait au cloître S. Merry. Faut-il y voir le vestige d'un rempart attenant à la porte en question ? c'est inadmissible, puisque ce ne fut guère qu'au XV° siècle qu'on fortifia ainsi les villes. Cette butte était simplement une *voirie*, dont la rue voisine, dite par corruption : *de la Verrerie*, aura pris son nom.

PREMIÈRE PORTE S. MARTIN.— Entre 1190 et 1200, Ph. Auguste fit bâtir, rue S. Martin, un peu en deçà du point où cette rue reçoit celle *Garnier*-S.-Lazare (voy. pl. VII, fig. 4), une porte de ville qui prit, du monastère peu éloigné, le nom de S. Martin-des-Champs. Elle consistait, sans aucun doute, en un bâtiment flanqué de deux tours du côté de la campagne, orné peut-être d'une sculpture représentant Saint Martin. Braun la figure comme une sorte de bastide, fortifiée dans les angles de tourelles en encorbellement. Ou cette image est tracée de fantaisie, car ce style d'architecture ne fut usité qu'à la fin du XIV° siècle, ou il faut supposer que la porte primitive aurait été modifiée ou refaite.

Je ne connais aucun détail architectural ou historique qui la concerne. Toutes les cérémonies importantes avaient lieu à la porte voisine, et, passé l'an 1370, elle n'était plus qu'une *fausse-porte*, la bastide de Charles V étant devenue la véritable entrée de la capitale par la rue S. Martin.

Selon Corrozet (*édit.* de 1532), en septembre 1530 « fust abattue la vieille « muraille (de Ph. Auguste) et encores void on les premieres portes qu'on appelle « faulces portes desquelles celle de la rue S. Martin a esté *depuis peu de tems* « abbatue. » Le même auteur, dans son édition de 1561, fol. 156, s'exprime encore plus clairement : « L'an mil cinq cens trente fut abatue et demolie la « *faulse porte* Sainct Martin, au mois de septembre. »

Il résulte du compte suivant, que cette porte était louée sous Charles VI.— « La « *vieille* Porte S. Martin dedans la Ville, estant dedans les *anciens* murs d'icelle, « baillée à Jacques Roussel, Clerc des Comptes du Roy nostre Sire, sa vie durant... (moyennant 70 sols parisis)... parmi ce aussi, qu'il sera tenu... de « soustenir et maintenir ladicte Porte en bon et suffisant estat, de toutes reffec- « tions et réparations quelconques... excepté de grosse maçonnerie et grosse « charpenterie que ladicte Ville sera tenue de soustenir et maintenir, si besoin « est ; pourveu aussi que se la Ville estoit au temps advenir à faire de ladicte Porte « pour sa tuicion et deffense, la pourroit reprendre » (Bouquet, p. 176).

SECONDE PORTE S. MARTIN. —Sous le roi Jean, la porte S. Martin fut reculée plus loin vers le nord, ou du moins, dès cette époque, on avait ménagé, sur le fossé, une issue destinée à être munie d'une porte fortifiée. Ce fut Charles V qui la fit construire, telle que, sauf plusieurs modifications, elle existait encore sous Louis XIII. Elle était située près de l'angle septentrional de la rue actuelle Neuve-

S. Denis (*voy.* la pl. IX), et on la nomma : la Bastide S. Martin. Alors la porte de Ph. Auguste fut appelée la *première* ou la *fausse porte S. Martin.*

La bastide de Charles V ne paraît pas avoir joué un rôle important dans l'histoire de Paris. En temps de troubles ou de guerre, on la tenait constamment fermée. Selon le *Journal sous Charles VI*, p. 1, elle fut *murée de plastre* en 1408, remurée encore en août 1413, et rouverte le 16 sept. de la même année. On lit (*id.*, p. 33) qu'en septembre 1417, le capitaine de cette porte se nommait «Jehannin Nepveu, chauderonnier. »

En 1425 (*ibid.*, p. 103), les habitants de la rue S. Martin la réparèrent à leurs frais. « Après Pasques (1425), pou devant la S. Jehan, ceulx de la ruë
« S. Martin et des ruës d'entour orent congié de faire ouvrir la Porte S. Martin à
« leurs coustz et despens, et de faire le Pont-leveys, les barrieres, brief et tout ce
« que à la Porte convenoit pour lors qui moult estoit endommaigiée ; car l'Arche du
« Pont estoit rompuë, et les murs d'entour de touttes parts et touttes les barrieres
« pouries, et touttes les serrures enrouillées . Les habitans de la grant ruë S. Martin
« y firent si grant diligence et si bonne de leu , ine et de leur argent, que on povoit
« bien dire que ils avoient le cueur à l'euvre ; car chacune dixaine à son tour y
« alloit et portoient pelles, houes, et hottes et penniers, et emplirent et vuyde-
« rent ce qu'il falloit ainsi faire, et tiroient les grans pierres des fossez pesans une
« queüe de vin ou plus, et avec eulx se mettoient Prestres et Clercs, qui de leur
« aider faisoient toutte leur puissance, et firent par bonne diligence tant de leurs
« corps pener de bien paier ouvriers, qu'elle fust plustost faitte que chacun y
« povait passer chevaulx et charrettes sept sepmaine, que le commun du peuple
« ne la jugeoit, etc. »

On lit (*ibid.*, p. 107) : « En Septembre 1426..., la Porte S. Martin comme devant
« avoit esté fermée sans murer, et demoura fermée jusques au septiesme jour de
« Decembre ensuivant... Là furent le Prevost des Marchans et les Eschevins, qui
« à la Porte ouvrir dirent : *Entre vous, Bourgeois et Mesnaigiers, cette Porte soit
« ouverte et gardée à vos perils.* » Elle fut encore fermée en août 1429, et rouverte le 12 juillet 1444 (*ib.*, p. 199).

Près de cette porte, du côté de la Bastille, s'élevait, à la fin du XVIᵉ siècle, une haute butte ou voirie qui dominait le rempart, et fut convertie, plus tard, en bastion à deux faces (*voyez* p. 191).

Je ne connais aucun dessin particulier et détaillé de la bastide S. Martin. Elle se voit en élévation sur tous les anciens plans, mais avec des différences qui doivent mettre l'archéologue dans le doute. Le plan de Braun, et la grande gouache de la Tapisserie, la figurent comme un gros bâtiment carré, formant un vide au milieu, avec une terrasse qui règne au sommet, hors du côté de la ville, où est un comble. Ses angles sont flanqués de tourelles; le pont-levis est suivi d'un pont dormant de deux arches, et sur chacune des quatre piles est une place, ou terrasse, en hémicycle, munie d'un parapet, et destinée à abriter les piétons contre les voitures. L'extrémité septentrionale du pont dormant est fortifiée d'une avant-porte avec herse à bascule, redressée horizontalement; une sorte de chaussée comble le vide de l'arrière-fossé.

Sur le plan de Du Cerceau, c'est à peu près la même disposition; mais la façade extérieure paraît flanquée, outre les deux tours d'encoignures, d'une tourelle en encorbellement, placée au-dessus de la baie; et de plus, on remarque une grosse tour qui s'élève dans la cour du bâtiment; le pont dormant a aussi deux arches, etc.; il est suivi d'un double rang de maisons, qui traverse sur un terre-plein l'arrière-fossé, et l'on ne voit plus l'avant-porte. Au reste, tous ces détails sont fort vaguement indiqués.

J'ai tracé (pl. XII, fig. 8) un dessin de cette porte, d'après le plan de Mathieu Mérian, 1615, en y ajoutant quelques détails, d'après celui de Braun, tel que la herse qui la précède.

La bastide est fortifiée de cinq tourelles à cul-de-lampe, dont trois de front sur la façade qui regarde le fossé. Sur le plan de Mérian, on voit toujours les deux arches avec les hémicycles, mais plus d'avant-porte ni d'arrière-fossé, ni de rangs de maisons. Du côté de la ville est un gros pavillon à toit élevé, qui fut refait en 1614, comme nous le verrons plus bas.

Sur une estampe du même Mérian, en deux feuilles, représentant un profil de Paris pris du nord [1], la façade de la porte S. Martin offre quatre tourelles au lieu de trois : une à chaque angle, et une de chaque côté de la baie. Je ne sais lequel des deux dessins mérite le plus de confiance.

Du reste, supposé même que le dessin du plan de Mérian fût exact, nous n'aurions pas la certitude que telle ait été précisément la bastide S. Martin du temps de Charles V. Elle a pu, en effet, depuis 1370, avoir été agrandie, ou même rebâtie, dans un style à peu près semblable à l'édifice primitif. Il est même certain qu'elle fut, sinon rebâtie, du moins modifiée du côté de la ville. Sur le texte daté 1615, et annexé à la première édition du plan de Mérian, on lit : « La porte « S. Martin a esté *rebastie* par Messieurs de la ville en l'année 1614. » Le mot *rebastie* est inexact, puisque son plan représente l'ancienne porte, et ne doit s'appliquer qu'à la portion de la bastide qui regarde la ville. Ce pavillon est figuré sur un dessin (dont je donne une copie pl. XII, fig. 12), tracé d'après nature

[1] Cette vue de Paris se trouve en tête de l'*Archontologia Cosmica* (in-folio, *Francofurti sumptibus Mathæi Meriani*, 1621 et 1649). Elle a été copiée dans la *Topographia Galliæ*, in-folio, éditée en 1655 par Gaspard Mérian, parent de Mathieu.

vers 1630, par François Stella. Le dessin original se trouve *au Cabinet des estampes*. Il est exécuté à la plume et au bistre, et représente l'ensemble, pris à vol d'oiseau, du prieuré S. Martin-des-Champs. J'en ai extrait l'image (ici amplifiée) de la porte S. Martin, vue de la tour qui existe encore au coin de la rue du Vertbois, et à laquelle est adossée une fontaine. C'est un pavillon de pierre mêlée de brique, à toit très-élevé, surmonté d'un campanile. Je n'ai pu, faute d'espace, figurer la butte voisine, que couronnent quatre moulins. Sur le plan de Gomboust on ne voit plus que ce pavillon. L'ancienne bastide de Charles V, encore debout en 1630, et que masquait ce bâtiment neuf, n'existait donc plus en 1652.

. TROISIÈME PORTE S. MARTIN. — Le bâtiment élevé en 1614 fut démoli lui-même vers 1673, époque où Pierre Bullet acheva la porte S. Martin actuelle, située à environ trente toises au nord de l'ancienne. La Tynna avance qu'au commencement du règne de Louis XIII on construisit la porte S. Martin où est maintenant l'arc de Bullet : c'est une erreur que réfute l'examen de tous les plans de Paris antérieurs à 1672. La porte S. Martin moderne a été plusieurs fois déjà réparée; un peu après 1830, on en a refait à neuf tout l'entablement.

MARTIN (Fausse porte du faubourg Saint-). *Voyez* page 258.
MERRY (Porte ou Archet Saint-). *Voyez* page 276.

. MICHEL (PORTE S.). — Bâtie sous Ph. Auguste, entre 1200 et 1212, à l'extrémité sud de la rue de la Harpe, où l'on voit une fontaine (*Voy.* pl. II, *fig.* 2), cette porte a été désignée sous plusieurs noms, dont le premier est *Gibard* ou *Gibert*. Dans un acte de 1230, cité par Du Breul (p. 515), on lit « propè portam *de Gibardo* », et, dans des lettres-patentes de 1272 (Félibien, t. III, p. 293) : portam *Gibardi*. Un acte de 1281 (*id.*, t. I, p. CIII) mentionne « quatre mesons... en la rue si come en va de S. Estienne des Grès à la porte *Gibert* ». La *Taille de Paris*, en 1313, l'appelle *Jubert*, et ailleurs d'*Enfer*.

Ce nom de *Gibard* lui vient, selon Sauval, « d'un grand terroir qui y étoit attaché »; mais le même dit ailleurs (t. I, p. 134) que ce nom provient d'un moulin. Au temps même où elle s'appelait ainsi, on lui donnait encore le nom ou surnom de *Porte de Fer*, *de Fert*, et *d'Enfer*. En 1246, lit-on dans les *Recherches* de Jaillot, elle est nommée, dans un contrat de vente, *Hostium* (ou plutôt *ostium*) *Ferti*, et ailleurs : *De Ferto ;* dans un acte de 1271, *Hostium Ferri;* dans l'acte de fondation du Collége d'Harcourt, en 1311, *Porta Inferni;* de même dans une donation faite de cette porte aux Jacobins en avril 1317 (Du Breul, p. 501); des lettres-patentes de 1365 l'appellent en français : *porte d'Enfer* (*id.*, p. 503).

. De ces trois noms *de Fer*, *de Fert* et *d'Enfer*, Jaillot adopte le premier comme le plus vraisemblable, et pense qu'il fut donné à cette porte « parce qu'elle étoit garnie de plaques de fer. » Notons que la rue actuelle d'*Enfer* est nommée sur le plan de Mathieu Mérian, et sur plusieurs autres du XVIIe siècle : *Rue de Fer.*

. Sauval (t. I, p. 36) dit, après Du Breul, que cette porte se nomma d'*Enfer*, « à « cause qu'elle conduisoit aux ruines du Palais de Vauvert, où avant que les « Chartreux fussent là établis, le peuple s'imaginoit que tous les Diables d'Enfer « y revenoient ». Cette tradition populaire est un des mille contes superstitieux dont nos aïeux aimaient à égayer l'histoire de Paris. Le vieux château de *Vauvert* (castellum Vallis viridis) était placé au fond d'un terrain bas, d'une sorte de *val.* Sous saint Louis, ses ruines isolées, envahies la nuit par des vagabonds, passaient pour le lieu de rendez-vous de diables effroyables, que l'arrivée des Chartreux, à qui ce roi en fit don, eut bientôt mis en fuite. Il n'est resté d'autres traces de cette fable qu'une locution triviale, usitée à Paris surtout, mais altérée : *Va-t'en au Diable Auvert!* locution dont ceux qui s'en servent ne connaissent guère l'origine.

Cette tradition, tout absurde qu'elle nous semble, a fort bien pu, au temps de saint Louis, avoir assez d'autorité pour imposer un nom ou plutôt un surnom à une porte de Paris. Corrozet, qui aimait beaucoup les origines populaires et superstitieuses, la nomme (fol. **128**, v.) « La porte d'Enfer ou *Vauuert* que Charles VI feit nommer Porte Sainct Michel. »

Quelques historiens ont avancé que le vrai nom de la rue dite d'*Enfer* était en latin : *via Inferna* ou *Inferior* (rue Basse), parce que son sol est *inférieur* à celui de la rue voisine et parallèle du faubourg S. Jacques, qu'on appelait rue Haute, *via Superior.* Ils admettent, dans cette hypothèse, que la rue a communiqué son nom à la porte. Mais cette opinion est peu vraisemblable, car on ne lit dans aucun acte *Porta Inferna, Inferior*, ou, en français, *porte Basse*, mais bien : Porta *Inferni*, ou : porte d'*Enfer.*

Quant au nom de *S. Michel*, qu'elle prit deux siècles environ après sa construction, son étymologie offre peu de doutes. Elle s'appela ainsi, selon Sauval (t. I, p. **36**), depuis l'époque de Charles VI, qui la *fit rebâtir* et la nomma : S. Michel « non seulement parce que cet Archange avait été choisi pour Patron du Royaume, mais aussi à cause qu'une de ses Filles portoit ce nom là, qui nâquit en 1394 » .

Cette naissance eut lieu probablement le jour de la fête de saint Michel. A cette occasion, on féminisa le nom de ce saint, coutume assez bizarre, mais dont on a plus d'un exemple.

André Du Chesne (*Antiqvitez des villes de France*, 1609, p. **138**) dit que Charles VI voulut que la porte d'Enfer fût, « par *contrariété* (contraste) appellée S. Michel, du nom de ce glorieux Archange qui précipita le *Cherubin Apostat* (le

Diable) dans l'abysme de l'Enfer.» Du reste, il fait dériver le nouveau nom de la porte, de celui de la fille du roi, nommée *Michelle*, née, dit-il, en **1401**.

Selon quelques auteurs, ce nom provenait du pont S. Michel, terminé en **1387**, qui devait lui-même le sien à la chapelle S. Michel-du-Palais. Cette étymologie me semble moins vraisemblable que l'autre, adoptée par la plupart des historiographes parisiens.

« Je ne sai, dit Sauval (t. I, p. 36), où l'Auteur de la vie de S. Dominique a lû « que la porte S. Michel s'appelloit la *Porte de Narbonne*, il le dit sans garant. » Ce collège, fondé en 1317, était situé rue de la Harpe, à environ 90 toises de la porte ; il n'est pas impossible qu'il lui ait, du moins pendant quelque temps, communiqué ce nouveau nom.

Je dois ici réfuter une expression de Sauval citée ci-dessus. Il assure que Charles VI *fit rebâtir* cette porte : c'est une erreur. Ce roi put la modifier, y ajouter un pont-levis et la munir d'une avant-porte ; mais s'il l'eût reconstruite, il l'eût remplacée sans doute par une *bastide* dans le genre de celles de la rive droite. Or, cette porte avait conservé ses deux grosses tours rondes, comme l'attestent les anciens plans. Il faut donc admettre qu'elle garda, jusqu'à l'époque de sa destruction, l'ensemble de sa forme primitive, du moins du côté du fossé.

En avril 1317, comme nous l'avons dit plus haut, p. 281, Philippe le Long fit don aux Jacobins de cette porte et de ses deux tours.

Corrozet (folio 139) raconte qu'en 1436, le vendredi d'après Pâques, le connétable de Richemont établit son camp aux Chartreux, et se présenta au point du jour devant la porte S. Michel, tandis que Michel L'Allier et autres « esmeurent le « populaire contre les Anglois. » Le *Journal de Paris* sous Charles VI et VII place le même fait à la porte S. Jacques, ainsi que Corrozet lui-même dans son édit. de 1532 (voy. page 269).

En 1544, dit le même auteur (fol. 161, v.), « par commandement du Roy furent faicts les *rampars* ès portes... *S. Michel*, S. Jaques et autres lieux. » Je ne sais en quoi consistaient ces remparts ; peut-être en un terrassement formé derrière le gros mur, ou, en un ravelin ou avant-porte. Serait-ce encore des buttes de terre en forme de bastion, dont l'escarpement du sol des rues Contrescarpe-S. Marcel et S. Hyacinthe conserverait un souvenir ?

Je n'ai jamais trouvé de plan géométral ni en élévation de la porte S. Michel, et il faut nous contenter du témoignage des anciens plans de Paris, qui la représentent chacun à sa manière. On voit, sur tous, que les abords du pont dormant, du côté de la contrescarpe, étaient envahis par des habitations, et que la porte était fortifiée de deux tours. Sous Louis XIV, le fossé avait été comblé en partie, et couvert d'un double rang de maisons jusqu'à proximité du pont-levis.

La porte S. Michel fut démolie en 1684, et le fossé occupé par des propriétés qui formèrent [le côté septentrional des rues des Francs-Bourgeois et S. Hyacinthe. Les jardins de cette dernière rue, que j'ai vus très-souvent, avant le prolongement de la rue Soufflot, étaient tous plus bas que la rue d'environ deux mètres, ce qui prouve que le fossé ne fut jamais tout à fait comblé.

A l'extrémité sud de la rue d'Enfer, à la hauteur de la rue actuelle de la Bourbe, près de la pointe formée par le mur des Chartreux, existait une barrière à côté d'un petit bâtiment. Cette barrière est marquée sur tous les plans du temps de Louis XV. Je ne pense pas qu'elle ait remplacé une *fausse porte* du faubourg S. Michel, puisque nulle part on n'en cite aucune.

MONTMARTRE (Portes). — La première porte Montmartre, bâtie un peu avant 1200, était située rue de ce nom (voy. pl. VIII, fig. 1), entre les rues actuelles du Jour et J.-J. Rousseau. «On voit encore, dit La Tynna, en 1816, que la porte de la maison n° 32 a été construite des débris de cette ancienne porte. » Je ne sais trop, je l'avoue, à quoi il a pu reconnaître positivement ces débris. J'ai seulement, en 1840, dans la cour de ce n° 32, remarqué des constructions formées avec les pierres de revêtement du vieux mur. Je crois avoir lu que cette maison portait autrefois une inscription constatant la place où était la porte de Ph. Auguste.

Elle s'appela aussi Porte S. Eustache, à cause de sa proximité de l'église de ce nom ; mais ce ne put être qu'après 1223, époque où l'ancienne chapelle Sainte-Agnès fut reconstruite et dédiée à *S. Huistace, Eustace* ou *Eustache*, comme nous écrivons. Un acte de 1293 (Félibien, t. III, p. 205) la nomme *Portam Montis martyrum.* A-t-elle été désignée quelquefois sous le nom de porte *Nicolas Arrode,* prévôt de Paris, dont l'hôtel était situé près de la Pointe-S. Eustache? Il est à croire que ce surnom appartint exclusivement à la poterne dite : Au-Comte ou A-la-Comtesse d'Artois, comme l'atteste la *Taille* de 1313 (*id.,* t. V, p. 618).

Cette porte de l'enceinte de Ph. Auguste fut abattue vraisemblablement sous François Ier ou un peu plus tard. Un compte de l'an 1569, que cite Bouquet (*Mémoire,* p. 227), mentionne encore la *faulce porte de Montmartre;* mais peut-être veut-on parler seulement de l'endroit où elle était placée. Braun la représente vers 1530 comme une bastide carrée flanquée aux angles, vers le sommet, d'échauguettes ou tourelles en encorbellement. A coup sûr ce n'était point là le style des portes du XIIIe siècle; elle est tracée de fantaisie, ou, il faut supposer qu'elle a été reconstruite depuis Ph. Auguste, ce qui est peu probable.

Seconde porte Montmartre.—Quand Charles V recula au nord le mur d'enceinte de Paris, jusqu'aux fossés creusés en 1356, il construisit une nouvelle porte ou Bastide Montmartre, à la hauteur de la rue actuelle des Fossés-Montmartre (*voy.*

pl. IX). Voici un passage de La Tynna relatif à cette seconde porte : « La porte de
« Ph. Auguste fut *démolie* et reconstruite, plus loin dans la même rue, vers l'an
« 1380, sous le règne de Charles V ou au commencement de celui de Charles VI,
« à seize pieds sud des coins méridionaux des rues des Fossés-Montmartre et
« Neuve-S.-Eustache, en face des numéros actuels 92 et 35 (1816) ; on l'y dé-
« couvrit en juillet 1812, en travaillant à la galerie souterraine pour la conduite
« du canal de l'Ourcq. Les fossés, *souvent remplis d'eau,* de *trente* pieds de large
« au moins, étaient en face des deux susdites rues ; deux arcades en forme de
« ponts, avec une pile au milieu, étaient jetées sur *les fossés*, et un pont-levis
« *entre ces deux arcades*. Le mur d'enceinte ou ¹ les remparts passaient entre la
« rue des Fossés-Montmartre et le cul-de-sac S. Claude, dont le premier nom
« était rue du Rempart. (Note prise par nous entre les deux arcades, le 5 juillet
« 1812). »

Cette note *de visu* est sans contredit curieuse, mais manque d'exactitude sur
plusieurs points. L'auteur suppose que Charles V, en même temps qu'il construisit cette porte, abattit l'ancienne : c'est une erreur ; du moins aucun historien ne le dit, et Corrozet fait entendre que *toutes* les vieilles portes de Ph. Auguste ne furent démolies que de son temps, sous François Iᵉʳ. Les mots *fossés
souvent remplis d'eau* paraissent bien hasardés, à moins d'admettre que des écluses
retinssent les eaux descendant de Montmartre, en temps d'averse. Les deux arcades dont il parle étaient jetées sur le premier fossé, lequel avait certainement
plus de trente pieds de largeur. Ensuite ces restes n'étaient peut-être pas ceux
de la bastide de Charles V, qui avait été rebâtie, c'est fort probable, depuis ce roi,
comme je le dirai plus loin. Le pont-levis touchant à la porte ne pouvait être placé
entre deux arcades.

En 1408, la porte Montmartre fut « murée de plastre » (*Journal sous* Charles VI,
p. 1). — En 1425 (*id.*, p. 105) « fut ouuerte la porte Montmartre au moys de
« septembre, et au moys d'octobre *fut faict le pont-leveis.* » Il en résulte qu'il
n'y eut devant cette porte, jusqu'à cette époque, qu'un simple pont de pierre.
Elle dut être encore murée depuis 1425, puisqu'il est dit (*id.*, p. 199) qu'elle fut
ouuerte en octobre 1444.

En 1608, les Arbalétriers de la Ville possédaient « une maison, jardin et allées,
le long des fossés et murs, près de la porte de Montmartre » (Bouquet, p. 219).
Cette même année, Raphaël Salvesti, maistre des Jeux de Pail-Mail, avait une
maison bâtie près de cette porte « entre le pont et la *harce* » (*ibid.*). Salvesti,
comme nous l'avons vu page 163, avait, depuis 1597, établi deux jeux de Pail-

---

¹ Il y a *où* dans le texte de La Tynna : il faut lire *ou* pour que la phrase ait un sens.

Mail, situés à droite et à gauche de la porte Montmartre ; il se trouvait ainsi placé au milieu de ses établissements.

En 1613 (*id.*, p. 252), on cite la *clôture de la Herse* de la porte Montmartre. Cette clôture consistait sans doute en un ravelin muni d'une herse, sorte d'avant-porte qu'on voit figurer sur la plupart des anciens plans.

1618, 2 octobre. — Bail d'une place « proche et hors la porte Montmartre... « à la charge de démolir les *petits murs en équerre* qui sont de présent au-devant « du susdit lieu, pour accroître le chemin et sortir, faire un plancher fort et « suffisant, entretenir icelui jusqu'à ce qu'on fasse la construction de l'Egout et « *Pont* de laditte porte, comme aussi de faire une barriere à l'endroit du côté qui « sera vers la Ville, en facilitant le changement de l'*Esuyer*[1] qui est près de laditte « porte » (*ibid.*).

Le pont fut donc refait vers 1618, et, à cette époque, on abattit le *ravelin* (ou petits murs en équerre) qui protégeait l'entrée du pont. C'est un reste de ce pont reconstruit que La Tynna a reconnu en 1812, ainsi que Ramond du Poujet qui en parle également dans sa *Notice sur les enceintes*.

La seconde porte Montmartre, après avoir subi plusieurs modifications successives, et avoir été peut-être reconstruite, fut démolie en 1634, selon un auteur contemporain que je citerai plus loin. Cependant on lit dans un Procès-verbal du 16 avril 1636 (Félibien, t. IV, p. 128), que la chaussée du faubourg Montmartre était pleine d'immondices « depuis et proche la *vieille* porte, jusques à la *nouvelle* porte dudit faulxbourg. » Par ces mots *vieille* porte, voudrait-on désigner seulement l'endroit où elle se trouvait ?

Au XVI° siècle, à en juger d'après les anciens plans, la porte Montmartre de Charles V ressemblait, non à une bastide, mais à un simple pavillon à toit élevé, flanqué, sur chaque profil, d'un petit bâtiment en appendice sans aucun caractère, et précédé, du côté de la campagne, d'une avant-porte munie d'une herse à bascule. La simplicité de cette construction me donne à croire qu'elle aura été refaite sur ses anciens fondements, peut-être sous François Ier, quoique je n'en puisse fournir la preuve. Sur le plan de Mérian, on ne voit plus de petits bâtiments sur les côtés, et l'avant-porte a disparu, mais elle paraît flanquée dans un angle, du côté de la ville, d'une tour ronde, qui est, je suppose, un reste de la bastide primitive.

J'ai reproduit (pl. XII, fig. 6) une portion, réduite au tiers, d'un dessin à vol d'oiseau et d'un genre bizarre. On le voit aux Archives (III° cl., n° 48). Il a été tracé en 1567, et représente la *Figure du cloz S. Fiacre*. Les inscriptions sont encore en caractères gothiques. On y voit la porte Montmartre du côté de la ville.

---

[1] J'ignore ce que veut dire le mot *Esuyer* : il a probablement été mal lu.

C'est une simple maison, percée d'une grande baie cintrée, encadrée d'une chaîne de pierres, avec trois petites fenêtres. Le toit peu élevé est surmonté de deux cheminées. Ce n'est certainement pas là la bastide de Charles V.

La fig. 10 est tracée d'après les plans de Braun et de Du Cerceau. Sur la pile du pont, entre les deux arches, est une place, ou une sorte de terrasse carrée, formant un abri pour garantir les piétons. La *herse*, ou avant-porte, est indiquée sur ces deux plans. J'ai ajouté, d'après Mathieu Mérian, la tour qui flanque un des angles, du côté de la ville.

Sur un plan en huit feuilles, gravé sur bois, vers 1601 (voir mes *Etudes sur les plans*, p. 74), est placée, à l'extérieur, au-dessus de la baie de la porte, une statue qui représente je ne sais quel saint, ou quel personnage.

TROISIÈME PORTE MONTMARTRE. — Vers 1635, on bâtit plus loin, vers le nord, une nouvelle porte Montmartre attenante à la courtine de l'enceinte bastionnée.

Selon La Tynna, la porte décrite précédemment « fut abattue en 1633, et l'on en « construisit une autre, *quelques années après*, vers la fin du règne de Louis XIII, « rue Montmartre, entre la fontaine et la rue des Jeuneurs [1], presqu'en face de la « rue Neuve-S.-Marc; elle fut détruite vers l'an 1700. En mai 1812, on décou- « vrit les fondations de cette dernière porte, en face des n°s 162 et 153 de cette « rue. »

Sur la copie réduite que je donne (pl. XII, fig. 11) d'un plan géométral, levé en 1652, on voit parfaitement sa position. Elle était placée dans la courtine du rempart de la quatrième enceinte, près de l'endroit où commençait le flanc du bastion 5 (voy. pl. X, fig. 3). On voit qu'elle consistait en un bâtiment carré. Le plan n'indique ni le pont-levis ni le pont dormant. Ce dernier, composé de plusieurs arches, n'était pas en ligne droite, mais décrivait une légère courbe vers le nord-est, comme l'atteste le plan de Gomboust.

Je ne connais aucun dessin détaillé, et en élévation, de cette troisième porte Montmartre, qui eut une existence bien éphémère. On lit dans le *Supplém. aux Antiqvitez* de Du Breul, 1639, p. 71, qu'en 1634 [2] « la vieille porte de Montmartre « fut abbatuë, et vne autre bastie à la portee d'vn mousquet au delà, fort belle, « grande, de pierre de taille en forme de grand pauillon, couuert d'ardoise. »

Le Maire (t. III, p. 487) dit seulement: « elle est bastie de la mesme maniere que la porte S. Honoré » (celle construite, à la même époque, par Pidoux et que j'ai décrite, p. 267).

---

[1] Ou plutôt : des *Jeux-Neufs*, à cause de deux eux de boules voisins du rempart.

[2] La Tynna dit 1633 : c'est une erreur. Cette porte existait peut-être même encore en 1636, selon un acte de cette année, cité plus haut (p. 286, ligne 19). Sur un plan de Tavernier, qu'accompagne un texte daté 1635, on la voit encore figurer.

Lorsque, vers 1670, on projeta la ligne actuelle des boulevards, la porte Montmartre de Louis XIII fut regardée comme inutile. On la démolit en 1684, selon l'éditeur de Sauval ; selon d'autres, vers 1700.

MONTORGUEIL (Porte). *Voyez* COMTE-D'ARTOIS, S. DENIS et POISSONNIÈRE.
NARBONNE (Porte de). *Voyez* SAINT-MICHEL.

NESLE (PORTE DE). — J'ai parlé au long, à la page 37, de la Tour *Philippe Hamelin*, dite depuis : de *Neelle* ou de *Nesle*. Cette tour fut bâtie vers 1200, mais il est douteux que la porte voisine ait été ouverte du temps de Ph. Auguste, car il n'y avait pas alors de quai, et d'ailleurs il est vraisemblable que ce roi l'eût fait établir directement dans le gros mur, et non avec la disposition qu'on lui voit sur le plan de Le Vau, reproduit planche I, fig. 1.

En 1292, il existait déjà une issue de ce côté de Paris, puisque la *Taille* de cette année, publiée par Géraud, cite une *poterne de Philippe Hamelin*. Ce mot *poterne* semble indiquer une porte de second ordre, qui aura été remplacée plus tard par un édifice plus important.

L'hôtel de Nesle fut édifié vers la fin du XIII° siècle par Amaury de Nesle, qui le céda en nov. 1308 à Philippe le Bel. En 1347 il appartenait à la reine Jeanne, et il passa en 1380 au duc de Berry, fils du roi Jean et oncle de Charles V. Ce prince le fit agrandir ou même reconstruire, et le possédait encore en 1412. C'est peut-être Philippe le Bel qui fit bâtir la porte qui nous occupe. Les deux tours élevées qui la fortifiaient peuvent être sans invraisemblance attribuées à cette époque. Quand, sous le roi Jean, on creusa un fossé, alors on y ajouta un pont de bois ou de pierre, et plus tard, un pont-levis.

Au temps où le duc de Berry possédait l'hôtel de Nesle, la porte n'était peut-être pas publique, mais servait seulement à faire communiquer cet hôtel avec le *Petit séjour de Nesle*, situé au delà du fossé. Ce prince a fort bien pu disposer de la porte, comme il disposait du mur, sur lequel il appuya une partie de son palais, et qu'il renforça de six arcades marquées sur ma planche I.

J'admettrai donc que la poterne de Philippe Hamelin fut reconstruite au commencement du XIV° siècle pour la commodité du propriétaire de l'hôtel de Nesle, et ne devint que plus tard une des portes de la ville. Ce n'est, après tout, qu'une hypothèse : mais l'histoire de l'origine de cette porte est assez obscure pour qu'il soit permis d'y recourir.

Je ne vois pas que la porte de Nesle ait jamais joué un rôle important dans l'histoire ; dans les temps de troubles civils ou de guerre, on la tenait fermée et on la murait. L'hôtel du même nom serait lui-même peu connu si l'on n'y avait rattaché, à tort ou à raison, le récit des orgies de la reine Jeanne de Bourgogne. Ce fut en cet hôtel, selon Du Haillan, que le duc de Berry invita à un splendide festin les ducs d'Orléans et de Bourgogne pour les réconcilier, mais sans y réussir.

« Le 29 mai 1422, dit Corrozet (éd. 1532, fol. 44), on ioua deuant le Roy
« d'Angleterre et la Royne (Isabeau de Bavière) le mystère de la passion S. Georges
« en l'hostel de Nelle. » Le même nous apprend (1561, fol. 174), qu'en 1550
« fut ouuerte la *porte de l'Hostel de Nesle* [1], pour passer du costé des Augustins
« vers S. Germain des prez : et pour ce faire fut faict de neuf vn *pont de bois*
« trauersant par dessus les fossez dudit hostel : depuis lequel on a faict vn quay
« et chaussée de pierre de taille au long de la riuière. »

Cette porte avait été murée depuis le mois de février 1525, époque de la captivité de François Ier. Félibien (t. V, p. 378) cite des lettres-patentes du 13 avril 1550 qui en ordonnent l'ouverture. « Le faubourg S. Germain, y est-il dit,
« avoit esté ruiné par les guerres et *réduit en terres labourables.* »

Sur le plan de Braun, dont le dessin remonte à 1530, on ne voit pas de pont devant la porte de Nesle, mais seulement les vestiges de trois piles de pierre. Le *pont de bois* dont parle Corrozet fut, depuis, rebâti en pierres [2], ainsi qu'on le voit figurer sur les eaux-fortes de Callot, Silvestre et La Belle.

Quand, en 1550, on rouvrit cette porte « furent dressées en l'hostel de Nesle,
« dit le même auteur, plusieurs forges, ou furent forgées les pieces de deux sols
« six deniers. » Il est à noter que c'est sur une partie du même emplacement qu'est situé aujourd'hui notre hôtel des Monnaies.

Le 25 mai 1571, Charles IX refusa au duc de Nevers la jouissance des « tour
« de Nesle, porte, fossé, arrière-fossé et bordage, voulant S. M. qu'ils soient
« delaissez au prevost des Marchands » (Félibien, t. V, p. 818).—Le 7 sept. 1575
(*ibid.*, p. 3), on vendit « les places du *grand et petit Nesle.* »

La porte de Nesle fut abattue postérieurement à la tour du même nom. Elle n'existait plus en 1676, si l'on s'en rapporte au plan de Bullet, qui représente le collége Mazarin comme terminé. C'est peut-être de la part de Bullet une anticipation, car l'éditeur de Sauval assure que la porte de Nesle ne fut démolie qu'en 1684. Brice (édit. de 1684, t. I, p. 8) dit « la porte de Nesle, qui a esté abatuë *il*
« *n'y a pas long-temps.* »

D'après le plan manuscrit de Louis Le Vau, qui a construit l'Institut (voy. pl. I), on peut se faire une idée exacte de la place qu'occupaient la porte et le pont,

---

[1] Cette expression semble attester que cette porte était moins une porte de ville qu'une dépendance de l'hôtel contigu, comme était la poterne au Comte-d'Artois.

[2] Ce pont paraît être de pierre sur les plans de Du Cerceau et de Belleforest; de bois sur celui de Mérian (1615). Tavernier, sur sa copie de ce dernier plan, a corrigé cette erreur.

par rapport aux bâtiments actuels de l'Institut. Ce plan n'a pas besoin d'explication. La porte, fortifiée de deux tours rondes, ressemble beaucoup à celles bâties
sous Ph. Auguste. Cependant il est probable, comme je l'ai dit ci-dessus, qu'elle
fut établie plus tard, en dehors de la direction générale du gros mur, quand on
bâtit ou rebâtit l'hôtel de Nesle. Toutes les autres portes de Ph. Auguste étaient
directement attenantes au mur d'enceinte ; celle-ci seule eût donc fait exception,
si on la suppose contemporaine de ce roi.

Je n'ai jamais lu qu'on eût en aucun temps ajouté une avant-porte ou tout
autre genre de fortification à la porte de Nesle ; du moins aucun plan, aucun
dessin n'en présente la moindre trace.

La vue en élévation de cette porte se retrouve sur un grand nombre de tableaux ou d'estampes. Tous les amateurs connaissent les deux eaux-fortes de
Callot. Israël Silvestre ainsi que La Belle l'ont plusieurs fois dessinée, du côté de
la ville ou du fossé.

Notons d'abord que toutes les vues qui en offrent l'image du côté de la ville
nous apprennent peu de chose, puisque la porte est masquée par un groupe de
masures, et qu'on n'en aperçoit guère que le comble.

Du côté du fossé on peut s'en faire une idée exacte. Je signalerai d'abord le
grand dessin de Louis Le Vau que l'on voit aux Archives, et que j'ai reproduit,
réduit au tiers, sur ma planche XII, fig. 3, avec les inscriptions. Je n'affirmerais
pas que les proportions de ce dessin géométral fussent très-exactes, car il n'y a
point d'échelle [1]. Il est probable pourtant qu'il fut dressé d'après des mesures
plus ou moins précises.

Il est hors de doute pour les archéologues que les grandes fenêtres carrées de
la porte et des tours à trois étages auront été refaites à une époque assez moderne.
Il est évident aussi que la baie d'entrée, en forme d'arc un peu surbaissé, a été
restaurée vers le temps de Louis XI, ou même postérieurement, peut-être à l'é-
poque où l'on sculpta, au-dessous de la lucarne du toit, les armes de France et
de Navarre.

Un des plus fidèles portraits de la porte de Nesle et de son voisinage, celui qui
ressemble le mieux au dessin de Le Vau, c'est la vue lointaine qu'en offre
le grand profil de Paris, gravé par Israël Silvestre en 1650, cité ci-après à propos de la Porte-Neuve. L'eau-forte de Callot la représente vers 1630, avec des
détails et des proportions qui dénotent la licence, le caprice de l'artiste. Callot,
comme Silvestre, visait avant tout à l'effet, auquel il sacrifiait volontiers l'exac-

---

[1] L'omission de cette échelle n'est pas trop à regretter, car celles tracées sur les autres plans géométraux du même sont loin d'avoir entre elles une concordance parfaite. Les architectes de ce
temps n'attachaient pas d'importance à la précision.

titude des lignes. On y distingue, placé au haut de l'édifice, sous la grande lucarne, un blason soutenu par deux figures allégoriques debout.

Je citerai encore deux vues assez remarquables : l'une est une petite eau-forte
d'Isr. Silvestre, assez commune. On y voit la porte de Nesle prise du chemin de
contrescarpe, dit aujourd'hui : rue Mazarine. La porte s'y présente de trois quarts,
et, au delà de la Seine, apparaît le vieux Louvre. Le pont est de pierre, à quatre
arches. Au sud de la porte se rattache le mur d'enceinte, auquel sont adossées
quatre arcades délabrées. Les talus du fossé paraissent en fort mauvais état, et
n'offrent aucune trace de revêtement. Je pense, au reste, que le tout est un peu
arrangé pour produire un effet de ruines.

Ce même point de vue a été gravé, plus en grand, par Perelle, d'après un
autre dessin de Silvestre ; on y remarque des différences : ainsi, le gros mur, en
ruines et crénelé, est flanqué de cinq arcades, une de moins que sur le dessin
de Le Vau. Au-dessus de la baie sont indiquées les armes de France. Le pont de
pierre a cinq arches : ce nombre est peut-être exagéré.

La première de ces deux estampes a servi, je crois, de modèle pour un fond
de décors de l'opéra du *Pré-aux-Clercs*. Je me dispenserai de citer beaucoup
d'autres vues, peintes ou gravées, de cette porte, parce que la plus digne de
confiance est, à mon avis, le dessin de Le Vau, reproduit pl. XII.

NEUVE (Porte). — Cette porte ou poterne[1] était située sur le quai actuel du
Louvre, dans l'axe de la ligne prolongée de la rue S. Nicaise, près et au sud de la
Tour de bois, qui prit de son voisinage le nom de Tour *Neuve*, quoiqu'elle fût déjà
ancienne de près de deux siècles. « La porte Neufue (dit Corrozet, fol. 160, *verso*),
fut faicte (sous François Ier) au lieu ou iamais n'y en auoit eu, dont le chemin
pour sortir aux champs fut beaucoup plus brief. » Le quai actuel, dit du Louvre,
venait d'être terminé à cette époque.

Sauval indique la date précise de sa construction. « En 1536, dit-il (t. I, p. 43),
« la porte que nous appellons la Porte-neuve, qui tient à la maison du grand
« Prevôt, fut bâtie. Au reste, depuis que celle du Louvre eut été ruinée, il n'y
« en avoit point eu en cet endroit pour sortir de la ville. » En 1538 on construisit
le pont de pierre, selon un ancien compte que j'ai cité, p. 162. Dans un acte du
16 déc. 1536, rapporté par Félibien (t. V, p. 347), il est question du « parachevement du quay de devant le Louvre, et construction du pont et porte pour sortir
par là hors la ville. » On lit dans un mémoire rédigé sous Louis XIII (*ibid.*, p. 818) :
« La porte neufve vers le Louvre a esté bastie à neuf *au lieu de la vieille porte*

---

[1] Sauval, dans un passage que je cite p. 125, lig 17, la nomme *fausse-porte*.

Coquillière. » Cette phrase peu claire paraît fondée sur quelque méprise. Peut-être signifie-t-elle que : au lieu d'ouvrir dans le rempart une nouvelle porte au bout de la rue Coquillière, on préféra établir celle-ci ; échange de projet qui dut mécontenter les habitants de cette rue.

« La porte Neuve, dit De la Marre (t. I, p. 80), fut reculée, en 1560, jusqu'au lieu où elle est aujourd'hui (1705) », c'est-à-dire à l'extrémité du quai des Tuileries. De la Marre confond ici la porte Neuve avec celle de la Conférence. Avant que cette dernière fût bâtie par Pidoux, vers 1632, il est probable qu'il existait déjà une porte provisoire à la même place, puisque des plans antérieurs à 1632 en figurent une ; mais je doute qu'elle ait jamais été appelée *porte Neuve,* comme celle voisine de la Tour de Bois (voyez p. 248), ou bien, on lui aura quelquefois donné ce nom dans le sens de : porte nouvellement bâtie [1]. Le seul nom de celle qu'éleva Pidoux fut toujours : porte de la Conférence, nom qui la distinguait de celle située plus loin vers l'est, et qui fait l'objet de cet article. Quelques auteurs ont aussi donné par méprise à la porte Neuve le nom de Conférence.

Deux événements importants se rattachent à la porte Neuve : la fuite de Paris de Henri III, et l'entrée si célèbre d'Henri IV, entrée sur laquelle nous possédons de grands détails (voir notamment Félibien, t. V, p. 469). Il existe même sur ce sujet plusieurs petites brochures spéciales. Ce fut le 22 mai 1594, de bon matin, que le roi franchit le pont-levis de la porte Neuve. Dès la veille, tout avait été préparé pour cette entrée, comme nous l'apprend Mathieu, historien du temps : « Le Comte de Brissac s'estoit chargé de maistriser le reste du rempart depuis la « porte de sainct Denys iusques à la porte Nefue... Le 21. apres Midy ledit sieur « Comte pour preparer l'entrée au Roy, fit abbatre les gabions qui terrassoient la « porte Neufue, sous pretexte de la vouloir faire murer. »

Une mauvaise peinture, exécutée sur un des panneaux de l'ancien appartement de Sully, à l'Arsenal, représente cette entrée ; je ne sais si elle est du temps : en tout cas, c'est une œuvre fort médiocre. Mauperché l'a fait graver en 1816, par Al. Giboy, qui a maladroitement reproduit l'original.

Le lieu de la scène paraît tracé avec une nudité de détails, une négligence dans les proportions, qui rendent cette peinture à peu près inutile pour l'archéologue. La porte Neuve, vue du côté de la ville, consiste en un simple mur, percé d'une baie à plein cintre, sans aucun ornement. La Tour de Bois est un gros cylindre planté en terre ; à côté, un mur uni comme une planche tient la place de la grande galerie, qui n'était alors commencée que du côté du Louvre. Quelques

---

[1] Bonfons (*Antiqvitez,* 1586, fol. 185, v.) appelle aussi *Porte-Neuve,* à l'an 1566, celle qui fut remplacée vers 16³² par la porte de la Conférence.

personnages froidement dessinés composent toute la scène. En un mot, tout cet ensemble mis en relief ferait honneur à un fabricant de jouets de Nuremberg.

Je porterai le même jugement sur une estampe gravée, non pas précisément à l'époque de l'événement, mais du moins sous Henri IV, d'après un mauvais tableau de N. Bollery, comme l'annonce une inscription au bas et à gauche de l'estampe. La tête du roi paraît seule exécutée par un burin assez exercé, celui peut-être de Léonard Gaultier. L'estampe est entourée d'un texte français, avec six vers latins au bas. On en connaît trois états différents; les épreuves de dernier tirage font partie d'un atlas géographique publié sous Louis XIII.

Sur cette estampe, la porte Neuve, vue du côté de la ville, n'offre aucuns détails. Derrière la Tour de Bois, qui est mal rendue, domine un mur crénelé, au delà duquel apparaissent des arbres. On ne peut tirer de cette pièce aucun renseignement positif sur la localité qui nous occupe; elle n'a une certaine valeur qu'à titre d'image historique et contemporaine.

Il existe aussi un petit plan de Paris sans date, gravé à l'eau-forte, vers 1600, d'après celui de Belleforest. On y a figuré Henri IV, entrant par la porte Neuve avec quelques cavaliers, tandis que d'autres troupes forcent la porte S. Denis; les personnages sont aussi hauts que les édifices. Je n'ai jamais vu qu'une fois cette petite pièce aussi rare qu'insignifiante comme document.

Je ne décrirai pas ici le grand tableau de Gérard : c'est une composition très-appréciée sous le rapport de l'art, mais le lieu de la scène est lui-même une composition, qui s'éloigne beaucoup de la réalité.

Une petite eau-forte médiocre, gravée sous Louis XIV, représente Henri IV entrant en 1594 à Paris, par la porte de la Conférence bâtie en 1632 !

Le plan de Du Cerceau donne à la porte Neuve la forme d'un pavillon avec une haute lucarne sur le toit.

Il nous reste un assez grand nombre de vues de la porte Neuve, gravées sous Louis XIV. Isr. Silvestre l'a dessinée plusieurs fois, du côté de la ville ou du fossé. Je citerai comme méritant surtout notre confiance l'image qu'il en a tracée sur le premier plan de son grand profil de Paris, daté 1650. On y distingue la façade qui regarde l'occident. L'architecture en est de style romain, et les détails pourraient être attribués au règne d'Henri II. Cette porte était peut-être en cet état quand elle fut témoin de l'entrée mémorable d'Henri IV. Elle paraît avoir peu de profondeur, et ressemble à un mur percé d'une baie et orné en forme d'arc triomphal, plutôt qu'à un bâtiment habitable; il est en effet à présumer qu'elle ne contenait aucune chambre. Elle est dominée par la Tour de Bois, que j'ai décrite page 142, et précédée d'un pont de pierre, non apparent, parce qu'il se confond avec la chaussée même du quai. On remarque sur la façade trois ouvertures longitudinales, destinées à loger les flèches d'un double pont-levis. Le profil de la porte, touche au nord, non pas à la grande galerie, mais à un corps de logis dépendant de l'hôtel du Grand-Prévôt [1]. L'autre profil descend jusqu'au bord de la Seine. Deux voûtes, pratiquées dans le mur qui soutient le quai, indiquent l'endroit où débouchait l'ancien fossé.

La baie de la porte est en forme plein-cintre, avec un pilastre de chaque côté. Au-dessus de l'arcade est une fenêtre feinte, dans le plein de laquelle est sculpté l'écusson royal. Cette fausse baie, entourée de moulures, est surmontée d'un fronton angulaire, et munie d'un balcon à balustres. Il y a au premier étage, comme au rez-de-chaussée, un rang de *trois* pilastres, dont la base est ornée de consoles galbées, avec enroulements. Sur d'autres estampes de Silvestre, on en compte *quatre*. Au-dessus des pilastres du premier étage s'élève une sorte d'entablement uni, que rend plus léger une triple corniche.

La porte Neuve qu'on trouve dans la collection de M. Pernot est une composition tout à fait idéale. Cette porte fut abattue entre 1660 et 1670 ; on ne la voit plus sur le plan de Bullet, 1672.

Notre-Dame-des-Champs (Porte). *Voyez* S. Jacques.
Orléans (Porte d'). *Voyez* Buci.

PAPALE (Porte). —Attenante au mur de Ph. Auguste, quoiqu'elle fût antérieure, c'est fort probable, à sa construction, cette porte était située à peu près dans l'axe de la rue des Sept-Voies. L'époque où elle fut bâtie est incertaine. A la rigueur, elle ne devrait pas compter parmi celles de la capitale, puisqu'elle ne fut jamais publique, et n'était, à mon avis, qu'une entrée (condamnée) de l'abbaye Sainte-Geneviève. Nous allons essayer de fixer l'origine de sa dénomination.

Nous lisons dans Corrozet (fol. 82) : « On dit qu'vn pape voulant faire entrée dans « Paris au Ieudy, pource qu'il plut, elle fut differée iusques au vendredy, auquel « iour pour la reuerence de l'entrée on mangea chair, et fut nommé Ieudy, et la « semaine des deux Ieudis ». Ce récit se rapporterait à l'an **1338**, selon Corrozet, puisqu'il le *fait* à propos d'une épitaphe inscrite sur une tombe des Cordeliers et datée de cette année. « Hic Nicolaus... qui obiit anno domini M. CCC. XXXVIII. die dominica duobus Iouis die mensis Augusti. »

Brice attribue cette anecdote à Eugène IV, pape élu en 1431 ; d'autres, avec plus de raison, à Eugène III, qui vint à Paris au XIIe siècle.

---

[1] L'hôtel du Grand-Prévôt, bâtiment fort étroit (à moins qu'il ne s'étendît dans une partie de la galerie), fut édifié entre la Tour de Bois et la porte, sous Louis XIII ou Louis XIV. Ce fut peut-être seulement à l'époque de sa construction qu'on ajouta à la porte Neuve la décoration que je décris.

Sauval (t. II, p. 255) signale l'arrivée des papes Etienne III ; Calixte II, vers 1119 ; Innocent II, en 1131 ; Eugène III, en... Alexandre III en 1162, etc. Il s'exprime ainsi (t. I, p. 36) : « Entre la porte S. Marceau et la porte S. Jaques, est une fausse porte « murée flanquée de deux tours, et appellée la Porte Papale, parceque le peuple « pretend que c'est par là que les Papes qui sont venus à Paris, ont fait leur entrée ; « cependant c'est une pure fable, dont je ne sai point l'origine... car enfin il est « constant qu'aucun Pape n'a passé par Paris depuis Alexandre III qui en partit sous « Louis VII. » Sauval n'ajoute pas que l'un ou l'autre des Papes, dont il constate le séjour à Paris, avait pu donner ce nom à la porte, parce que, sans doute, il la croyait contemporaine de Ph. Auguste. On peut pourtant admettre, sans invraisemblance, qu'elle est antérieure à la clôture de ce roi, commencée vers 1200, et que Ph. Auguste, l'ayant trouvée sur la ligne de son enceinte, l'incorpora à son mur.

Cette porte n'aurait-elle pas été autrefois la principale entrée de l'abbaye, ou celle du bourg Sainte-Geneviève, si, comme le prétend De la Marre, il exista, avant Ph. Auguste, un bourg de ce nom ? Aurait-elle été construite tout exprès pour la réception d'un pape, puis murée ensuite pour ne s'ouvrir que devant un autre pontife ? Il existait aussi une porte papale à l'ouest de l'enclos de l'abbaye S. Germain-des-Prés. Quand Alexandre III vint, en avril ou août 1163, dédier l'église, il entra dans l'abbaye par une porte fortifiée de deux tours rondes, qui était située rue S. Benoît et qui retint depuis la dénomination de *Papale*.

Admettrons-nous que la porte qui nous occupe dut son nom à cette circonstance que l'abbaye Sainte-Geneviève relevait directement du Saint-Siége, et avait le privilége d'être la résidence des Papes qui venaient à Paris ? Cette origine ne manque pas de vraisemblance : cependant Jaillot, qui la signale, n'y adhère pas.

D'après un article du *Journal de Verdun* d'octobre 1773, ce nom viendrait de ce que « près de S. Etienne-des-Grès étoit situé un Hôtel, espèce de Bureau, où l'on portoit les causes d'appel au Pape ». Jaillot rejette encore cette origine, et conclut ainsi : « Il est vraisemblable que cette porte fut ouverte pour faire honneur à Eugène III, lorsqu'il vint à Sainte-Geneviève en 1147. »

Jean Boisseau, sur son plan de Paris en quatre feuilles, 1657, la nomme « Porte *Papale* ou *Abbatiale* murée ». De Chuyes, dans *La Guide de Paris* (1655, p. 161), l'appelle « la porte *Papalle* murée... que l'on ouvre pour les Papes, quand ils font leurs entrées. »

Elle a porté aussi la désignation de *Porte Sainte-Geneviève*. « La porte S° Gé- « neviève, dit M. de Gaulle, donnait entrée dans la rue de *Savoie* (il veut dire des « Sept-Voies) qui alors se prolongeait, à travers le terrain occupé aujourd'hui « par le Panthéon, jusqu'à la place de la Vieille-Estrapade. » Je ne sais où cet auteur a lu qu'on ait jamais prolongé jusque-là la rue des Sept-Voies. Elle paraît l'être en effet sur le plan de Mérian, parce que sans doute on en eut le projet ; mais ce projet ne fut jamais exécuté, et la porte Papale fut toujours, jusqu'à sa destruction sous Louis XIV, une dépendance de l'abbaye, murée et non précédée d'un pont. Elle s'est nommée *Porte Sainte-Geneviève*, parce qu'elle introduisait aux jardins de cette abbaye et lui appartenait. On lit dans un ancien acte de 1246 (Félibien, t. III, p. 163) : « Strata per quam itur à *portâ S. Genovefæ* ad Marcellum ». L'expression : porta *S. Genovefæ* pourrait du reste s'appliquer à une autre porte d'entrée de l'abbaye. La *Taille de Paris* en 1313 cite une porte *Sainte-Geneviève* qui paraît être celle Papale. Le nom de porte *Gaudine* ou *Gadine*, cité par Sauval (*voy.* page 258), aurait-il aussi appartenu à la porte qui nous occupe ?

Notons que l'emplacement du fossé, creusé en 1356, le long du mur de Ph. Auguste, appartenait autrefois à cette abbaye ; aussi quand ces fossés furent comblés, vers 1684, le roi lui rendit la jouissance du terrain, quoiqu'on l'eût déjà, c'est fort probable, indemnisée de cette perte, sous le roi Jean ou sous Charles V.

La porte Papale fut détruite vers 1680. La Tynna dit à tort que ce fut au commencement du XVIIe siècle, puisqu'elle figure encore sur le plan de Bullet, 1676. Je n'en ai jamais vu de représentation que sur les anciens plans à vol d'oiseau. Elle consistait en une simple baie percée dans le gros mur, toujours bouchée, et fortifiée de deux tours semblables à celles de l'enceinte. Sur le seul plan de Mathieu Mérian elle paraît avoir un bâtiment couvert d'un toit. On eut peut-être, vers 1615, l'idée d'en faire une véritable porte de ville, sous laquelle déboucherait la rue prolongée des Sept-Voies, mais ce projet, je le répète, ne fut jamais réalisé. Sur aucun plan on ne la voit précédée d'un pont établi sur le fossé.

Je possède la copie d'un *Mémoire* manuscrit qui traite des diverses sortes de pierres employées dans les anciens édifices de Paris. Ces documents remontent au temps de Colbert. On y constate que « la porte de la ville, dite la Porte Papale, du côté du jardin (de l'abbaye), est de pierre de *haut-banc* et de *souchet* assez mal conservée. »

PARIS (Porte-). — Plusieurs auteurs ont admis avec Corrozet que, sur une petite place qu'on voyait devant le Grand-Châtelet, au bas de la rue S. Denis, il exista sous les Romains, ou du moins avant Ph. Auguste, une porte de ville dite par excellence : la *Porte-Paris*, que le Grand-Châtelet aurait remplacée. Mais il est à noter que Corrozet lui-même écrit tantôt : la porte de Paris, tantôt : l'*Apport*-Paris. (Le mot *apport* signifie *port* ou *marché*.)

Beaucoup d'historiens regardent comme inexacte cette première locution et adoptent la seconde. Je n'ai jamais rencontré nulle part une preuve solide en faveur de l'existence d'une porte de ville, construite à cet endroit, à l'époque incertaine où la rive droite de Paris a été pour la première fois munie d'une enceinte. Il me paraît impossible que le bas de la rue S. Denis, cette antique voie romaine, une des principales artères de la ville, ait été sur la limite d'une clôture. *Voyez* ce que j'ai dit à ce sujet, pages 20 et 206.

La porte S. Denis, construite sous Charles V, s'est, je crois, appelée quelquefois *Porte de Paris*, à titre de principale entrée de la Capitale du côté du nord ; mais on la désignait plus habituellement sous le nom de *Bastide-S.-Denis*.

PAUL (Poterne Saint-). — J'ai rencontré peu de documents sur cette poterne, ouverte dans le mur de Ph. Auguste, à l'extrémité orientale de la rue de Jouy, dite aujourd'hui : Charlemagne. On voit sa position, pl. VI, fig. 1. Il existe encore un vestige de l'une des deux tours qui la fortifiaient, comme nous l'avons prouvé, page 76, d'après le témoignage de Sauval, tour qui se nomme, sur un plan levé vers 1700 : Montgommery.

Cette poterne fut peut-être établie postérieurement à Ph. Auguste. La rue de Jouy, qui autrefois portait cette désignation jusqu'à la rue S. Paul, prenait, près de cette entrée de Paris, celle de *rue de la fausse Poterne S. Paul*. La rue de Jouy est ainsi appelée, selon La Tynna, de l'abbé de *Joy* ou *Jouy*, qui y avait son hôtel au XIIIe siècle. C'est peut-être en faveur de cet abbé qu'on fit percer cette porte. Plus tard, je ne sais à quelle époque, la rue de Jouy, de la rue S. Paul à celle de Fourcy, s'est nommée : *des Prêtres S. Paul* [1], et, vers son extrémité orientale, rue de l'*Archet S. Paul*, parce qu'elle débouchait sous la voûte ou *archet* de cette poterne.

Plusieurs auteurs l'ont confondue avec la poterne voisine, dite : des Béguines. Le fait est que le couvent de ces religieuses, remplacées sous Louis XI par les Filles de l'Ave-Maria, touchait aux deux portes et possédait même une des deux tours de la poterne S. Paul, celle dite : Montgommery.

L'époque de la démolition de la poterne S. Paul est aussi incertaine que celle où elle fut construite. Sur le plan de Braun, où figurent encore (vers 1530) les portes septentrionales de Ph. Auguste, celle-ci ne se voit plus ; on remarque seulement la tour qui dépendait du couvent.

Peintres (Porte aux). *Voyez* Saint-Denis.

PERRIN-GASSELIN (Porte). — La Tynna, dans l'introduction de son *Dic-*

---

[1] Selon Ramond du Poujet, cette poterne se serait elle-même nommée : des Prêtres-S.-Paul.

tionnaire des rues de Paris (1816, p. xxxi), dit, en parlant de la seconde enceinte de la rive droite, qu'il attribue à Hugues Capet : « Nous avons fait d'inutiles efforts pour découvrir si la *porte Perrin-Gasselin*, mentionnée dans le rôle de 1313, était une ancienne porte de Paris. » Il cite encore, à la page 457, le carrefour de la porte *Perrin-Gasselin*. « Cet endroit, dit-il, nommé dans le rôle de la collecte de 1313, ne peut être que celui que l'on nomme aujourd'hui : place du Chevalier du Guet. »

Le carrefour de la *porte Perrin-Gascelin* est, en effet, mentionné dans la *Taille* ou *Queulete* de 1313, imprimée dans Félibien (t. V, p. 618), mais non dans cette même *Taille*, éditée par Buchon. Dans la Ve *Queste*, on cite seulement le *Quarrefour de la Porte*. On veut probablement nommer la petite place devant le Grand-Châtelet, place dite plus souvent *Porte-Paris*. Ce nom de Perrin-Gascelin pourrait s'appliquer à une porte particulière située dans cette rue. Il est encore admissible qu'il ait existé rue S. Denis, comme dans la rue S. Martin, une vieille porte faisant partie de l'enceinte antérieure à Ph. Auguste, et nommée, en 1313, *Perrin-Gascelin*. Enfin, il est possible que Félibien ait mal copié.

POISSONNERIE (Porte de la), des POISSONNIERS ou POISSONNIÈRE. *Voyez* SAINTE-ANNE.

PONT-AUX-CHOUX (Poterne du). *Voyez* SAINT-LOUIS.

POUPELINE (Porte). *Voyez* Fausse-porte SAINT-MARCEL.

RICHELIEU (PORTE). — Elle était percée dans le quatrième bastion (à partir de la Seine) du rempart, achevé sous Louis XIII, presqu'à l'extrémité de la face orientale de ce bastion (*voy.* pl. X, fig. 3, et p. 188), au bout de la rue Richelieu, à la hauteur de la rue Feydeau, « entre les portes Montmartre et S. Honoré, dit Sauval, en un endroit où il n'y en avoit jamais eu. »

Sa construction fut décidée dès 1634 (*voy.* l'arrêt cité, p. 184), et commencée, je pense, vers 1635, peut-être un peu plus tard. André du Chesne fils avance qu'elle se nomma porte *de la Conférence* : c'est une méprise. (Voir ce mot : CONFÉRENCE.)

On lit dans les *Essais* de S. Foix, qui parle d'après je ne sais quel Mémoire, que le cardinal Mazarin, fuyant à S. Germain-en-Laye, sortit de Paris par la porte Richelieu, et non par celle S. Honoré, afin d'éviter d'être *inquiété*.

La porte Richelieu figure sur quelques plans du XVIIe siècle, sous forme d'un pavillon flanqué de tourelles à chaque coin; c'était en effet là sa forme réelle, comme l'atteste la copie que je donne, pl. XII, fig. 13, d'un dessin à la sanguine conservé au Cabinet des Estampes (*Topogr. de Paris*, Quartier Feydeau, t. II), et provenant de la collection-Peignon Dijonval. C'est une esquisse tracée d'après nature, vers 1680. La vue de l'édifice est prise du côté du fossé. La baie de la porte est à plein cintre, entourée d'une chaîne de pierre. Au-dessus, et dans l'enfoncement d'une fenêtre simulée, est une statue ou ronde-bosse représentant Louis XIII couronné et vêtu d'une armure. Il est assis sur une sorte de chaise à dossier élevé, et tient un sceptre de la main droite. Sur une tablette en saillie, placée au-dessous du socle, est un écusson ovale, surmonté d'une couronne, et contenant sans doute les armes de France, effacées sur le dessin.

L'ensemble du bâtiment paraît être de briques mêlées de chaînes de pierres. Le toit, très-élevé, est orné au milieu d'un fronton formé de deux enroulements, qu'accompagnent un campanile et, de chaque côté, une lucarne ronde, avec encadrement trilobé. Aux angles sont suspendues des tourelles à cul-de-lampe, qui donnent à la masse plus de légèreté et d'élégance. En existait-il de semblables aux angles du côté de la ville? c'est probable. Le plan de Bullet représente cette porte comme une sorte de *castel* flanqué de grosses tours dans les encoignures : c'est probablement les quatre tourelles en encorbellement qu'il aura voulu indiquer. On remarque (sur le dessin) de chaque côté de la sculpture du premier étage une entaille longitudinale, destinée à recevoir une des flèches du pont-levis.

La porte Richelieu, sur le plan de Gomboust, comme sur le dessin signalé, est fortifiée au dehors de deux tourelles à cul-de-lampe, avec un pont-levis, suivi d'un pont de pierre en dos d'âne et d'une seule arche.

Elle fut démolie en 1701, selon La Tynna; selon S. Foix, en 1684 : c'est une erreur, puisqu'on la voit encore sur des plans de 1697. Vers 1700, la maçonnerie du bastion n'existait plus, et le fossé était comblé.

ROCH (Porte Saint-). *Voyez* GAILLON.
ROYALE (Porte). *Voyez* SAINT-DENIS.

TEMPLE (PORTES DU). — Le prieuré du Temple ayant été établi à Paris vers la fin du XIII⁰ siècle, la principale rue qui y conduisait en prit le nom. Un peu avant l'an 1200, Ph. Auguste y fit bâtir une porte attenante à son enceinte, et qui fut appelée porte du Temple. Elle était située dans la rue actuelle Sainte-Avoye, un peu au-dessous du passage du même nom (voy. pl. VII, fig. 3).

En 1288 fut fondé le couvent hospitalier des Filles-Sainte-Avoye, près de la porte du Temple, à laquelle il communiqua son nom, ainsi qu'à une partie de la rue où il était situé.

La Tynna a oublié de mentionner cette porte, ainsi que la seconde du même nom, bâtie plus loin au nord sous Charles V. A l'article *Porte du Temple*, il renvoie le lecteur à celle *de Braque* ou *du Chaume*, avec laquelle il paraît la confondre.

On cite rarement, dans les chroniques ou les anciens comptes, la porte du Temple ou Sainte-Avoye, bâtie sous Ph. Auguste. Le plan de Braun la figure comme un simple bâtiment. A coup sûr, elle fut, dans l'origine, fortifiée de deux tours, dont une se voit encore sur un plan de la Censive de S. Merry, tracé vers 1550, et dont j'ai reproduit une portion dans mes *Etudes sur les plans de Paris*, page 23. Le corps de cette porte a été démoli vers 1535.

SECONDE PORTE DU TEMPLE. — Construite sous Charles V, à l'extrémité de la rue du même nom, à la hauteur de la rue Meslay (voy. pl. IX), elle consistait probablement, dans l'origine, comme la porte S. Martin, en un gros bâtiment ou bastide carrée, flanquée de tourelles, avec herse, pont-levis, etc.

On lit dans le *Journal sous Charles VI*, p. 1, que le 10 sept. 1408, « fut murée de plastre la *porte du Temple*. » Elle le fut encore le 16 août 1413 (*id.*, p. 18). «En sept. 1417, fut faict Cappitaine de la *porte du Temple* ung nommé Symonnet du Boys qui estoit Clerc » (*id.*, p. 33).

Vers 1473, elle était louée à Jean Amire, fermier de la chaussée des portes S. Antoine et du Temple, pour 20 sols parisis (Bouquet, p. 192).

En 1544, selon Corrozet (fol. 161, v.), François Ier y fit un *rempart*. Je pense qu'il entend par là qu'on façonna en manière de bastion la butte ou voirie qui s'élevait près de la porte (voy. page 192). Peut-être ce mot *rempart* désigne-t-il une avant-porte fortifiée de murs percés de meurtrières.

On lit dans les *Antiqvitez* d'André Du Chesne (1609, p. 137) : « Les malheurs du « siècle ont tenu cette porte fermée plus de quarante ans et tant qu'enfin, en « l'an 1605, elle a été *rebastie* par le soin et diligence de Mr François Miron. » Du Breul avance (p. 1062) qu'elle fut rouverte en 1606, après avoir été fermée pendant cinquante-huit ans, et que, cette année, « elle a esté rebastie, auec le pont contenant trois arcades de pierre de taille. » Il cite en témoignage une inscription, sur tablette de marbre, appliquée au-dessus de la porte. Mathieu Mérian, dans le texte daté 1615, annexé à son plan, dit : «La porte du Temple a « esté *rebastie* depuis les derniers troubles. »

Sur les plans du XVIe siècle, la porte ou Bastide du Temple de Charles V est un simple pavillon, flanqué, du côté de la Bastille, d'une haute tour octogone. Ce n'est point là la forme des portes de Charles V; il est donc présumable que le bâtiment primitif avait été déjà remplacé, ou du moins modifié, et qu'il n'en restait plus que cette tour. Quand la porte fut reconstruite, en 1606, ce fut sur le même modèle, et on laissa debout la tour octogone (ou *ronde*, car elle a cette dernière forme sur les plans de Mérian et de Gomboust).

Ce qui paraît certain, c'est que, depuis Charles V, cette porte n'a pas changé de place, et a dû conserver ses fondations primitives. J'ai reproduit (pl. XII, fig. 4), réduit de moitié, un plan des Archives levé en 1738, où se voit le tracé géométral des fondements de la porte du Temple, reconstruite en 1606, au même endroit que l'ancienne. Ce plan est précieux en ce qu'il précise le lieu où elle existait. Elle était de forme quadrilatère, et plus profonde que large. Le plan de la tour contiguë n'y est pas marqué.

Sur une eau-forte d'Israël Silvestre, représentant, vers 1650, la chapelle de l'Hôpital-S.-Louis, on voit dans le lointain la porte du Temple. C'est un petit pavillon précédé d'un pont de trois arches, dont une cachée par la perspective. La tour n'est pas indiquée. On distingue un contre-fort de chaque côté de la baie, qui est à plein cintre. A gauche est la butte dont j'ai parlé, page 192.

Cette porte, reconstruite une ou deux fois, fut abattue vers 1683. Félibien (t. IV, p. 271) cite un Arrêt de nov. 1684, qui donne ordre de la réédifier ; mais cet ordre ne fut pas exécuté, car, dans un autre arrêt de déc. 1696 (*ibid.*, p. 335), on dit que la construction d'une nouvelle porte du Temple paraît inutile, puisqu'on avait démoli la plupart des autres portes, et que les échevins demandent à être déchargés de cette obligation. Elle ne fut donc pas rebâtie, mais on éleva une barrière, un peu plus loin vers le nord, au delà du Cours, à l'endroit où l'on avait projeté de placer la nouvelle porte.

TEMPLE (Fausse poterne du). *Voyez* BARBETTE.
TOURNELLE (Porte de la). *Voyez* Saint-BERNARD.

VICTOR (PORTE SAINT-). — Elle fut construite entre 1200 et 1212, en même temps que l'enceinte méridionale de Ph. Auguste, dont elle faisait partie. Elle était placée à l'extrémité orientale de la rue du même nom, entre les numéros 83 et 85 (indiqués sur le plan de Jacoubet), « à 130 toises, dit Sauval, de la principale entrée de l'abbaye (dont elle tirait son nom), et à 123 de la rue des Bernardins ». Cette mesure paraît assez exacte, suivant le plan de Verniquet (voy. ma planche IV).

Cette porte, à ma connaissance, n'a jamais eu d'autre désignation que celle de S. Victor. M. De Laude, dans un ouvrage sur la nouvelle enceinte bastionnée de Paris, avance (p. 9) qu'en 1292 « il y avait, rue S. Victor, *en avant* des remparts de Ph. Auguste, une vieille porte appelée *Versailles*, dont le nom est resté à une rue voisine. » Je ne sais où cet auteur a puisé ce renseignement, fondé peut-être sur quelque méprise. Il existait au XIIe siècle une famille *De Versailles* ou *De Verseilles*, dont l'hôtel aura laissé son nom à la rue. Après tout, il ne serait pas impossible que la porte elle-même eût pris ce nom, mais je n'ai jamais vu de documents qui le prouvent.

Cette porte, fortifiée de deux grosses tours dans l'origine, subit à diverses époques des modifications qui altérèrent sa physionomie primitive. Quand, sous le roi Jean, on creusa un fossé au devant de sa face extérieure, on dut retoucher à cette face et en consolider les fondements. Sous Charles VI, on la munit d'une avant-porte et d'un pont-levis, etc. Sous François Ier, époque où l'on exécuta des travaux de fortification de ce côté de l'enceinte du sud, elle fut certainement agrandie ou réparée. Du moins le plan de Braun semble témoigner qu'elle avait, vers 1530, perdu sa physionomie du XIIIe siècle. Ensuite il est à noter que tous les vieux plans étant orientés avec l'ouest au bas, ne permettent pas de voir sa face extérieure, dont je ne connais aucun ancien dessin particulier.

Nous lisons dans les *Antiqvitez* de N. Bonfons (*éd.* 1586, folio 187, v.), qu'en 1568, le vendredi 23 juillet, « fut assise la premiere pierre [1] dit tapecul, à la porte « sainct Victor, et fut rebastie la dicte porte tout de neuf, auec le logis qui est des- « sus, et aussi les deffences pour garder les fossez, et pour forteresse de la ville, pour « reparation et augmentation desdits fossez, ledict bastiment fut acheué, ainsi « que verrez par ce qui est escrit *entre la porte Sainct Victor* graué en pierre de « marbre. » Suivent les noms des Prévôt et Echevins, et la date CIƆ. IƆ. LXX.

L'expression : *entre la porte* signifie-t-elle : entre les deux bâtiments qui en composaient l'ensemble et que séparait une cour, ou bien : sous la voûte de la porte? André Du Chesne (*Antiqvitez*, 1609, p. 139) dit que l'inscription était gravée *sur le portail* de la porte, avec les armoiries de la Ville.

Il résulte des termes mêmes de l'inscription « ... hanc portam in præsignem faciem restituerunt », que la porte ne fut pas *rebastie tout de neuf*, comme l'affirme Bonfons, mais qu'on ajouta ou refit seulement une nouvelle façade, probablement du côté du fossé.

D'après un plan géométral, dressé vers 1684 (voy. pl. IV, fig. 2), où la porte S. Victor est tracée, sa façade extérieure, celle construite en 1568, s'avance en saillie sur le fossé, et, derrière ce premier bâtiment on en distingue un autre, de forme semi-circulaire, qui doit être un reste de la porte primitive. Les anciens plans de Paris ne représentent que sa face du côté de la ville : elle consiste en un gros pavillon à toit élevé. Sur celui de Mérian, 1615, le sommet de l'édifice paraît crénelé; sur ceux plus modernes de Gomboust et de Bullet, on remarque deux tours rondes qui regardent la ville.

Je ne connais pas de dessin spécial de la façade reconstruite, en 1568, du côté du fossé, mais sur une eau-forte de Perelle (d'après le dessin de Silvestre), repré-

---

[1] Dans l'édit. de 1581 (fol. 290, v.), on lit des mots ici passés : « pour faire vn pont-leuis, autre-ment dit tapecul. »

sentant, vers 1650, la porte S. Bernard, vue du dehors, on aperçoit au loin la façade orientale de celle S. Victor. Or, cette façade ressemble beaucoup à celle de la porte S. Bernard (voir ce mot), bâtie en 1606. On ne distingue pas, à cause de la perspective, le pont de pierre sur le fossé ; quant au pont-levis, ou il a été oublié, ou il n'y en avait pas.

On voit dans une *Histoire de S. Louis*, par le médiocre *historiographe* Varillas (in-4° publié avant 1700), une petite vignette ou haut de page, où l'on a voulu représenter S. Louis entrant à Paris par la porte S. Victor, du moins à en juger par la position du chevet lointain de N. Dame. Cette porte est une sorte de ruine flanquée, au sud, d'une vieille tour ronde, et, au nord, attenante à un mur qui paraît crénelé. J'ai cru discerner, dans cette composition, comme une réminiscence de quelque image de la porte qui nous occupe.

Inutile d'ajouter que M. Pernot nous a donné une vue, prise du côté de la ville, de la porte S. Victor, en style gothique de sa façon. Il faut espérer qu'un jour la Bibliothèque de la Ville, qui possède toutes les compositions de cet artiste (dont je ne conteste pas le mérite sous le rapport du talent), ne mettra plus en vue ces dessins du vieux Paris; ils en donnent une idée complétement fausse, que les lithographies de M. Nousveaux ont propagée.

La porte S. Victor fut démolie, disent tous les auteurs, en 1684. Brice qui, cette année même, publia la première édition de sa *Description de Paris*, nous dit (t. I, p. 268) : « La porte S. Victor... a été réparée *depuis peu*, mais non pas avec « autant de dépence que les autres : on a seulement représenté en basse-taille « sur le cintre un grand Vaisseau de guerre, que la Ville prend pour ses Armoi- « ries, avec cette Inscription au bas : QUÆ NON MARIA ? »

Il peut paraître surprenant qu'on ait réparé cette porte, à la veille d'en ordonner la démolition; mais pour qui connaît l'irrésolution du caractère parisien, un tel fait n'a rien d'invraisemblable.

Je terminerai par quelques citations relatives à la porte S. Victor.

Il en est fort peu question dans les vieilles chroniques. Elle dut en effet, par sa position même, être rarement témoin de cérémonies importantes. On lit dans le *Mémoire* de Bouquet, p. 194, qu'en 1472, à Pâques, « elle fut louée avec les her- baiges (des fossés) jusqu'à la Tour S. Bernard (la Tournelle) à Jehan *Pluyecte*, pour 48 sols parisis. » Ce même personnage (*id.*, pages 128 et 200) est nommé *Prugete* et *Pluette*. Le vrai nom est Jehan Pluyette, bachelier en théologie, natif de Fontenay, selon Lebeuf (*Dissert.*, t. III, p. xxiv).

En 1573, la porte S. Victor était louée à un nommé Simon Grignon.

J'ai lu (dans le Registre cité page 124) un Mandement du 19 nov. 1599, pour le *dégombrement* de la porte S. Victor, aux dépens des habitants du quartier. Ce mot *dégombrement* veut dire, je crois, la suppression des échoppes qui en obstruaient l'entrée.

Le catalogue de la *vente-Soleine* (t. III, p. 87) signale un opuscule concernant les obsèques du cardinal Charles de Lorraine. On lit au bas du titre : « Chez Pierre Ménier, *Portier de la porte S. Victor*, 1607. »

VIGNERON (Poterne Nicolas le). *Voyez* BEAUBOURG.
VIGNES ou VEIGNES (Poterne des). *Voyez* BARRÉS.
YDERON ou YDELON (Poterne Nicolas). *Voyez* BEAUBOURG.

———————◦◦◦———————

L'archéologue qui a lu ce livre est prié d'user d'indulgence à l'égard des négligences et des méprises qu'il pourrait y rencontrer. Les fautes sont inévitables dans les ouvrages de long cours, fondés sur des discussions souvent hypothétiques et imprimés à plusieurs reprises : ceux qui ont entrepris des études du même genre le savent bien. Ce n'est qu'à force de tâtonnements qu'on parvient à faire briller quelques vérités, au milieu de mille questions douteuses, imparfaitement éclaircies par des documents incomplets et sans précision.

Je ne publierai plus de travaux aussi compliqués, par ménagement pour ma santé, qu'altère ce genre de fatigues. Possesseur de notes intéressantes et de plusieurs milliers de pièces, telles qu'estampes, dessins ou tableaux qui concernent le vieux Paris, j'avais compté en extraire plusieurs autres ouvrages, curieux pour l'archéologie : j'y renonce à regret. Je me bornerai à rédiger et à déposer un jour, à la Bibliothèque de la Ville, le catalogue raisonné de tout ce que j'ai pu voir ou rassembler sur cet objet. Des travailleurs plus jeunes que moi, et d'une meilleure trempe, en tireront peut-être quelque parti. Je terminerai en leur indiquant trois ouvrages que j'aurais voulu être assez habile pour réaliser.

La partie topographique de l'histoire de Paris est encore obscure sur bien des points. Les édifices religieux ont été suffisamment étudiés; de savants ecclésiastiques des deux derniers siècles ayant consacré leurs loisirs à l'examen des nombreuses chartes qui s'y rapportent. Il existe des livres très-détaillés sur la plupart des monastères ou des églises les plus importantes. L'histoire des anciens colléges a été aussi rédigée d'une manière assez complète. Mais il nous manque un livre consciencieux, dont ce titre fictif fera connaître le sujet : — ÉTUDES TOPOGRAPHIQUES, HISTORIQUES ET ANECDOTIQUES *sur les palais, hôtels seigneuriaux ou ecclésiastiques, maisons célèbres par les noms ou les événements qui s'y rattachent,*

*manoirs, folies, mesnils, granges, clos, fermes, etc., qui ont existé sur le sol actuel
de Paris, depuis l'époque romaine jusqu'à nos jours.*

La vie d'un solide Bénédictin suffirait à peine à traiter un si vaste ouvrage dans
les conditions exigibles. J'en vais signaler un autre moins étendu : — HISTOIRE
DU COURS DE LA SEINE , *à travers la ville de Paris; recherches sur la Bièvre et sur
l'ancien ruisseau de Ménilmontant , devenu le grand-égout ; récit des inondations,
congélations et débâcles de ces divers cours d'eau; description des quais, îles, ponts
ou ponceaux, moulins, fabriques et pompes hydrauliques qui en dépendaient; notice sur les édifices, hôtels et maisons remarquables qui en bordaient les rives :
règlements qui régissaient la navigation de la Seine, etc.*

Voici enfin le livre à la perfection duquel il faudrait consacrer toute une vie :
— RELATION DU SÉJOUR A PARIS D'UN ÉTRANGER ENTRE 1515 ET 1535 ; *où l'on décrit,
d'après des documents contemporains et authentiques : les fortifications et les édifices en tout genre qu'on voyait à cette époque ; l'état des lettres, des beaux-arts,
des sciences et de l'industrie.* — *Recherches sur les bibliothèques, les collections de
tableaux, les théâtres, etc.; sur les hommes de lettres, médecins, notaires, etc. :
sur les graveurs, sculpteurs, architectes, imprimeurs, libraires et relieurs ; sur les
orfèvres, joailliers, ébénistes, armuriers, etc.* — *Fêtes et cérémonies publiques, ci-
viles et religieuses, entrées et obsèques royales, réceptions d'ambassadeurs, revues
militaires, bals au Louvre, aux Tournelles, à la Bastille, etc. ; tournois, processions,
célébration des fêtes de l'Église, feux de la Saint-Jean, etc.* — *Fêtes et réunions
de familles de toutes classes, au sujet des baptêmes, mariages, enterrements, festins de Noël et de l'Epiphanie, etc.; modes, costumes, mobiliers, etc.* — *Divertissements populaires : illuminations, mascarades des rues, cabarets, courtilles, guin-
guettes , mauvais lieux, promenades publiques, foires, charlatans, parades de
carrefours, cris des marchands ambulants, gueux, mendiants, filoux, etc.* — *Jeux
publics ou particuliers énumérés par Rabelais.* — *Octroi, guet et police, garde nationale, confréries et corporations.* — *Formes judiciaires, prisons, supplices divers,
question, gibets, échelles, bûchers, estrapade, localités affectées aux exécutions.*
— *Moyens de transport et de locomotion, chariots, coches, pavage, etc.* — *Auberges,
et hôtelleries de Paris, étuves publiques, etc.*

Ce livre serait un fidèle miroir de la topographie et de la civilisation parisiennes,
à l'époque dite de la Renaissance. Une action romanesque, toujours empreinte
d'une couleur locale, relierait cet immense arsenal de documents. Pour en étendre le cercle ou en éclaircir le récit, on introduirait sur la scène des vieillards
qui parleraient, comme points de comparaisons, de quelques événements antérieurs à François Ier.

Beau projet sur le papier ! Mais pour le réaliser dans sa perfection, il faudrait être à la fois littérateur habile, artiste, romancier, philosophe et archéologue : qualités rares à réunir. C'est pourquoi j'ai dû reculer devant une tâche si grandiose. Victor Hugo a entrepris une Odyssée de ce genre, appliquée au règne de Louis XI. Sa splendide imagination a semé d'innombrables beautés un sujet si pittoresque : le comique, le drame s'y développent avec un style neuf, saisissant, avec une couleur locale qui éblouit; mais la partie archéologique est loin d'être irréprochable, comme je compte le prouver un jour dans une brochure intitulée : *Critique archéologique du roman de Notre-Dame de Paris.*

FIN.

(*Achevé d'imprimer en mars 1853.*)

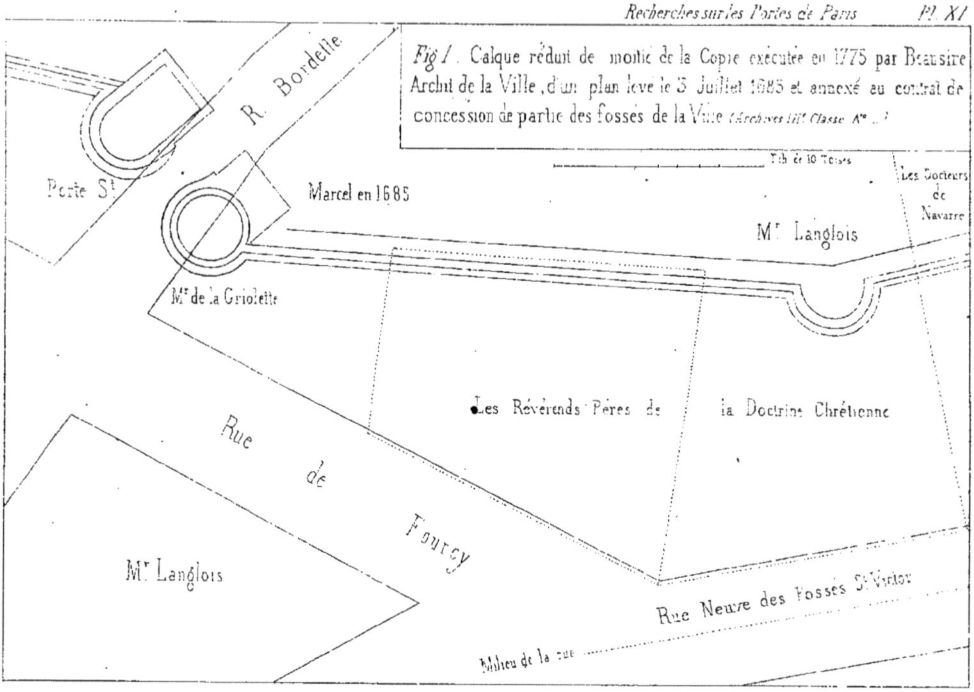

Fig 1. Calque réduit de moitié de la Copie exécutée en 1775 par Beausire Archt de la Ville, d'un plan levé le 3 Juillet 1685 et annexé au contrat de concession de partie des fossés de la Ville (Archives IIIe Classe Nº ...)

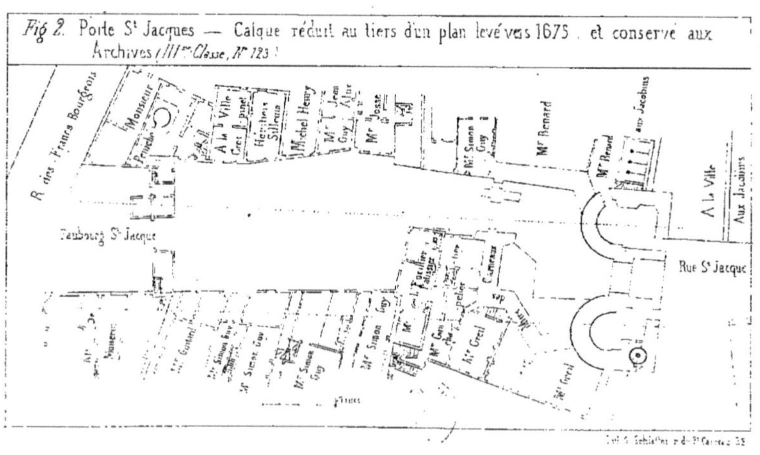

Fig 2. Porte St Jacques — Calque réduit au tiers d'un plan levé vers 1675, et conservé aux Archives (IIIme Classe, Nº 123)

Lith. G. Schlotter, r. du Pt Carreau 35

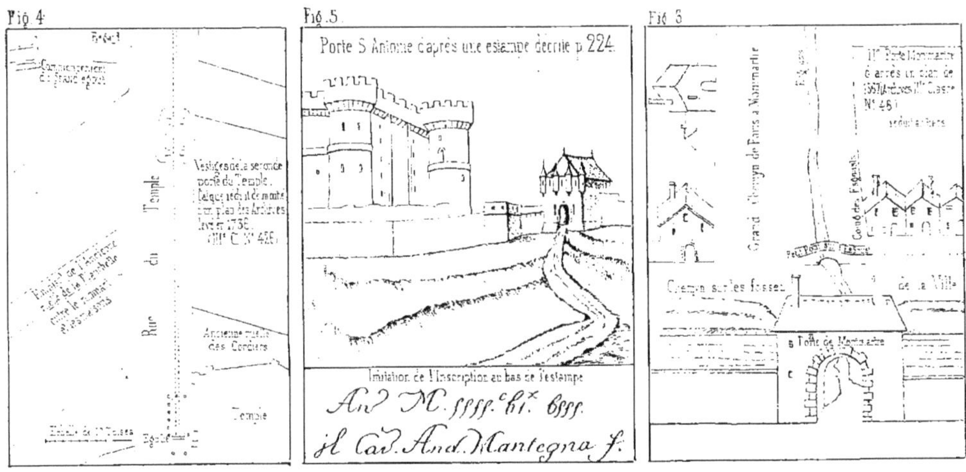

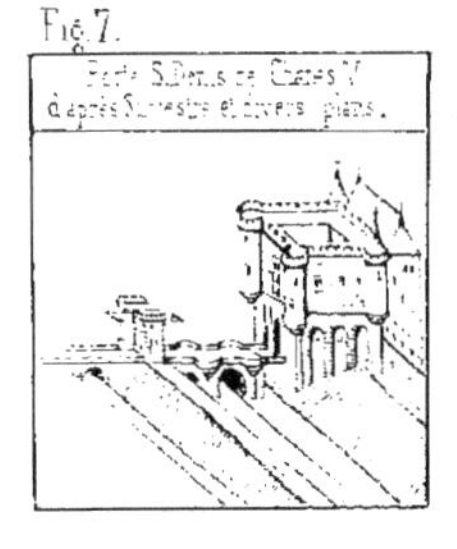
Fig 7. Porte S. Denis de Charles V. d'après Silvestre et divers plans.

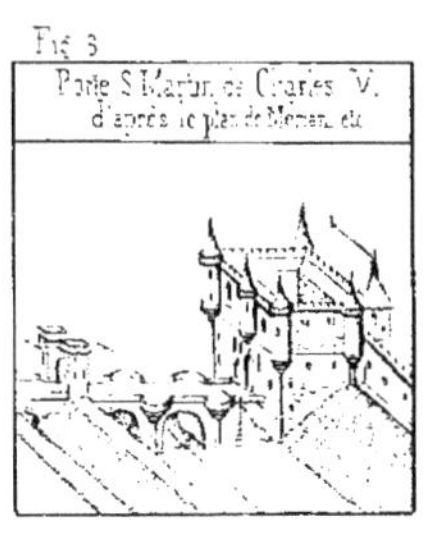
Fig 8. Porte S. Martin de Charles V. d'après le plan de Mérian etc.

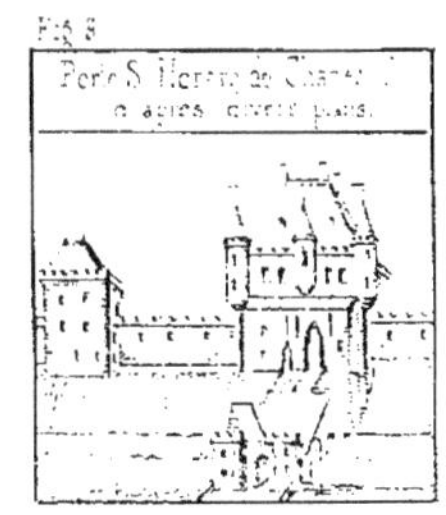
Fig 9. Porte S. Honoré de Charles V. d'après divers plans.

Fig 10. Seconde Porte Montmartre d'après divers plans.

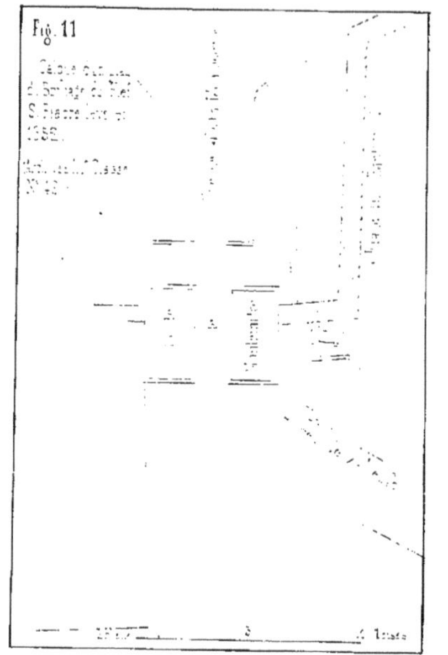

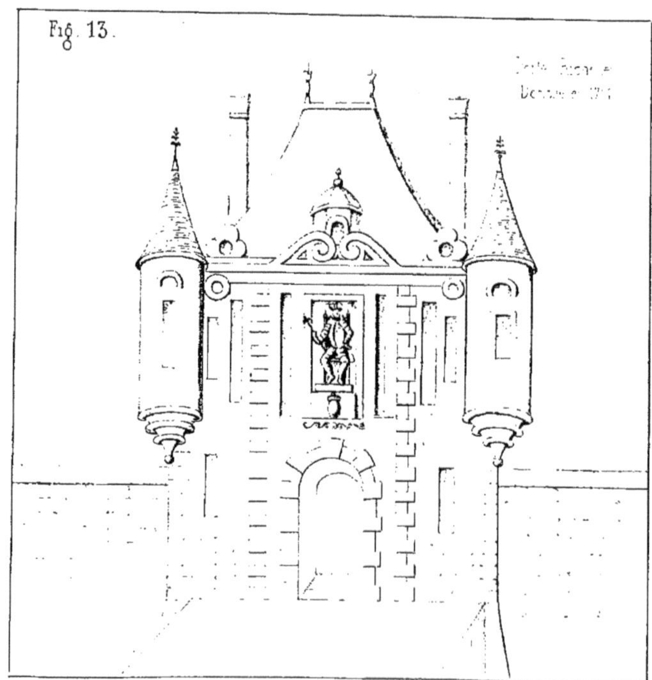

TABLE DES CHAPITRES.

Page 12. — *Ajoutez à la note :* Une charte de 1273, rapportée par Félibien (t. III, p. 24), fait mention d'un terrain qui, d'après le texte qui précède, était situé dans le voisinage du cloître S. Merry et dans un FOSSÉ. « Item terram quæ incipit à domo Charlemeinne quæ est *in fossatis.* » Aurait-il existé à cette époque, de ce côté de Paris, une portion d'un ancien fossé qui aurait autrefois fait suite à celui creusé au nord de l'église S. Germain-l'Auxerrois ?

Page 33, ligne 29. — A redans ; *lisez :* à redents.

Page 39, ligne 20. — Réduite au sixième ; *lisez :* réduite au tiers.

Page 47, ligne 17. — *Après :* rampe, *ajoutez :* Il existait dans le fossé, le long du mur des Cordeliers, un lieu d'exercice pour les arbalétriers (Sauval, t. III, p. 645).

Page 53, ligne 3. — *Après :* maison dite : au Dauphin, *ajoutez en note :* Ce fut en 1357, selon un registre cité page 124.

Page 56, ligne 22. — *Au lieu de :* restes du collége de Lisieux, *lisez :* restes de quelques bâtiments dépendants autrefois de l'abbaye Sainte-Geneviève, et indiqués sur un plan du quartier Sainte-Geneviève, levé par l'abbé Delagrive, et gravé en 1757.

Page 59, ligne 7. — *Après :* abaissa la rue, *ajoutez :* selon un arrêt de 1685 (Félibien, t. V. p. 173). L'abaissement du sol fournit des matériaux pour combler les fossés.

Page 64, note, ligne 1. — *Après :* en 1405, *ajoutez :* (Voir Journal sous Charles VI, page IV).

Page 70. — *L'opinion exprimée dans le premier alinéa, au sujet de la Butte-aux-Cailles, a été rectifiée dans la seconde note de la page 173.*

Page 71, ligne 17. — Les mots : cum portis, etc. *J'ai modifié, p. 128, l'opinion exprimée dans cette phrase.*

Page 74, ligne 27. — *Après :* cugnum », *ajoutez :* on l'appelait en 1576 : Tour du Chantier de la Ville (Bouquet, p. 201). On donna à la Tour Barbeau, ainsi qu'à celle voisine du Louvre, le nom de Tour-qui-fait-le-coin, à l'époque sans doute où ces deux tours furent reliées à celles de Charles V, au moyen de mur en retour d'équerre sur le quai. Alors seulement elles fortifièrent le coin ou le sommet de l'angle qui résultait de la rencontre des deux cours de murailles ; de là leur désignation.

Page 87, ligne 10. — *Après :* éleva son hôtel, *ajoutez en note :* il est question de cet hôtel dès l'an 1574 (*Mémoire de Bouquet,* p. 211).

Page 101, ligne 22. — *Cet alinéa contient une erreur. La tour 32 ne peut être celle qu'on nommait :* Jean de Lestang, *car cette dernière était voisine de la Seine, si l'on s'en rapporte à un compte de 1450, où il est dit :* « La vieille Basse-court du Louvre, devant l'Arche de Bourbon... que tient et occupe Jehan de l'Estant. » (Bouquet, p. 179.)

Page 104, note. — Au chap. xiv, *lises :* au chap. xvii (entre les pages 140 et 141).

Page 133, ligne 34. — *L'opinion que j'avance dans la phrase : c'est ce qui fait croire. etc., est réfutée par celle exprimée page* 167, *deuxième alinéa.*

Page 138, ligne 15. — Vingt-cinq, *lisez :* vingt.

Page 143, ligne 10. *Après :* Tour *du* Bois, *ajoutez :* Le plan de Du Cerceau indique, derrière cette tour, à l'intérieur de la ville, une butte, que le plan de Belleforest a reproduite avec addition d'un moulin à vent. Je l'ai figurée sur ma planche IX.

Page 144, ligne 35. — *Au lieu de :* celle-ci est évidemment un reste du chemin de ronde intérieur, *lisez :* celle-ci occupe l'emplacement d'une portion du rempart.

Page 167, ligne 24. — 115 et 138, *lisez :* et 133.

Page 191, ligne 15. — éminence de terre, forme angulaire, *lisez :* de forme angulaire.
Ibidem, ligne 35. — (Pl. IX, fig. 2), *effacez :* fig. 2.

Page 220, ligne 7. — *Après :* Pierre Grignon, *ajoutez :* (Mauperché, p. 156).

Page 224, ligne 19. — *Après :* sous Louis XIV, *ajoutez :* elle a environ 235 millimètres d'encadrement, sur 170, y compris les inscriptions.

Page 243, ligne 3. — *Après :* cet événement, *ajoutez en note :* elle est encore murée et non précédée d'un pont, sur le plan de Braun, dessiné vers 1530.

Page 255, ligne 22. — *Après :* roi populaire, *ajoutez :* et l'on y plaça son effigie (Félibien. t. V, p. 513). A cette occasion, elle est nommée spécialement : Porte de Paris.

OBSERVATIONS SUR LES PLANCHES DE CET OUVRAGE.

Ces planches, après avoir été pliées, à l'endroit des lignes indiquées sur chacune d'elles, seront collées sur onglets et placées, soit en masse, par ordre des chiffres, à la fin du volume, soit intercalées dans le texte comme il suit :

Pl. I, entre les pages 38 et 39.
Pl. II, entre les pages 46 et 47.
Pl III, entre les pages 50 et 51.
Pl. IV, entre les pages 58 et 59.
Pl. V (simple), en regard de la page 64.
Pl. VI, entre les pages 74 et 75.
Pl. VII, entre les pages 80 et 81.

Pl. VIII, entre les pages 96 et 97.
Pl. IX, entre les pages 140 et 141.
Pl. X, entre les pages 186 et 187.
Pl. XI et XII, à la fin des *Recherches sur les Portes,* après la page 306 (à laquelle la Pl. XI fera face).

Je signalerai quelques *errata* relatifs à ces planches, lithographiées d'après mes dessins.

Pl. I, *fig*. 1, on a oublié de numéroter les trois premières tours murales de l'enceinte septentrionale de Ph. Auguste. Le lecteur pourra aisément, après avoir lu le texte, tracer les numéros omis.

Pl. VIII, *fig*. 2, on a écrit : *rue d'Angivilliers;* il faut lire : *Angiviller.*

Pl. IX, *fig*. 2, on lit dans les inscriptions : *A la ville Crespinet;* il faut lire : *A la veuve Crespinet.*

Pl. XII, *fig*. 3, à la cinquième ligne de l'inscription signée : Le Vau, le mot *ainsy* a été répété par erreur.

Cette dernière planche, représentant en élévation quelques anciennes portes de la capitale, n'a pas la perfection que j'aurais désirée. Inhabile dessinateur, je n'ai pu toujours deviner ou rendre chaque trait, quelquefois assez confus, des dessins originaux. De son côté, le lithographe qui a recalqué mes dessins a dévié de son modèle, très-légèrement il est vrai; mais, en cette occasion, la plus petite négligence nuit à l'effet de l'ensemble : l'omission d'un trait à peine perceptible, la moindre modification dans la forme d'une baie ou d'un ornement, etc., tous ces petits riens altèrent la physionomie de l'original. Aussi je me propose un jour (si je ne suis pas prévenu par un collègue en archéologie), de publier, à l'aide de procédés photographiques, les *fac-simile* parfaits des images des portes S. Antoine, de Nesles et Richelieu.

Une dernière observation importante et qui n'a sans doute pas échappé aux géographes : une partie de mes planches sont basées sur des calques du plan de Verniquet, tracés avec soin sur un papier sec et transparent. Ces calques ont été exactement reportés sur pierre, mais on a tiré les épreuves sur des feuilles plus ou moins humides et d'une épaisseur variable. Or, en séchant, le papier de chaque épreuve s'est rétréci dans une certaine proportion, quelquefois plus en un sens qu'en un autre; de là un inconvénient : il est pour ainsi dire impossible que des plans reproduits par voie d'impression humide coïncident sur chaque point avec leurs modèles, et j'ose même affirmer qu'aucune épreuve d'une estampe quelconque ainsi tirée n'est parfaitement identique au dessin tracé sur pierre ou sur cuivre. L'échelle elle-même, il est vrai, se rétrécit, mais la compensation n'est pas complète; si les rues tracées parallèlement à cette échelle portent la mesure qu'elle indique, celles dont la ligne s'étend dans un autre sens peuvent être trop courtes ou trop larges par rapport aux degrés de l'échelle. Pour remédier à ce défaut, j'ai voulu faire tirer à sec les épreuves de mes planches, mais l'opération n'a pu réussir.

J'ai tenu à consigner cette remarque pour me dérober au reproche d'avoir faussé, sur quelques points, les proportions du plan de Verniquet.

TYPOGRAPHIE HENNUYER, RUE DU BOULEVARD, 7. BATIGNOLLES.
Boulevard extérieur de Paris

Je penche très-fort, je le répète, pour la négative, mais je conserve encore quelques doutes. Il n'est resté de tous ces livres qu'un grand nombre de citations d'anciennes chroniques, d'ordonnances et de registres, fort curieuses pour l'archéologie parisienne, et dont j'ai tiré parti.

J'ai déjà parlé, dans ma préface, à laquelle je renvoie le lecteur, du *Mémoire* de Bouquet. Cet ouvrage offre souvent des traces évidentes de mauvaise foi. L'auteur entremêle, comme à dessein, des comptes qui concernent l'enceinte septentrionale de Ph. Auguste, et où il ne s'agit pas de fossés, avec d'autres comptes relatifs, soit à la clôture de Charles V, soit à la nouvelle fortification commencée sous Henri II et Charles IX, lesquelles étaient accompagnées de fossés; de sorte qu'un lecteur peu attentif doit être dérouté. Citons un exemple : Bouquet (p. 328) produit une lettre de Cath. de Médicis, datée 1577, où il est question de son hôtel (celui de Soissons, rue de Grenelle), bâti près de l'ancien mur. Puis il cite une autre lettre de la même, mais d'une date antérieure (1567), où elle parle des « fossez de la Ville, à l'endroit de son jardin. » Si le lecteur ne distingue pas qu'il s'agit ici du jardin faisant suite au palais des Tuileries, et voisin des nouveaux fossés commencés vers cette époque, il croira qu'en effet il existait un fossé à l'extrémité de l'hôtel de la Reine, rue de Grenelle.

Bouquet a néanmoins signalé plusieurs documents que ses adversaires n'ont pas, ce me semble, complétement réfutés. Le tracé du fossé qui figure sur le plan de Caqué (dessiné après les fouilles exécutées en 1749 et 1753) peut être regardé comme purement hypothétique; mais le *Mémoire* de Bouquet offre des extraits d'anciens comptes qui paraissent avoir assez d'importance.

Pour justifier le doute que je conserve sur cette question des fossés, je terminerai ces observations sur l'enceinte septentrionale de Ph. Auguste, par l'exposé impartial des preuves les plus fortes, ou du moins les plus spécieuses, que Bouquet ait produites à l'appui de la cause qu'il soutenait. Celui que cette question intéresserait pourrait peut-être retrouver aux Archives les originaux des pièces citées par cet auteur.

1° Bouquet signale (p. 124) un arrêt du Parlement de janvier 1763, où l'on rappelle un acte par lequel Louis XIII fit don, le 28 février 1639, aux Jésuites de la rue S. Antoine « des anciens murs de la ville... ensemble du *fossé* qui avoit été creusé le long desdits murs. »

2° Lettres-patentes datées de mars 1282 (*Id.*, p. 154), où il est dit que les terres des religieux du prieuré S. Martin-des-Champs s'étendaient de la rue Frepillon aux *fossés du Roi* (à vico de *Frepillon* usquè ad *fossata regalia*).

Cette épithète *regalia* semble d'abord ne pouvoir s'appliquer à d'autres fossés qu'à ceux qu'on supposerait creusés au pied du gros mur du nord; car, en 1282,

15

les fossés d'une nouvelle enceinte plus étendue n'existaient pas encore. Mais ne s'agirait-il pas de fossés établis dans le voisinage du prieuré S. Martin, et appelés *royaux* parce que ce monastère était de fondation royale, et même, suivant quelques historiens, aurait renfermé la demeure de l'un de nos rois?

3° Bonamy, selon le même auteur, a copié sur les Archives de l'Evêché des Lettres-patentes (en français) de Philippe de Valois, 1346, qui exemptent les gens d'église de contribuer au guet. On y rapporte les plaintes faites par l'Evêque de Paris, au sujet de la contrainte imposée aux ecclésiastiques de payer contribution « à cause des *fossés*, murs et forteresses de Paris. » Ces fossés ne peuvent être ceux commencés sur les deux rives pendant la captivité du roi Jean, c'est-à-dire en 1356. (*Id.*, p. 156.)

4° Dans un compte de 1578, on lit que Laurent Roullet payait par an cinq sols Parisis, pour « une tour et jardin joignant la porte et vieil mur de la ville, assise en la rue de Jouy (aujourd'hui Charlemagne), en l'espace *où jadis fut les fossez.* » (*Id.*, p. 213.)

5° Le 28 janvier 1574, la Ville fait avec Jeanne Sanguin un *bail à toujours* pour « la place où étoit l'*ancien fossé* entre le grand mur ancien et les maisons de ladite demoiselle, *rue Plastrière.* » (*Id.*, p. 248.)

Ces cinq arguments, supposé que les actes et les comptes signalés soient authentiques, et exactement copiés, sont les seuls qui aient une certaine consistance. Encore, en les examinant bien, il est aisé d'en atténuer beaucoup la valeur. L'arrêt de 1639 et les deux comptes de 1574 et 1578 ne parlent de *fossés* que par tradition, et ces trois pièces pourraient fort bien avoir consacré une erreur. J'ai expliqué ci-dessus, de manière à en affaiblir la signification, l'expression *fossata regalia* employée dans les Lettres-patentes de 1282. Quant à celles de 1346, on pourrait objecter que le mot *fossés*, qu'elles renferment, ne s'applique pas avec évidence à ceux qui auraient fortifié le mur de Ph. Auguste.

Je passerai sous silence les autres prétendues preuves que Bouquet accumule par centaines; ce sont des méprises, des assertions sans fondement, ou des documents étrangers à la question.

En résumé, je penche à nier l'existence d'un fossé autour de l'enceinte de la rive droite, excepté dans les environs du Louvre et de l'Ave-Maria (voy. p. 76). J'admets que l'année où l'on apprit la captivité du roi Jean, on commença, sur ces deux points voisins de la Seine, à creuser un fossé au pied du mur septentrional ; mais qu'on abandonna ce travail (continué au contraire sur la rive gauche), dès qu'on eut projeté d'élever plus loin, de ce côté de Paris, une nouvelle fortification, accompagnée de fossés.

Nota. La suite du manuscrit de cet ouvrage exigeant de nombreuses corrections avant d'être livrée à l'impression, la seconde partie qui doit le compléter ne paraîtra pas avant la fin de décembre prochain. Elle traitera des enceintes de Paris, depuis le roi Jean jusqu'à Louis XIV, et sera terminée par des Recherches sur les anciennes portes de la capitale.

(ACHEVÉ D'IMPRIMER EN MAI 1852.)